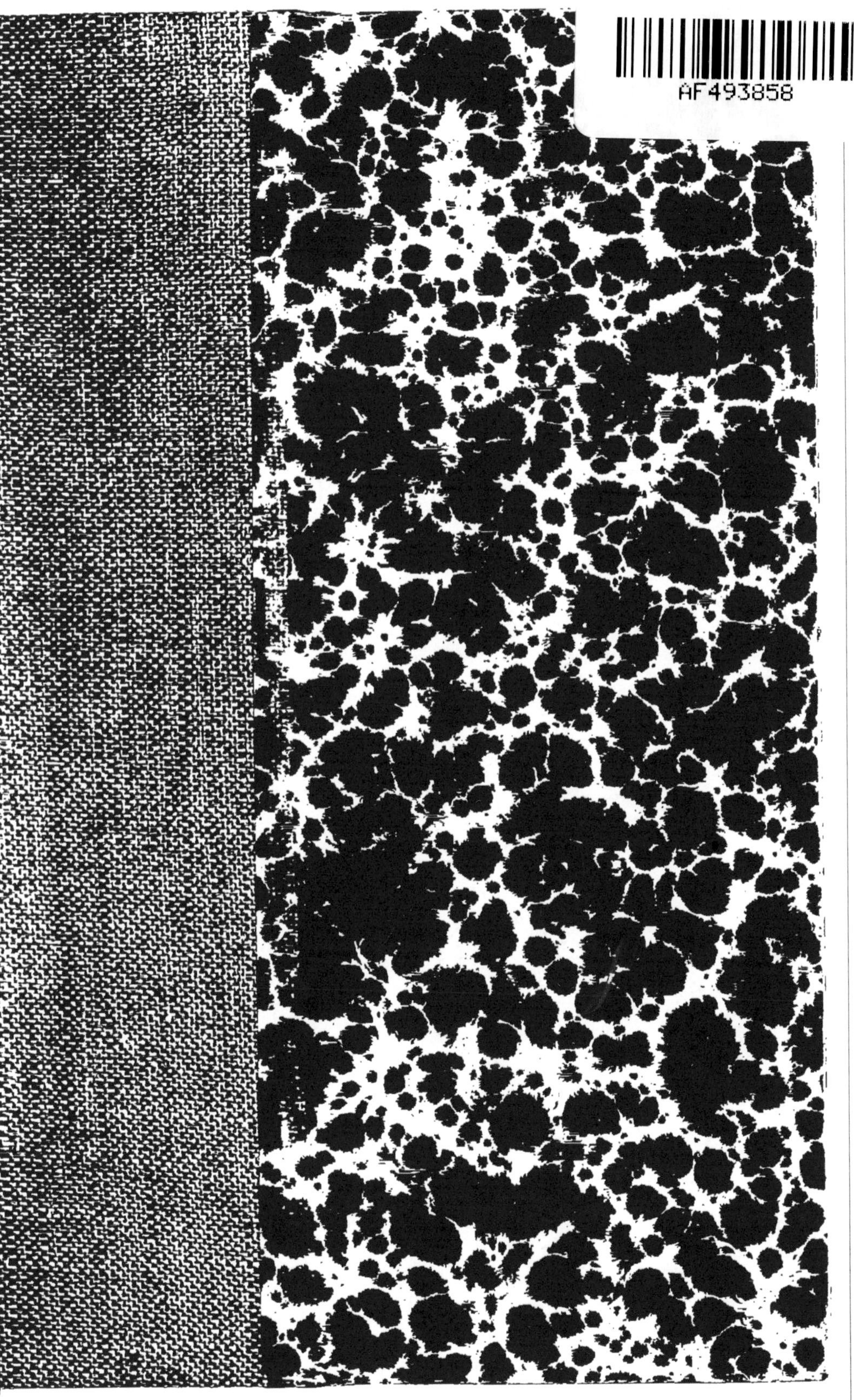

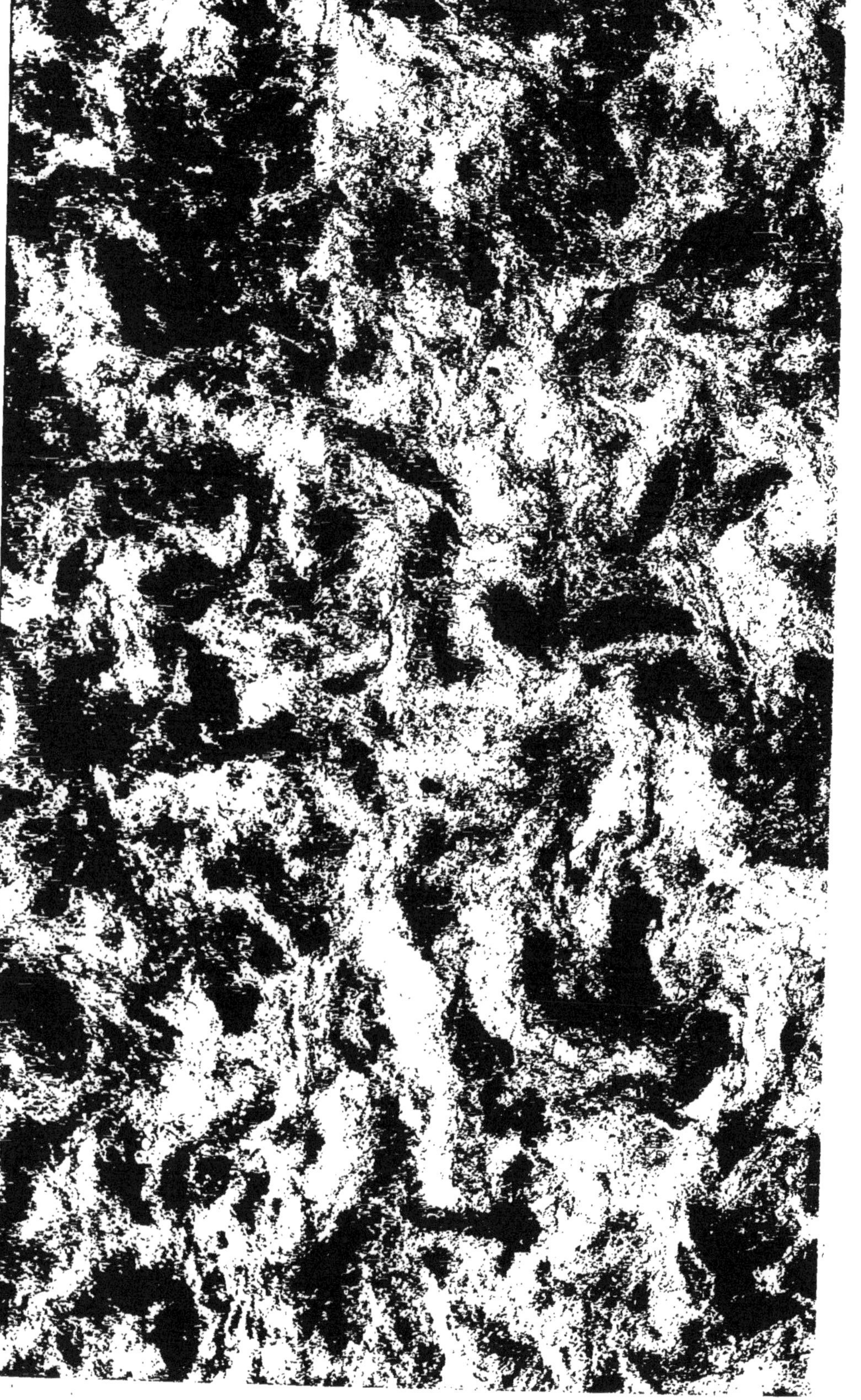

BIBLIOTHÈQUE CONTEMPORAINE

GUSTAVE DE BEAUMONT
MEMBRE DE L'INSTITUT

L'IRLANDE
SOCIALE
POLITIQUE ET RELIGIEUSE

SEPTIÈME ÉDITION
ENTIÈREMENT REVUE ET CORRIGÉE
ET PRÉCÉDÉE
D'UNE NOTICE SUR L'ÉTAT PRÉSENT DE L'IRLANDE
— 1862-1863 —

TOME SECOND

PARIS
MICHEL LÉVY FRÈRES, [illegible]
RUE VIVIENNE, 2 BIS, ET BOUL[illegible]
À LA LIBRAIRIE NOUV[illegible]
[illegible]

L'IRLANDE

SOCIALE, POLITIQUE ET RELIGIEUSE

PARIS. — IMP. SIMON RACON ET COMP., RUE D'ERFURTH, 1.

L'IRLANDE

SOCIALE, POLITIQUE ET RELIGIEUSE

PAR

GUSTAVE DE BEAUMONT

MEMBRE DE L'INSTITUT

SEPTIÈME ÉDITION

ENTIÈREMENT REVUE ET CORRIGÉE

ET

PRÉCÉDÉE D'UNE NOTICE SUR L'ÉTAT PRÉSENT DE L'IRLANDE

— 1862-1863 —

TOME DEUXIÈME

PARIS

MICHEL LÉVY FRÈRES, LIBRAIRES ÉDITEURS

RUE VIVIENNE, 2 BIS, ET BOULEVARD DES ITALIENS, 15

A LA LIBRAIRIE NOUVELLE

1863

L'IRLANDE

SOCIALE, POLITIQUE ET RELIGIEUSE

DEUXIÈME PARTIE

— SUITE

CHAPITRE VI

OU L'ON EXPOSE COMMENT, A L'AIDE DES LIBERTÉS ACCORDÉES OU CONQUISES, L'IRLANDE A RÉSISTÉ A L'OPPRESSION

Les Irlandais, réduits sous le joug, avaient reçu de leurs maîtres trop d'instruments de défense pour ne pas combattre l'oppression.

Que l'on étudie l'organisation politique de l'Irlande, dès les temps qui ont suivi la conquête jusqu'à nos jours, on y trouvera constamment presque toutes les formes et presque tous les principes d'un gouvernement libre.

Il y a sans doute plus d'un mensonge dans cette organisation libérale, au sein de laquelle on entend résonner les fers de la servitude. Et pourtant serait-il juste de ne voir dans toutes les lois constitutionnelles données à l'Irlande qu'une odieuse hypocrisie des législateurs? Non, sans doute. On a vu précédemment comment ces institutions libérales étaient sérieuses au moins pour tous les Anglais protestants établis en Irlande, et qui obtinrent de l'Angleterre des droits que celle-ci ne pouvait leur refuser. Ce fut déjà un grand avantage pour les Irlandais tenus sous le joug d'avoir au milieu d'eux une société d'hommes libres; car c'est un des plus beaux caractères de la liberté qu'elle ne puisse être vue sans être aimée, et que, pour la vouloir, il suffise de la connaître.

Ajoutons, pour être tout à fait équitables, que ces protestants, qui sans doute voulaient d'abord pour eux une constitution libérale, osaient à peine la refuser tout entière au peuple dont le gouvernement leur était confié, et qu'ils conféraient à ce peuple quelques garanties politiques dans le temps même où, à cause de son culte religieux, ils lui faisaient subir une persécution cruelle. Il se trouve plus de bonne foi qu'on ne pense dans cet assemblage de libertés écrites et d'oppression réelle.

C'est un phénomène bien digne d'observation, qu'au plus fort de sa tyrannie, l'Anglais ne se départ point de certains principes libres qui tiennent à ses mœurs, à ses habitudes, à ses préjugés même, et que ne détruit pas toujours la logique de son intérêt. Il porte, contre les catholiques d'Irlande, des lois pénales dont rien n'égale l'iniquité; mais, en attaquant le catholicisme, il croit combattre le pouvoir absolu; et, en persécutant, il se persuade qu'il défend la sainte cause de la liberté. Soyez donc sûrs que la même loi qui frappera le catholique respectera l'homme, et que le citoyen conservera des droits quand le dissident religieux en sera dépouillé.

Les lois du protestant anglais placent le catholique d'Irlande dans une condition sociale inférieure; mais c'est que l'Anglais ne considère nullement comme liées l'une à l'autre l'égalité et la liberté. L'inégalité sociale lui paraît l'état naturel des choses; il la voit instituée dans son propre pays. Mais il ne se croit point en droit d'ôter la liberté à celui au-dessus duquel il se place, accoutumé qu'il est à exercer des droits contre ceux qui possèdent le plus de priviléges. Lors donc qu'il soumet des millions d'Irlandais à sa supériorité, il leur laisse encore des libertés considérables, et dans le temps où il subordonne l'exercice des droits publics, tels que l'électorat, l'éligibilité et les magistratures civiles, à la condition d'un serment que la conscience des catholiques irlandais repousse, il ne leur enlève aucun de ces droits généraux que son éducation politique lui enseigne à regarder comme aussi nécessaires aux hommes que l'air qu'ils respirent et le sol qu'ils foulent aux pieds.

Voyez la presse : depuis qu'elle est libre en Angleterre, elle n'a pas cessé de l'être en Irlande. Swift publie les pamphlets les plus virulents contre les tyrans de l'Irlande, à l'époque où la tyrannie est la plus terrible (1). En 1797, pendant les apprêts de la guerre civile, les journaux les plus ennemis de l'Angleterre paraissent chaque matin, et un historien protestant, M. Gordon, qui approuve les lois pénales, s'indigne à la pensée qu'on puisse violer le principe sacré de la liberté de la presse.

Sous l'empire des lois pénales, les catholiques d'Irlande ne pouvaient se réunir dans leurs églises pour y prier Dieu selon leur foi, mais ils étaient libres de s'assembler sur la place publique, et d'y délibérer sur les rigueurs qu'ils encouraient. L'exercice de ce droit dépend pourtant du premier magistrat du comté, le shérif, duquel, en cas de refus de sa part, on appelle à un certain nombre de juges de paix; mais ni le shérif, officier du pouvoir central, ni les juges de paix qui appartiennent à l'aristocratie, n'ont jamais cru devoir interdire un *meeting*, parce qu'il était convoqué dans un dessein hostile à leurs intérêts et à leurs passions politiques. Les rares exemples d'un empêchement apporté par l'autorité publique à cet exercice du droit de s'assembler, sont considérés comme de scandaleux abus, et flétris comme des actes d'oppression inouïe (1).

En 1792, à l'époque où la démocratie française ébranlait le monde, l'Irlande catholique s'émut. Las de souffrir en silence, le peuple irlandais résolut de porter aux pieds du trône l'expression de ses griefs et sa volonté d'en obtenir le redressement. Et d'abord, pour que cette volonté soit bien constatée, une assemblée générale se forme à Dublin composée de députés envoyés par les comtés de toute l'Irlande (2); de sorte qu'au moment même où le parlement constitutionnel d'Irlande, composé des lords et des communes, tient ses séances et fait des lois pour le pays, une autre assemblée, une espèce d'autre parlement s'établit dans la même ville, discute toutes les questions politiques, délibère, prend des résolutions, les publie, et est bientôt, de fait, le seul parlement national.

Que fera le gouvernement dans cette circonstance? Commandera-t-il un détachement de dragons et une pièce d'artillerie pour disperser une assemblée dangereuse? Non, cette assemblée peut être dangereuse, mais elle n'est pas illégale; avant de la former, ceux qui l'ont provoquée se sont d'abord enquis de *leur droit*, et d'éminents jurisconsultes ont déclaré qu'une pareille réunion n'était point contraire aux lois du royaume. C'en est assez pour que, dans ce pays déchiré par les partis, ceux qui ont la loi pour eux se reposent tranquilles sur leur droit, et pour que le gouvernement, que ce droit inquiète, se croie obligé de le respecter (3).

Qui le croirait? Jamais, en Irlande, à aucune époque, le principe de la responsabilité des agents du pouvoir devant l'autorité judiciaire, n'a été méconnu, et l'on voit ce principe demeurer en vigueur au milieu de troubles et de révolutions qui détruisent tout. Pendant la terrible crise de 1798, un shérif (4), abusant indignement de son autorité, avait fait fouetter ignominieusement un catholique sur la place publique de Tipperary. Celui-ci, dès que la tempête révolutionnaire est passée, poursuit le shérif devant la justice ordinaire, et, sur le verdict du jury, le fonctionnaire, reconnu coupable, est condamné à payer au plaignant dix mille francs de dommages et intérêts (1).

Jamais, en Irlande, le principe du jury n'a été contesté. Strafford, le plus dur tyran de l'Irlande, sous Charles Ier, ne croyait pas pouvoir confisquer des terres au profit de la couronne, sans recourir au verdict d'un jury qu'il n'obtenait pas toujours (2).

Il y a chez le juge anglais lui-même, au milieu de ses préjugés politiques et religieux, des traditions d'indépendance et de respect pour le droit, qui sont quelquefois plus puissantes que ses passions. Faut-il rappeler ici cette scène admirable, où lord Killwarden, président de la cour du banc du roi à Dublin, dispute au gouvernement la tête d'un malheureux condamné politique? C'était aussi en 1798, dans la plus terrible phase de l'insurrection : Wolf Tone, le chef et le créateur des Irlandais-Unis, venait d'être saisi, dans le lac Swilly, à bord d'une flotte française qui portait une armée destinée à envahir l'Irlande. Son crime était flagrant : sujet de l'empire britannique, il était pris les armes à la main ; il amenait l'étranger en Irlande dans le but avoué d'y faire une révolution, de secouer le joug de l'Angleterre, et de proclamer son pays une république indépendante. Traduit devant une cour martiale, il avait été condamné à mort, et, selon les formes rapides de la justice militaire, il allait être exécuté sur-le-champ. Quelque juste qu'elle pût être au fond, cette sentence était illégale dans la forme. Tone, n'ayant jamais été enrôlé dans l'armée anglaise, était justiciable, non d'une cour martiale, mais des cours de justice ordinaires. Cependant le jour, l'heure de l'exécution étaient arrivés. Dans cet état de choses, un membre du barreau irlandais, le célèbre Curran[1], se présente devant la cour du banc du roi, présidée par lord Killwarden, et demande que, vu l'incompétence du tribunal qui a prononcé la sentence capitale, la cour du banc du roi suspende l'exécution du condamné, et le fasse amener devant elle, en vertu d'un acte d'*habeas corpus*. « Tandis que je parle ici, dit l'illustre avocat, mon client est peut-être traîné au lieu du supplice ; je demande à la cour de me prêter l'appui de la loi, et de délivrer un ordre qui enjoigne au grand prévôt des casernes d'amener ici la personne de Wolf Tone. »

Le président, lord Killwarden : « Qu'on prépare à l'instant même un acte d'*habeas corpus*. »

Curran : « Hélas ! tandis qu'on préparera cet acte, mon client va mourir peut-être. »

Lord Killwarden : « Monsieur le shérif, rendez-vous bien vite aux casernes, et faites connaître au grand prévôt qu'un acte d'*habeas corpus* se rédige en ce moment à l'effet de suspendre l'exécution de Tone, et veillez à ce que cette exécution n'ait pas lieu. »

Après ces paroles, la cour et le public, dans une agitation et une anxiété inexprimables, attendaient le retour du shérif ; il reparaît bientôt, et dit : « Milord, je suis allé aux casernes, selon votre ordre ; le grand prévôt m'a dit qu'il ne peut obéir qu'au major ; le major me dit qu'il ne peut obéir qu'à lord Cornwallis. » Alors, élevant la voix et d'un ton de majesté vraiment sublime, « Monsieur le shérif, s'écrie lord Killwarden, saisissez-vous du corps de Wolf Tone, arrêtez le grand prévôt, arrêtez le major, et montrez au général cet ordre de la cour (1). »

Peut-on dire que toute liberté est éteinte dans un pays où le juge tient un pareil langage aux agents du pouvoir exécutif ?

[1] Le beau-père de Robert Emmet.

Dans des temps plus rapprochés de nous, n'a-t-on pas vu l'Angleterre, inquiète des orages qui grondaient en Irlande, menacée par les associations politiques et religieuses formées dans ce pays, ne l'a-t-on pas vue, dis-je, respecter constamment le droit d'association?

Le parlement a bien, dans de certaines circonstances, supprimé telle ou telle association reconnue criminelle ou dangereuse, mais jamais il n'a attaqué en lui-même le principe du droit de s'associer. Quand les White-Boys couvrirent l'Irlande de leur terrible confédération, une loi vint qui définit leur association, et porta contre elle les plus sévères châtiments (1); ainsi le parlement traite toutes les autres sociétés qui, sous des noms divers, ont succédé aux Withe-Boys, et quand l'association, sans être aussi criminelle, paraît dangereuse, le parlement se borne à en prononcer la dissolution. Mais jamais on n'a vu le gouvernement anglais, sous prétexte que de criminelles associations pouvaient se former, attaquer dans son principe le droit de s'associer, interdire l'usage de peur de l'abus, ou, ce qui est pire encore, prétendre régler ce droit en faisant dépendre son exercice d'une autorisation officielle, comme si la nécessité de l'autorisation n'était pas la négation du droit!

Mais à quoi sert la liberté si elle n'empêche pas la tyrannie? elle sert beaucoup, soyez-en sûr. Quand elle ne prévient pas l'oppression, elle en assure le terme; elle est une arme entre les mains du faible, et, si vous voyez malheureux un peuple qui a des libertés, croyez que sans elles il serait plus malheureux encore.

Il est une circonstance que trop souvent on oublie. On sait tous les maux qu'endure un peuple libre, parce que la liberté les publie : tandis que dans les pays de despotisme pur on ne sait rien des misères du peuple, que le tyran cache avec d'autant plus de soin qu'elles sont plus affreuses.

Il faudrait récuser les témoignages les plus authentiques de l'histoire pour ne pas reconnaître combien la domination des Anglais en Irlande a été gênée par les institutions libres données à ce pays. Peut-être se trouvera-t-il des gens qui, voyant les Anglais embarrassés dans leurs persécutions par les droits donnés aux opprimés, seront d'avis que les persécuteurs ont été malavisés de se créer de pareilles entraves. Il est triste, j'en conviens, pour les amis du despotisme, de rencontrer des libertés jusque chez un peuple asservi; il y a là, sans nul doute, de quoi les surprendre et les chagriner. Quant à moi, je trouve beau ce sentiment volontaire ou instinctif qui porte l'oppresseur à donner des garanties à sa victime, et à poser ainsi d'avance lui-même les limites de sa tyrannie.

Ces formes libres, qui ne sont point inutiles dans le présent, seront d'ailleurs le salut de l'avenir. La grande charte n'empêche point, il est vrai, le despotisme des Tudors de s'établir en Angleterre; mais le jour où, las de ses despotes, le peuple anglais aspire à s'en délivrer, il trouve sous sa main les ressorts tout préparés d'un gouvernement libre. C'est ainsi que, sous un régime oppresseur, tout peut être prêt pour la liberté; de même qu'il pourrait arriver que, sous un gouvernement doux et libre, tout se préparât pour la servitude.

Le jury, la presse, l'association, la responsabilité des agents du pouvoir, l'*habeas corpus*, se rencontrent en Irlande avec bien des actes arbitraires : mais n'est-ce pas à ces droits toujours conservés que l'Irlande a dû de conquérir chaque jour ceux qui lui manquaient?

L'Irlande est sans doute bien misérable : elle est pourtant plus avancée qu'on ne pense dans la science constitutionnelle. Il y a beaucoup de questions politiques qui chez nous sont douteuses pour le plus grand nombre et qui en Irlande n'embarrassent personne. Jamais, par exemple, dans ce pays, on n'aurait l'idée de demander un droit politique sans en réclamer la garantie. D'autres pays plus heureux sont moins éclairés. L'Irlande ressemble à ces contrées envahies qui, après les plus terribles luttes nationales, ont fini par chasser l'étranger de leur sein; elles savent tous les arts de la guerre et de la victoire, mais leur sol est couvert de dévastations et de ruines; elles sont indépendantes, mais pauvres.

Et la pauvreté de l'Irlande est bien loin de s'évanouir en même temps que ses libertés se consolident et s'accroissent.

C'est une terrible vérité dont les preuves abondent, que jamais les propriétaires irlandais n'ont été aussi durs qu'ils le sont en ce moment pour leurs fermiers et pour les pauvres agriculteurs qui couvrent leurs domaines. Ceci s'explique sans peine : lorsque les cultivateurs d'Irlande étaient tenus par la loi dans une condition inférieure, le riche les traitait à peu près comme le maître traite ses esclaves, qu'il opprime suffisamment pour leur faire sentir le joug, et auxquels il laisse assez de liberté pour que ceux-ci puissent l'enrichir en travaillant. Mais ce calcul, que faisait autrefois le propriétaire irlandais, est aujourd'hui dominé chez lui par la passion. Depuis que son pouvoir est contesté, et que l'esclave se dresse devant lui en homme libre, le besoin d'abaisser celui-ci l'emporte sur l'intérêt de s'en servir. Le petit fermier, jadis dépouillé de droits politiques, est maintenant électeur; il envoie depuis peu des catholiques au Parlement; il vote aux élections contre son propriétaire. C'est son droit; mais de son côté le propriétaire a le droit de le chasser de sa ferme; et ce droit, il en use rigoureusement (1).

On ne voit plus aujourd'hui deux ou trois protestants s'assembler en vestry et imposer la population catholique de la paroisse pour la construction et l'entretien du culte qui, n'intéressant qu'eux, doit être à leur charge. Mais ces deux ou trois protestants, grands propriétaires de la paroisse, voulant alléger le fardeau qui désormais ne pèse que sur eux, expulsent de leurs fermes les fermiers catholiques et mettent à la place de ceux-ci des protestants qui supportent avec eux leur part de la charge du culte.

Nous avons vu qu'il y a guerre entre les riches et les pauvres, entre les gouvernants et les gouvernés; or plus les pauvres acquièrent de force, et plus la crainte et l'irritation des riches deviennent grandes. Les lois oppressives sont abolies, mais l'oppresseur reste toujours; et, dans sa colère d'être dépouillé, après avoir été spoliateur, il tire encore un terrible parti des seuls pouvoirs que lui donne le droit commun. C'est une situation tout à fait extraordinaire que celle de ces riches ne faisant plus les lois qu'ils sont cependant toujours chargés d'administrer; et c'est là encore une des causes de leur rigueur toujours croissante. Chaque loi nouvelle conçue, dans un esprit plus tolérant envers les catholiques et plus libéral envers les pauvres, leur paraît une attaque contre leur autorité autant que contre leur culte, et on les voit alors se prévaloir plus étroitement de ceux de leurs droits qui ne sont pas entamés. Cette disposition explique comment, avec plus de libertés, le pauvre Irlandais souffre peut-être plus de persécutions, et comment, tandis que le pays est plus riche, celui qui le cultive est plus pauvre. La terre produit une fois plus qu'il y a cinquante ans, et l'agriculteur est une fois plus misérable (1).

Conclura-t-on de ce qui précède que le sort présent des Irlandais soit pire que n'était leur condition il y a cinquante ans? Non. Ils souffrent parce qu'ils combattent; mais la lutte montre leur force; et je ne saurais plaindre l'esclave blessé dans l'action où il gagne la liberté.

Et si, après avoir échappé à l'oppression politique, l'Irlande parvient à se soustraire à sa misère sociale, n'est-ce pas d'abord à ses libertés qu'elle le devra? Qui pourrait contester les bienfaits que l'Irlande tire en ce moment de la seule liberté de la presse? Qui a mis au grand jour les vices de son état social et politique, sinon la presse, dont la voix, puissante même à tromper, est si forte quand elle est un organe de justice et de vérité? N'est-ce pas elle qui a dévoilé, dans le gouvernement irlandais et dans son aristocratie, des excès et des iniquités qui ne se peuvent perpétuer que dans l'ombre, et que sa lumière éclatante a condamnés à périr? Chaque jour elle révèle les maux de l'Irlande qui n'étaient guère plus connus de l'Angleterre que du reste du monde; sa publicité impitoyable les proclame, et, après avoir étalé sous les yeux du maître les plaies de l'esclave, vient demander compte des plaies encore plus cruelles de l'homme libre; et, à présent que ces maux sont mis à nu, il faudra bien les guérir.

CHAPITRE VI

OU L'ON MONTRE PAR QUELLES CAUSES L'IRLANDE, QUI EST MAINTENANT UN PAYS LIBRE, TEND A DEVENIR UN PAYS DÉMOCRATIQUE

Dans leur résistance à l'oppression politique, les Irlandais ont triomphé; aujourd'hui qu'ils ont le secret de leur force, se borneront-ils à se défendre? N'attaqueront-ils pas à leur tour? Jusqu'à présent ils ont lutté pour obtenir que les garanties de la constitution anglaise leur fussent accordées sincèrement. Mais, s'il était vrai que les institutions aristocratiques qui contentent l'Angleterre ne pussent pas satisfaire l'Irlande, celle-ci ne se servirait-elle pas des libertés qu'elle possède pour attaquer l'aristocratie elle-même? L'avenir nous est voilé ; mais le passé et le présent s'offrent à nous, qui nous montrent en Irlande plus d'un orage s'amassant au-dessus de cette aristocratie, source première de toutes les misères irlandaises. Et les périls qui menacent l'aristocratie irlandaise ne lui viennent pas seulement de ce que l'Irlande a conquis des libertés; mais encore de ce qu'un certain assemblage de faits, de principes et d'accidents, concourt à faire de cette société libre une société démocratique. Quels sont ces faits, ces accidents, ces principes? Quelques-uns se présentent d'eux-mêmes à nos regards.

Le premier est la grande association nationale; le second, l'autorité d'un grand chef, M. O'Connell; le troisième, la puissance du clergé catholique; le quatrième, le caractère de la secte presbytérienne; le cinquième est la naissance des classes moyennes; le sixième, enfin, la nature des partis politiques. Examinons séparément ces éléments nouveaux de la société irlandaise.

§ Ier

L'association.

Il y a pour tout peuple, comme pour tout homme tenu en servitude, deux conditions morales possibles : le découragement ou l'espérance, l'abattement de l'âme ou l'énergie, la soumission ou la révolte. Tant que l'esclave n'est pas abruti, il aspire ardemment à briser sa chaîne; s'il ne le tente pas, c'est que le poids de ses fers l'écrase et décourage son effort; mais, le jour où le nœud qui l'étreint lui permet de se mouvoir, on est sûr que déjà il s'agite pour devenir libre. Le bonheur des esclaves m'a toujours paru un mensonge odieux et une amère dérision; j'estime trop mon semblable pour croire heureux le peuple ou l'homme le plus tranquille dans ses fers.

Jusqu'en 1775 l'Irlande fut dans la situation de l'esclave immobile. A cette époque il arriva d'Amérique un écho de liberté qui fit tressaillir le captif dans ses chaînes, et le maître dans sa tyrannie. J'ai dit plus haut les phases de ce réveil populaire, et d'abord la grande assemblée des volontaires de 1778, première association qui se forma en Irlande. La lutte engagée par les volontaires, et d'où naquit l'indépendance parlementaire de 1782, n'était point encore nationale; c'était une querelle entre l'oligarchie protestante d'Irlande et le gouvernement anglais. L'aristocratie irlandaise, qui depuis un siècle était tout à la fois tyrannique et opprimée, s'était habituée à la tyrannie sans s'accoutumer à la servitude. Tout en continuant d'accabler l'Irlande, elle voulait secouer le joug anglais. Son triomphe fut d'abord éclatant; mais elle ne vit pas qu'en s'affranchissant elle donnait à ses propres sujets le plus funeste exemple; et qu'en se servant d'eux pour combattre un maître, elle leur enseignait à tourner leurs armes contre elle-même. L'Amérique avait instruit l'Irlande protestante, celle-ci enseigna l'Irlande catholique. C'était d'ailleurs le temps où la France révolutionnaire décrétait et promulguait à coups de tonnerre la liberté du monde.

En 1792 parut pour la première fois sur la scène le peuple irlandais, soulevé contre ses deux tyrans, la faction anglicane établie en Irlande, et l'Angleterre point d'appui de cette faction. Ce fut le mouvement des *Irlandais-Unis*, des catholiques du Sud et des presbytériens du Nord, plus *unis* d'intention que de principe, pactisant avec plus de bonne foi que de raison: première association vraiment nationale, quoique encore très-imparfaite, composée des éléments les plus contraires, mélangée de passions puritaines et papistes, d'utopies philosophiques et de fanatisme religieux, de libéralisme américain et de jacobinisme français; reposant sur une seule base commune, la haine du joug anglais et l'amour de l'indépendance : association généreuse, mais mal définie, incertaine dans ses plans, vacillante dans sa marche, travaillée par mille divisions intérieures, prompte à s'abuser sur sa force, et à caresser des illusions qui aboutirent à la fatale insurrection de 1798.

Avertis par ce terrible effort d'affranchissement, et s'armant contre le sujet rebelle des excès qu'il avait commis en s'égarant dans les voies inconnues de la liberté, les deux maîtres de l'Irlande oublièrent leur querelle mutuelle, et se rapprochèrent pour ne plus se séparer. L'union irlandaise de 1800 fut bien moins l'union de l'Irlande à l'Angleterre que l'accord du parti anglais et de la faction protestante, qui, ne pouvant plus elle-même gouverner l'Irlande, se jetait dans les bras du maître dont elle avait vingt ans auparavant secoué le joug détesté, et remettait à celui-ci tous les instruments de pouvoir et de persécution, à la condition qu'elle reprendrait, comme par le passé, sa part de tyrannie.

Vingt ans d'oppression silencieuse furent le prix de ce pacte réciproque. Mais, pendant la guerre que s'étaient faite mutuellement ses maîtres, l'Irlande avait conquis trop de droits, et dans ses essais malheureux de délivrance elle avait reçu trop d'utiles leçons pour rester perpétuellement muette et passive dans la servitude.

Ce fut encore dans l'association qu'elle trouva le secret de sa force et l'espoir de son affranchissement. Vers l'année 1823, *l'association catholique* s'établit sur un plan et selon des principes nouveaux (1). Les *volontaires* de 1778, les *Irlandais-Unis* de 1792, étaient plutôt des corps armés, tout prêts à livrer bataille, que des associations formées par des citoyens pour la défense de leurs droits. Le premier de ces corps, presque exclusivement protestant, ne pouvait représenter l'Irlande catholique; le second, dans lequel se confondaient des croyants de tous les cultes, avait effrayé tout le monde par ses tendances et ses manifestes révolutionnaires. La nouvelle association, établie dans un sens de progrès sans violence, d'agitation sans guerre, de résistance sans révolution, attira dans son sein tout ce qu'il y avait en Irlande d'instincts et de besoins d'indépendance.

Quand le gouvernement d'un pays possède une racine nationale, s'il s'élève contre lui des orages populaires, on est toujours sûr de le voir appuyé sur une partie plus ou moins considérable de la nation. Ainsi, lorsqu'en Angleterre l'aristocratie est attaquée, celle-ci trouve parmi le peuple d'ardents et nombreux auxiliaires. Alors sûrement il s'élève encore contre elle des oppositions puissantes, mais ce ne sont que des partis en face d'un gouvernement qui est ou paraît être la vraie représentation du pays. Il en est autrement chez un peuple qui obéit à une autorité antinationale. En Irlande, où l'aristocratie est ennemie du peuple, nul ne résiste quand le gouvernement est fort; mais, le jour où l'opposition est libre d'éclater, l'hostilité est universelle, et le pouvoir abandonné tombe dans l'isolement. Ce sont les opposants qui sont la nation, et le gouvernement qui est un parti. Ces opposants composent aujourd'hui la grande association irlandaise [1].

Mais comment ce gouvernement peut-il maintenir son action sur un peuple entier ligué contre lui? La difficulté est grande, et, pour en comprendre l'étendue, il est utile de connaître tout ce qu'il y a de démocratique dans l'association nationale d'Irlande. Je crois devoir en exposer ici le plan et en indiquer le caractère.

Je ne sais si j'en ai bien saisi l'esprit et le sens; mais, en cas d'erreur, je ne pourrai m'en prendre au secret et aux mystères de cette association, dont tous les actes se passent à la face du soleil, et sont ainsi livrés au jugement de tous.

Un comité central, séant à Dublin, et composé de membres dont le mode d'élection a varié suivant les circonstances, représente l'association et prend toutes les mesures jugées utiles à la cause commune. Ce comité s'assemble régulièrement, examine les lois proposées au parlement, les discute, censure les actes du pouvoir et ses agents, prend des résolutions, les publie, en un mot agit comme un vrai parlement, auquel il ne manque que le pouvoir régulier de faire des lois obligatoires pour tous. L'association a un journal qui publie ses actes et ses décrets (1).

[1] Tout ceci, vrai, tant que les tories sont au pouvoir, cesse de l'être quand les whigs gouvernent l'Irlande.

(*Note de la septième édition* 1862.

Comme tous les gouvernements établis, l'association reçoit un tribut en retour de la protection qu'elle donne; tribut dont la quotité varie, se perçoit suivant des formes diverses, mais finit toujours par être acquitté. En 1825, l'impôt payé à l'association par chacun de ses membres était de deux sous par mois (un penny) (1), taxe légère, mais suffisante pour établir un contrat d'autorité et d'obéissance entre le corps qui la perçoit et l'individu qui la paye. L'association avait des percepteurs qui levaient l'impôt, d'autant mieux payé qu'il était volontaire. Aujourd'hui, l'association ne va point chercher l'argent des contribuables; ceux-ci le lui envoient dans la forme de souscriptions individuelles : changements dont les formes signifient peu, mais sont nécessaires pour échapper aux lois par lesquelles de temps à autre le gouvernement attaque l'association. Ainsi, par exemple, dans l'origine les membres du comité central procédaient de l'élection du peuple entier; chaque baronnie envoyait au chef-lieu du comté un certain nombre d'électeurs qui nommaient un ou plusieurs députés pour représenter le comté dans le comité central; ainsi faisaient les trois cent cinquante baronnies et les trente-deux comtés d'Irlande. De sorte que les meneurs de l'association étaient au fond et même dans la forme les délégués du pays. Cette forme électorale, pratiquée en 1792, fut frappée comme inconstitutionnelle par un acte du parlement (*the convention act*), ce qui n'empêcha pas qu'en 1811 et en 1825 l'association n'employât le même mode pour le choix de ses représentants. Mais, en 1811, une décision du jury, et en 1825 une nouvelle loi du parlement (appelée *the algerine act*) (2) ayant dissous le comité de l'association et l'association elle-même comme illégale, il a bien fallu recourir à une forme différente d'organisation; et aujourd'hui l'association n'a point de chefs apparents auxquels elle confère l'élection avec un mandat exprès Chaque réunion de l'association est comme un *meeting* particulier, où chacun a le droit de se rendre, dont le président est chaque fois nommé à la majorité des suffrages, et dans laquelle tout le monde a le droit de proposer son avis.

Mais, quelle que soit la forme, le fond est toujours le même; le nom de l'association varie aussi, quoique ses éléments ne changent guère. En 1823, elle s'appelait l'association *catholique;* non que les protestants en fussent exclus, un grand nombre, au contraire, en faisaient partie; mais parce qu'alors le grand objet en litige était d'obtenir de l'Angleterre l'émancipation politique des catholiques irlandais. Lorsqu'en 1825 l'association est dissoute par le parlement, elle se reforme aussitôt sous un autre nom. En 1837 et 1838, elle s'appelait l'*association générale* de l'Irlande; à l'instant même où j'écris, elle a pris le nom de *société des Précurseurs* (*Precursor's society*) (1). Dans une harangue récente, O'Connell annonçait que bientôt elle s'appellerait l'*association nationale.* Sous ces dénominations diverses, elle est toujours la même, c'est-à-dire la représentation réelle du corps de la nation.

C'est à ce titre qu'elle commande à l'Irlande et qu'elle est obéie. A sa voix, toutes les paroisses d'Irlande s'assemblent; des réunions se forment dans les baronnies, au centre des comtés, partout où elle ordonne aux citoyens de se mouvoir; le même jour, à la même heure, l'Irlande entière est debout, occupée du même objet, sous le joug d'une même passion, poursuivant un but commun. Il ne s'agit, il est vrai, que d'une pétition à présenter au parlement : mais qu'arriverait-il si, au lieu de demander des signatures, l'association appelait des baïonnettes?

L'association, qui s'était formée par les sympathies populaires, est devenue chaque jour plus puissante par ses victoires. La fameuse élection de Clare, l'émancipation de 1829, la rébellion de 1831 contre les dimes, le triomphe des candidats populaires dans les élections, sont ses œuvres incontestables. Tout le monde lui obéit mieux depuis qu'elle a prouvé sa force et son habileté.

L'association s'établit la patronne de tous les citoyens : elle provoque et reçoit la plainte de quiconque a des griefs contre l'autorité publique, contre les ministres de l'église anglicane, et surtout contre les magistrats appartenant à l'aristocratie. Depuis que l'association couvre le pays de son égide, il n'y a pas en Irlande de pauvre paysan si faible et si isolé qui n'ait contre le plus riche et le plus puissant oppresseur l'appui du corps entier de la nation.

La cupidité de quelque ministre protestant, âpre et rigide dans la collection de ses revenus, lui est-elle signalée, l'association le flétrit par un blâme public : et l'on sait quel sort en Irlande attend ceux qui sont désignés à la haine du peuple. Le pauvre qui devait la dîme a-t-il été mis en prison faute de payement, l'association fait les fonds nécessaires pour obtenir sa liberté. Quiconque résiste au payement de la dîme reçoit d'elle un appui moral et matériel. Un jour, en 1837, elle accueille avec de longues acclamations un homme qui, assez riche pour payer la dîme, l'a refusée, et s'est laissé conduire en prison plutôt que d'obéir à la loi (1).

Mais c'est surtout aux approches d'une élection politique que l'association montre sa puissance. Appliquée d'abord à la préparation des listes électorales, elle veille à l'inscription des électeurs indépendants, et en fait les frais quand ceux-ci sont pauvres ; si des orangistes sont indûment inscrits, elle poursuit elle-même leur radiation. Le jour de l'élection étant arrivé, elle fait des proclamations au peuple pour lui enseigner ses devoirs et ses droits ; elle lui dit les réformes nécessaires au salut du pays et les engagements que doit prendre tout candidat aspirant à ses suffrages ; elle proclame hautement les noms de ceux qui seuls ont droit à sa confiance et dit à chaque localité le représentant qu'elle doit élire. L'élection finie, l'association célèbre ses victoires, si elle a triomphé ; et, en cas de revers, pallie sa défaite. Mais son œuvre électorale n'est pas encore terminée ; elle décerne l'éloge aux citoyens, jadis adversaires, et qui dans la dernière lutte se sont montrés amis, de même qu'elle flétrit impitoyablement les défections imprévues. Elle s'attache surtout à surveiller la conduite de l'aristocratie : un pauvre fermier est-il chassé de sa ferme pour avoir voté contre le gré de son propriétaire, l'association vient à son secours, lui donne une indemnité et livre le nom du propriétaire à l'animadversion générale. Quelquefois elle fait plus : lors d'une élection partielle arrivée en 1836 (1), un malheureux électeur, qui était en prison pour dettes, reçut de son propriétaire, qui était aussi son créancier, la promesse d'être mis en liberté s'il votait pour le candidat tory. Le pauvre Irlandais, tiré de sa prison et amené dans la salle électorale pour y donner son suffrage, allait peut-être céder à la séduction, lorsqu'au moment où il élevait la voix : « Souviens-toi, lui cria sa femme venue là pour l'encourager, souviens-toi de ton âme et de la liberté ! » Et le pauvre agriculteur, ayant voté selon sa conscience, retourna en prison. Dans une séance solennelle, l'association a décerné à cette femme héroïque une médaille d'argent sur laquelle est inscrite cette noble allocution : *Remember your soul and liberty* (2).

C'est un des caractères particuliers de l'association de ne pas seulement surveiller le gouvernement, mais de gouverner elle-même ; elle ne se borne pas à contrôler le pouvoir, elle l'exerce. Elle fonde des écoles, des établissements charitables, lève des taxes pour leur soutien, protége le commerce, aide l'industrie et fait mille autres actes (3); car, comme la définition de ses pouvoirs ne se trouve nulle part, la limite n'en est point marquée.

A vrai dire, l'association est un gouvernement dans le gouvernement : autorité jeune et robuste, née au sein d'une vieille autorité moribonde et décrépite : puissance nationale centralisée qui broie et réduit en poussière tous les petits pouvoirs épars çà et là d'une aristocratie antinationale. Il n'est pas exact de dire que l'association anéantit le gouvernement en Irlande : car comment appeler de ce nom l'empire d'une faction qui ne se maintient que par le secours de la force matérielle?

Dans un pays où il existerait des pouvoirs légitimes et réguliers, l'établissement d'une association pareille serait, si elle pouvait s'y former, l'organisation même de l'anarchie. En Irlande, cette association peut bien être un principe et un moyen de révolution politique, mais c'est en même temps le plus puissant élément social qui existe en ce pays.

Avant que l'association irlandaise se fût constituée, le peuple pensait sincèrement qu'il n'était pas de pouvoir temporel qui méritât l'obéissance et le respect, parce qu'il croyait méchante et tyrannique toute autorité humaine. L'association lui a appris, en le soumettant à son pouvoir et en le protégeant, que l'autorité peut être bienfaisante.

C'est à l'association que le peuple irlandais doit de perdre ses traditions de sauvage indépendance, et de contracter des habitudes sociales régulières. Chose étrange! l'association qui mène l'Irlande est le plus factieux de tous les pouvoirs ; il ne se passe guère de jour sans qu'elle pousse le peuple à violer quelque loi; elle lui prescrit comme un devoir civique de refuser le payement de la dîme, qui est commandé par la constitution ; elle voue au mépris et à la haine publique les corporations municipales, qui cependant sont des pouvoirs légalement constitués, l'église anglicane qui est la première institution du pays, l'aristocratie dépositaire actuelle de toute l'autorité administrative ; et cependant, je le répète, l'association a donné au peuple irlandais ses premières notions du droit et de la légalité. Avant que l'association existât, et par conséquent avant qu'elle fît entendre ses conseils, le peuple éprouvait les mêmes sentiments de haine contre tout ce qu'elle lui recommande de haïr; mais alors il était aveugle et farouche dans ses ressentiments. L'association n'a pas changé le fond de son âme; elle l'a laissé avec toutes ses haines qu'elle a jugées légitimes, et c'est ce qui fait sa force : seulement elle les a éclairées de quelque lumière; elle a appris au peuple non à les étouffer, mais à les contenir; elle s'est efforcée d'adoucir ses penchants, d'indiquer à ses passions politiques des voies paisibles, rigoureusement légales, à la place des moyens violents et criminels auxquels il était habitué à recourir. A la place du gibet, seul pouvoir social auquel elle eût foi, elle l'a accoutumé à recevoir une direction supérieure, et à accepter l'empire d'une autorité toute morale. Elle n'a pas plié le peuple aux règles de la loi, mais à une règle : voilà comment un élément d'ordre est sorti du désordre même.

« On m'a battu! s'écriait d'une voix lamentable un paysan lors de l'élection de Waterford. — Et pourquoi, lui dit-on, n'avez-vous pas rendu les coups? — Je croyais, répondit-il, que l'association l'avait défendu. » La veille de l'élection de Clare, l'association porta une défense générale de s'enivrer : pas une goutte de wiskey ne fut bue par le peuple (1).

L'association n'a pas la puissance d'empêcher le wihteboysme, qui tient à des causes bien plus sociales que politiques; mais, si elle ne le détruit pas, elle le limite; elle le combat hautement, le désavoue (2); elle empêche les passions politiques de se porter vers lui, et de chercher en lui un auxiliaire.

Avant l'association, vingt Irlandais ne pouvaient se trouver ensemble sans que leur réunion fît bientôt naître quelque querelle et quelque violence; à la voix de l'association, des milliers, des centaines de mille personnes se rassemblent dans un même lieu, paisiblement, et dans l'ordre parfait d'une milice disciplinée, sans se livrer au moindre excès :

et par ces démonstrations solennelles d'une force tranquille mais menaçante, apprennent à l'Angleterre ce qu'elle doit penser de la sauvage Irlande.

Mais ce qui dans l'association d'Irlande me paraît le plus grave et le plus digne d'attention, c'est ce qu'il y a de profondément démocratique dans ce gouvernement du peuple par un pouvoir central, unique, émané de la volonté universelle, expresse ou tacite, résumant en lui tous les éléments nationaux, tout-puissant par l'assentiment populaire; pouvoir absolu dans ses actes, quoique soumis constamment au contrôle de tous ; nivelant tout au-dessous de lui, mandant à sa barre toutes les puissances aristocratiques de la nation ; accoutumant ainsi le peuple à l'égalité sociale et politique ; pouvoir mobile, insaisissable quoique perpétuel, changeant sans cesse de nom, de forme et d'agents, quoique toujours le même ; c'est-à-dire une démocratie constituée dans un pays qu'on prétend gouverner avec des institutions aristocratiques.

§ II

O'Connell.

Le mouvement de l'association est celui de toute l'Irlande; mais ce grand travail de la nation a des agents particuliers, et il en possède un tout à la fois si considérable et si célèbre, que je ne crois pas pouvoir le passer sous silence : je veux parler d'O'Connell. Si l'association mène l'Irlande, c'est O'Connell qui gouverne l'association. O'Connell exerce sur son pays et sur l'Angleterre elle-même une si extraordinaire influence, qu'en l'omettant ici ce serait négliger plus qu'un homme, et presqu'un principe. Il me semble donc nécessaire, pour donner sur lui quelques détails, de me détourner un instant du cours d'idées dans lequel je suis engagé, et vers lequel ce sujet me ramènera d'ailleurs tout naturellement.

Chaque jour, de notre temps, on voit les grands hommes devenir plus rares. Ce n'est pas qu'il se fasse de moins grandes choses qu'autrefois; mais ce qui se fait de grand parmi les peuples, au lieu d'être exécuté par tel ou tel homme, l'est par plusieurs, et, à mesure qu'un plus grand nombre concourt à l'œuvre, la gloire particulière des agents diminue. Lorsque dans un pays je ne vois aucun homme qui s'élève au-dessus des autres, je n'en conclus point que tous les hommes de ce pays soient petits, j'en tirerais plutôt la conséquence qu'ils ont tous une certaine grandeur. Nulle part, les grandes individualités ne sont plus rares que dans les pays d'égalité générale. Voyez les États-Unis; où trouver un niveau commun plus haut, avec moins de sommités individuelles? L'Irlande, avec ses immenses misères, ses contrastes de luxe et d'indigence, avec ses masses grossières, animées de passions homogènes, était peut-être le sol le mieux préparé pour faire éclore la grandeur d'un seul homme.

La puissance d'O'Connell n'est-elle pas une des plus extraordinaires qui se puisse concevoir? Voici un homme qui exerce sur un peuple de sept millions une sorte de dictature; il dirige presque seul les affaires du pays, il donne des conseils qu'on suit comme des commandements, et cet homme n'a jamais été investi d'aucune autorité civile, d'aucun pouvoir militaire. Je ne sais si, en consultant l'histoire des nations, on trouvera un seul exemple d'une pareille destinée. Voyez, depuis César jusqu'à Napoléon, les hommes qui ont dominé les peuples par leur génie ou par leur vertu, combien en compterez-vous qui, pour établir leur puissance, n'aient eu d'abord, soit la majesté de la toge, soit la gloire des armes? Le nom de Washington serait-il seulement arrivé jusqu'à nous, si, avant d'être législateur, ce grand homme n'eût été guerrier? Qu'eût été Mirabeau sans la tribune de la constituante? et Burke, et Fox, et Pitt, sans leur siége au parlement? O'Connell est membre du parlement britannique; mais sa plus grande puissance remonte au temps où il ne l'était pas : elle date de la fameuse élection de Clare; ce n'est pas le parlement qui a fait sa force, c'est à cause de sa force qu'il est entré au parlement.

Quel est donc le secret de cet empire obtenu sans aucun des moyens qui, d'ordinaire, en sont l'unique source? Pour comprendre cette singulière fortune de l'homme, il est nécessaire de remonter à la situation politique qui en a été le point de départ, et qui en est encore aujourd'hui la base.

Après la funeste catastrophe de 1798, l'Irlande abattue sous les pieds de l'Angleterre qui l'écrasait sans pitié, jugea que, désormais, elle devait renoncer à demander aux armes les biens pour la conquête desquels elle s'était si fatalement insurgée. Elle se trouva alors dans cette situation étrange d'un peuple qui, possesseur de quelques droits politiques, se voit menacé de les perdre pour avoir tenté violemment de conquérir ceux qui lui manquent; et qui n'aura désormais quelque chance d'obtenir des libertés nouvelles qu'en se contentant de celles qu'il a, en cessant de contester le droit de ses maîtres; elle se trouva enfin, par l'union de 1800, liée plus étroitement que jamais à l'Angleterre qui, tenant sous sa main l'esclave rebelle, était fortement tentée de le châtier, et ne pouvait cependant le faire sans violer des engagements et des garanties dont le respect est si impérieusement prescrit par la constitution britannique.

Dans cette conjoncture, que fallait-il à l'Irlande? Il lui fallait non un général propre à conduire une armée, mais un citoyen capable de diriger un peuple; il lui fallait un homme dont l'ascendant s'établît par des moyens paisibles et propres à gagner la confiance de l'Irlande, sans effrayer l'Angleterre; qui, profondément pénétré de l'état du pays, comprenant également ses besoins et ses périls, eût le grand art de se livrer tout entier aux uns, et d'échapper sans cesse aux autres; jurisconsulte assez habile pour démêler ce qui, dans le code de la tyrannie, avait été aboli, et ce qui était encore en vigueur : orateur assez puissant pour exciter dans l'âme du peuple des passions ardentes contre ce qui restait de servitude, et assez sage pour en arrêter l'élan à la limite de l'insurrection; avocat subtil, autant que tribun fougueux, appliqué à tenir en éveil la colère et la prudence du peuple, assez impétueux pour le pousser, et assez fort pour le contenir, capable de le mener à son gré sur la place publique, de l'agiter, de l'adoucir sous sa main; et qui, après lui avoir enseigné à haïr les lois sans les violer, sût encore, quand des excès seraient commis, les défendre devant la justice, en excuser les auteurs, et fasciner un jury comme assemblée populaire; il fallait à l'Irlande un homme qui, tout à elle de cœur, ne cessât d'avoir les yeux sur l'Angleterre, sût se conduire avec le maître aussi bien qu'avec l'esclave, stimuler l'un sans alarmer l'autre, presser les progrès de celui-ci sans troubler la sécurité de celui-là; qui, fort des institutions existantes, en fît son égide pour se défendre et son glaive pour attaquer; montrât comment un droit appelle un autre droit, une liberté une autre liberté; imprimât dans l'âme de tout Irlandais cette conviction profonde, que ce qui lui manque d'indépendance l'expose à la plus dure tyrannie, mais lui suffit pour conquérir son entier affranchissement; et, après avoir ainsi discipliné l'Irlande, pût un jour présenter à l'Angleterre une nation *constitutionnellement insurgée*, agitée mais non rebelle, se tenant debout comme un seul homme, et attendant, pour se rasseoir, que justice lui soit rendue. Cet homme, qu'appelait l'Irlande, se révéla à elle vers l'an 1810 (1); c'était Daniel O'Connell. Il ne pouvait paraître ni plus tôt ni plus tard; pour le faire naître, il fallait un pays déjà libre et pourtant encore esclave; il fallait assez d'oppression pour rendre l'autorité odieuse, et assez de liberté pour que le tribun du peuple pût se faire entendre; il fallait cet accident singulier d'une tyrannie appuyée sur les lois, pour donner tant d'empire à l'homme auquel ces lois seraient le plus familières, et qui, d'un texte habilement interprété, saurait tirer la liberté du peuple et l'indépendance de son pays. Venu il y a cinquante ans, O'Connell eût probablement péri au gibet; un demi-siècle plus tard, on ne l'écouterait plus dans son pays devenu plus heureux et plus libre.

Sans doute une loi providentielle assurait à l'Irlande quelque grand intepréte à ses grandes infortunes; mais c'est pour elle un accident heureux que d'en avoir rencontré un aussi extraordinaire qu'O'Connell. Je ne suis point de ceux qui pensent que l'Irlande doit à O'Connell seul de s'être réveillée de sa servitude; non, les passions, les volontés, la destinée de tout un peuple ne tiennent pas à un seul homme; non, il n'est point donné à un seul individu, quels que soient son génie et sa puissance, d'être tout pour son pays. Les grands hommes, qui paraissent conduire leur siècle, ne font souvent que l'exprimer; on croit qu'ils mènent le monde, ils le comprennent seulement; ils ont aperçu des besoins dont ils se constituent les défenseurs, et deviné des passions dont ils s'établissent les organes. On s'étonne, quand ils parlent, de ce que leur voix retentit si haut. On ne réfléchit pas que leur voix n'est pas celle d'un homme, mais celle d'un peuple. Si l'on étudiait bien O'Connell et le secret de sa puissance, on verrait que son principal mérite est d'avoir adopté la défense de sept millions d'hommes qui souffrent, et dont la misère est une injustice. Il est doux de penser que la résistance à l'iniquité soit une si belle source de gloire. Mais, si O'Connell n'a pas créé l'Irlande catholique émancipée, quel autre pouvait aussi bien que lui la représenter? S'il n'a pas seul imprimé à l'Irlande le grand mouvement qui l'a si profondément remuée et qui l'agite encore, comment nier qu'il ne l'ait prodigieusement hâté et développé? Il n'a pas, il est vrai, fabriqué les instruments de liberté que possède l'Irlande; mais quel autre aurait su les manier comme lui? Quel est celui qui, en face des besoins de l'Irlande, en eût fait une aussi savante étude, les eût saisis avec une aussi profonde intelligence, et eût mis à leur service d'aussi grandes facultés?

J'ai dit que l'intérêt de l'Irlande demandait une *guerre constitutionnelle*, une paix sans cesse agitée, un état intermédiaire entre le régime des lois et l'insurrection.

Considérez avec quel art O'Connell organise le plan de cette association qui va devenir maîtresse de l'Irlande, et qu'il s'agit de créer en dépit des lois destinées à l'empêcher de naître! Il est aujourd'hui bien reconnu de tous que l'association irlandaise n'a dû sa vie et ne doit chaque jour son salut qu'à l'infinie sagacité d'O'Connell qui, après l'avoir préservée dès son berceau de l'atteinte des lois alors en vigueur, sait ensuite la garantir des coups dont la menacent sans cesse de nouvelles lois; si le parlement la dissout, la fait revivre aussitôt; imagine toujours pour elle une forme que le législateur a omis d'interdire; s'expose personnellement, pour la sauver, à tous les périls auxquels on est sujet en éludant les lois, et arrache enfin à ses adversaires cet aveu, qu'il est bien aisé de dire qu'il faut arrêter M. O'Connell et le livrer à la justice, mais que la difficulté est de le surprendre en défaut, et de trouver une loi qu'on puisse l'accuser d'avoir formellement violée (1). Enfin l'association triomphe de toutes les attaques, elle est dominante, O'Connell en est le chef; et quel chef! quel zèle! quelle prudence! quelle sagesse impétueuse! quelle fécondité d'expédients! quelle variété de moyens!

Voyez O'Connell paraissant en 1825 devant le comité de la chambre des communes qui se livrait à une enquête sur l'état de l'Irlande : admirez avec quelle simplicité lucide, avec quelle ingénieuse candeur O'Connell expose les rigueurs qui alors encore pesaient sur l'Irlande catholique, ne mêlant pas à son récit un seul mot d'amertume, ne parlant que de paix, d'union et d'harmonie; assurant ses auditeurs qu'une fois l'émancipation parlementaire accordée, les protestants et les catholiques, divisés entre eux, mais non ennemis, s'aimeront comme des frères; répondant à toutes les objections, disant tous les griefs, indiquant le remède à tous les maux, ne laissant pas obscure une seule. des misères de l'Irlande, pas incertaine une seule de ses persécutions, et prononçant, au milieu de mille piéges tendus et de mille interruptions inévitables dans tout interrogatoire de cette espèce, le plaidoyer, sinon le plus beau, du moins le plus utile, qui jamais ait été fait dans l'intérêt d'un peuple opprimé (1)!

Mais cet homme timide et modeste qui, devant une commission du parlement anglais, tient ce langage conciliant, est-ce le même dont la voix formidable retentit dans le comté de Clare (2) et qui dit au peuple : « La loi vous défend d'envoyer un catholique au parlement! eh bien! je suis catholique, nommez-moi. » Est-ce le même homme, tout à l'heure si calme, qui maintenant fait un appel à toutes les passions du peuple, excite ses plus ardents enthousiasmes, brise d'un seul coup les liens par lesquels l'aristocratie tenait ses inférieurs dans sa dépendance, sépare le catholique du protestant, le fermier du propriétaire, le vassal du seigneur, attire à lui tous les suffrages, et laisse dans un isolement profond et imprévu cette aristocratie toute stupéfaite de l'audace et du succès de son ennemi!

Les principales armes dont se sert O'Connell, dans cette guerre constitutionnelle dont il est le général, sont ses discours dans le parlement, dans l'association, dans les *meetings;* ses harangues électorales et ses publications par le moyen de la presse. Les travaux du parlement qui le retient la moitié de l'année, et où il se fait entendre à l'occasion de toute question de quelque importance, ceux de l'association qui ouvre ses séances quand le parlement a clos les siennes, et dont O'Connell fait à peu près tous les frais, n'offrent point un aliment suffisant à son inconcevable activité. Les meetings ou assemblées populaires qui, en Irlande comme en Angleterre, se réunissent à tous propos, et dans lesquelles O'Connell domine comme il y excelle (1), sont encore trop peu pour satisfaire le besoin d'action qui le dévore. Il ne laisse échapper aucune occasion de dire sa pensée au peuple et d'exercer sa puissance. Une élection générale se prépare-t-elle, O'Connell la dirige presque souverainement; il dit à tel collége électoral : Nommez celui-ci; à tel autre : Ne nommez pas celui-là; et toujours il est obéi. Informé qu'une élection importante est douteuse dans le nord, il s'y rend en toute hâte, fait entendre sa voix toute-puissante sur une multitude irlandaise, et le candidat qu'il a soutenu triomphe; de là, sans prendre un instant de repos, il vole vers le sud où il a appris qu'une autre élection périclite, il fascine et entraîne ses auditeurs, fait élire son fils, ou son gendre, ou quelqu'un des siens; et, reprenant sa course en descendant des hustings, il arrive à Dublin précisément à l'heure des séances de l'association, dans le sein de laquelle sa parole retentit plus fraîche et plus sonore que jamais. O'Connell est doué d'une infatigable ardeur; quand il n'a point l'occasion d'agir, il parle; s'il ne parle pas, il écrit; du reste, actes, paroles, écrits, tout est dirigé vers un but unique, son pays, et parvient à ce but par la même voie, la publicité. Il se passe à peine, dans toute l'année, un seul jour sans que la presse publie, soit une résolution, soit un discours, soit une lettre d'O'Connell.

Ce qui distingue O'Connell, ce n'est pas l'éclat de telle qualité particulière, c'est plutôt l'assemblage de plusieurs qualités ordinaires, mais dont la réunion est singulièrement rare. On citera sans peine tel ou tel orateur plus remarquable que lui, tel homme d'action plus habile, tel écrivain plus distingué; mais cet orateur plus brillant serait incapable d'agir; cet homme d'action ne sait pas écrire; cet écrivain supérieur ne sait ni agir ni parler. O'Connell, qui probablement ne fût devenu célèbre ni par des livres, ni par des harangues, ni par des actes politiques, se trouve aujourd'hui le plus illustre de ses contemporains parce qu'il est capable, quoique dans un ordre secondaire, de ces trois choses à la fois. Il est cependant juste de dire qu'au barreau O'Connell est supérieur, et que dans les assemblées populaires il est sans rival.

Il y a dans la fortune d'O'Connell quelque chose de plus surprenant que son origine, et que les moyens par lesquels elle s'est établie; c'est la durée de sa puissance, puissance toute fondée sur cette base fragile qui s'appelle la faveur populaire. On voit encore des hommes qui sont grands un jour, les héros d'un fait, l'expression d'un événement considérable accompli par eux ou par la nation dont ils dirigent les efforts, et dont la puissance s'évanouit d'ordinaire avec la grande circonstance dont ils sont les représentants; mais ce qui ne se rencontre guère, c'est cet empire continu d'un homme qui, pendant vingt années, règne sur son pays sans autre titre que l'assentiment populaire, chaque jour nécessaire, donné chaque jour. C'est peut-être de toutes les existences la plus grande et la plus magnifique, mais c'est aussi la plus laborieuse. La vie d'O'Connell est une perpétuelle entreprise, un combat qui ne finit point. Qu'il cesse un seul jour d'agir, de parler, d'écrire, sa puissance croule aussitôt. L'homme que son pays a revêtu de la magistrature suprême est encore fort et obéi, après que les causes de son élévation sont passées; et, président ou roi, il peut demeurer tel dans la plus complète inertie. O'Connell se reposant n'est plus rien; son pouvoir ne se maintient qu'à la condition d'une action incessante; de là cette agitation fébrile qui le distingue et qui, grâce à son caractère, fait son bonheur en même temps que sa gloire.

Si, du reste, il est facile de concevoir comment il faut

des efforts continus pour perpétuer cette puissance qui meurt et renaît chaque jour, on comprend moins aisément comment celui à qui le besoin d'agir sans relâche est impérieusement prescrit trouve toujours sous sa main de nouvelles occasions d'action. O'Connell excelle autant à les découvrir qu'à les exploiter. A peine un grief de l'Irlande est-il satisfait, que son œil vigilant aperçoit un grief nouveau qui va devenir le texte de ses plaintes; son tact est merveilleux à prendre le devant des passions populaires, à les deviner; il ne pense pas autrement que tout le monde; il pense plus vite, et il dit le premier ce que tout le monde allait dire. De toutes ses facultés, la plus éminente c'est sans contredit l'extrême bon sens dont il est doué, à l'aide duquel il mesure tout d'un coup la difficulté, voit aussitôt le meilleur parti à prendre, et juge si sûrement le présent, que nul n'est aussi près que lui de l'avenir.

Beaucoup se représentent O'Connell sous les traits d'un ardent et dévot catholique poussé par le fanatisme religieux à défendre la liberté. Pour juger à quel point cette opinion est juste, il faudrait pouvoir lire au fond des cœurs; c'est un don qui n'appartient qu'à Dieu. Si cependant il était permis de hasarder un jugement sur les sentiments les plus impénétrables de l'âme, je dirais qu'il y a chez O'Connell plus de bon sens que de passion, plus d'intelligence politique que d'ardeur religieuse.

D'autres, qui ne considèrent O'Connell que dans sa vie politique, se demandent s'il joue un rôle, ou s'il obéit à une conviction. C'est un doute qu'il semble puérile de discuter. Eh quoi! il n'est pas de petit procureur à gages qui, quand il a, tant bien que mal, plaidé durant quelques heures la plus mesquine cause pour le plus triste client, ne soit presque convaincu de la sainteté de son droit, et ne s'anime jusqu'au zèle, quelquefois jusqu'au désintéressement : et l'on demande s'il y a de la bonne foi et du dévouement sincère chez l'homme qui, depuis trente ans, défend la même cause: la cause d'un peuple entier, d'un pays qui est le sien; une cause à laquelle il a dévoué toute sa vie, à qui il doit toute sa gloire; la cause la plus équitable qui ait jamais existé, et qu'il croirait juste encore, alors même qu'elle ne le serait pas?

O'Connell est en butte à des attaques qui, si elles ne sont pas plus méritées, sont plus faciles à comprendre. Les partisans déclarés de l'obéissance passive ne peuvent lui pardonner ses allures libres et ses tendances révolutionnaires; et ceux qui regardent l'insurrection armée comme l'unique remède à la misère du peuple lui imputent tous les maux de l'Irlande, qui souffre et ne se révolte pas. On conçoit que la conduite d'O'Connell ne satisfasse ni les uns ni les autres. Il y a dans le principe politique qui lui sert de guide, dans cette doctrine intermédiaire entre le respect des lois et l'agression, quelque chose de mixte qui rend son caractère presque insaisissable, faisant d'O'Connel tantôt un sujet loyal, tantôt un partisan factieux; aujourd'hui incliné devant le roi, demain roi lui-même sur la place publique : moitié démagogue, moitié prêtre. Pour juger O'Connell, il faut l'envisager à la fois sous ce double point de vue. O'Connell n'est ni un homme de pure opposition parlementaire ni un homme de révolution; il est l'un et l'autre, tour à tour et selon les cas. Son principe en ces matières se forme sur la circonstance; tout pour lui consiste à obéir et à résister avec discernement. O'Connell, chez qui le bon sens domine toujours l'enthousiasme, ne poursuit jamais que ce qui est possible. Trouve-t-il que l'opinion publique est froide sur une question de réforme, il poursuivra cette réforme dans le parlement, avec l'arme seule de la logique et l'unique secours de la raison. S'agit-il au contraire d'un sujet qui excite les passions populaires et pour lequel il y ait chance de voir la nation entière prendre fait et cause, O'Connell ne se borne plus à raisonner, il agit. Il n'invoque plus seulement un principe, il fait un appel aux passions. C'est ainsi que, dans les temps qui ont précédé l'émancipation catholique obtenue en 1829, il avait mis l'Irlande sur pied : ainsi, en 1831, il soulevait toute l'Irlande contre le payement de la dîme. Remarquez qu'il la soulevait, mais ne l'armait pas ; il déployait un appareil menaçant, et attendait que le pouvoir irrité lui donnât, en l'attaquant, les avantages et les priviléges de la défense. O'Connell sait merveilleusement le parti qu'il peut tirer de la légalité, et jusqu'où il peut aller dans la violence ; il pense que c'est folie à un peuple qui possède des libertés, de délaisser ces armes puissantes de combat dont l'usage est légitime et exempt de tous dangers, pour recourir à cette arme extraordinaire, la révolte, dont l'emploi est si périlleux et l'effet si incertain. Si O'Connell croyait qu'une bonne et franche insurrection réussît à l'Irlande, et fît d'elle un peuple heureux et libre, il serait sans doute révolutionnaire. Il eût applaudi au mouvement des *volontaires* de 1778 ; mais je doute qu'en 1792 il se fût engagé dans le mouvement pourtant plus national des *Irlandais-Unis*. Les premiers avaient pour eux des chances de succès qui manquaient entièrement aux seconds. O'Connell a l'âme et la mémoire chargées de toutes les misères qu'ont attirées sur l'Irlande ses violents essais d'indépendance : de là son effort constant pour créer ce qu'il appelle *l'agitation constitutionnelle*, ce système indécis entre la paix et la guerre, entre la soumission et la révolte, entre l'opposition légale et l'insurrection : système qui sans doute ne confère point aux peuples les rapides bienfaits d'une révolution soudaine et prospère, mais qui aussi n'expose point le pays aux terribles responsabilités d'une insurrection malheureuse.

Mais, soit que l'on considère O'Connell comme un ardent sectaire ou comme un grand chef de parti, politique ou enthousiaste, parlementaire ou révolutionnaire, on est dans tous les cas obligé de reconnaître en lui une extraordinaire puissance ; et ce qui, dans cette puissance, frappe surtout les regards, c'est ce qu'elle contient de profondément démocratique. O'Connell est tout naturellement, et par le fait seul de son existence politique en Irlande, l'ennemi de l'aristocratie ; il ne saurait être l'homme d'une population irlandaise et catholique sans être l'adversaire de l'oligarchie anglicane. Peut-être dans aucun pays le représentant de l'intérêt et de la passion populaires n'est-il aussi nécessairement qu'O'Connel l'ennemi violent des classes supérieures ; parce qu'il n'y a peut-être pas de pays au monde où il existe une séparation aussi nette et aussi profonde qu'en Irlande entre l'aristocratie et le peuple.

Il ne faut donc pas s'étonner si O'Connell livre à l'aristocratie d'Irlande une guerre éternelle ; si idole du peuple, il excite dans les rangs élevés de la société des inimitiés ardentes. Il n'y a peut-être pas d'homme qui soit tant aimé et si haï. Les ressentiments de l'aristocratie contre lui sont assurément bien naturels ; mais malheur au grand seigneur d'Irlande qui, incapable de haïr en silence, provoque cet ennemi formidable !

Un jour, au milieu d'un banquet public, faisant allusion au tribut annuel qu'O'Connell reçoit de l'Irlande (1) un lord traita O'Connell de *mendiant* (beggerman). Le lendemain, O'Connell vient à la séance de l'association.

« J'ai, dit-il, à vous raconter une agression nouvelle dirigée contre moi par le marquis ***, qui s'est permis d'ajouter à mon nom l'épithète de *mendiant*. Je voudrais bien savoir de quel droit ce seigneur me traite de la sorte. Quel est son motif ? Serait-ce que j'ai sacrifié un revenu égal au moins au produit du plus beau de ses domaines, pour me mettre à même de me dévouer plus complétement à la défense de mes concitoyens, et pour mieux les protéger contre une aristocratie qui n'aspire qu'à les fouler aux pieds ? Il m'est arrivé ce qui peut-être n'est jamais arrivé à aucun homme, et l'Irlande a fait pour moi ce qu'aucun peuple ne fit jamais pour un simple individu. Oui, cela est vrai, je reçois un tribut, gage du haut prix qu'on attache à mes faibles services. Je m'en glorifie, et je repousse en même temps que j'entends avec le plus profond dédain les injures de cette lâche aristocratie, qui marcherait sur le corps du peuple si elle ne me trouvait sur son chemin. Quels sont, dites-moi, les titres du marquis de ··· à la considération publique? A quoi doit-il les grandes terres qu'il possède en Écosse? Je m'en vais vous le dire. Son ancêtre était lord ···, abbé de ··· au temps de Knox : trahissant le dépôt qui lui était confié, il livra les vastes possessions qui dépendaient de son abbaye, après toutefois en avoir obtenu pour lui-même la concession des deux tiers. Voyons maintenant l'origine de ses domaines d'Irlande. Comment sont-ils entrés dans sa famille? — Eh! mais, par la voie accoutumée du temps, par le sacrilége, le parjure, le vol et l'assassinat. Et voilà un homme qui, héritier du fruit de tous ces forfaits, ose attaquer un autre homme dont tout le crime est de s'être constitué le défenseur de ses concitoyens contre les monstres qui, depuis des siècles, écrasent son pays du poids de leur tyrannie (1). »

Du reste, ce n'est pas seulement par ses sarcasmes, ses invectives amères et ses fougueuses déclamations qu'O'Connell attaque les hautes classes d'Irlande et ébranle leur autorité ; il les rapetisse par sa grande taille, qui, en Irlande, l'élève au-dessus de tous ; il annule surtout leur empire par l'ascendant qu'il a pris sur ceux qui leur doivent obéissance ; il détruit leur pouvoir par la domination qu'il exerce lui-même sur toute l'Irlande. Toute grande individualité est nivelante de sa nature ; elle est supérieure à ce qui l'environne ; mais au-dessous d'elle tout est égal. En plaçant le peuple sous une influence unique, centrale, née du libre assentiment de chacun, O'Connell l'accoutume à ne compter pour rien les priviléges légaux et traditionnels qui, dans un gouvernement aristocratique comme celui de l'Irlande, sont présumés attachés au nom, à la naissance et la condition sociale [1].

§ III

Le clergé catholique.

Mais de tous les éléments sociaux existant en Irlande, et qui, favorables à la liberté, contiennent aussi des germes de démocratie, il n'en est peut-être point de plus fécond, au moins dans le temps présent, que le clergé catholique. Si O'Connell est le sommet de l'association, on peut dire que le clergé catholique en est la base. Mais O'Connell est un homme dont la puissance est destinée à finir avec sa vie, si même le déclin de son pouvoir ne précède sa mort (1). Le clergé est un corps qui ne meurt point.

Le clergé catholique est ce qu'il y a en Irlande de plus national : il tient aux entrailles mêmes du pays. Nous l'avons vu ailleurs, l'Irlande ayant été en même temps atta-

[1] Depuis la publication de ce livre (1839), O'Connell a continué en Irlande sa mission tout à la fois *pacifique et agitée*. Pendant plusieurs années il a poursuivi l'entreprise du *repeal* de l'union, pour le succès duquel il a couvert l'Irlande de ces meetings formidables dont l'Angleterre s'est émue, et qui ont fini par exciter à tel point les alarmes du gouvernement britannique, qu'il s'est décidé à mettre en jugement leur instigateur. L'appréciation de ces faits, la question du *repeal*, la poursuite d'O'Connell, le jugement de la chambre des lords, etc., avaient été l'objet, de la part de l'auteur, d'un travail qui se trouvait dans la préface de la sixième édition, publiée en 1844, et qu'on a cru devoir reporter à la fin du second volume, sous forme d'*Appendice*, avec le titre de : *État de la question d'Irlande en* 1844.

On sait qu'O'Connell est mort en mai 1847. Mais la grandeur du rôle qu'il a joué en Irlande pendant trente ans, les services qu'il a rendus à son pays, que dès aujourd'hui on reconnaît immenses, et que plus tard on jugera plus grands encore; tout fait d'O'Connell un homme qui appartient à l'histoire. L'auteur de ce livre n'avait donc rien à supprimer du chapitre intitulé *O'Connell*.

(*Note de la septième édition*. 1862.)

uée dans sa liberté et dans son culte, la religion et la patrie se sont mêlées dans l'âme de l'Irlandais, et sont devenues pour lui une seule chose. A force de lutter pour sa religion contre l'Anglais, et pour sa patrie contre le protestant, il s'est accoutumé à ne voir de partisans de sa foi que parmi les défenseurs de son indépendance, et à ne trouver de dévouement pour son indépendance que parmi les amis de sa religion.

Au milieu des agitations dont son pays et son âme ont été le théâtre, l'Irlandais, qui a vu se consommer tant de ruines au dedans et autour de lui, ne croit à rien de stable et de certain dans ce monde, si ce n'est à son culte ; ce culte aussi vieux que la vieille Irlande, ce culte supérieur aux hommes, aux siècles, aux révolutions, qui a traversé les plus sinistres orages et les plus dures tyrannies ; contre lequel Henri VIII n'a rien pu, qui a bravé la reine Élisabeth, sur lequel a passé, sans l'abattre, la sanglante main de Cromwell, et que n'ont pas même atteint cent cinquante années de persécutions continues. Pour l'Irlandais, il n'y a de souverainement vrai que son culte.

En défendant ce culte l'Irlandais a été cent fois envahi, conquis, chassé du sol natal ; il a gardé sa foi et perdu sa patrie. Mais, après la confusion qui s'était faite dans son esprit de ces deux choses, sa religion sauvée est devenue tout pour lui, et s'est encore étendue dans son cœur en y prenant la place qu'y tenait son indépendance. L'autel où il prie est encore sa patrie.

Parcourez l'Irlande, regardez les populations, étudiez leurs mœurs, leurs passions, leur caractère, vous reconnaîtrez qu'aujourd'hui même où l'Irlande est politiquement libre, ses habitants sont encore tout pleins de préjugés et de souvenirs de leur ancienne servitude. Voyez seulement leur aspect extérieur : ils marchent le front incliné vers la terre ; leur attitude est humble, leur langage timide ; ils reçoivent comme une grâce ce qu'ils pourraient demander comme un droit, et ils ne croient point à l'égalité que la loi leur assure. Mais, si de la cité vous passez dans l'église, vous êtes tout à coup frappé du contraste. Ici se redressent les contenances les plus abattues, et les têtes les plus humbles se relèvent, portant vers le ciel les plus nobles regards : l'homme reparaît dans sa dignité. Le peuple irlandais est dans son église ; là seulement il se sent libre, là seulement il est sûr de son droit. Il occupe le seul terrain qui n'ait jamais manqué sous ses pieds.

Quand l'autel est aussi national, comment le prêtre ne le serait-il pas ? De là la grande puissance du clergé catholique en Irlande. Appliqué à renverser le catholicisme, le gouvernement anglais ne pouvait abattre le culte sans détruire le clergé. Et l'on a vu ailleurs comment il travailla à la ruine de celui-ci. Cependant, en dépit des lois pénales qui d'ailleurs sommeillaient quelquefois, il y a toujours eu des prêtres en Irlande. Le culte catholique n'y eut longtemps, il est vrai, qu'une existence mystérieuse et clandestine; il était légalement censé ne pas être, et la même fiction s'étendait au clergé. Alors même qu'on tolérait le culte catholique, on ne l'autorisait pas ; on ne le reconnut même qu'indirectement, lorsqu'en 1798 le parlement anglais vota des fonds pour la dotation du séminaire de Maynooth, destiné à l'éducation des prêtres irlandais. Quoi qu'il en soit, le culte catholique existe aujourd'hui publiquement en Irlande, ses temples s'élèvent, son clergé s'organise, ses cérémonies s'accomplissent au grand jour ; il compte quatre archevêques, vingt-trois évêques, deux mille cent cinq églises et deux mille soixante-quatorze prêtres ou vicaires. Ce n'est pas la loi qui le constitue ainsi, mais elle le laisse se former ; elle lui accorde une tolérance expresse, et maintenant le clergé catholique, dépositaire de la première puissance nationale de l'Irlande, l'exerce sous l'égide de la constitution. Et, pour comprendre cette puissance, ce n'est pas assez de savoir ce qu'est pour le peuple irlandais sa religion, mais encore ce qu'est pour lui son prêtre.

Contemplez ces immenses classes inférieures d'Irlande qui portent à la fois toutes les charges et toutes les misères de la société, qu'un avide propriétaire pressure sans pitié, que le fisc épuise, que le ministre protestant dépouille, que l'homme de loi achève de ruiner. Quel est dans leurs souffrances leur unique appui? Le prêtre. Qui leur donne un conseil dans leurs entreprises, un secours dans leurs disgrâces, une aumône dans leurs détresses? Le prêtre. Qui leur accorde (chose peut-être encore plus précieuse) cette sympathie qui console, cette voix amie qui soutient, cette larme d'humanité qui fait tant de bien au malheureux? Un seul homme en Irlande pleure avec le pauvre qui a tant à pleurer; cet homme, c'est le prêtre. Vainement des libertés politiques sont obtenues, des droits consacrés, le peuple souffre toujours. Il y a de vieilles plaies sociales sur lesquelles le remède venu des lois est lent à se faire sentir. Ces plaies du peuple larges et hideuses, le clergé seul n'en détourne pas les yeux, seul il s'en approche et les adoucit. En Irlande, il n'y a que le prêtre qui ait de perpétuels rapports avec le peuple et qui s'en honore.

Ceux qui en Irlande n'oppriment pas le peuple ont du moins coutume de le mépriser. Je n'ai trouvé dans ce pays que le clergé catholique qui aimât les basses classes et en parlât dans des termes d'estime. Cela seul m'expliquerait la puissance des prêtres en Irlande.

La mission du clergé catholique en Irlande est la plus magnifique qui se puisse imaginer. Elle est un accident : car il fallait, pour la faire naître, un ensemble de misères qui heureusement sont particulières à ce pays. Mais le clergé irlandais n'a point manqué à sa fortune; un rôle admirable s'offrait à lui, il en a compris la grandeur, et il le remplit avec un dévouement sublime. On ne se doute guère sur le continent de ce qu'est en Irlande la vie du prêtre catholique qui, dans la guerre terrible que le riche fait au pauvre, est le seul refuge de celui-ci; et qui met à combattre le malheur de son semblable un zèle, une ardeur, une constance que l'ambition la plus violente et la plus égoïste apporte rarement dans la construction de sa propre fortune.

Il semble du reste que tout en Irlande se réunisse pour placer en relief aux regards du peuple les vertus de son clergé.

Quel doit être le sentiment du peuple quand il compare son église humble et pauvre comme lui, comme lui persécutée, avec cette église orgueilleuse et magnifique, l'église anglicane appuyée sur l'État dont elle partage la puissance; lorsqu'une loi dure le contraint de payer à celle-ci des tributs énormes dont il ne lui revient jamais une obole, tandis que le peu qu'il donne à son pauvre clergé, celui ci le lui rend tout entier (1), et y ajoute des soins et des dévouements qui ne se payent point; lorsque, sous ses yeux, un ministre protestant, un étranger qu'il ne connaît pas, occupe un bénéfice où il ne prend souci que de sa famille, de ses plaisirs et de ses intérêts; tandis que le prêtre catholique, qui n'a point de famille, point de fortune, point de biens terrestres, qui est enfant de l'Irlande et sorti des rangs populaires, ne vit que pour le peuple et se donne tout à lui?

Que doit-il penser au sein de ses profondes misères, lorsque chaque jour il entend les riches, presque tous sectateurs de l'Église anglicane, proclamer que l'aumône est le plus grand de tous les maux, qu'elle est pour le peuple une source d'immoralité et de dépravation; tandis que, du haut de la chaire, le prêtre catholique frappe de ses malédictions le mauvais riche qui ne donne point au pauvre, et ne cesse de faire entendre ces paroles de charité : Faites l'aumône, et le royaume des cieux vous appartient.

Je n'examine point ici lequel du riche protestant ou du

prêtre catholique applique le plus sainement les principes de l'économie politique; mais je suis sûr tout d'abord que le peuple prend le langage du riche pour celui d'un adversaire, tandis que la parole du second pénètre comme une voix amie jusqu'au fond de son cœur. Qui s'étonnera maintenant de la puissance du clergé catholique en Irlande? Cette puissance a pourtant encore une autre base, et peut-être la plus solide de toutes : de même que le peuple irlandais n'a pas d'autre appui que son clergé, le clergé catholique n'a pas d'autre soutien que le peuple. C'est le peuple seul qui paye son prêtre; de là l'origine du double lien qui les serre étroitement l'un à l'autre; de là leur dépendance mutuelle, de tous les nœuds le plus durable. Aujoutons que dans ce pays où toutes les classes supérieures et privilégiées sont impopulaires, le clergé catholique est le seul corps plus éclairé que le peuple, dont celui-ci accepte les lumières et le pouvoir. Et ce pouvoir n'est pas purement social; il est encore essentiellement politique. La libre existence de l'Église catholique est peut-être, en Irlande, ce qu'il y a de plus directement hostile au principe qui, pendant des siècles, a dominé dans le gouvernement. Ce n'est pas seulement une Église qui s'élève à côté d'une autre Église; ce n'est pas seulement un corps de vicaires, de prêtres et d'évêques qui s'organise à la face d'un autre clergé, élevant autel contre autel, et faisant entendre prédication contre prédication; il y a, dans le développement aujourd'hui complétement libre de l'Église catholique d'Irlande, le signe d'un principe nouveau, vainqueur du vieux principe anglican, qui jadis était comme le cœur du gouvernement anglais : la vieille Irlande se sent renaître dans l'Église catholique; la tyrannie protestante (protestant ascendancy) est vaincue; c'est un principe politique, bien plus encore qu'un principe religieux, qui triomphe.

Aussi le prêtre irlandais ne se borne pas à secourir le peuple dans ses misères sociales, il le protége encore contre l'oppression politique; il ne se contente pas d'être homme et prêtre, il est encore citoyen, et n'est pas moins occupé de la liberté que de la religion.

Pendant longtemps, le clergé catholique, soumis comme le peuple à la persécution, n'avait eu d'autre soin que de s'y soutraire, et il était trop abattu par elle pour conserver aucune puissance de protection; il se dérobait aux lois pénales, s'efforçait de procurer au peuple les secours spirituels de la religion, et, quand il y réussissait, il avait accompli sa tâche. Ainsi, au plus fort de l'oppression, le clergé catholique se renferma strictement dans son église, et il s'y tenait encore réfugié lorsque l'Irlande livrait ses premiers combats et remportait ses premières victoires. Il resta naturellement étranger à l'agitation de 1778, qui était un mouvement protestant; et peu de temps après, quand l'association irlandaise apparut faisant un appel à toutes les forces nationales, il fut d'abord à peu près sourd à sa voix, puis il ne lui prêta qu'un timide concours qu'il s'empressa de retenir quand l'orage de 1798 vint à gronder.

Cependant ce terrible ouragan passé, les attaques du peuple ayant cessé d'être révolutionnaires pour devenir presque légales, des procédés ingénieux d'agression ayant été trouvés, avec lesquels on poursuit les fruits de la rébellion sans risquer aucun de ses périls, périls immenses que le prêtre prudent pour le peuple et pour lui-même ne perd jamais de vue, le clergé catholique, dans ces conjonctures, a fini par épouser vivement la cause du peuple, et de ce jour il a été son défenseur le plus efficace, et le plus redoutable ennemi du pouvoir. Il n'y a pas eu, en Irlande, une crise politique à laquelle le clergé catholique n'ait eu une grande part. Il a été le constant auxiliaire de l'association dont il explique au peuple les actes et les décrets. Pas une élection ne se fait en Irlande sans que le clergé catholique donne ses conseils, pour ne pas dire ses ordres au peuple. Le clergé prend part à toutes les affaires du pays; il se mêle aux assemblées et y fait entendre sa voix. Souvent le prêtre se change en tribun, et la même voix qui recommande de rendre à César ce qui est dû à César proclame hautement que le devoir de tout bon catholique est de voter contre le protestant, et que le plus humble fermier doit braver les rigueurs du maître plutôt que de ne pas donner son suffrage suivant sa conscience. Personne aujourd'hui n'ignore, en Irlande, que le succès des élections libérales est presque entièrement dû à l'influence du prêtre qui tient en ses mains l'âme du peuple, et sait opposer aux menaces du riche et du puissant les promesses du ciel et les terreurs de l'enfer. C'est sur la proposition du clergé que l'association a résolu de donner une indemnité aux pauvres fermiers qui, par suite d'un vote indépendant, sont expulsés de leur ferme; ainsi le clergé d'Irlande a introduit la charité dans la politique (1).

Il n'est pas assurément dans les traditions et dans les principes du clergé catholique de se montrer hostile aux gouvernements établis; et sa pente naturelle l'incline plutôt vers le pouvoir qu'elle ne l'en rend l'adversaire. Mais combien le prêtre irlandais est loin des doctrines d'obéissance passive qu'on a souvent reprochées à l'Église catholique, et suivant lesquelles le peuple, courbé sous la plus pesante tyrannie, n'aurait pas le droit de relever sa tête. On peut juger de l'esprit qui anime le clergé d'Irlande et des principes qui dirigent ses actes, par la réponse que fit, en 1832, devant un comité de la chambre des communes, le docteur Doyle, alors évêque de Carlow (Kildare), dont le nom est resté en grande vénération parmi le peuple et le clergé d'Irlande.

Le docteur Doyle avait publié une lettre adressée à tous les catholiques irlandais pour les engager à refuser au clergé protestant le payement de la dîme et à appuyer leur résistance sur tous les moyens légitimes.

Ainsi, lui dirent les membres du parlement anglais devant lesquels il comparaissait, vous posez en principe le droit de résister à la loi; et quel sera le fondement de cette résistance? Le jugement individuel de chacun, qui décidera souverainement si la loi doit ou ne doit pas être obéie. Est-il rien de plus anarchique?

« Je pense, répond l'évêque catholique, que lorsque des abus existent dans un État, si les individus étaient obligés de tenir leur jugement sous le joug de l'autorité qui protége ces abus, il n'y aurait pas pour le pays de réforme possible; et l'on verrait alors s'établir sur les bases les plus larges non-seulement le principe de l'obéissance passive, mais quelque chose encore de pire que le droit divin des rois; car ce serait le droit divin des abus. Au nom de Dieu, dites-le moi, quel progrès s'est jamais fait dans ce pays, qui n'ait été l'œuvre d'hommes poursuivant la justice en opposition à la loi? Pour moi, je n'en connais aucun. Tout le despotisme de Jacques Ier était rigoureusemeut légal. Même dans la question du tonnage, les tribunaux se prononcèrent pour le pouvoir royal. Si vous en venez à la révolution de 1688, elle se fit sans aucun doute en violation de la constitution, et pourtant elle est le point de départ de notre prospérité nationale. Arrivons à l'émancipation catholique. Pendant cinquante années, les protestants et les catholiques d'Irlande l'ont poursuivie de leurs efforts; et combien de crimes ont accompagné l'opposition qu'elle a rencontrée! combien de collisions, de haines, d'animosités! combien de luttes sanglantes! Et pour parler d'un fait encore plus récent, l'organisation actuelle de la chambre des communes n'est-elle pas constitutionnelle (1)? Nul, sans doute, ne niera qu'elle ne le soit. Cependant cette institution, que la loi protége, le roi et son gouvernement travaillent à la modifier; et leur plan de réforme est l'occasion d'émeutes populaires à Bristol, à Nottingham, etc. Qui imputera au gouvernement ces émeutes et le sang qui s'y répand? S'il fallait renoncer à recouvrer un droit parce que la poursuite de ce droit traîne avec elle des périls, autant vaudrait se livrer purement et simplement à la merci du despotisme, et Vos Seigneuries ne réussiront jamais à enchaîner mon intelligence à la lettre de la loi, au point de m'arrêter dans la poursuite du juste et du vrai que me montre ma conscience. Prenons donc pour guide un principe de justice; conduisons-nous d'après lui, et tenons-nous en garde de notre mieux contre l'abus; mais n'allons pas, parce que l'abus se trouve mêlé au principe, sacrifier ce principe lui-même. Si nous agissions ainsi, mieux vaudrait pour nous cesser de vivre en société, et nous ne serions certainement pas dignes de la constitution libre dont la Providence a doté ces contrées » (1).

Tel est aujourd'hui le langage du prêtre en Irlande. C'est ainsi que d'un élément favorable de sa nature aux gouvernements établis sort un principe fécond de liberté pour le peuple; principe de résistance politique devenu si formidable en Irlande, qu'on se demande quelle autorité est capable de s'y maintenir à l'encontre de lui, et auquel pourtant ses adversaires eux-mêmes osent à peine toucher, parce qu'il est l'unique sauvegarde sociale de ceux dont il attaque la puissance politique. Le clergé catholique est à peu près l'unique source de morale à laquelle le peuple irlandais vienne puiser; lui seul enseigne à ce peuple les règles de conduite privée qui sont encore les plus sûrs garants de l'honnêteté dans la vie publique; et là même où ses passions politiques sont engagées, sans se séparer du peuple et même en le suivant, il le dirige et le contient. En tout temps, il a condamné les principes et les actes des Witheboys; et le docteur Boyle les foudroya plus d'une fois de ses excommunications. Si, au milieu de sa démagogie, l'association est parvenue à répandre parmi le peuple des idées d'ordre et de soumission à une règle, c'est grâce au clergé catholique son agent immédiat. Si le riche, si le juge de paix auxquels le peuple résiste par le conseil du prêtre, ne sont pas tués et pillés, c'est au prêtre seul qu'ils le doivent. Étrange situation d'une aristocratie dont les membres, pour assurer leur vie et leur fortune, ont en quelque sorte besoin de délaisser leur pouvoir politique! Singulière destinée d'un clergé qui, porté par ses instincts et ses doctrines vers l'autorité, en devient le plus terrible adversaire!

Du reste, dès que le clergé catholique, dont la doctrine est plutôt amie des pouvoirs terrestres, sort de son principe, il est tout naturellement, et par un penchant qui lui est propre, l'ennemi de l'aristocratie.

Le christianisme est démocratique de son essence; il est la grande source d'égalité qui coule perpétuellement et inonde l'univers. Le christianisme ne cesse d'être démocratique que lorsqu'il est détourné de son cours naturel.

Si le principe chrétien est le plus démocratique de tous les principes religieux, il faut ajouter que de toutes les formes sous lesquelles le principe chrétien se manifeste aux hommes, la forme catholique est aussi la plus démocratique. Elle seule passe le même niveau sur tous les hommes, sur tous les peuples, qu'elle soumet à l'empire d'un seul chef, suprême arbitre du genre humain.

Comment donc arrive-t-il que le culte catholique soit parfois l'allié et l'ami de l'aristocratie? C'est que le corps qui représente ce culte, c'est-à-dire le clergé, peut être organisé de telle façon qu'il perde son caractère originaire pour en prendre un autre qui ne lui est pas propre.

Supposez un clergé catholique doté de grands priviléges; de là lui viendront d'abord les instincts et les passions de toutes les corporations privilégiées. Supposez encore que, coexistant dans l'État avec une noblesse, il ait des avantages analogues à ceux de cette noblesse; que, comme elle, il possède de grands pouvoirs politiques et d'immenses richesses. Alors il s'établira entre ces deux corps une sympathie naturelle; une tendance constante les portera à se rapprocher, à se liguer pour l'attaque, à s'unir pour la défense. Alors aussi ses intérêts de corps privilégié, l'éloigneront autant du plus grand nombre que ses tendances naturelles l'en rapprochaient. Et on le verra d'autant plus se retirer du peuple, que cet autre corps privilégié, son semblable et son allié, la noblesse, s'en tiendra elle-même plus éloignée; de telle sorte que, si celle-ci entrait en guerre avec le peuple, le clergé, cet ami primitif et naturel du peuple, en deviendrait aussi l'adversaire.

Mais on conçoit que rien de semblable ne peut arriver dans un pays où le clergé chrétien et catholique ne possède aucun privilége et n'occupe aucun rang hiérarchique dans l'État; où il existe, à la vérité, une aristocratie, mais une aristocratie protestante en face du peuple catholique, une aristocratie qui, au lieu d'attirer le clergé vers elle par des parités de position, et de le provoquer ainsi à une alliance, le repousse, au contraire, avec toute la violence qui peut naître de l'assemblage de passions hostiles, de principes opposés et d'intérêts contraires.

Ainsi, en Irlande, le clergé a toute autorité sur un peuple qui ne reconnaît d'autre pouvoir que le sien : situation bien différente du cas où le clergé, uni à un roi absolu, est contenu strictement dans les limites de son influence spirituelle, et de celui où, allié d'une aristocratie, il a une force politique, mais partagée et impopulaire. Ici le clergé catholique a sur le peuple la double autorité, et il la possède seul. C'est ainsi qu'un corps religieux qu'on voit quelquefois l'appui des princes ou l'allié des corporations privilégiées est, en Irlande, un des plus puissants éléments de liberté et de démocratie.

§ IV

Les presbytériens.

Voici un autre élément de démocratie qui, quoiqu'il ne soit pas d'origine et de nature irlandaises, ne se trouve pas moins en Irlande, et y exerce une notable influence. Je veux parler des presbytériens écossais, venus en Irlande du temps de Jacques Ier, de Cromwell et de Guillaume III (1), et pour la plupart établis dans la province d'Ulster.

Le culte presbytérien et le culte catholique, ces deux adversaires religieux, procèdent de deux principes absolument opposés l'un à l'autre, le premier de la liberté, le second de l'autorité; celui-ci soumettant toutes les volontés, toutes les consciences à une seule conscience, à une seule volonté; celui-là laissant à chacun le soin de former par un libre examen sa conviction individuelle. Mais ces deux principes, si directement contraires, ont un effet démocratique commun, et, par deux voies différentes, conduisent les hommes à l'égalité. Suivant le principe catholique, tous sont égaux sous un seul maître qui nivelle tout au-dessous de lui; dans l'Église presbytérienne tous les individus sont égaux parce qu'ils sont tous souverains. Si l'on pouvait comparer une institution politique et une institution religieuse, je dirais qu'il y a entre l'Église presbytérienne et la constitution des États-Unis une très-grande analogie. Dans l'une comme dans l'autre l'autorité vient du peuple et de la majorité, et va toujours en remontant par degrés; le presbytère, c'est la commune; le synode, c'est l'État; l'assemblée générale, le congrès. C'est absolument l'opposé de l'Église catholique, où l'autorité part d'en haut et descend sur le peuple.

Assurément c'est un phénomène remarquable que la rencontre et le développement simultané dans le même pays de ces deux éléments démocratiques de nature si diverse, et pourtant unis pour travailler ensemble à la même œuvre. Le culte catholique et le culte presbytérien d'Irlande ont été dans l'origine séparés par tant de passions et de préjugés, qu'une simple analogie dans les effets politiques de leur doctrine ne les eût point sans doute rapprochés, s'il n'eût existé d'ailleurs entre eux, dès le principe, une autre cause d'union. Cette cause, c'est la présence au milieu d'eux d'un adversaire commun, l'Église anglicane, l'alliée du gouvernement anglican.

Pendant longtemps la haine religieuse qui les animait l'un contre l'autre fut plus puissante que l'intérêt politique qui pouvait les réunir; et l'histoire en offre un mémorable exemple. En 1703 on proposa dans le parlement d'Irlande un bill qui avait pour objet de contraindre tous les fonctionnaires publics à prêter un serment conforme au rit anglican. Or, ce bill, destiné surtout à frapper d'incapacité les catholiques irlandais, était conçu dans des termes si généraux, qu'il atteignait aussi bien les dissidents méthodistes et les presbytériens que les catholiques eux-mêmes. Cependant les presbytériens ne le repoussèrent point; et, en l'acceptant, ils aimèrent mieux s'interdire à eux-mêmes l'exercice d'un droit que de le laisser aux catholiques. Ici l'intérêt politique cédait à la passion religieuse (1).

Plus tard la passion religieuse cède à la passion politique; et l'on voit s'unir dans un commun intérêt d'indépendance ceux que la religion séparait. Ce changement date de 1789. Déjà avant cette époque les presbytériens d'Irlande avaient plus d'une fois manifesté leurs penchants républicains et démocratiques. Ces grands mouvements de 1778 et de 1782, dans lesquels on vit la moitié d'un peuple sous les armes, ces conventions populaires où les résolutions se délibéraient à la majorité des suffrages, avaient pour point central la province d'Ulster, et pour base la population presbytérienne. Mais alors l'esprit de secte gênait encore l'esprit de liberté; et, satisfaits d'obtenir des droits et des garanties pour l'Irlande protestante, les presbytériens de ce temps prenaient peu de souci de la servitude catholique. La révolution française vint imprimer à leur esprit des tendances plus larges et plus généreuses. Ce ne fut pourtant point dans les rangs les plus misérables, c'est-à-dire parmi les catholiques, que la liberté française rencontra le plus d'écho; ceux qu'elle trouva les plus prompts à adopter ses conseils et ses élans furent les presbytériens, plus attentifs à sa voix parce qu'ils la comprenaient mieux.

Nulle part la sympathie pour la France et pour les grands principes qu'elle introduisait dans le monde n'était aussi grande qu'à Belfast et dans l'Ulster. Tous les protestants qui alors se mirent à la tête du mouvement national et formèrent, en s'unissant aux catholiques, la fameuse association des *Irlandais-Unis*, étaient des presbytériens.

De là date la première alliance survenue entre ces deux mortels ennemis, les catholiques et les puritains. De là aussi la première scission politique arrivée dans le corps des presbytériens d'Irlande : car, tandis que les uns faisaient taire leurs passions religieuses pour n'écouter que leurs sympathies politiques, les autres, fermant l'oreille à la voix de la liberté qui les appelait, restaient opiniâtrément attachés au joug de leurs vieilles haines antipapistes.

Du reste, quelle que soit leur harmonie apparente, les presbytériens libéraux et les catholiques d'Irlande ne s'accordent complétement que dans la guerre pour laquelle ils sont ligués. Ennemis au fond, ils cessent de se haïr pour haïr ensemble un ennemi commun; c'est une union de passions bien plus que de doctrines. Tous deux, il est vrai, excluent l'aristocratie du gouvernement; mais les presbytériens détestent surtout le pouvoir comme anglican; les catholiques, comme protestant et antinational. Les presbytériens sont bien aussi des protestants et des étrangers qui, à ce double titre, devraient être odieux aux catholiques; mais ceux-ci oublient, du moins présentement, l'origine et le culte des presbytériens alliés à eux, pour ne voir en eux que d'utiles et généreux auxiliaires.

Ces auxiliaires prêtent au mouvement démocratique d'Irlande une assistance considérable. Ils ne sont, il est vrai, qu'une faible fraction de la grande association nationale (1), mais ils en sont la partie la plus éclairée et la plus active.

Les circonstances les ont d'ailleurs rendus singulièrement propres à la guerre constitutionnelle que l'association nationale livre à l'aristocratie sous la protection des lois. La tendance naturelle de leur doctrine serait sans doute républicaine. Qu'étaient en effet les indépendants d'Angleterre, les niveleurs, les apôtres de la cinquième monarchie, sinon des puritains qui avaient appliqué à la politique leur méthode religieuse? Mais les presbytériens d'Irlande, dans l'âme desquels les premiers accents de la république française avaient éveillé tant d'espérance et de sympathies, perdirent bien des illusions, quand ils virent la république, en France, se souiller d'excès pour se conserver, et, en Irlande, recourir à la violence pour s'établir. Depuis 1798, l'idée d'une république pour l'Irlande est tout à fait abandonnée des presbytériens les plus démocrates, qui, par ce changement, sont devenus les meilleurs athlètes que puisse avoir l'Irlande moderne dans la lutte toute légale qu'elle a engagée. Ils apportent dans cette lutte leur esprit de liberté, de progrès; et il est à remarquer qu'en même temps qu'ils renoncent à pousser leur doctrine jusqu'à sa dernière conséquence en politique, ils sont plus ardents que jamais à en appliquer les principes moins extrêmes, et manifestent plus incessamment l'esprit de liberté, de progrès et de démocratie, qui leur est propre.

On peut regarder comme certain que cette portion des presbytériens irlandais, qui font cause commune avec les catholiques, est en voie de s'accroître tandis que la partie hostile diminue. Outre la division politique existante parmi les presbytériens d'Irlande, il y a dans leur Église une cause plus ancienne de scission, et qui est purement religieuse. Les uns, qu'on appelle orthodoxes, sont ceux qui, quoique matériellement séparés de l'Église d'Écosse, conservent toujours avec elle un lien moral, suivent ses principes, et se gouvernent selon sa règle : or l'Église d'Écosse, quoique d'origine puritaine, a retenu quelque chose du principe d'autorité, puisque, pour en être membre, il faut souscrire une certaine profession de foi. Les autres, qui se nomment dissidents (*dissenters*), sont ceux qui, ramenant le principe protestant et puritain à sa première origine, ne reconnaissent d'autre autorité que celle des livres saints, que chacun entend comme il lui plaît, à la condition toutefois qu'il croie à leur source divine. Ces dissidents, presbytériens d'Irlande, qu'on appelle aussi ariens, ont la plus grande analogie avec les unitaires des États-Unis, dont Boston est le berceau. Ce sont ces dissidents qu'on voit tous partisans du mouvement démocratique, et qui chaque jour gagnent du terrain.

Je n'examine point ici ce qu'il peut y avoir de salutaire ou de funeste en général dans ce développement du principe démocratique de l'Église presbytérienne. Là se trouve tout entière la grande question de la liberté humaine et de l'autorité; de ces deux puissances qui se disputent le monde, qu'il semble aussi impossible d'unir que de séparer, qui se livrent une guerre perpétuelle, comme si la première ne pouvait exister que par la destruction de la seconde, et qui sont cependant si nécessaires l'une à l'autre, que, dès que celle-ci domine, celle-là est en danger de périr, et que chacune ne trouve son salut que dans la mutuelle opposition des deux. Je me borne donc à constater que dans la lutte engagée au sein de l'Église presbytérienne d'Irlande, c'est le principe de liberté qui a l'avantage sur le principe d'autorité, et que le succès des dissidents sur les orthodoxes ajoute au nombre des presbytériens qui sont unis aux catholiques d'Irlande.

Mais cette alliance des presbytériens et des catholiques n'est-elle pas factice et passagère? Je suis tenté de la croire telle. Otez les causes accidentelles d'union, et je doute que l'harmonie subsistât longtemps entre des éléments si dissemblables.

Il est probable que, le jour où les presbytériens et les catholiques d'Irlande ne seront plus tenus dans l'union par la présence de leur ennemi commun, ils se diviseront, et se feront de nouveau la guerre.

Ces vues sur l'avenir qui les attend ne sont que conjecturales; ce qui est certain aujourd'hui, c'est la puissance que l'Irlande démocratique tire de leur présente union.

§ V

Les classes moyennes.

Il existe encore, en Irlande, un principe de démocratie, et dans lequel il semble que se résument tous ceux qui viennent d'être exposés; c'est la naissance des classes moyennes. C'est à la classe moyenne qu'appartiennent tous les membres notables de la grande association nationale qui s'est formée contre l'aristocratie et le gouvernement du pays. O'Connell est un avocat qui a tiré du barreau sa première puissance; le clergé catholique recrute ses membres parmi les fermiers et les marchands; et cette partie des presbytériens d'Ulster qu'on voit dans leur secte à la tête du mouvement intellectuel et libéral, se compose pour la plupart de petits propriétaires et de petits rentiers que le commerce a nouvellement enrichis.

L'absence de classes moyennes, en Irlande, a été et est encore un des plus grands maux de ce pays. Lorsqu'un peuple a le malheur d'être soumis à l'empire d'une aristocratie antinationale, quelle chance peut-il avoir d'échapper à l'oppression ou du moins de la voir se tempérer, s'il demeure immobile dans son ignorance et dans sa misère, et si de son propre sein ne s'élèvent pas des hommes qui, supérieurs par leur instruction, par leurs talents ou par leur fortune, soient capables de prendre en main sa cause, et de le guider dans ses efforts de délivrance?

D'où vient que, pendant presque tout le XVIIIe siècle, l'Irlande, succombant sous la plus pesante tyrannie, ne présente qu'une longue suite de rébellions individuelles et de partielles insurrections, dépourvues de plan, d'ensemble et de moralité? c'est que le peuple, au milieu de ses souffrances, était abandonné à lui-même, et que, n'ayant au-dessus de lui aucune classe amie pour l'éclairer et le conduire, il se livrait dans ses colères à des violences qui ne pouvaient qu'appeler sur sa tête de nouvelles rigueurs.

L'impossibilité où est le peuple le plus opprimé de se soulever quand il n'a point l'appui d'une classe supérieure, ne se montra jamais plus clairement que lors du mouvement populaire de 1798, où il y eut autant d'insurrections que de villages, et où l'on ne vit que des soldats et point de chefs. Tout ce qu'il y avait alors d'aristocratie en Irlande étant hostile à ce mouvement national, le peuple n'aurait pu trouver quelque assistance que dans la classe moyenne; or celle-ci n'existait pas alors en Irlande. Il s'y trouvait bien quelques individus propres à faire partie de cette classe, mais en trop petit nombre pour la constituer. On peut dire qu'il n'y eut point en Irlande de classe moyenne, aussi longtemps que furent en vigueur les lois pénales qui, frappant les catholiques irlandais jusque dans leur vie civile, leur interdisaient la propriété foncière, les gênaient dans le négoce, et leur fermaient l'accès du barreau.

Il y avait, à la vérité, dans ce même temps, en Irlande, des avocats, des négociants, des banquiers et des industriels. Mais on se trompe étrangement si l'on croit que les membres de ces diverses professions forment nécessairement, et en quelque lieu qu'on les rencontre, une classe moyenne. Dans un pays où n'existerait aucune aristocratie à priviléges, ils seraient naturellement la classe supérieure, et l'on devrait alors chercher la classe moyenne dans une couche sociale intermédiaire entre eux et la masse du peuple. Dans une société même dont une aristocratie héréditaire occupe le sommet, ils peuvent, s'ils s'unissent étroitement avec celle-ci, s'identifier tellement avec elle, que pour trouver une classe moyenne il faille descendre au-dessous d'eux. Voyez l'Angleterre, où l'aristocratie titrée et celle qui ne l'est pas se confondent, formant une classe supérieure, à laquelle aspire et peut prétendre tout ce qui est riche et puissant; dans ce pays, le haut négoce et la banque, à cause de leurs grandes fortunes, la médecine et le barreau, à cause de leurs priviléges, pactisent si intimement avec l'aristocratie, qu'ils s'absorbent en elle, et, aidés par sa nature malléable, ne forment avec elle qu'un seul et même corps. Aussi peut-on dire qu'en Angleterre la classe moyenne, à proprement parler, ne commence qu'aux fermiers, aux petits marchands, aux rentiers médiocres, pour finir aux électeurs à dix livres sterling. Telle n'était point la classe moyenne, en France, avant 1789. Alors tout ce qui n'était pas noble étant de droit inférieur à la noblesse, dont il existait des signes certains, les plus éminents dans le commerce, dans l'industrie et dans les professions libérales, appartenaient forcément à la classe moyenne, c'est-à-dire à celle qui, n'étant pas le bas peuple, n'est pas non plus la classe supérieure.

Les conditions de la classe moyenne ne sont, en Irlande, ni ce qu'elles étaient en France avant 1789, ni ce qu'elles sont de nos jours en Angleterre. A la vérité, pendant tout le temps que durèrent les incapacités civiles des catholiques, les hautes professions industrielles et libérales, étant à peu près le monopole des protestants, furent en Irlande comme en Angleterre, et plus encore qu'en Angleterre, associées à l'aristocratie, vers laquelle les attirait invinciblement la sympathie d'un même culte, source de leurs communs priviléges. Alors il était vraiment impossible que tout ce qui, en Irlande, était protestant, grands seigneurs, commerçants ou avocats, ne formât pas une phalange unique et serrée en face des catholiques que révoltait le monopole protestant de la richesse, non moins que le monopole protestant du pouvoir. Il pouvait bien y avoir encore des rangs divers parmi les protestants; mais, vis-à-vis des catholiques, c'est-à-dire vis-à-vis du peuple, les protestants semblaient ne former qu'une seule classe, toute supérieure, entre laquelle et le peuple il n'existait aucun intermédiaire

Mais, le jour où, en Irlande, les professions industrielles et libérales deviennent également accessibles aux catholiques aussi bien qu'aux protestants, la scène change et présente deux aspects divers qu'il importe de ne pas perdre de vue. Quand elles sont exercées par des protestants, ces professions continuent à fournir leur tribut à l'aristocratie protestante, avec laquelle elles s'allient d'autant plus étroitement, qu'elles se sentent plus ennemies des catholiques devenus des rivaux d'industrie en même temps que des citoyens libres. Au contraire, occupées par des catholiques, elles se donnent bien de garde d'approcher de cette aristocratie, dont l'intérêt politique les sépare et la passion religieuse les éloigne. De sorte que du même élément social jaillissent à la fois comme deux sources différentes coulant en sens opposés, dont l'une va se jeter dans le sein de l'aristocratie où elle se perd et disparaît, tandis que l'autre possède un cours qui lui est propre, et le conserve entre le peuple dont elle est sortie et la classe supérieure à laquelle elle ne peut se mêler. Cette seconde source est véritablement celle de la classe moyenne en Irlande. C'est elle qui, lorsqu'en Irlande aucune classe moyenne n'apparaissait encore, en contenait le germe et travaillait à le développer.

Ce n'est qu'en 1776 que l'industrie agricole a été rendue

libre pour les catholiques par la loi qui leur permit de devenir propriétaires. Le barreau ne leur a été ouvert qu'en 1793; et on ne peut guère dater que de la même époque la fin du monopole commercial des protestants. Ce serait cependant une erreur que de penser qu'en Irlande et avant ce temps il n'existait absolument aucun élément de classe moyenne.

J'ai dit que les catholiques étaient alors entravés dans le commerce et dans l'industrie; mais l'industrie et le commerce ne leur étaient pas interdits. On a vu précédemment, dans l'exposé des lois pénales, comment les protestants, maîtres des corporations municipales et commerçantes, paralysaient l'industrie des catholiques. Cependant ils la gênaient sans l'étouffer entièrement; ils occupaient seuls les sommités du commerce, dont ils repoussaient les catholiques; mais, dans des régions plus humbles, ceux-ci parvenaient à se faire jour. En cas de concurrence, le catholique, chargé de taxes onéreuses dont était exempt le protestant, soutenait une lutte inégale; mais enfin il luttait, il travaillait avec ardeur; et ce travail, seul refuge d'un peuple à qui la vie civile et politique était interdite, ne pouvait être tout à fait stérile. Là était réellement l'avenir de l'Irlande asservie; car à la longue le travail crée la richesse; la richesse, la force; la force, la liberté.

On comprend que, dans un pays où le commerce protestant était lui-même restreint, l'industrie catholique, chargée de pareilles chaînes, ne pût guère enfanter une classe moyenne; elle y travaillait pourtant. Et c'est un fait bien remarquable que, vers l'an 1757, trois patriotes illustres, le docteur Curry, O'Connor et Wyse de Waterford (1), appliqués à régénérer l'Irlande asservie, conçurent le premier plan d'une association nationale. Ils firent à tous les catholiques un appel qui ne trouva d'écho nulle part, si ce n'est dans le commerce. Le clergé catholique, alors timide et abattu, demeura muet; le peu qui restait d'aristocratie (2) catholique se tut également; les marchands seuls répondirent à leur voix. Ainsi, c'est du commerce qu'est né le premier germe de la grande association qui, aujourd'hui, enlace l'Irlande entière ; c'est le commerce qui a produit cet homme trop peu connu qui, pendant vingt années, mena seul l'Irlande catholique. John Keogh, le prédécesseur d'O'Connell, et qui serait célèbre si O'Connell ne l'eût effacé, était un marchand. Et, lorsque la loi a ouvert le barreau aux catholiques, c'est encore l'industrie qui, en les tirant de la pauvreté, leur a permis d'aborder les frais toujours si considérables qui précèdent l'exercice des professions privilégiées. Ainsi, au plus fort de l'oppression sociale et politique de l'Irlande, il sortait déjà du commerce catholique, à demi enchaîné, un principe d'indépendance et d'affranchissement. Aujourd'hui, ce principe se développe dans toute sa liberté. L'industrie catholique est affranchie de tous ses liens, et le commerçant de cette religion n'acquiert pas seulement des richesses, il conquiert aussi tous les droits qui sont attachés à la fortune. En 1793, il a acquis la franchise électorale ; en 1829, la franchise parlementaire. Avant que ces concessions eussent été faites, les marchands catholiques d'Irlande auraient pu, à la rigueur, former une classe riche ; mais ils ne pouvaient former une classe puissante. Maintenant, délivrée de ses fers, forte de ses droits, cette classe accroît incessamment sa puissance avec ses richesses ; et elle ne saurait trop veiller à sa fortune, car tout se réunit pour lui faire en Irlande une grande destinée.

En Angleterre, où l'aristocratie est nationale, la classe moyenne, en quelques rangs qu'on la prenne, ne saurait avoir qu'un rôle secondaire à remplir, soit qu'unie à la classe supérieure elle en fasse partie, soit que, distincte encore de celle-ci, elle aspire à s'y confondre. En Irlande, au contraire, où l'aristocratie est en guerre ouverte avec le peuple, la classe moyenne, dès qu'elle existe, y forme un pouvoir visible et seul national.

C'est pour elle un grand avantage que de pouvoir être la seule classe supérieure acceptée du peuple, sans être une aristocratie. Elle aurait une condition bien moins favorable, s'il n'y avait point d'aristocratie en Irlande ; car alors elle aspirerait peut-être à devenir aristocratie elle-même ; et, quand même elle n'aurait pas cette prétention, on l'en accuserait. Mais l'aristocratie existante la sauve de tout péril ; il semble que celle-ci prenne à cœur d'opposer au pouvoir national de la classe moyenne le contraste perpétuel d'un pouvoir ennemi, pour que le peuple aime d'autant plus le premier que le second est plus odieux, et afin que la classe moyenne, voyant incessamment ce qui excite les haines du pays, se préserve mieux des passions et des écarts qui lui feraient perdre la confiance et la faveur populaires.

Une magnifique carrière est offerte en Irlande à la classe moyenne. Un seul écueil se présente sous ses pas : ce serait qu'en dépit de ce qui la retient toute du côté du peuple, elle ne se laissât incliner quelquefois vers l'aristocratie qui gouverne, soit qu'elle essayât de se rapprocher de celle-ci, soit qu'elle tentât seulement de l'imiter. La possibilité seule d'une telle déviation de sa ligne naturelle paraît, au premier abord, absolument dénuée de raison : cependant il faudrait ne pas savoir tout ce qu'il y a en Irlande d'élément anglais, même parmi le peuple, et il faudrait ignorer aussi tout ce que dans l'élément anglais il y a de germes d'inégalité, pour ne pas sentir qu'en Irlande la classe moyenne, même celle dont on vient d'exposer la nature, aura des luttes à soutenir afin de rester démocratique : luttes contre ses préjugés et ses instincts ; luttes contre les mœurs du pays lui-même qui est accoutumé à ne voir la puissance qu'au sein des priviléges aristocratiques, et qui cependant, dès qu'il la voit là, s'apprête à la combattre et aspire à la détruire.

Il ne serait point surprenant que ces penchants aristocratiques se montrassent dans la moyenne propriété qui, en Irlande, est en voie de se constituer (1). Il n'est guère de propriétaire médiocre qui, à l'aspect des priviléges que procure la possession du sol, ne soit tenté d'en goûter lui-même. Il jouit singulièrement de posséder, dans sa condition, quelque analogie avec le grand seigneur, son voisin de campagne qu'il hait comme son ennemi politique et religieux, mais dont il n'attend peut-être, pour l'aimer, qu'un sourire bienveillant et une marque d'obligeance. Le vieux sol d'Irlande est, comme celui de l'Angleterre, imprégné de je ne sais quelle contagion féodale, à laquelle tout possesseur a bien de la peine à se soustraire. Jusqu'à ce jour la moyenne propriété catholique est demeurée dans le parti populaire ; mais peut-être ce fait vient-il moins d'un principe que d'une circonstance accidentelle et passagère. Lorsqu'en 1776 les catholiques obtinrent le droit d'être propriétaires fonciers, ils continuèrent néanmoins d'être frappés des incapacités civiles et politiques, dont la dernière, celle qui les excluait du parlement, ne cessa qu'en 1829 ; de sorte que, tout en acquérant des terres, ils n'obtenaient aucun des droits dont la terre était la source ; et cette contradiction dut maintenir en vigueur leur haine contre la classe supérieure qui devait à ses domaines des priviléges dont, malgré leurs possessions, ils étaient exclus. Persisteront-ils dans leurs sentiments envers les privilégiés aujourd'hui que la propriété leur donne, outre tous les droits politiques, la chance d'être appelés dans la commission de la paix, celle d'être convoqués pour le grand jury, et de siéger parmi l'aristocratie dans la cour des sessions et dans le conseil du comté? C'est une question que l'on pose sans la résoudre. Du reste, les obstacles qui empêchent le mouvement du sol en Irlande, et dont il sera parlé ailleurs, s'opposent à ce que la propriété foncière soit, du moins quant à présent, un élément considérable de classe moyenne[1].

[1] *Note de la septième édition* (1862). — La vente des terres qui se

Le barreau a bien aussi ses instincts aristocratiques. Corporation privilégiée, il a tout d'abord montré les goûts et les passions propres à son origine ; et, lorsqu'en 1793 le barreau devint libre, les premiers catholiques qui furent avocats s'associèrent à l'aristocratie protestante (1). Mais l'esprit de privilége social ne pouvait tenir longtemps contre l'intérêt de parti politique et contre la passion religieuse ; aussi, dès le commencement du siècle actuel, et surtout depuis vingt années, le barreau catholique a brisé cette union pour se donner tout au peuple. Aujourd'hui les avocats sont les combattants naturels dans une lutte de légalité et de procédure ; et, tant que durera cette guerre, qui leur offre des rôles brillants et pacifiques, on ne peut guère douter que, dans leur situation intermédiaire entre l'aristocratie et le peuple, ils ne se portent vers celui-ci.

Mais de toutes les sources de classe moyenne qui existent en Irlande, celle dont le principe s'accorde le mieux avec le mouvement démocratique qui s'opère dans ce pays, c'est le commerce catholique ; source primitive de la classe moyenne en Irlande ; source féconde qui pendant des siècles demeura comme comprimée dans le sein de la terre sous les pieds de l'aristocratie protestante, et qui aujourd'hui peut couler librement, alimentée par le travail de plusieurs millions d'hommes. Sans doute il sortira de son sein quelques hautes inégalités, mais pour une condition aristocratique elle crée mille conditions moyennes. L'intérêt de parti, l'esprit de secte, les passions présentes, les rancunes du passé, tout anime le commerce catholique contre l'aristocratie. Cependant on est sûr que dans ses

fait depuis dix ans en Irlande, par le tribunal institué sous le nom de *Landed Estates Court*, et la division des terres mises à l'adjudication par lots d'étendue moyenne, sont en voie de créer en Irlande cette propriété moyenne dont les éléments manquaient presque entièrement. Voir la notice placée en tête de cette nouvelle édition, § 7.

ressentiments il ne dépassera pas de certaines bornes. Si une guerre constitutionnelle plaît à d'autres, elle est pour lui une nécessité, car il ne peut se passer de paix. « Je commence à m'apercevoir, disait Wolf Tome en 1793, à l'époque où il s'efforçait d'entraîner la classe commerçante dans ses entreprises d'indépendance républicaine; je m'aperçois, disait-il, que les marchands sont de mauvais instruments de révolution » (1). Le commerce est adverse aux révolutions violentes, et il contient cependant un principe d'éternel mouvement; c'est le principe du travail qui crée sans relâche à côté de l'oisiveté qui laisse périr; c'est le principe du progrès sans le privilége, de l'accroissement perpétuel des uns sans l'inégalité constituée des autres. Là surtout est l'avenir de l'Irlande : je dis l'avenir, car la classe moyenne ne fait presque que de naître en Irlande.

Ce n'est pas qu'elle ne possède déjà d'assez grandes richesses; ses progrès sont même singulièrement rapides. En 1778, il n'y avait que quatre-vingts catholiques qui fussent officiellement reconnus propriétaires fonciers (2) : aujourd'hui il est difficile d'estimer à moins d'un dixième du sol la propriété catholique en Irlande. Beaucoup de catholiques qui n'occupent pas la terre ont d'ailleurs des droits sur elle par les hypothèques qui leur sont données en garantie de prêts d'argent (3). Il y a quarante ans, les catholiques étaient exclus du barreau, où ils sont maintenant en majorité. Le commerce catholique, aujourd'hui florissant dans toute l'Irlande, et principalement dans les grandes villes, telles que Belfast, Dublin, Corke, Limerick et Galway, a déjà produit des capitaux considérables. Un seul fait suffirait pour prouver son importance et sa fécondité : c'est que déjà, en 1629, les neuf dixièmes des fonds de la banque d'Irlande appartenaient à des catholiques (4). Voilà, certes, pour une classe moyenne qui s'élève, des conditions prospères. Cependant c'est un phénomène étrange en Irlande, qu'en même temps que de nouvelles fortunes y sont créées, le nombre des nouveaux riches ne s'y accroît pas en proportion. C'est que souvent, après que la fortune est créée, le riche s'en va, et ceci s'explique par l'État social et politique de l'Irlande.

Le manufacturier, le marchand, le banquier qui se sont enrichis en Irlande par leur industrie seraient sans doute disposés naturellement à chercher dans ce pays leur champ de repos. Mais, outre la difficulté d'acquérir la terre en Irlande et de trouver un placement sûr, il y a dans ce pays une infinité d'obstacles à sa possession tranquille. L'état de l'Irlande est tel, qu'il n'existe guère de sécurité complète sur la terre que pour le petit occupant qui couvre sa propriété de son corps, et de sa chaumière étend le bras sur toutes les richesses dont son champ est dépositaire.

Et ce n'est pas seulement la campagne qui est agitée; dans les villes, qui le sont moins à la vérité, les partis sont si violents, les querelles si animées, le spectacle des misères du peuple si affreux, que leur séjour ne contente point l'homme qui, après avoir travaillé, voudrait jouir en paix du fruit de ses labeurs. Il arrive donc souvent que, ne trouvant point en Irlande cet asile de repos, les nouveaux enrichis le vont chercher dans quelque ville d'Angleterre. On voit comment plusieurs font leur fortune en Irlande, qui n'y résident pas; et c'est cependant la résidence qui est à considérer, bien plus que la fortune faite. Il ne s'agit pas, en effet, de savoir si des catholiques gagnent plus ou moins d'argent soit en plaidant soit en faisant le commerce, et si avec les fruits de leur profession ils achètent de la terre ou des rentes en Irlande; mais, s'ils vivent en Irlande sur cette terre, ou avec ces rentes dans une ville irlandaise; et si, après être sortis du peuple par leur industrie et leurs talents, ils prennent une place intermédiaire entre le peuple et une aristocratie ennemie, et s'y tiennent.

Du reste, ce mal, qui retarde les progrès de la classe

moyenne en Irlande, tend chaque jour à s'affaiblir. Il diminue à mesure que, de grandes ruines se faisant parmi l'aristocratie, de nouvelles positions sociales sont à prendre dans le pays. Ainsi, pour citer un exemple, la nouvelle loi des pauvres donnée à l'Irlande sera propre à y retenir les membres de la classe moyenne, au sein de laquelle on peut calculer que la plupart des administrateurs seront choisis par le peuple.

Mais ce n'est pas seulement le nombre qui manque à la classe moyenne d'Irlande; ce qu'il lui faut aussi, et ce qu'elle n'a pas encore, ce sont les lumières, l'expérience et l'éducation. Sortie tout à coup de la plus profonde obscurité pour être placée au grand jour, tirée de l'incapacite générale qui l'excluait parfois de la gestion de ses affaires privées pour être subitement appelée au gouvernement des affaires publiques, la classe moyenne d'Irlande est comme éblouie de son propre éclat. Elle croit à peine à une élévation si grande succédant à un tel abaissement; et dans l'ivresse de sa subite fortune elle garde difficilement une tenue mesurée entre l'aristocratie son ennemie, qu'elle ne combat pas toujours dignement, et le peuple qu'elle n'estime pas toujours assez. Elle a un reste des vices propres à l'esclave, qui veut être oppresseur dès qu'il devient libre. Pour s'assurer de sa puissance, dont elle doute encore, elle l'exercerait aisément jusqu'à l'abus. Il faut cependant qu'elle veille avec un grand soin sur sa propre conduite; car de sa sagesse actuelle ou de ses égarements dépend sa future destinée.

Si donc il est permis de regretter les obstacles qui retardent l'accroissement des éléments dont elle se compose, on doit peut-être regarder comme un bonheur pour elle de ne pas être mise subitement en possession de tous les pouvoirs. Il faut, avant de gouverner, qu'elle en apprenne la science. C'est encore sous ce rapport que les travaux de l'association nationale sont si importants : c'est une école de gouverne ment, où s'instruit chaque jour la classe qui est, en définitive, destinée à gouverner.

Cette classe, qui est sans contredit le principe le plus fécond de démocratie, en est aussi le plus précieux. Otez de l'Irlande la classe moyenne, et vous aurez le pays le mieux préparé qu'il soit possible pour recevoir un gouvernement absolu. Toute tyrannie y sera facile, et je dirai presque agréable au peuple, pourvu qu'elle s'établisse l'adversaire de l'aristocratie et lui fasse la guerre. Il pourra encore résulter de tout cela de la démocratie, mais de celle que fait le despotisme. Il y a en Irlande, pour le pouvoir absolu, une chance que la classe moyenne naissante peut lui disputer, et du succès de celle-ci ou de son échec dépend la question de savoir si l'Irlande aura l'égalité du despotisme ou celle d'une démocratie libre.

§ VI

De la nature des partis en Irlande.

Si l'on approfondit le caractère véritable des partis en Angleterre, on reconnaîtra qu'il n'y existe pas, du moins quant à présent, de parti qu'on puisse justement appeler démocratique. Les tories, les conservatifs, les whigs, ne sont que des nuances diverses de l'aristocratie ; on peut en dire presque autant de la plupart des radicaux eux-mêmes. Non qu'il n'existe entre ces partis des dissidences considérables et profondes : ils poursuivent assurément des buts très-opposés, et les causes qui les amènent dans la lice sont très-réelles. Mais, s'il est vrai que les uns combattent pour conserver intacts les priviléges aristocratiques, d'autres pour les modifier, peut-être faut-il ajouter qu'aucun d'eux ne veut les détruire. Il y a dans les mœurs et dans la constitution anglaises une vieille base féodale sur laquelle cha-

4.

cun de ces partis veut bâtir des édifices différents, mais que nul ne songe à renverser. En Irlande, un tout autre spectacle s'offre à la vue; deux partis s'y présentent seuls, entre lesquels il ne se trouve aucun intermédiaire. Point de conservatifs modérés, point de whigs; il n'y a que des tories et des radicaux, et ici les radicaux ne sont pas aristocratiques; car, en Irlande, la question est posée entre l'aristocratie et le peuple. Ce caractère extrême des partis irlandais est encore un fait singulièrement favorable à la démocratie.

Tel n'a pas toujours été l'état des choses en Irlande. Lorsque dans ce pays la population catholique ne comptait pour rien, les protestants, seuls maîtres de la société et du gouvernement, se divisaient entre eux et formaient presque autant de partis qu'on en voit de nos jours en Angleterre. C'est ainsi que, jusqu'à la fin du siècle dernier, on distinguait trois nuances bien marquées parmi les protestants d'Irlande; ceux qui, aveuglément dévoués au gouvernement anglais, lui sacrifiaient complétement leur indépendance et celle du pays; c'étaient les tories du temps. Puis venaient les protestants qui, sans prendre souci de l'Irlande catholique, souhaitaient cependant d'avoir pour eux-mêmes des libertés, des droits et des garanties; c'étaient les whigs d'alors, par exemple lord Charlemont. Et enfin il y avait des protestants qui, adoptant des principes plus élevés et des théories plus généreuses, demandaient qu'on en fît l'application sans réserve, au risque de voir leur réforme profiter à la population catholique; ceux-ci étaient les radicaux de l'époque : tel était Grattan. Il y eut enfin pendant quelque temps, à l'époque de la révolution française, un quatrième parti composé de protestants et de catholiques, lequel n'était ni tory, ni whig, ni radical, mais bien révolutionnaire, voulant secouer le joug de l'Angleterre et constituer en Irlande une république; c'était le parti qui, parmi les catholiques de Dublin, avait à sa tête Theobald Wolf Tone, et parmi les protestants du Nord, Samuel Neilson, de Belfast.

Tous ces éléments des partis, en Irlande, sont aujourd'hui renversés et leurs conditions changées. La nation, qui ne comptait pour rien, étant devenue à peu près tout, les divisions des protestants entre eux n'ont pu rester les mêmes, et, quand ils se sont séparés, ce n'a plus été pour former chacun un parti protestant distinct, mais pour s'unir à la cause populaire, ou pour s'établir en opposition contre elle. De ce moment ce ne sont plus des opinions et des systèmes divers qui se sont trouvés en présence, mais deux ennemis implacables qui ont juré la ruine l'un de l'autre, entre lesquels il n'y a point de compromis possible, et qui, quand même ils ne combattent pas, ont toujours les armes à la main. De là la nécessité où est chacun en Irlande de se placer sous l'un des deux drapeaux qui s'offrent à sa vue; de là les deux partis qui, seuls aujourd'hui, se montrent dans ce pays.

Le premier est le vieux parti anglican qui prend pour devise le salut de l'Église protestante, et pour mot de ralliement la haine du papisme; son principe sacramentel, c'est l'union intime de l'Église et de l'État, c'est-à-dire du culte anglican et de l'aristocratie anglicane. Tandis que tout marche et que tout change autour de lui, il demeure immobile, et il soutiendrait, sous les ruines de l'univers, qu'une société politique ne saurait exister si elle n'est exclusivement anglicane.

Ce parti ne conçoit une société protestante qu'avec une église protestante, un gouvernement protestant, un roi protestant, un parlement protestant, des juges et des fonctionnaires protestants, des citoyens et des soldats protestants (1); quiconque dans le pays n'est pas protestant est, à ses yeux, comme s'il n'existait pas, et n'a qu'une vie fictive.

Ce parti considère que tout ce qui a été fait contrairement à ce principe exclusif a été mal fait. On a violé la constitution le jour où l'on a aboli une seule des lois pénales portées contre les catholiques d'Irlande. Ces lois n'opprimaient nullement les catholiques : il ne dépendait que de ceux-ci de devenir libres sous la protection des lois; ils n'avaient pour cela qu'à se faire protestants : or il était bien naturel qu'on exigeât d'eux cette condition, puisque le protestantisme est la loi du pays, la loi de l'État, la loi du sol. Ce parti en est encore à 1688.

On a, suivant ce parti, violé la constitution le jour où l'on a permis à l'Écosse d'avoir une église presbytérienne, et une sorte de sacrilége a été commis quand le parlement anglais a doté des fonds de l'État un séminaire destiné à l'éducation des prêtres catholiques; on a encore violé la constitution lorsqu'on a concédé aux catholiques d'Irlande le droit électoral, le droit d'être élus au parlement. Aux yeux du parti, ces concessions sont comme non avenues, et celui qui croit impossible de les reprendre les déplore. Toutes les fois que de pareilles concessions sont faites aux catholiques, le parti tory voit ou feint de voir un monstre effroyable prêt à s'échapper de la cage de fer où il est enchaîné pour s'élancer sur le peuple et le dévorer; ce monstre hideux, c'est le papisme.

Ce parti a en vénération singulière le nom du roi Guillaume III, prince d'Orange, vainqueur de la Boyne, et le dernier patron de l'église anglicane en Irlande; il s'inspire de son souvenir, porte les emblèmes qui le rappellent (1), offre dans les banquets publics des toasts à sa glorieuse mémoire, et s'efforce de maintenir dans toute leur vigueur les passions religieuses sur lesquelles s'éleva la fortune de ce prince : de là lui est venu le nom de parti orangiste (2).

Ce parti qui, pendant plus d'un siècle, foula aux pieds le peuple catholique, a pour ce peuple encore plus de mépris que de haine; quand il dit une compagnie honnête, c'est nécessairement d'une compagnie de protestants qu'il parle; dans sa bouche, tout ce qui est protestant s'appelle *respectable* par opposition à tout ce qui est catholique.

Ce parti estime que tous les maux du pays lui sont venus de la faiblesse du pouvoir qui n'a point, dans l'occasion, assez réprimé les rebelles (1). Après avoir constaté qu'après l'insurrection de 1798, soixante-six personnes accusées de rébellion furent exécutées, seulement à Wexford, l'historien sir Richard Musgrave, qui trouve molle la répression, ajoute : *On peut juger de la clémence du gouvernement* (2).... Voilà le véritable orangiste. Sous ces ardentes passions religieuses et politiques du parti orangiste ou tory se trouvent bien aussi quelques intérêts matériels, entre autres celui de conserver d'immenses priviléges pour une aristocratie qui ne gouverne point, et de magnifiques revenus pour une église qui n'a rien à faire.

Le parti radical se compose de tout ce qui n'est pas le parti tory. Comme il s'appuie à sa base sur la population catholique qui est toute à lui, on l'appelle aussi le parti catholique ou national; il a pour racine la vieille Irlande celtique et libre; pour tête, la jeune Irlande affranchie; pour âme, la religion catholique; pour drapeau, la liberté. Ses griefs et ses haines reposent sur six cents ans d'oppression; ses espérances sur un demi-siècle de victoires; la sainteté de sa cause sur une suite d'infortunes qui dépassent toute croyance.

Quoiqu'il soit profondément catholique, beaucoup de protestants s'y rencontrent, tandis que dans le parti protestant tory il n'y a pas un catholique.

Le parti catholique est aussi en Irlande le parti libéral, et la raison en est simple : les catholiques dont il se compose en grande partie, ayant été longtemps opprimés, ont naturellement demandé des réformes que les tories, au profit de qui la tyrannie était instituée, combattaient de toute leur puissance. Ceux-ci, qui repoussent ces réformes sous le prétexte qu'elles sont incompatibles avec la constitution, prennent, par opposition au parti libéral, le nom de parti constitutionnel.

C'est ce parti national ou catholique libéral ou radical, qui en Irlande, il y a cinquante ans, cachait humblement sa tête, et qui à présent la lève avec audace, appuyé sur sept millions d'hommes (1).

C'est ce parti, qui est plus qu'un parti puisqu'il est la nation même, qui, en 1792, poussant son premier cri, montra que pour être puissant il lui suffisait de naître, et obtint alors la première émancipation politique des catholiques.

C'est ce parti qui, après avoir reçu de la révolution française un heureux élan, fut ensuite écrasé par elle; 89 l'avait aidé; 93 le tua.

C'est ce parti, sur le cadavre duquel passa l'union de 1800; qui, après un néant de plus de vingt années, renaît au sein de l'association formée par O'Connell, prend pour mot de ralliement en 1825, l'émancipation parlementaire des catholiques; en 1831, l'abolition des dîmes; en 1833, la rupture de l'union; en 1838, la réforme de l'Église et des corporations municipales.

Lorsque je dis qu'il n'y a en Irlande que deux partis, je ne prétends pas soutenir que tous ceux qu'on voit rassemblés sous la même bannière pensent de même : loin de là. Tel protestant pactise avec le parti tory, et qui est bien loin d'en avoir toutes les passions et tous les principes. Tel autre combat pour une réforme radicale, et qui d'ailleurs procède, en politique et en religion, de principes fort différents de ceux des catholiques auxquels il s'allie. C'est ainsi que les presbytériens dissidents ou unitaires, qui, sur beaucoup de points, sont si éloignés du parti catholique, en sont cependant les auxiliaires.

Les nuances se rencontrent surtout parmi les protestants qui, quoique appartenant à l'église anglicane, se séparent cependant du parti orangiste ou anglican pour appuyer le parti catholique ou national. Les uns, en embrassant la cause libérale, n'obéissent qu'à un sentiment profond de conscience et d'équité; les autres font la même chose par calcul : quand le parti anglican était fort, ils le soutenaient ; ils l'abandonnent faible et vont au parti catholique dans lequel la force a passé ; ceux-ci agissent ainsi par prudence, ceux-là par peur. Lorsque la cause populaire est près de triompher, et que son succès définitif devient chaque jour plus probable, beaucoup, qui jusque-là condamnaient cette cause comme absurde et anarchique, commencent à en suspecter le bon sens et l'équité : ils voient du côté du peuple des victoires prochaines dont il sera doux de prendre sa part, et dans le camp opposé des périls qu'il est sage d'éviter.

Mais, quel que soit le motif qui les fasse agir, et quelques dissidences qui séparent l'armée principale et ses auxiliaires, quelle que soit la répugnance qu'éprouvent à s'unir intimement ceux qu'une raison politique rapproche, et que tant de causes morales et religieuses divisent ; dès qu'ils se sont enrôlés sous la même bannière, dès que le presbytérien est uni aux anglicans, ou l'anglican aux catholiques, il y a union étroite, et nécessité de combattre ensemble : car il n'existe en Irlande que deux armées, à l'une desquelles il faut absolument appartenir. En somme on peut dire que nulle part les partis ne sont plus tranchés, et qu'en aucun pays il n'y a cependant une plus grande variété de passions, de sentiments, d'idées et d'intérêts.

Ce serait aussi une erreur de croire, parce qu'il n'y a que deux partis, que quiconque s'est une fois donné à l'un y soit à tout jamais enchaîné. Il existe, à la vérité, dans chacun des partis un fonds immobile et immuable ; dans le parti tory, c'est le clergé anglican et l'aristocratie anglicane ; dans le parti radical, c'est toute la population catholique. Les classes moyennes protestantes et la secte des presbytériens forment ce qu'on peut appeler la portion variable et flottante de la population, qui fournit tour à tour et tout à la fois des éléments aux radicaux et aux tories. Tel protestant, qui en 1825 réclamait avec ardeur l'émancipation parlementaire des catholiques, vote aujourd'hui contre eux dans les élections. Tel autre, qui s'est réuni à eux pour faire abolir les taxes d'Église (church rates) et le système des dîmes, va devenir leur adversaire le jour où, au lieu de s'en prendre aux abus de l'Église anglicane, on attaquera le principe lui-même. Bien loin d'être éternelles, ces alliances sont au contraire, en Irlande, singulièrement fragiles. Dans un premier mouvement d'enthousiasme, on se rapproche, on s'unit, on fait un pacte d'amitié perpétuelle; on croit sincèrement à cet accord. Cependant l'union est plus à la surface qu'au fond. Protestants et catholiques s'embrassent étroitement lorsqu'en 1829 ils remportent la grande victoire, due à leurs communs efforts; l'effusion est réelle, l'harmonie touchante; et pourtant le germe de division existe déjà au fond des cœurs. Voilà, dit tacitement la conscience protestante, de quoi contenter les catholiques; ce sera le point d'arrêt. Le catholique au contraire : Voilà, se dit-il intérieurement, une grande conquête à l'aide de laquelle j'en obtiendrai d'autres. Et le jour suivant les deux amis se trouvent adversaires face à face.

Il serait difficile de dire combien de temps durera cet état de choses. Il me paraît toutefois que, si un troisième parti se forme en Irlande, ce ne sera pas au sein de l'aristocratie protestante qu'on le verra naître, mais plutôt parmi le peuple catholique, qui, désormais confiant dans sa force et prompt à s'éblouir, serait enclin à se diviser. Mais la marche adoptée par les chefs du parti populaire a jusqu'à présent tendu singulièrement à maintenir l'unité dans ce parti. Le système de l'agitation constitutionnelle satisfait à peu près ceux qui, amis du progrès par la discussion paisible, repoussent l'emploi de la violence comme moyen de succès, et ceux qui, croyant insuffisantes les armes de la logique, pensent que l'assistance de la force matérielle ne doit pas être tout à fait négligée. Or ce système, qui combine assez ingénieusement les deux puissances du droit et du fait, a réussi jusqu'à présent à prévenir la naissance, parmi le peuple, d'un parti whig modéré ou d'un parti révolutionnaire.

Cependant il est probable que si, durant une longue suite d'années, l'Angleterre refusait à l'Irlande les réformes que réclame le parti radical existant chez celle-ci, il se formerait au-dessous de ce parti un parti plus radical encore, et qui ne pourrait être tel qu'en devenant révolutionnaire ; de même que si, de grandes concessions étant faites à l'Irlande, ses plus larges plaies se guérissaient, il se pourrait que, entre le parti tory et le parti radical actuel, il se formât un parti whig.

Quoi qu'il en soit de l'avenir, comme le seul parti dans lequel les divisions pourraient naître est aujourd'hui uni et compacte, il faut absolument, en Irlande, faire son choix entre lui et son adversaire.

Tels sont les principaux traits des deux partis politiques qui divisent l'Irlande de nos jours. J'ignore si ces deux partis ont été jadis plus opposés l'un à l'autre qu'ils ne le sont à présent ; mais il est difficile qu'en aucun temps ils se soient témoigné plus de haine. Peut-être est-ce un effet de la plus grande liberté dont ils jouissent, et qui leur permet d'exprimer plus énergiquement des inimitiés moins fortes ; peut-être, sans être aussi ennemis, sont-ils plus animés. Il s'est fait, depuis vingt années, dans l'état social et politique de l'Irlande, tant de changements considérables, sujets de triomphe pour l'un, d'abaissement pour l'autre, et dont le souvenir tout récent excite chez celui-ci des joies si insolentes, et chez celui-là des rancunes si amères ! Ce que l'on ne peut nier, c'est que l'esprit de parti se mêle à tout en Irlande.

Il empoisonne les relations sociales. Les tories et les radicaux irlandais ne forment pas seulement deux partis, mais encore deux classes distinctes qui n'ont entre elles aucun contact, bien différentes des partis anglais, dont on voit souvent les chefs opposés, après une lutte violente dans le parlement, se rencontrer le même jour au sein d'un cercle ami, où ils n'entrent qu'après avoir déposé tout souvenir de querelle et tout ressentiment. En Irlande, la séparation des deux partis est en quelque sorte matérielle : il y a dans chaque ville l'hôtel catholique et l'hôtel protestant. On distingue de même tel ou tel *meeting*, tel bal, tel dîner ; la même distinction s'étend aux chemins et aux rivières, et il n'y a pas longtemps qu'un lord d'Irlande réclamait l'intervention du gouvernement pour empêcher la construction d'un pont papiste (1).

Mais l'esprit de parti ne s'arrête pas là en Irlande ; et, qui le croirait ? il pénètre si profondément dans les âmes, qu'au milieu d'un pays tout chrétien il parvient à corrompre jusqu'à la source même de la charité. A quoi bon, s'écrie le protestant tory, prendre souci des pauvres et de leur misère ? est-ce qu'il ne se trouve pas des pauvres en tous pays ? est-ce que l'Irlande n'en a pas toujours regorgé ? —Maudits soient les grands propriétaires d'Irlande ! s'écrie le radical irlandais. Ils voient sans pitié les affreuses misères qui couvrent leurs domaines. Le pauvre, dont la charité est d'aimer les riches, ne leur doit que la haine.

Mais c'est surtout dans le nord de l'Irlande que ces passions haineuses se montrent et sévissent dans toute leur violence ; là, les partis ne sont pas autres, mais ils sont dans des conditions différentes. Dans le sud, où il y a, terme moyen, plus de vingt catholiques contre un protestant, le parti tory est numériquement (2) trop faible pour se mesurer sur l'arène avec son adversaire ; là tout combat singulier lui serait funeste ; il ne prend donc jamais l'offensive ; et, quand il est attaqué à force ouverte, au lieu de se défendre les armes à la main, il appelle à son secours le gouvernement et la loi, la police et l'armée.

Dans le nord, au contraire, comme les deux partis sont à peu près de force égale, chacun peut espérer le succès d'une lutte violente; aussi voit-on toujours les deux partis prêts à entrer dans la lice, et l'on s'y croit toujours à la veille d'une guerre civile. Les violences qui ont coutume de se commettre dans le sud, les attentats des White-Boys et leurs terribles confédérations, tiennent bien moins à l'esprit de parti politique qu'à un vice d'organisation sociale. C'est, au contraire, la passion de parti qui domine dans le nord.

Wolf Tone raconte, dans ses Mémoires, qu'en 1792 (1), un de ses amis et lui-même étant allés dans le comté de Derry (Ulster) pour y remplir une mission politique, des aubergistes protestants du village de Rathfriland, sachant qu'ils étaient catholiques, refusèrent de leur servir à déjeuner pour leur argent.

En 1837 j'étais dans la province d'Ulster le 1er juillet; c'est le jour de l'année où le parti orangiste a coutume de célébrer les glorieux souvenirs de la Boyne et de Guillaume III. Ma qualité d'étranger ne me préserva point des injures dont, en cette circonstances, tout catholique est l'objet; et plus d'une fois je fus assailli de cette clameur populaire :

No popery! (à bas le papisme!)

On s'entretenait alors dans le pays d'un triste événement. Le 28 juin précédent, jour de fête parmi les catholiques d'Irlande, dans le comté de Monaghan, des femmes et des enfants, tous pauvres catholiques, étaient réunis paisiblement autour d'un feu de joie, où une gaieté douce se confondait dans de pieux sentiments.

Tout à coup trois coups de fusil se font entendre; quatre enfants tombent, frappés de mort. Les meurtriers demeurent inconnus; mais aussitôt chacun répète que la haine des protestants contre les papistes a enfanté ce crime, et nul n'en doute.

Du reste, le parti orangiste, dont l'Ulster est le foyer, manifeste de nos jours plus de penchant pour l'emploi de la violence qu'il n'en avait montré jusqu'ici. Autrefois les menaces de la force matérielle venaient plutôt du parti catholique et radical, de la masse populaire, à laquelle il ne manquait pour s'insurger que des supérieurs et des chefs.

Pendant longtemps, le peuple irlandais a cru sincèrement que sa délivrance et sa régénération ne lui viendraient que d'une révolution politiqne, qui, remettant en question les droits au gouvernement et à la propriété, ferait rentrer le pouvoir et les terres dans les mains des premiers possesseurs ou de leurs héritiers. Ces traditions, jadis familières au parti national, se sont d'abord affaiblies dans une longue et stérile attente; et puis, d'heureux progrès obtenus au sein du travail et d'institutions libres, ont achevé de dissiper ces rêves de soudaine et violente prospérité. Mais il semble que, dans l'instant où le principe de violence était abandonné par les catholiques, il ait été recueilli par le parti orangiste.

Rien n'est plus fréquent que d'entendre des membres de ce parti exprimer le désir ardent d'une lutte à force ouverte.

Il n'est point, disent-ils, d'accord possible entre papistes et protestants; c'est chimère que de vouloir les faire vivre sur la même terre; il faut absolument que les uns en repoussent les autres, comme la vérité doit chasser le mensonge; c'est entre eux une querelle de vie ou de mort. Qu'un engagement décisif, qu'une guerre d'extermination termine donc entre eux le débat!

Ce langage n'est point avoué par le parti tory, mais beaucoup de tories le tiennent.

Ceux-ci pensent que si, en définitive, il faut un jour en venir aux mains, autant vaut que ce soit toute de suite que plus tard; ils voient leur puissance décliner chaque jour, et estiment plus sage de livrer le combat pendant qu'ils sont encore forts.

Il semblerait qu'il dût tout naturellement exister entre ces deux partis un médiateur capable, sinon de les rapprocher, du moins de calmer leur mutuelle animosité; ce médiateur, c'est le gouvernement. En tout pays le gouvernement est le modérateur naturel des partis. S'interposer entre eux, tenir la balance égale de chaque côté, les tempérer l'un par l'autre, arracher à celui-ci une concession, obtenir de celui-là le sacrifice d'une exigence, les protéger tous, ne se livrer à aucun, telle est en Irlande la voie indiquée au gouvernement anglais : admirable tâche, mais bien difficile, pour ne pas dire impossible à remplir. Il y a dans les deux partis de vieilles haines, des passions implacables, des intérêts exclusifs qui repoussent toute intervention d'un arbitre, et l'on ne saurait s'établir conciliateur entre ceux que séparent des distances si grandes. Il n'existe, à vrai dire, pour le gouvernement anglais, d'autre alternative que de se déclarer pour celui-ci ou pour celui-là; et telle est la violence de ceux entre lesquels il lui faut choisir, qu'à l'instant où il opte pour l'un, il se donne à lui; au lieu de le diriger, il le suit, et il est bientôt mené par les passions qu'il devrait conduire.

Le gouvernement anglais en Irlande ne prend une attitude qui lui soit propre que le jour où les deux partis mettant les armes à la main pour s'égorger l'un l'autre, il place entre eux ses agents de police et ses soldats. Il lui est permis de penser que sans lui l'Irlande entrerait aussitôt en guerre civile, et ce sentiment suffit pour adoucir la tâche, d'ailleurs si amère, qu'il lui faut remplir dans ce pays. Mais, hors ce cas, il n'exerce, à vrai dire, aucune action individuelle et spontanée sur les partis, dont il reçoit l'impulsion, au lieu de la leur donner.

S'il adopte le parti tory, il doit nécessairement épouser tous ses préjugés religieux, ses rancunes politiques et ses haines; et, en agissant ainsi, il tend à accroître le sentiment national qui repousse ce parti détesté. Se déclare-t-il pour le parti libéral ou catholique, il n'en subit pas moins le joug; et alors, au lieu de contenir le torrent populaire, il est forcé d'en précipiter le cours.

C'est ainsi que l'état des partis en Irlande est encore un principe de démocratie.

TROISIÈME PARTIE

CHAPITRE Ier

QUELS SONT LES REMÈDES AU MAL? TROIS PRINCIPAUX SONT INDIQUÉS

On a vu quels maux endure l'Irlande. On vient de voir quelle sorte de résistance a fait naître parmi le peuple l'excès de ses misères.

Maintenant toutes ces misères sociales et politiques étant connues, comment les guérir?

Lorsqu'on voit chez un peuple des millions de pauvres, le premier sentiment qu'on éprouve, c'est celui d'une pitié profonde; et avant de s'engager dans la voie des réformes qui tiennent à l'organisation politique de la société, l'esprit n'est-il pas tout d'abord enclin à rechercher par quels moyens immédiats on pourrait adoucir la condition matérielle de tant de malheureux? On se demande si, indépendamment même de toutes les formes de gouvernement, le pauvre peuple d'Irlande ne pourrait pas être tout d'un coup tiré de sa profonde indigence par quelque procédé subit, extraordinaire comme la misère qu'il s'agit de guérir. Le peuple d'Irlande meurt de faim... il faut le secourir. Est-ce avec des lois, des réformes constitutionnelles? Non : il y a urgence; c'est du pain, et non des théories qu'il lui faut. Le pauvre peuple d'Irlande manque de vivres, il faut lui en donner. Il manque d'ouvrage, il faut le faire travailler. La pauvre Irlande est surchargée de population, il faut alléger le fardeau qui l'écrase : et ces secours, il faut les donner tout de suite à l'Irlande. Et cette misère, qui appelle à grands cris une assistance soudaine, n'augmente-t-elle pas chaque jour? Chaque jour cette population de pauvres devient plus nombreuse, et à mesure que sa misère accrue excite plus de pitié, les menaces de son désespoir inspirent plus de crainte. C'est, en effet, un phénomène digne de méditation que la population de l'Irlande, si misérable, se multiplie plus rapidement que celles de l'Angleterre et de l'Écosse si prospères; et, ce qui n'est pas moins remarquable, c'est qu'au sein de l'Irlande elle-même la population s'accroisse aussi davantage en proportion de sa misère. C'est dans le Connaught que la famine sévit le plus durement, et c'est là que le peuple se multiplie le plus rapidement (1). Comment donc ne pas tenter d'arrêter tout d'un coup cette effroyable misère dont le progrès recèle tant de souffrances et de périls?

Trois systèmes se présentent qui promettent de conduire au but qu'on veut atteindre.

Le premier serait de procurer du travail aux pauvres inoccupés.

Le second consisterait à diminuer la population, en fournissant aux indigents des moyens de s'établir hors du pays.

Le troisième serait de nourrir, aux frais de l'État, ceux qui ne seraient ni occupés en Irlande, ni pourvus dans une autre contrée.

En d'autres termes, trois moyens s'offrent pour le salut de l'Irlande : l'industrie, l'émigration et l'établissement d'un système de charité publique.

Examinons séparément ces trois systèmes. Ils ont été et ils sont encore en ce moment même, de la part des plus graves publicistes, l'objet d'études et de travaux qui provoquent une sérieuse attention.

§ Ier

Accroissement de l'industrie.

Des trois moyens proposés, le premier serait évidemment le meilleur, s'il était praticable; car il vaut mieux sans doute tirer d'une population oisive des travaux utiles, que de lui faire l'aumône ou de l'exiler.

C'est sans doute exagérer le mal que de porter jusqu'à quatre millions le nombre des Irlandais qui sont absolument inoccupés. Des documents officiels établissent que sur sept millions sept cent soixante-sept mille habitants (1), il y en a quatre millions huit cent soixante-trois mille qui sont principalement employés à la terre, et un million quatre cent dix-neuf mille employés soit au commerce, soit à l'industrie : d'où il semblerait suivre qu'il n'y aurait guère qu'un million d'habitants totalement dépourvus d'emploi. Mais en Irlande le chiffre le plus considérable des pauvres ne vient pas de ceux qui n'ont aucun travail, mais de ceux qui n'ont point de travail régulier. La moitié des fermiers irlandais sont des pauvres pendant une partie de l'année; et, si on ne comptait que les ouvriers agricoles ou industriels qui ne manquent jamais d'ouvrage, le chiffre des travailleurs occupés se réduirait à presque rien (2). On peut donc affirmer, sans risque d'erreur, que sur les huit millions existant en Irlande, il y en a la moitié qui n'ont aucun travail, ou n'ont point tout le travail qu'il leur faudrait pour soutenir leur existence.

Les mêmes documents statistiques qui prouvent qu'en Irlande près de cinq millions d'individus travaillent à la terre, établissent qu'en Angleterre et en Écosse, sur une population totale de seize millions deux cent cinq mille, la terre n'en occupe guère plus de cinq millions, c'est-à-dire à peu près le même nombre qu'en emploie l'Irlande; et cependant l'Angleterre et l'Écosse ont une étendue de cinquante-quatre millions d'acres, tandis que l'Irlande n'en a que dix-neuf millions; de sorte qu'en Irlande la terre absorbe les deux tiers de la population, alors que dans les deux autres pays elle n'en emploie pas même le tiers; et l'Irlande consacre autant d'ouvriers que l'Angleterre et l'Écosse à cultiver son territoire, qui est deux fois moins grand que celui de ces deux pays. Enfin il paraît bien certain que, par la culture irlandaise, la terre produit moitié moins que sous la main de l'agriculteur d'Écosse ou d'Angleterre; d'où il suit que trois ouvriers agricoles en Irlande font moitié moins de travail qu'un seul Anglais ou un Écossais (1). En supposant que le nombre des cultivateurs anglais et écossais soit trop restreint, celui des agriculteurs d'Irlande est évidemment excessif; et le vice de la culture irlandaise tient précisément à leur quantité.

Cet emploi au sol de plus de bras qu'il n'en faut pour le cultiver, et qui se nuisent par l'effet même de leur nombre, est économiquement un mal absolu, mais ce mal peut être un bien relatif en politique. Ainsi, s'il était vrai qu'en Irlande tout ce qui ne cultive pas la terre fût sans emploi, et que tout individu inoccupé fût un ennemi de la paix publique, on serait forcé de reconnaître que, même dans l'intérêt de tous, il vaut mieux que la terre se couvre d'un trop grand nombre de travailleurs, dût-elle produire moins de fruits. Ainsi, tandis que les principes de l'économie conseilleraient d'éloigner du sol une partie de ceux qui l'occupent, l'état politique du pays exigerait qu'on en augmentât encore le nombre.

Que faire donc? Faut-il, en arrachant de la terre la moitié de ceux qui y trouvent quelque travail et quelque moyen d'existence, grossir le chiffre des Irlandais qui n'ont ni ressource ni travail? ou bien faut-il accroître la somme des misères qui pèsent sur le sol en diminuant encore les parts de ceux qui l'occupent pour en donner quelques fragments à ceux qui n'en ont pas?

Certes, s'il est un pays où l'industrie manufacturière fût un grand bienfait, c'est l'Irlande. L'industrie qui viendrait employer les bras oisifs ou mal occupés serait pour l'Irlande, non-seulement un élément de richesse, mais encore un moyen de salut. Il y a en Irlande une force productrice de plusieurs millions de bras, qui est inerte ou mal dirigée. C'est un instrument que l'industrie mettrait en mouvement là où il se repose, et qu'elle féconderait partout où il est stérile.

Toutes les causes se réunissent pour faire désirer le développement de l'industrie en Irlande. Si l'existence matérielle des classes inférieures y est intéressée, là aussi est l'avenir de ces classes moyennes que nous avons vues appelées à une si grande destinée; l'industrie peut seule nourrir les uns et enrichir les autres.

Il existe des pays où l'on ne contemple point sans une sorte d'inquiétude le progrès de l'industrie manufacturière; ce sont ceux où les populations agricoles semblent déserter la terre pour se porter en masse dans les ateliers du fabricant, et, où les grandes manufactures semblent, par leur nombre et par leur régime, renfermer un germe de corruption pour le peuple et de péril pour l'État. Mais comment craindre que la terre ne soit abandonnée dans un pays où le peuple n'aime et ne connaît qu'elle? Ce qu'il faut redouter en Irlande, ce n'est pas l'excès qui rejette des campagnes dans les villes industrielles une trop grande partie de la population ; c'est l'excès contraire. On doit craindre qu'enchaîné au sol, le peuple ne s'en détache point assez pour se porter vers l'industrie. Et, en supposant que la vie manufacturière exerce sur l'état physique et moral de la population ouvrière une influence pernicieuse; que l'atelier corrompe les enfants et les femmes, atteigne ainsi la famille dans ses mœurs et la société dans son avenir; fût-il vrai que l'agglomération de grandes masses d'ouvriers soit une puissance trop considérable dans l'État; fût-il non moins certain que ces grandes masses ouvrières que l'industrie emploie sont sujettes, par les oscillations de celle-ci, à tomber subitement du travail dans l'oisiveté, c'est-à-dire de l'aisance dans le dénûment (1): ces maux, en les admettant dans toute leur étendue, seraient moindres que ceux qui existent en Irlande, où l'oisiveté corrompt plus encore que le travail des manufactures, où la misère déprave ceux que l'oisiveté ne corrompt pas, et où les millions d'indigents affamés sont une cause plus formidable de désordre et d'anarchie que ne pourraient l'être, en aucun cas, un pareil nombre d'individus trouvant dans leur travail des moyens d'existence.

D'où vient donc, qu'ayant un besoin si manifeste de l'industrie manufacturière, l'Irlande en soit presque dépourvue (2)?

Ce n'est pas que l'industrie en Irlande manque aujourd'hui de la protection du gouvernement; mais cette protection est à peu près stérile. On a, à une certaine époque, essayé le système des primes pour encourager la fabrication; il en est résulté quelques efforts de production, qui ont cessé le jour où les primes ont été supprimées. Le gouvernement voudrait aujourd'hui, pour émanciper l'industrie irlandaise, établir en Irlande quelques grandes voies de communication, telles que des canaux et des chemins de fer. Assurément de pareils moyens de transport sont pour l'industrie d'admirables auxiliaires, mais il faut d'abord qu'ils trouvent l'industrie existante; ils pourraient encore l'aider à naître, mais ils ne la créeraient pas. En 1780 l'Irlande avait de très-belles routes: Young, dont le témoignage a tant de poids, constate que ces routes étaient, à cette époque, bien supérieures à celles de l'Angleterre (3). L'Irlande n'était pas moins alors dénuée de tout commerce et de toute industrie, tandis que l'Angleterre était déjà entrée dans son ère de richesse commerciale et de prospérité industrielle[1].

Il y avait autrefois en Irlande des industries florissantes (1): le gouvernement anglais les a tuées; et pour cela il n'a eu qu'à les enchaîner, car la liberté est l'air vital de l'industrie : il a chargé d'entraves la moitié des travailleurs de l'Irlande (2) et a interdit ses ports et ceux du monde entier aux produits du travail irlandais (3).

L'oppression de l'Angleterre sur l'Irlande ne se montre peut-être nulle part plus à nu que dans sa politique commerciale. L'Angleterre voulait tout vendre à l'Irlande et ne lui rien acheter, ce qui était aussi insensé qu'injuste; car l'Irlande ne pouvait faire de commerce qu'avec l'Angleterre; et comment ceux qui ne vendent rien achèteraient-ils quelque chose? Cet égoïsme industriel de l'Angleterre était poussé quelquefois jusqu'à la folie. Un jour, c'était sous le règne de Charles II, l'Angleterre ayant résolu d'étendre encore l'exclusion qui frappait les produits de l'industrie irlandaise, un bill fut présenté à la chambre des communes dans lequel l'importation en Angleterre du bétail irlandais et de tous les fruits de la terre était déclarée *a nuisance*, c'est-à-dire une sorte de délit public; et l'on allait, sur la proposition d'un membre, proclamer ce fait une félonie (*a felony*, c'est-à-dire une *trahison*), lorsque le chancelier Clarendon fit observer qu'on pouvait tout aussi raisonnablement le dénommer un *adultère* (an adultery) (4).

Cependant les injustes entraves qui enchaînaient l'industrie irlandaise ont été brisées : tous les travailleurs irlandais sont libres; l'Irlande peut envoyer ses produits dans tous les pays du monde, et tous les ports de l'Angleterre lui sont

[1] En ce moment, l'Irlande est sillonnée de chemins de fer dont l'établissement n'a certainement pas été sans influence sur le bien-être du pays, mais dont l'effet sur la production manufacturière n'est pas sensible. *Note de la septième édition*, 1862.)

ouverts. Et la liberté commerciale qui unit l'Irlande à l'Angleterre n'est pas seulement celle qui s'établit de peuple à peuple, mais bien celle qui existe tout naturellement entre les diverses parties d'un même peuple, entre deux territoires soumis au même empire ; l'Irlande et l'Angleterre sont entre elles dans les mêmes rapports commerciaux où se trouvent deux villes anglaises ; Dublin commerce avec Liverpool comme Liverpool avec Londres.

Mais l'industrie que le despotisme abat si vite ne se relève pas toujours avec la liberté, car si elle ne peut exister sans liberté, ce n'est pas la liberté seule qui la crée, et il lui faut encore pour naître et se développer bien d'autres conditions.

Cette liberté commerciale, dont la conquête, commencée en 1782, ne s'est achevée qu'en 1820, n'a eu jusqu'à présent qu'un seul effet salutaire pour l'Irlande. Elle a ouvert à ses produits agricoles un marché immense et fait naître une sorte de privilége pour ses céréales librement admises dans les ports anglais, dont les blés étrangers sont exclus[1]. Mais elle n'a en rien servi les manufactures irlandaises, l'Irlande continuant à employer presque exclusivement les produits de l'industrie anglaise.

Il en est qui croient impossible pour l'Irlande d'élever des manufactures tant que l'Angleterre lui enverra ainsi sans obstacle les produits des siennes ; et ceux qui pensent ainsi voudraient que, pour protéger en Irlande l'industrie naissante, on soumît à un droit d'entrée les objets manufacturés importés d'Angleterre en Irlande. Mais alors, par réciprocité, les produits agricoles que l'Irlande envoie aujourd'hui en Angleterre seraient sans doute également frappés d'un tarif. De sorte que, dans la vue de créer une industrie nouvelle, l'Irlande courrait la chance de se voir dépouillée de

[1] Aujourd'hui, en conséquence de la loi du libre échange, qui ouvre tous les ports anglais au blé étranger, l'Irlande a perdu le monopole dont jouissaient ses céréales. (*Note de la septième édition*, 1862.)

celle qu'elle possède, et compromettrait un avantage certain pour un bien à venir et partant douteux.

Est-il bien vrai, d'ailleurs, que la concurrence de l'industrie anglaise soit le principal obstacle au développement de l'industrie en Irlande? Non; le plus grand obstacle vient bien moins de l'Angleterre que de l'Irlande elle-même.

Sans doute l'ouvrier anglais est, à tout prendre, supérieur à l'ouvrier irlandais; il est plus habile et plus constant; il travaille plus et mieux. Cependant, quand on voit Manchester et Liverpool employer dans leurs manufactures des milliers d'Irlandais, et prospérer, comment dire qu'en Irlande le vice du travail tienne à la nature même de l'ouvrier (1)?

Il faut ajouter que si le travail de l'Irlandais est inférieur à celui de l'Anglais. ce défaut est compensé par un avantage, qui est celui de coûter moins cher. Les salaires de l'ouvrier sont très-bas en Irlande, parce qu'il y a peu de travail et une immense concurrence de travailleurs; et pour peu que l'Irlandais fît dans l'atelier la moitié du travail que fait l'ouvrier anglais, on aurait plus de profit à se servir de celui-là que de celui-ci, parce que le premier coûte plus d'une fois moins que le second (2).

Il semble donc que l'Irlande soit dans les conditions les plus favorables pour la prospérité de toute industrie établie dans son sein. Mais il ne suffit pas que l'industrie soit libre; il ne suffit pas qu'elle ait des instruments d'exécution : ce qu'il lui faut encore, c'est un moteur premier, c'est-à-dire des capitaux. Or, en Irlande, si les capitaux existent, ils ne se montrent pas; ils se cachent, parce qu'à la place du droit et des garanties qui seules les attirent, ils voient un pays livré à une constante agitation. Voyez dans quel cercle vicieux on tourne ici. L'Irlande aurait besoin de capitaux pour mettre un terme à ses troubles, et c'est parce qu'elle est troublée qu'ils la fuient.

Et ce n'est pas seulement à l'industrie manufacturière

que les capitaux manquent, ils ne font pas moins défaut à l'industrie agricole.

Parce qu'il y a en Irlande près de cinq millions d'habitants occupés à la terre, on croit que la terre manque à la population, et que l'insuffisance du sol est la cause de tous les maux. Mais cette opinion tombe devant un fait matériel. Sur dix-neuf millions d'acres dont se compose le territoire irlandais, il y en a plus de cinq millions dont ne s'est point encore emparée l'industrie de l'homme, et qui, cependant, pourraient être soit labourés, soit employés en pâturages (1). Et pourquoi ces terres, qui appellent les bras, demeurent-elles nues et désertes? Parce que, pour féconder le sol, le travail a besoin d'avances ; or, ces avances, le pauvre ne peut les faire, et le riche ne le veut pas. Et pourquoi le riche ne place-t-il pas sur la culture du sol irlandais les capitaux sans lesquels cette culture ne saurait s'accroître? Parce que l'état du pays l'en empêche. Ce n'est donc pas la terre qui, en Irlande, manque à la population, c'est la confiance qui manque au travail agricole comme à l'industrie manufacturière.

Mais ce n'est pas là le seul obstacle au développement de l'ouvrier irlandais.

J'ai dit tout à l'heure que l'ouvrier irlandais n'est point de sa nature impropre à l'industrie manufacturière, et l'exemple de tous les Irlandais qu'emploient avec fruit l'Angleterre et l'Écosse prouve assez cette vérité. Mais il faut aussi reconnaître que l'Irlandais, aussi longtemps qu'il demeure en Irlande, a de certains vices, qui tiennent, non à sa nature, mais au pays, et qui font de lui un mauvais ouvrier.

Accoutumé en Irlande à subir toutes les oppressions, il a, quand il travaille, une idée fixe, c'est que celui qui l'emploie ne lui donnera aucun salaire, ou lui en payera un moindre que celui auquel il pourrait justement prétendre. Aussi qu'arrive-t-il quand une manufacture s'établit en Irlande? A peine les ouvriers qui, dans le premier moment, ont consenti à travailler pour de faibles gages, sont-ils maîtres du terrain, qu'ils se coalisent aussitôt pour obtenir un salaire plus élevé, et, appliquant à l'industrie les procédés des White-Boys, ils fixent arbitrairement le prix de la journée de travail, portent des peines terribles contre le maître qui payerait un salaire moindre et contre l'ouvrier qui consentirait à le recevoir; et ce code barbare ne contient pas de vaines menaces, le châtiment a coutume de suivre de près l'infraction. Naguère encore Dublin était le théâtre d'affreux assassinats, commis sur de pauvres ouvriers dont tout le crime était d'avoir travaillé pour un prix inférieur au taux fixé par la coalition : infortunés qui sont frappés de mort pour s'être contentés d'un modique salaire, et qui, s'ils en eussent demandé un plus élevé, seraient morts faute de travail! Et quel est l'infaillible effet de ces violences? Si le manufacturier les subit, il se ruine; s'il résiste, les ouvriers refusent de travailler. Dans les deux hypothèses, l'entreprise industrielle échoue; et l'ouvrier qui se plaignait, non sans quelque raison peut-être, de tirer de son travail un trop faible salaire, n'a plus ni salaire ni travail.

On voit bien çà et là, en Angleterre, l'exemple de coalitions du même genre; mais elles n'y ont jamais été que passagères et partielles; elles ont de temps à autre ruiné une industrie, mais jamais toutes les industries. A la place de cette crainte continue qu'éprouve l'Irlandais de ne pas recevoir la récompense de son travail, l'Anglais a, en général, une grande confiance dans ceux qui l'emploient, parce qu'il s'est habitué à trouver en eux le respect du droit et la fidélité aux engagements. L'ouvrier anglais possède d'ailleurs ordinairement assez de lumières pour comprendre qu'un accroissement momentané de salaire peut devenir un malheur pour lui-même, si cette augmentation fait crouler l'industrie de laquelle son salaire dépend.

Ceci explique pourquoi les Irlandais sont de bons ouvriers dans les manufactures anglaises. En quittant l'Irlande, ils en perdent les sauvages traditions; et en même temps qu'ils portent en Angleterre leurs facultés physiques et intellectuelles, ils y trouvent la moralité qui leur manquait, et qu'ils acquièrent rapidement en apprenant qu'en Angleterre les droits de l'ouvrier sont aussi sacrés que ceux du maître.

La même raison fait comprendre pourquoi l'industrie, languissante ou abattue dans presque toute l'Irlande, est plutôt prospère dans le nord de ce pays, où la classe supérieure et la classe ouvrière ne sont point, comme dans le sud et dans l'ouest, en état de suspicion mutuelle; où la guerre est plutôt entre des partis politiques et religieux qu'entre le riche et le pauvre, entre le maître et l'ouvrier.

Sans les deux causes qui viennent d'être signalées, les entreprises industrielles qui fuient l'Irlande y abonderaient; et on va tout de suite comprendre de quelle source elles découleraient.

L'Angleterre regorge de capitaux; elle en envoie dans le monde entier; elle en place sur le continent, en Amérique, en Asie; elle spécule, aux États-Unis, sur les terres; au Mexique, sur les mines; elle établit des bateaux à vapeur dans l'Inde. Et pourquoi donc, au lieu d'envoyer ses capitaux à deux mille, à quatre mille, à six mille lieues, ne les placerait-elle pas dans un pays qui est sous sa main, où il y a tant à faire et tant de bras qui ne demandent qu'à être mis en action? L'Angleterre veut, dit-on, conserver pour elle-même le monopole de l'industrie. Je veux bien que sa politique tende vers ce but; mais qu'importe? Les capitaux n'ont point d'esprit national; leur patrie est là où ils trouvent le plus de profit et le plus de sécurité. Et d'ailleurs l'Irlande est anglaise; elle est une partie de l'empire britannique. Il faudrait prêter aux capitalistes anglais des passions nationales bien exaltées, pour qu'à leurs yeux Belfast et Dublin fussent autres que Manchester et Glasgow. Disons-le donc, l'obstacle vient évidemment de ce que l'Irlande étant le pays le plus misérable et le plus agité du monde entier, l'Anglais aime mieux placer ses capitaux partout ailleurs qu'en Irlande; et précisément parce que ce pays est sous ses yeux, il voit plus vite et plus clairement à quels périls ses capitaux seraient exposés s'il les y envoyait.

Que faut-il conclure de tout ce qui précède?

C'est d'abord, qu'aussi longtemps que les causes qui s'opposent au progrès de l'industrie irlandaise existeront, ce n'est point à l'industrie qu'il faut demander du travail pour ceux qui n'en ont pas, et un remède aux maux dont l'oisiveté de la population est la cause réelle ou supposée; et, en second lieu, que, pour rendre possible le développement de l'industrie irlandaise, il faut commencer par détruire les causes qui maintenant la paralysent. Or, ces causes sont connues : c'est l'anarchie du pays et l'esprit qui anime les classes ouvrières.

Mais à qui appartient-il de combattre ces obstacles funestes à l'industrie irlandaise?

Ce n'est point, sans doute, l'affaire des gouvernements d'établir l'industrie; mais certes, leur tâche naturelle est de prévenir ou de dissiper les causes politiques qui empêchent l'industrie de naître ou de prospérer.

Maintenant, par quels moyens le gouvernement pourrait-il rendre au pays la paix, et au peuple les dispositions qui sont nécessaires au développement de l'industrie en Irlande? Ceci est une autre question qui sort de l'objet du chapitre actuel. J'ai dû me borner ici à montrer que l'industrie, quant à présent, ne saurait être pour l'Irlande un moyen de salut, puisqu'elle rencontre, dans le pays même, des obstacles immenses. Ces obstacles viennent du vice même des institutions; de sorte que chercher les moyens de développer l'industrie en Irlande, conduit à rechercher quelle sorte de réforme il faudrait faire dans les institutions de ce pays. La question est posée; mais l'ordre du livre en place ailleurs la discussion.

§ II

L'émigration.

S'il est impossible de trouver de l'emploi pour tous ceux qui, en Irlande, sont inoccupés ou travaillent mal, il faut, dit-on, diminuer le nombre des travailleurs; et quel meilleur moyen pour atteindre ce but que l'émigration?

De tous les systèmes qui, depuis vingt années, ont été proposés pour le salut de l'Irlande, il n'en est peut-être pas un seul qui ait, en Angleterre, plus de faveur que celui d'une émigration pratiquée sur une grande échelle. C'est un remède violent, il est vrai, mais qui repose sur un fait, simple en apparence, et propre à saisir les imaginations. Voici quelques millions d'individus dont la condition, en Irlande, est profondément misérable; qu'on les transporte dans un autre pays, moins rempli d'habitants, ils y trouveront un sort heureux, et, délivrés de cette population surabondante, ceux qui restent seront à l'aise et prospéreront. Cette théorie s'appuie de l'autorité des économistes les plus distingués, elle a plusieurs fois reçu la sanction du parlement lui-même, et beaucoup croiraient incurables les plaies de l'Irlande si l'émigration ne devait les guérir.

Les doctrines politiques, au nom desquelles on gouverne les peuples, ne sont-elles pas sujettes à d'étranges variations? Nous touchons encore à une époque où les théories des publicistes et la science des gouvernements n'avaient point en vue d'objet plus cher et plus constant que l'accroissement de la population (1). Sévères pour le célibat, les lois favorisaient les mariages précoces; des récompenses publiques honoraient les mères les plus fécondes (1); et l'émigration, qui enlève des enfants à la patrie, était interdite comme un délit public. Voici maintenant que, chez un des peuples les plus civilisés du monde, l'opinion s'établit que l'accroissement de la population est le plus grand danger dont une nation puisse être menacée; on y enseigne que, pour conjurer ce péril, il faut non-seulement arrêter le progrès du nombre, mais encore le diminuer, et l'émigration y est non-seulement permise, mais solennellement encouragée comme un moyen de salut pour ceux qui émigrent et pour le pays délivré d'un excès de population.

C'était jusqu'à ce jour une doctrine universellement consacrée, qu'une grande population est pour un pays une source de force et de richesse nationale, et que si elle nuit faute d'être bien dirigée, elle peut toujours être convertie en un instrument de puissance et de prospérité : théorie bien différente de celle qui veut aujourd'hui, quand la population semble excessive, qu'on en exile une moitié pour assurer le bonheur de l'autre.

Que doit penser l'Irlande de ceux qui la gouvernent? Les temps sont encore tout près d'elle où ses habitants étaient tenus rigoureusement dans l'impossibilité d'émigrer par le même gouvernement anglais qui, aujourd'hui, favorise, s'il n'exécute pas en Irlande l'émigration (2).

Sans relever davantage les contradictions de ces systèmes divers, et sans examiner jusqu'à quel point l'emploi successif de chacun d'eux fut justifié par des circonstances différentes, recherchons si l'émigration pourrait être en ce moment un moyen de salut pour l'Irlande.

Supposons d'abord qu'elle soit possible dans les proportions énormes qui seules la rendraient efficace. Pour juger de ce qu'elle doit être pour être utile, il suffit de considérer ce qui se passe à présent en Irlande. Il n'existe peut-être pas de comté irlandais d'où chaque année des milliers d'habitants n'émigrent volontairement. Cependant il a été constaté, par des enquêtes officielles, que cette émigration plus ou moins bienfaisante pour ceux qui s'en vont, ne produit aucun effet bien sensible sur la condition de ceux qui restent. On a reconnu que, dans les paroisses dont on a le plus émigré, le prix de la main-d'œuvre ne s'est pas accru, et l'emploi des ouvriers demeurés dans le pays ne s'est pas augmenté (1). Dans certains comtés, pour que la condition des classes ouvrières se ressentît de l'émigration, il faudrait faire émigrer les neuf dixièmes (2). On est étonné de la promptitude avec laquelle le vide produit par l'émigration se remplit, et l'on ne sait par quel funeste enchantement les pauvres qui s'en vont sont tout à coup remplacés par d'autres pauvres. Ce sont donc des millions d'Irlandais qu'il faut éloigner d'Irlande, sinon l'émigration passerait comme inaperçue.

Une telle émigration est tout à la fois singulièrement difficile et dispendieuse. Où porter ces millions d'émigrants? Assurément l'Angleterre est de tous les pays celui pour lequel cette difficulté est la moindre, car elle a des établissements coloniaux dans toutes les parties du monde, et ses vaisseaux lui donnent le libre accès des contrées mêmes qu'elle ne possède pas. Mais tous les territoires vacants ne seraient pas également propres à l'émigration irlandaise. L'Australie, outre qu'elle est plutôt un lieu de déportation que d'émigration, oppose aussi l'obstacle de sa distance. Les États-Unis conviendraient; mais est-on bien sûr que, si les États-Unis se voyaient menacés de l'invasion de trois ou quatre millions d'Irlandais, leur gouvernement laissât la libre entrée des ports américains à ces essaims de pauvres? il est permis d'en douter. Aujourd'hui l'Irlande envoie chaque année aux États-Unis quelques milliers d'indigents; et ce courant modéré d'émigration a déjà soulevé dans ce pays tant de clameurs, que plusieurs fois on a mis en question si les ports des États-Unis ne seraient pas fermés aux émigrants irlandais, soit par une interdiction formelle, soit par une taxe assez élevée pour équivaloir à une prohibition (1).

Le Canada, il est vrai, à défaut des États-Unis, pourrait recevoir les émigrants. Il est de toutes les colonies britanniques la moins éloignée de l'Irlande; c'est un pays devenu anglais, grâce aux lâchetés de Louis XV et de sa cour. Beaucoup d'Irlandais s'y sont déjà établis, qui seraient les hôtes des nouveaux venus; et, quoique les meilleures terres de cette colonie florissante soient occupées, il en reste encore une assez grande étendue pour recevoir pendant longtemps le surplus de la population anglaise. Reste à savoir si, lorsque la puissance anglaise est ébranlée au Canada, il entrera dans la politique du gouvernement britannique d'envoyer à ce pays un renfort de plusieurs millions d'hommes, qui, comme Irlandais et catholiques, seront malintentionnés envers l'Angleterre et prêts à faire cause commune avec ses ennemis[1].

Admettons cependant que ces diverses objections contre l'Australie, contre les États-Unis, contre le Canada, n'existent pas; le lieu d'émigration est trouvé. Allons plus loin encore. Supposons que la difficulté de transporter ces millions d'hommes dans leur nouvelle patrie, à deux, à quatre mille lieues par delà les mers, soit résolue; que l'on ne s'arrêtât pas devant l'énormité des dépenses qu'entraînerait une pareille entreprise, et qu'il faut compter par

[1] Depuis que ceci a été écrit, la catastrophe de 1846 et 1847 a précipité toutes les solutions, et l'émigration irlandaise qui, grâce aux merveilleux progrès de la science, s'est exécutée et s'exécute encore en ce moment, dans d'immenses proportions, en Australie, aux États-Unis, au Canada, répond victorieusement aux objections soulevées sur ce point. L'émigration irlandaise est un fait accompli : sa possibilité n'est plus une question. Quelle en sera la portée? quel en sera le bienfait? A cet égard, la discussion reste ouverte. — Voir, sur ce point, ce que dit l'auteur dans les pages suivantes et dans la Notice placée en tête du premier volume, § 4.

(*Note de la septième édition*, 1862.)

milliards de francs; admettons enfin que tous ces Irlandais, dont l'émigration paraît nécessaire, sont tout prêts à quitter leur pays et qu'on ne trouvera aucun obstacle dans leur volonté. Voilà deux, trois, quatre millions d'habitants de moins en Irlande.

Maintenant je me demande si la population de l'Irlande étant ainsi diminuée d'un tiers et même de moitié, les misères du pays cesseront. C'est ici que le doute me paraît encore permis.

La population d'Irlande est, à la vérité, réduite aux expédients pour la subsistance. Elle s'impose les plus cruelles privations, ce qui ne l'empêche pas chaque année de subir une famine plus ou moins longue. Elle se nourrit des plus grossiers aliments, en dépit de quoi elle éprouve des disettes périodiques; elle a adopté le régime le plus propre à soutenir le plus d'habitants possible sur le moindre territoire donné. Comme c'est une vérité économique bien établie que la même étendue de terrain qui, semé en pommes de terre, nourrit vingt personnes, ne donnerait d'aliments que pour cinq ou six, s'il était semé en blé, et n'en ferait vivre qu'un seul s'il était mis en prairie propre au bétail, l'Irlande a renoncé absolument à l'usage de la viande et du pain pour vivre exclusivement de pommes de terre. Elle a fait plus. Comme, parmi ces derniers fruits de la terre, il y en a qui se multiplient en plus grande quantité que d'autres, elle a adopté pour aliment une espèce de pomme de terre appelé Lumper, la moins agréable au goût, mais dont les vices sont rachetés aux yeux de l'Irlande par le mérite d'une prodigieuse abondance.

Il semble, au premier abord, que, pour une population qui trouve si péniblement sa subsistance sur le sol, toute diminution de nombre serait un immense bienfait. Si cependant on approfondit la question, on verra que l'émigration de 2 ou 3 millions d'Irlandais n'aurait point pour résultat nécessaire de faire naître, en faveur des 4 ou 5 millions restants, des moyens d'existence meilleurs et plus assurés. D'où vient, en effet, qu'en ce moment les produits agricóles de l'Irlande semblent ne plus suffire au soutien de la population? Ce n'est pàs que ce pays ne fournisse d'aliments pour 8 millions d'êtres humains. Bien loin de là, nul n'ignore que cette fertile contrée nourrirait sans peine 25 millions d'habitants. Pourquoi donc le tiers de ce nombre y vit-il misérable? Parce qu'avant de demander au sol et à ses produits ce qu'il leur faut pour exister, les Irlandais ont à y prendre d'abord ce qu'il leur faut pour payer leurs fermages aux propriétaires dont ils tiennent leurs possessions. Et ceci explique pourquoi, sur une terre capable de donner du pain à 25 millions de personnes, 8 millions trouvent à peine leur vie dans la culture des plus grossières pommes de terre. Si ces 8 millions d'Irlandais voulaient se nourrir de blé, rien ne serait plus facile; car la terre leur en fournirait bien au delà de leurs besoins; mais alors ils ne pourraient payer leur dette aux propriétaires du sol. Voici donc ce qu'est obligé de faire tout cultivateur irlandais : Il sème une partie de sa terre en blé pour produire la moisson qu'il vend, et il plante un petit espace en pommes de terre, d'où naît l'aliment qui le fait vivre. Dans le premier cas, il aspire à tirer du sol la plus belle récolte, avec laquelle il payera sa rente, et, dans le second, à obtenir les fruits les plus abondants, capables de suffire à ses plus impérieux besoins; et comme le fermage que le propriétaire exige de lui s'élève constamment, il lui arrive sans cesse d'élargir le terrain où naissent les fruits qu'il vend, tandis qu'il rétrécit toujours l'espace où croissent les produits dont il se nourrit. Maintenant, supposez que les propriétaires d'Irlande ne voient dans cette détresse de la population agricole rien que de naturel et de régulier; qu'ils aient pour principe familier que le fermier ne doit avoir d'autre profit dans la culture que d'en tirer les fruits strictement nécessaires à sa subsistance; supposez enfin que ce principe soit rigoureusement appliqué par le propriétaire irlandais, et que tout moyen plus économique de vivre, découvert par le fermier, amène nécessairement l'augmentation du prix de leur ferme; dans cette hypothèse, qui pour toute personne connaissant l'Irlande est une triste réalité, quelle sera la conséquence d'une diminution de population?

La terre d'Irlande ayant à nourrir un moindre nombre d'habitants, ceux qu'elle fera vivre auront-ils désormais une condition meilleure? Cela n'est pas certain; le plus probable est que si, au lieu de continuer à se nourrir de pommes de terre, les cultivateurs irlandais veulent faire usage de céréales, le propriétaire verra dans ce changement un accessoire de bien-être et un signe de fortune, qui tout aussitôt provoquera de sa part l'élévation du fermage. Afin de payer sa rente accrue, le pauvre agriculteur devra donc se remettre en toute hâte à son premier régime. S'il tarde, il sera bientôt, faute de payement, expulsé de sa ferme; ses misères renaîtront les mêmes que par le passé. Ainsi, après que des millions d'Irlandais auront disparu d'Irlande, le sort de la population restante pourra n'être pas changé. On comprend bien, par ce qui précède, comment avec trois fois moins d'habitants, l'Irlande était, il y a un siècle, tout aussi indigente que de notre temps, et sujette alors, comme aujourd'hui, aux mêmes causes de misère indépendantes du nombre.

Maintenant, s'il était vrai que la population irlandaise pût être beaucoup diminuée sans que sa condition s'améliorât, il faudrait reconnaître que le système de l'émigration qui repose sur l'efficacité de cette diminution, perdrait beaucoup de son importance. L'histoire du passé ne peut-elle d'ailleurs ici servir d'enseignement pour le présent? Ouvrez les annales de l'Irlande, et voyez le peu d'influence qu'ont exercée sur l'état social et politique de ce pays toutes les entreprises violentes et tous les accidents extraordinaires de dépopulation. Calculez tout ce qui, en Irlande, a péri durant les guerres de religion; les milliers d'Irlandais qu'a égorgés le fer de Cromwell, tous ceux que le vainqueur a massacrés ou qu'il a déportés dans les colonies; les centaines de mille que la famine a détruits et dont le nombre a, dans une seule année (en 1740), dépassé 40,000. Comptez les milliers que la peste et la guerre nationale ont emportés de temps à autre; tenez compte de ceux que consument incessamment la maladie et la misère. N'omettez pas le chiffre autrefois assez considérable de ceux qui, chaque année, mouraient de la main du bourreau; enfin, ayez égard aux 25 ou 30,000 individus que le cours naturel de l'émigration irlandaise enlève chaque année au pays; et lorsque, ces faits étant posés, vous rechercherez quelles en ont été les conséquences; lorsqu'au milieu de ces crises diverses, vous verrez l'Irlande toujours la même à toutes les époques, toujours misérable au même degré, toujours regorgeant de pauvres; vous reconnaîtrez alors que les maux de l'Irlande ne tiennent pas au nombre de ses habitants; vous jugerez qu'il est dans la nature vicieuse de son état social de créer des indigences profondes et des détresses infinies; que des millions d'indigents étant enlevés d'Irlande par un coup de baguette magique, on en verrait bientôt surgir d'autres en abondance de la source de misère qui, en Irlande, ne tarit jamais; qu'ainsi ce n'est pas au chiffre de la population qu'il faut s'en prendre, mais aux institutions du pays.

Ici encore nous voilà ramenés à la cause première du mal, et à la question de savoir quelles réformes seraient à faire dans ces institutions dont le vice reparaît toujours comme l'origine de tous les maux. Mais le moment n'est point encore venu de discuter cette question. Quant à présent, il suffit d'avoir montré qu'on chercherait vainement dans l'émigration un remède direct aux misères de l'Irlande.

§ III

Un secours pour les pauvres.

Le parlement anglais a rendu, à quelques années d'intervalle, deux lois qui, seules, mettraient à même de juger l'aristocratie d'Angleterre et celle d'Irlande.

En Angleterre, la charité publique avait été, pendant des siècles, pratiquée si généreusement et si imprudemment par les classes supérieures; les taxes énormes qu'entraînait son exercice avaient fini par peser d'un tel poids sur la propriété, qu'il a fallu un jour arrêter les abus de l'aumône légale, et forcer les riches à moins de bienfaisance envers les pauvres : tel a été l'un des objets principaux de la réforme accomplie en 1834 (1).

En Irlande, au contraire, le défaut absolu de charité publique ou de sympathie particulière du riche pour le pauvre y a fait naître, d'année en année, de siècle en siècle, une accumulation si énorme de misères extrêmes, qu'on s'est vu obligé enfin d'introduire dans ce pays une partie du principe qu'on réformait en Angleterre, et de contraindre les riches à assister quelque peu le pauvre qu'en Angleterre ils secouraient trop; c'est l'objet qu'a eu en vue la loi adoptée par le parlement le 31 juillet 1838 (2). Cette loi prescrit la construction d'un certain nombre d'établissements de charité propres à recevoir les indigents, et met, dans chaque comté, les frais de leur entretien à la charge des propriétaires. C'est cette loi de charité qui, à défaut de l'industrie et de l'émigration, pourra, dit-on, sauver l'Irlande.

On attend d'elle de nombreux bienfaits; envisagée sous le point de vue économique, elle fera vivre des millions de travailleurs inoccupés; considérée dans sa portée politique, elle amortira les passions anarchiques qui prennent leur source dans l'extrême indigence; et examinée sous son aspect social, elle sera propre à réconcilier le riche avec le pauvre, dont les souffrances seront désormais adoucies : telles sont les promesses que fait cette institution nouvelle, et qu'il semble bien difficile qu'elle accomplisse (1).

Sans doute il paraît téméraire de porter un jugement complet sur une expérience qui se fait, qui est à peine commencée, et dont on saura bientôt l'issue. Cependant, tout en reconnaissant qu'il y a dans une pareille entreprise beaucoup d'avenir voilé à tous les yeux, ne s'en trouve-t-il pas quelques parties que la prudence humaine puisse pénétrer? Si l'on ne saurait dire toutes les conséquences qu'aura la loi des pauvres en Irlande, ne peut-on pas du moins prévoir avec quelque certitude les effets qu'elle n'aura pas? et sans prédire le sort tout entier de cette mesure, affirmer qu'elle ne réalisera point les grandes espérances qu'on a reposées sur elle? N'arrivera-t-il pas nécessairement l'une de ces deux choses? Ou l'on voudra exécuter la loi assez largement pour la rendre efficace, et alors elle sera impossible; ou bien on ne lui donnera d'autre exécution que celle qui est praticable, et alors elle sera impuissante, si même elle n'est funeste.

Son influence sera sentie sans nul doute, si par suite de son exécution les deux ou trois millions de pauvres que l'on compte en Irlande reçoivent tout à coup de la société une assistance publique et légale. Ce sera, il est vrai, une grande question de savoir jusqu'à quel point cette influence sera salutaire; tout ne sera pas bienfait peut-être dans une institution qui, en attribuant à plusieurs millions d'individus les priviléges du paupérisme, leur en infligera aussi les stigmates et les vices. On pourra douter que le pain donné à ces deux millions de personnes change sensiblement la condition de quatre ou cinq autres millions qui ne sont guère moins malheureux; et il sera permis de craindre que le moyen destiné à guérir les misères du pays ne les rende plus incurables en les régularisant. Mais enfin, en supposant que le résultat de la mesure fût tout favorable, comment la pratiquer? Y a-t-il possibilité que deux ou trois millions d'individus trouvent en Irlande leur subsistance dans un régime de charité publique? Non; et pour le reconnaître, il suffit du plus simple calcul.

Supposez que la société prenne la charge de deux millions de pauvres; c'est le chiffre le plus bas que l'on puisse admettre, si l'on veut que l'assistance donnée aux pauvres d'Irlande ait une portée sociale et politique. Supposez maintenant qu'on donne à ces deux millions de pauvres la plus vile nourriture, celle qui sera strictement nécessaire pour soutenir matériellement leur vie, de l'eau et des pommes de terre. Eh bien, la dépense de chaque personne sera minime sans doute, car elle n'excédera pas vingt-cinq centimes par jour; cependant le total s'élèvera à près de deux cents millions de francs par année (1).

Quelle loi des pauvres sera jamais, en Irlande, établie à ce prix? qui en payerait les frais? On ne pense pas que l'Angleterre accroisse sa dette publique de quatre ou cinq milliards pour se mettre en mesure de faire l'aumône à l'Irlande, et si une pareille tâche était imposée aux propriétaires irlandais, dont elle absorberait tous les revenus, autant et mieux vaudrait peut-être décréter aussitôt la loi agraire. Et encore ces deux cents millions de francs fussent-ils trouvés et appliqués le plus sagement possible au profit de ces deux millions de pauvres, pourrait-on dire qu'il existe en Irlande un régime légal de charité publique?

Est-ce une assistance digne de l'État que cette vile ration de pommes de terre jetée à l'indigent sur la voie publique? Ne faut-il pas dresser un toit pour recevoir le pauvre, quand le pauvre demande un abri? Suffit-il d'apaiser sa faim, quand il jeûne? Lorsqu'il est nu, ne faut-il pas le couvrir? Ne lui doit-on pas les remèdes de l'art lorsqu'il souffre? Et quand il meurt, n'a-t-on pas à l'ensevelir? Le pain, le vêtement, un asile, un hôpital, un tombeau, ce sont là des nécessités premières d'humanité dans toute société chrétienne et civilisée, et que ne saurait omettre aucun système de charité publique.

Quand un gouvernement s'établit le dispensateur de la charité, il ne saurait l'administrer comme tout particulier pourrait faire. L'individu qui dans sa puissance bornée offre à son semblable un secours incomplet semble toujours faire plus qu'il ne peut, parce qu'en réalité il fait toujours plus qu'il ne doit. On ne juge point de même la société qui, ayant assumé le fardeau de la charité publique, est toujours présumée assez forte pour le porter, et dont on est enclin à accuser la parcimonie, alors même qu'elle se montre généreuse au delà de sa puissance.

Faut-il maintenant rechercher combien de centaines de millions devraient être annuellement ajoutés aux deux cents millions précédents pour procurer à l'Irlande un régime de charité, je ne dirai point pareil à celui de l'Angleterre, mais seulement tel que l'autorité publique le pût avouer? De pareils calculs seraient évidemment superflus : ne serait-ce pas comme si l'on essayait de porter une plus lourde charge, après qu'on a vainement tenté de soulever un moindre fardeau?

Ainsi pour être décent, un régime de charité publique approprié aux besoins de l'Irlande nécessiterait des sommes si énormes que le calcul n'en saurait être abordé ; et réduit à des proportions mesquines, il entraînerait encore des dépenses qui, quoique bien moindres, excéderaient encore infiniment le vouloir de l'Angleterre et la puissance de l'Irlande.

Les législateurs anglais, lorsqu'ils ont donné à l'Irlande une loi des pauvres, ont compris toute l'étendue de la difficulté qui vient d'être exposée ; et voyant bien qu'il était impossible d'offrir même la plus grossière charité à tous les pauvres existants, ils ont jugé qu'il fallait s'attacher à restreindre le nombre des pauvres secourus.

Mais comment, quand on établit un système de charité publique dans un pays où les pauvres abondent par millions, peut-on parvenir à ne donner du secours qu'à un petit nombre d'entre eux? La loi nouvelle a, pour atteindre ce but, pris deux moyens principaux. Le premier a été de ne point conférer au pauvre Irlandais un droit exprès d'assistance; et le second de mettre à la distribution du secours des conditions qui le rendissent peu désirable : de sorte que les pauvres n'eussent ni le droit d'exiger la charité, ni une grande envie de l'obtenir.

On se tromperait étrangement si l'on croyait que le principe de charité, qui tout récemment a été introduit en Irlande, est le même qui depuis la reine Élisabeth domine en Angleterre. On a établi en Irlande la charité publique, mais non la charité légale; ce qui est fort différent. Le caractère de la charité publique est d'avoir pour dispensateurs les agents de l'autorité; c'est le système français. Ce qui constitue la charité légale, c'est que celui qui la distribue, autorité publique ou simple particulier, ne puisse pas la refuser au pauvre qui la demande, et, en cas de refus mal fondé, puisse être contraint judiciairement à l'administrer. Tel est le système anglais. En Irlande la charité sera publique, puisque désormais sa gestion sera remise aux mandataires de la société. Mais elle ne sera point légale : car les pauvres qui recevront du secours n'auraient pas le droit de l'exiger, et tous ceux auxquels on le refusera ne posséderont aucun moyen coercitif pour se le faire accorder (1). Ce principe étant posé, on voit aussitôt comment les exécuteurs de la loi auront le droit de réduire autant qu'il leur plaira le nombre des personnes auxquelles la charité sera faite. On voit comment, armés d'un pouvoir discrétionnaire, ils pourront toujours mesurer la quantité des secours accordés sur le chiffre des dépenses possibles; et l'on comprend que, si les ressources du pays ne permettent pas de prêter assistance à plus de quatre-vingt ou cent mille indigents, on sera parfaitement libre de n'en pas secourir davantage[1].

Mais en même temps que l'on aperçoit les moyens par lesquels la loi serait rendue praticable, on reconnaît comment elle deviendrait inefficace : on se demande en effet de quelle conséquence serait, pour le salut et pour le repos du pays, le secours donné à cent mille pauvres, c'est-à-dire à moins d'un vingtième de tous les pauvres d'Irlande!

Croit-on d'ailleurs qu'il fût facile de choisir, parmi les millions de pauvres que possède l'Irlande, ces quatre-vingt ou cent mille privilégiés auxquels seuls l'aumône publique serait accordée? Je vois bien le droit qu'on aura de faire ce choix, mais je ne puis comprendre sur quelle base on s'appuiera pour le faire.

S'efforcera-t-on de n'adresser le secours qu'aux plus extrêmes misères? Mais il faudra d'abord les reconnaître. Or, comment les distinguer au milieu de cette multitude de voix qui font toutes entendre un pareil cri de détresse? Qui possédera le secret magique de deviner des souffrances différentes dans des conditions toutes semblables? Il y a une misère extrême, où les degrés, s'il en existe, ne sauraient se marquer. Qui dira lequel a le plus faim parmi des millions de pauvres affamés? Dans nul pays peut-être il n'existe un type de misère aussi uniforme qu'en Irlande. Et voyez quels incroyables efforts va faire chacun de ces millions de pauvres pour paraître le plus pauvre de tous ; quelle émulation d'indigence! quelle rivalité de haillons, de douleurs feintes ou réelles, de plaies véritables ou simulées! quelle prime offerte à l'imposture! Remarquez que tous ces pauvres, voulussent-ils vous dire eux-mêmes de bonne foi

[1] Aujourd'hui, en temps ordinaire, le chiffre moyen des pauvres admis dans le workhouse est souvent inférieur à 50,000, et toujours à 100,000. — Voir les tables statistiques officielles.

(*Note de la septième édition*, 1862.)

quels sont parmi eux les plus misérables, seraient bien embarrassés de le faire; comment donc réussirez-vous à savoir la vérité au milieu de tant d'efforts tentés pour vous conduire à l'erreur!

La distribution de la charité publique est déjà une tâche bien difficile et bien délicate dans le pays où la pauvreté est un cas rare, et la misère une exception. Comment donc se fera-t-elle chez un peuple où l'indigence est, en quelque façon, le sort commun, et où la condition supérieure à la pauvreté est un accident?

Évidemment, quoi qu'on fasse, en l'absence de toute règle légale et de tout moyen moral d'appréciation, on sera forcément ramené, pour l'exécution, aux procédés purs et simples de l'arbitraire. Mais l'arbitraire est précisément le vice le plus dangereux qui se puisse rencontrer dans toute institution donnée à l'Irlande. Ce pays a été si longtemps le jouet du caprice et de la tyrannie, qu'il croit difficilement à l'impartialité de ceux qui le gouvernent; et, en supposant qu'un choix de pauvretés irlandaises se pût faire avec équité, il suffirait que ce choix se fît arbitrairement, pour que le peuple le trouvât injuste. Ainsi, tandis que l'assistance donnée au petit nombre n'améliorera que médiocrement le sort des pauvres secourus, on peut compter que tous les pauvres auxquels la charité publique sera refusée se croiront les victimes de la plus inique exclusion.

Voyant bien qu'il n'était guère moins difficile de faire un choix parmi les pauvres d'Irlande que de les secourir tous, les législateurs anglais ont recouru à un second moyen. Pour diminuer le nombre des charités à faire, ils ont mis à l'obtention du secours des conditions propres à en éloigner le pauvre. En conséquence, la même loi, qui établit en Irlande un régime de charité pour les pauvres, prescrit la construction de quatre-vingts ou cent dépôts qu'elle appelle maisons de travail (workhouses), où seront administrés les secours de la bienfaisance publique (1). Ces établissements, qui pourront contenir chacun mille pauvres, seront soumis à un régime sévère. Toute personne pauvre n'y sera pas nécessairement admise; mais nul ne recevra de secours, s'il n'entre dans l'enceinte de leurs murailles et s'il n'y demeure. Le mari y sera séparé de sa femme; la mère des enfants. Le nom de ces asiles de charité semblerait indiquer qu'on y sera mis au travail; mais l'impossibilité où l'on serait de créer subitement quatre-vingts ou cent manufactures, et d'occuper utilement quatre-vingt ou cent mille pauvres dans un pays où l'industrie privée ne donne presque aucun emploi aux ouvriers libres, démontre suffisamment que les habitants de ces maisons de travail seront complétement oisifs. Ainsi se trouveront jetés pêle-mêle et réunis dans le même lieu toutes les misères, toutes les souffrances, toutes les corruptions de la pauvreté, tous les vices de la fainéantise. On estime que la nécessité, pour obtenir du secours, d'entrer dans ces établissements charitables, diminuera beaucoup le nombre des réclamants; et l'on fait sans doute un calcul fort juste, car on ne voit guère en quoi la condition de ces pauvres différera du sort des détenus pour crime.

Mais ici ne serait-il pas nécessaire de dire franchement quel est le vrai caractère d'une pareille loi? Renferme-t-elle un principe de charité ou de rigueur? D'une main on offre aux pauvres d'Irlande une aumône, et de l'autre on leur ouvre une prison. Cette prison, il est vrai, ne les recevra que s'ils veulent bien y entrer; et ils en sortiront quand il leur plaira d'en sortir. Mais s'ils n'y entrent pas, ils ne recevront point de charité; et cette charité cessera pour eux s'ils en sortent. C'est, en résumé, un secours offert aux pauvres d'Irlande, à la condition que, pour le recevoir, ils sacrifieront leur liberté, et se laisseront jeter dans un foyer de corruption.

On croit pouvoir justifier ces excessives rigueurs par l'exemple de l'Angleterre, où, depuis la célèbre réforme de

1834 (1), des établissements pareils, soumis à un régime semblable, ont eu, dit-on, le salutaire effet de diminuer le nombre des pauvres qui demandaient du secours, et de fournir, cependant, un asile aux indigents dont la détresse était réelle.

Mais ne voit-on pas combien, dans les deux pays, les principes et les faits sont différents?

En Angleterre, le principe fondamental de l'antique loi des pauvres, c'est-à-dire le droit légal du pauvre à la charité publique, existe toujours. La loi de réforme de 1834 n'a point aboli ce principe; elle en a seulement modifié l'exécution. Autrefois le pauvre anglais avait coutume de recevoir à domicile la charité que lui faisait sa paroisse, et qu'au besoin il exigeait de celle-ci. Rien, sans doute, ne pouvait être plus commode pour l'indigent que cette assistance publique, qui venait le trouver dans sa chaumière, au sein de sa famille et de ses habitudes; mais aussi nul mode de charité ne pouvait être plus fécond en abus. Pour remédier au mal, on a réglé qu'outre les secours donnés à domicile, il y aurait des charités distribuées dans l'enceinte des maisons de travail; et il a été établi que les administrateurs de charité pourraient, à leur discrétion, accorder ou refuser le secours à domicile, et ne seraient tenus rigoureusement de céder à la demande du pauvre que lorsque celui-ci, en réclamant une charité, se soumettrait, pour la recevoir, à entrer dans la maison de travail. Ainsi le pauvre anglais a conservé la chance d'être secouru suivant l'ancien mode de la charité anglaise, et il a la certitude d'être assisté conformément au nouveau. On voit déjà combien la condition du pauvre anglais est théoriquement différente de l'état du pauvre irlandais, qui, en aucun cas, ne peut recevoir d'assistance sans perdre sa liberté, et qui, ne pouvant trouver de secours que dans une sorte de prison, n'a pas même le droit, mais seulement la chance d'y entrer[1].

[1] Un seul exemple de la manière différente dont s'applique en An-

Mais, en fait, leur sort est encore bien plus dissemblable.

En Angleterre, il y a des pauvres, mais non un peuple de pauvres; la masse de la population travaille, et beaucoup qui prétendent manquer d'emploi en trouveraient sans peine, s'il ne leur plaisait davantage de demeurer oisifs, et s'ils n'aimaient mieux vivre de la charité publique que de leur propre industrie. On conçoit que, dans un tel pays, on ait pu sans inhumanité donner aux dispensateurs de la charité un pouvoir discrétionnaire qui, sans leur interdire l'usage du secours le plus doux en faveur de l'indigence irréprochable, leur permît de n'accorder qu'une charité sévère à la misère suspecte de fainéantise. Une pareille faculté ne pouvait faire naître beaucoup de rigueurs dans un pays où le mode d'assistance le plus agréable au pauvre est profondément enraciné dans les mœurs; et l'on avait plutôt à craindre que le droit donné par la loi d'être moins indulgent ne fût jamais exercé.

L'institution des maisons de travail pour les pauvres, en Angleterre, a un but moral qui se saisit sans peine; c'est une menace contre l'oisiveté volontaire qui se dit malheureuse; et, quand un pauvre se prétend dans le besoin, c'est une épreuve à laquelle on reconnaît la réalité de sa détresse.

Mais quel peut être le mérite d'une pareille institution en Irlande, où, si l'on écarte les indigences douteuses, il reste encore des millions de misères qui ne sauraient être contestées; où ces millions de pauvres sont plongés dans une détresse absolument indépendante de leur volonté; où ils ne travaillent point, non parce qu'ils ne le veulent pas,

gleterre et en Irlande la loi des pauvres : En 1857, il y a eu en Angleterre 816,000 pauvres secourus, — dont 113,000 seulement dans les workhouses et 703,000 secourus à domicile. En Irlande, la même année, il y a eu 190,000 pauvres secourus, dont 186,000 dans les workhouses et 4,500 seulement à domicile.

(*Note de la septième édition*, 1862.)

mais parce qu'ils ne le peuvent pas; où cette impossibilité de trouver aucun travail est, non accidentelle et passagère, mais continue et permanente? Appliquer aux pauvres d'Irlande le système anglais est absurde ou cruel.

Tenter, par une influence morale quelconque, d'exciter au travail des gens qui matériellement ne sauraient travailler, est un non-sens. Et si, par cette influence on éloigne de la maison de charité ceux qu'on a promis de secourir, et qui auraient, pour vivre, un besoin absolu d'assistance, qu'est-ce à dire, sinon qu'on a pris un engagement hypocrite qu'on veut violer à tout prix, et qu'on échappe à l'obligation d'une charité impossible par un expédient inhumain [1].

On vient de montrer comment les conditions mises à la charité feront que celle-ci sera peu recherchée de ceux auxquels elle serait le plus nécessaire.

Il y a cependant un cas où, selon toute vraisemblance, une grande foule réclamera le secours public en dépit des rigueurs qui y sont attachées; je veux parler de ces époques de disette générale, où la famine sévit parmi le peuple, et où le besoin matériel de vivre fait taire toutes les répugnances morales. Mais alors ce n'est ni par centaines, ni par milliers, ni par centaines de mille, c'est par millions que les pauvres irlandais feront irruption sur la maison de charité [2]; car dans ces temps funestes il s'établit sur toute l'Irlande un effroyable niveau de misère. Or, quel moyen de

[1] Les prévisions de l'auteur, sur l'effet de la loi des pauvres en Irlande, se sont malheureusement réalisées. « All classes of the Irish poor hold the workhouses in abhorrence; they are literally at death's door before they seek relief within its walls... (Ellen Woodcock and Sarah Atkinson. *Transactions of the national association for the promotion of social science.*) — Thom's *Diction.*, 646.

(*Note de la septième édition*, 1862.)

[2] C'est ce qui est arrivé en 1847 et 1848, lors de la grande famine. Il est entré une année (en 1848) dans les workhouses jusqu'à 930,000 pauvres, et ce n'était pas la moitié de ceux qui demandaient du secours. (*Note de la septième édition*, 1862.)

satisfaire ces multitudes affamées? Ainsi quand la charité sera possible, on la fera si dure qu'elle sera peu recherchée; et lorsqu'une circonstance extrême viendra lui donner encore quelque prix, elle sera aussitôt réclamée par un si grand nombre qu'elle deviendra impossible.

Mais la loi des pauvres donnée à l'Irlande ne serait qu'à demi défectueuse si elle n'était qu'impuissante. Tout ne semble-t-il pas indiquer qu'elle sera funeste?

Le fait seul de son inutilité serait un mal réel. L'Angleterre se persuade qu'en fondant cette institution elle a beaucoup fait pour l'Irlande. Elle se sent désormais plus à l'aise, et croyant avoir appliqué le remède aux maux de ce pays, elle est tentée de se reposer, du moins pour quelque temps, dans la satisfaction que donne le sentiment d'un grand devoir accompli.

Et, en Irlande, cette loi ne va-t-elle pas tout d'abord exciter parmi le peuple des espérances qu'elle ne saurait réaliser? Lorsqu'une institution de charité publique est annoncée à l'Irlande, le peuple ne se rend point compte aussitôt des limites dans lesquelles on entend la restreindre. On croit que désormais tous les pauvres seront secourus par la société; et cette opinion s'établit d'autant plus facilement que, sans avoir jamais possédé la charité anglaise, l'Irlande en sait les principes et les traditions. Mais lorsqu'au lieu de voir toutes les détresses secourues, on n'apercevra qu'une grossière assistance donnée à quelques pauvres élus, une cruelle déception ne sera-t-elle pas éprouvée? Et l'Irlande souffrante, qui s'attendait à un grand soulagement, ne s'irritera-t-elle pas en comparant la vile aumône reçue au bienfait qu'elle croyait recevoir?

Et comment trouver dans une pareille loi de charité un germe de rapprochement et d'union entre les riches et les pauvres d'Irlande? Les plus zélés partisans de l'institution admirent surtout en elle le pouvoir qu'elle aura, disent-ils, d'inspirer de salutaires alarmes aux propriétaires irlandais, dont les terres payeront désormais la taxe des pauvres. Ils pensent que désormais le riche sentira davantage la misère de l'indigent, et qu'il sera tout à la fois intéressé à la prévenir et à ne pas l'accroître. Mais ces menaces, adressées au plus fort, sont dangereuses pour le plus faible. On veut forcer le riche à aider le pauvre, que ce riche laisse mourir de faim : c'est une violence difficile à pratiquer. La charité ne se contraint pas. Il est fort à craindre qu'après avoir payé la taxe des pauvres, le propriétaire, pour lequel cette taxe est un lourd fardeau, ne cherche et ne découvre le secret de reprendre au pauvre ce qu'il lui a donné ; et qu'en tirant de sa terre, déjà affermée au delà de sa valeur, un prix encore plus élevé, il ne s'indemnise des aumônes qui lui ont été imposées. On court aussi le danger que, pour éviter la charge des pauvres, le propriétaire ne les empêche plus rigoureusement de s'établir sur son domaine, et ne se montre plus impitoyable à les en chasser. On risque ainsi de rendre les riches plus ennemis du peuple par les moyens mêmes qu'on emploie pour leur inspirer des sentiments plus humains.

Si cette institution n'est pas propre à inspirer aux classes supérieures des dispositions meilleures envers les pauvres, on ne voit pas non plus comment elle ferait naître chez ceux-ci des sentiments moins hostiles aux riches. La loi fût-elle efficace et salutaire, il est douteux que la population indigente en tînt compte aux grands propriétaires, qu'elle regarderait toujours comme les distributeurs passifs d'un bienfait involontaire. Quel sera donc sur l'esprit du peuple l'effet d'une loi qui recèle tant de périls, et qui ne paraît inoffensive que lorsqu'on la trouve impuissante? Veut-on savoir ce que diront les pauvres d'Irlande, le jour où se dissiperont les illusions éphémères d'une espérance irréfléchie? Ils diront que la loi était bonne, et que ses agents l'ont rendue mauvaise ; que la mesure était charitable, mais qu'on lui a donné une exécution inhumaine ; et le peuple trouvera encore le moyen de mettre à la charge des riches tous les défauts de l'institution.

Tantôt on accusera les commissaires de ne pas recevoir assez de pauvres dans la maison de charité; tantôt on leur reprochera d'en admettre un trop grand nombre dans ces asiles de corruption et d'oisiveté. Et ces reproches contradictoires, qui, grossièrement exprimés par la passion populaire, encourront facilement le reproche d'inconséquence, seront pourtant tous deux mérités : car, si c'est une charité qu'on donne, ceux à qui elle sera accordée n'y auront pas plus de droits que des millions d'autres non-secourus. Si, sous le nom de charité, c'est une dureté qu'on inflige au malheur, cette rigueur a beau être acceptée, le nombre de ceux qui la subiront sera toujours trop grand.

N'est-il donc pas permis de craindre que la mesure destinée à réconcilier les riches et les pauvres n'accroisse l'inimitié mutuelle et les griefs réciproques des uns et des autres? Comment donc chercher un remède aux maux de l'Irlande, dans un moyen propre à les aggraver encore?

CHAPITRE II

AUTRES REMÈDES DISCUTÉS PAR L'AUTEUR. — IL FAUT ABOLIR LES PRIVILÉGES CIVILS, POLITIQUES ET RELIGIEUX DE L'ARISTOCRATIE

On voit combien sont douteux ces moyens extraordinaires de salut tentés ou proposés pour l'Irlande ; beaucoup d'autres plans analogues pourraient être discutés ici, dont après un court examen on reconnaîtrait bientôt la vanité.

Que faire donc en présence de l'état douloureux et formidable de l'Irlande? Comment laisser sans remèdes de tels maux et de tels périls? Ce qui complique la difficulté, c'est qu'il ne suffit pas de trouver des moyens de salut bons en eux-mêmes; il faut encore en rencontrer dont l'usage soit possible. Ce n'est pas assez de découvrir le régime le plus propre à l'état de l'Irlande, il faut encore que ce régime soit du goût de l'Angleterre.

Ne convient-il pas cependant de rechercher d'abord ce que réclamerait l'intérêt abstrait de l'Irlande considérée isolément? sauf à examiner ensuite si l'intérêt de l'Angleterre permet d'exécuter ce que commanderait celui de l'Irlande.

On a vu, dans les chapitres qui précèdent, comment une aristocratie de conquérants restée hostile au pays conquis, et séparée de lui par la religion, on a vu, dis-je, comment cette aristocratie était une des causes principales et permanentes des maux de l'Irlande. Quelle est la conséquence logique à déduire de ces prémisses? C'est que, pour faire cesser les misères de l'Irlande, il faudrait réformer l'aristocratie de ce pays, comme pour abolir l'effet on supprime la cause.

D'où vient l'impuissance de tous les remèdes qu'on essaye ou qu'on propose? De ce qu'aucun système de guérison ne se prend à la cause première du mal.

Ainsi on cherche dans le travail des classes pauvres un moyen d'alléger leurs immenses misères, mais on voit bientôt que l'agitation du pays et les passions du peuple contre les riches rendent impossibles les progrès de l'industrie; c'est-à-dire que le remède au mal est rendu impossible par le mal lui-même.

On voudrait se délivrer par l'émigration de quelques millions de pauvres. Mais, outre que l'entreprise serait gigantesque, on reconnaît bientôt que des millions de pauvres fussent-ils enlevés comme par enchantement de la terre d'Irlande, celle-ci les verrait bientôt renaître de ses institutions : on reconnaît qu'agir ainsi, ce serait supprimer les effets tout en laissant la cause.

On pense que pour guérir les plaies les plus vives du pays il conviendrait de prescrire aux riches des obligations de charité envers les pauvres, mais ici on reconnaît encore l'impossibilité où est la loi d'imposer au cœur les sentiments qu'il n'éprouve pas : et l'on voit que, parvînt-on à guérir quelques plaies et à calmer quelques douleurs, les souffrances du pauvre renaîtraient en foule d'une source intarissable de misère. C'est cette source féconde qu'il faut tarir; c'est cette cause première qu'il faut attaquer. Il faut aller prendre ce mal jusque dans sa racine : tout remède appliqué à la surface ne procurera qu'un soulagement passager.

L'état social et politique de l'Irlande n'est point un état régulier; tout y accuse un vice profond. Et le désordre n'apparaît pas seulement dans les misères infinies et dans les souffrances perpétuelles de la population, il se voit jusque dans les moyens employés par celle-ci pour se délivrer de ses maux.

Qu'est-ce que cette association menant le pays à la face du gouvernement, si ce n'est l'anarchie même organisée? Et qu'est-ce qu'un pays où cette anarchie est le seul principe d'ordre? Qu'est-ce qu'une société dont la tête est l'ennemie du corps, qui lui-même est en rébellion perpétuelle contre celle-ci? dans laquelle tout riche est haï et détesté, toute vengeance légitime, toute justice suspecte? Évidemment c'est là une situation violente et anormale dans laquelle un peuple ne saurait demeurer longtemps.

On conçoit l'Irlande abattue, écrasée, foulée aux pieds pendant des siècles par son aristocratie. Mais on ne comprend pas, quand l'Irlande est relevée, le peuple et les classes supérieures de ce pays en présence de celles-ci aspirant toujours à opprimer, celui-là assez fort pour combattre l'oppression sans y mettre un terme.

Quand même la nécessité de réformer l'aristocratie irlandaise ne serait pas prouvée par tout ce qui précède, un seul raisonnement suffirait peut-être pour la démontrer. Voyez en effet l'alternative : si on la laisse subsister avec ses vices il faut de deux choses l'une : ou la soutenir contre le peuple, ou laisser le peuple la renverser.

Dans le premier cas il faut s'établir l'instrument de toutes les passions des riches, de leurs cupidités comme de leurs haines, continuer à mettre l'artillerie anglaise au service de chaque propriétaire qui ne peut se faire payer de ses fermiers, et soumettre à des lois arbitraires et terribles tout comté irlandais dans lequel on verra des pauvres attaquer violemment les propriétés : et en conscience l'aristocratie irlandaise peut-elle exiger, peut-elle souhaiter la durée de cette sanguinaire protection ?

Dans le second cas, c'est-à-dire si on prend fait et cause pour le peuple contre elle, ou, ce qui est la même chose, si on laisse faire celui-ci, l'aristocratie, privée de l'appui sans lequel elle ne saurait exister, se trouve livrée sans défense aux plus cruelles représailles. Elle tombe pieds et poings liés entre les mains d'un ennemi plein de ressentiments, sujette à toutes les vengeances et à toutes les fureurs d'un parti victorieux ; et, dans ce cas, on se demande s'il ne serait pas plus humain de la réformer que de lui laisser une pareille vie.

Cette réforme juste et nécessaire, serait singulièrement facile en Irlande.

D'abord elle serait aidée de toute la puissance du sentiment national. En Angleterre, où l'aristocratie est encore si puissante et si populaire, on ne se doute guère des sentiments que le peuple irlandais éprouve pour la sienne.

A peu près contentes de leur sort, les basses classes de l'Angleterre ne discutent point les priviléges du riche. Si j'osais, je dirais qu'elles en jouissent : elles voient avec une sorte d'orgueil ces grandes existences, ces superbes domaines, ces parcs, ces châteaux, splendides résidences de l'aristocratie ; et elles se disent que, s'il n'y avait pas de rangs inférieurs, ces opulences glorieuses, ces splendeurs nationales n'existeraient pas. On rira peut-être de cet indigent, enthousiaste du bonheur des riches ; il est cependant beau pour une aristocratie d'avoir inspiré de pareils sentiments. En général, le pauvre anglais voit le riche sans envie, ou au moins sans haine. Si parfois il l'attaque, c'est sans amertume, et alors il se prend bien plus au principe qu'à l'homme. Le plus hostile à l'aristocratie montre un profond respect pour l'aristocrate. Tout en blâmant le privilége politique il s'incline devant le lord; et quand il affecte de mépriser la naissance, il honore encore la fortune. L'Angleterre, folle de liberté, d'égalité ne se soucie guère.

Au contraire, en Irlande, où les lois n'ont jamais été pour les riches et pour les pauvres que des instruments d'oppression et de résistance, la liberté a moins de prix et l'égalité en a plus. Il y a, sans doute, en Irlande trop d'esprit anglais pour que la liberté y soit absolument méprisée et l'égalité tout à fait comprise; mais le peuple est poussé vers celle-ci par les plus puissants instincts. Il n'y a encore dans son amour pour elle rien de philosophique ni de rationnel. Le sentiment qu'il en a est encore indéfini dans son âme comme l'idée qu'il s'en fait est vague dans son esprit : c'est pourtant la passion qui semble destinée à saisir fortement son cœur, et qui sans doute le domine déjà secrètement. L'égalité est dans tous ses besoins, si elle n'est déjà dans ses principes. Et déjà il aime ardemment l'égalité en ce sens que l'inégalité lui est odieuse, et établie au profit de tous ceux qu'il déteste. Je ne sais s'il a pour la démocratie un goût éclairé; mais très-certainement il hait l'aristocratie et ses représentants. Chose remarquable! En Angleterre, au milieu d'institutions féodales, singulièrement mêlées de démocratie, un bon gouvernement a fait naître l'habitude, le respect, quelquefois la passion même de l'aristocratie. En Irlande, des institutions aristocratiques sans mélange ont, sous l'influence d'une politique funeste, développé des sentiments, des instincts et des besoins démocratiques inconnus en Angleterre.

La réforme de l'aristocratie, qui en Irlande serait populaire, y serait facile aussi : car, en même temps que dans ce pays la démocratie s'élève, l'aristocratie s'y voit partout en déclin.

Cette aristocratie n'a jamais été douée d'une grande force organique.

Ce qui, en Angleterre, la rend surtout puissante, c'est l'union qui règne dans tous les éléments dont elle se compose : la grande propriété, la haute industrie, l'Église, l'université, les corporations municipales, la médecine, le barreau, les arts et métiers, forment dans ce pays une association compacte, dont tous les membres n'ont qu'un intérêt, qu'une passion, qu'un but commun qui est la conservation de leurs priviléges.

Rien de pareil n'a pu jamais exister en Irlande.

Si l'on excepte l'université, qui est liée à l'Église par un nœud si étroit et si naturel qu'elles sont comme deux sœurs, tous les éléments aristocratiques n'y sont unis entre eux que par les chaînes les plus fragiles.

Il y a bien une sympathie naturelle entre les grands propriétaires du sol et les ministres de l'Église anglicane : même religion, mêmes passions, mêmes intérêts politiques. Repoussés par les mêmes haines, ils sont enclins à se rapprocher comme des proscrits qui se rencontrent sur la terre d'exil. Mais leurs rapports n'ont point cette régularité qui seule fait naître une union réelle et solide ; ni les uns ni les autres ne résident habituellement en Irlande; ils ne s'y rencontrent que par accident, ils s'y voient comme on se voit à l'étranger; c'est une liaison passagère qui, quelque sincère qu'on la suppose pendant qu'elle existe, ne laisse point de traces.

L'appui que retire l'aristocratie de ses autres auxiliaires est encore plus faible et plus incertain.

Les corporations municipales, ses plus fidèles alliées, sont tombées, dès longtemps, dans un état de discrédit et d'ignominie qui rend douteux le bienfait de leur assistance; et les abus dont elles sont souillées impriment au pouvoir qu'elles soutiennent une tache qui nuit plus à celle-ci que leur zèle ne peut lui servir. Ces corporations n'ont d'ailleurs jamais eu la force que donnent en Angleterre de grandes richesses. Jadis elles avaient, comme protestantes, le monopole presque absolu du commerce et de l'industrie; mais pendant tout le temps que dura ce monopole, l'industrie irlandaise fut sacrifiée à celle de l'Angleterre. Le privilége leur valait ainsi peu d'avantages. Afin de le conserver, elles étaient forcées de se mettre à la merci de l'Angleterre, dont elles acceptaient le joug pour pouvoir imposer le leur. Aujourd'hui elles sont complétement affranchies du lien anglais; mais on a vu précédemment comment, depuis son émancipation, l'industrie irlandaise crée plus de fortunes démocratiques que de richesses amies du privilége[1].

Nous avons vu plus haut aussi les classes moyennes catholiques s'emparant du barreau, jadis uni à l'aristocratie protestante. Ainsi, de tous côtés, cette aristocratie est faible, divisée et menacée dans le peu de force qui lui reste. Il ne reste, à vrai dire, d'élément aristocratique que dans un seul corps, celui des propriétaires du sol. Là seulement on peut trouver quelque accord dans les vues, quelques procédés réguliers, quelque durée dans l'union; et encore les plus riches, c'est-à-dire ceux qui pourraient donner à leur corps le plus de puissance, sont-ils en général hors du pays.

Enfin, le plus grand nombre des propriétaires irlandais est récemment tombé dans un état de détresse qui mérite d'être considéré.

On a vu la description des maux qu'endurent les pauvres agriculteurs d'Irlande; il y aurait aussi un triste tableau à présenter de la misère des riches de ce pays. C'est un fait incontestable que le plus grand nombre des propriétaires ont d'immenses embarras dans leurs fortunes. Le poids de

[1] En 1841, les whigs ont aboli le privilége des protestants dans les corporations municipales d'Irlande.

leurs dettes les écrase, leurs domaines sont chargés d'hypothèques. Beaucoup d'entre eux, débiteurs d'intérêts égaux ou supérieurs à leurs revenus, sont réduits à la nue propriété de leurs terres. J'ai vu tel domaine de cinquante mille acres rapportant cinq cent mille francs de rente, sur lequel il ne restait pas au propriétaire la jouissance d'un revenu de dix mille francs. Rien n'est plus fréquent que de voir installés, sur les grandes propriétés, des gardiens judiciaires, chargés de percevoir, au profit des créanciers, les fermages dus au propriétaire, et dont celui-ci a été dépouillé soit par une sentence de la justice, soit par une transaction volontaire.

Cette détresse des propriétaires irlandais, qui va toujours croissant, tient à plusieurs causes : la première de toutes, c'est leur propre incurie. Ils ont, pendant des siècles, rejeté sur des agents et sur des *middlemen* l'ennui de leurs affaires d'Irlande; et un jour ils s'aperçoivent que ces affaires ont été mal conduites, et que leur fortune, au lieu de s'accroître, a décliné. Une autre raison, c'est leur cupidité aveugle, qui, en rendant leurs fermiers misérables, est devenue pour eux-mêmes une cause d'appauvrissement. Et puis, comme ils sont véritablement en état de guerre avec la population, celle-ci leur cause sans cesse de grands dommages, sans autre avantage pour elle que le plaisir de leur nuire. On se fait difficilement une idée de la quantité de bestiaux qui, chaque année, sont tués méchamment ou mutilés sur les terres des riches, de bois et d'édifices qui sont brûlés, de prairies qui sont bêchées et retournées, d'arbres qui sont coupés par pur esprit de vengeance. Je vois qu'en 1833 il s'est commis dans la province de Munster plus d'attentats en vue de préjudicier aux propriétaires que dans le but de procurer un profit aux auteurs du crime. Ainsi, au milieu de tous les délits, je ne trouve que cinquante-neuf vols, mais je remarque cent soixante-dix-huit attentats dictés par ces instincts de violence brutale et vindicative, et qui ruinent le propriétaire sans enrichir le fermier (1). J'ai dit que rien, dans l'intérêt des classes pauvres, ne peut remplacer la sympathie des riches; il faut ajouter que rien, pour le riche, ne peut suppléer la sympathie du pauvre; et quand le pauvre hait le riche, il n'y a point de loi si dure, point de cour martiale, point de supplices, qui puissent l'empêcher de travailler à la ruine de celui-ci.

Enfin, l'indigence des riches irlandais a une dernière cause, de date plus récente. Durant la guerre de la France avec l'Europe, et notamment de 1800 à 1810, l'Angleterre ayant été, pour sa subsistance, réduite presque entièrement aux ressources de son territoire, l'Irlande, qui a toujours été son grenier d'abondance, le devint plus que jamais. Les produits agricoles de l'Irlande furent, en conséquence, si recherchés que leur prix s'accrut outre mesure. Cet état de choses se continuant d'année en année, les propriétaires, dont les terres donnaient à leurs fermiers des fruits d'une valeur double ou triple, se hâtèrent d'élever le prix des baux dans la même proportion; et, ne prévoyant point que cet accroissement de fortune, si agréable à leur orgueil, cesserait avec l'accident qui l'avait fait naître, ils établirent les dépenses de leur maison sur cette base fragile.

Tant que dura le blocus continental, l'aristocratie d'Irlande fut magnifique et prospère, et le peuple lui-même souffrit moins; mais la paix étant rendue au monde, le marché irlandais fut privé de son monopole, les produits de la terre perdirent leur valeur exagérée, et la fortune de tous les propriétaires fut étroitement réduite. Cependant, en dépit de ce revers qui leur enlevait la moitié de leurs revenus, les riches ne diminuèrent point leurs dépenses.

Il est dans la nature des aristocraties de ne pouvoir décliner; elles sont bâties sur un piédestal dont la vanité est la base.

Les grands seigneurs irlandais n'eussent jamais consenti à se rapetisser d'une ligne; et, continuant à vivre dans le même luxe avec des fortunes moindres, les uns sont arrivés à une ruine complète, les autres y marchent rapidement; et, plutôt que de réformer dans leur domestique un cheval ou un laquais, vont tomber du haut de leur faste dans l'extrême indigence. C'est une faiblesse très-familière à l'homme de ne pouvoir supporter l'approche d'une infortune légère dont l'heure est fixée, et de s'avancer résolûment vers un malheur immense, inévitable, mais dont le jour n'est pas marqué. L'aristocratie exagère tous les vices comme toutes les vertus qui procèdent de l'orgueil.

Abandonnée à elle-même, l'aristocratie irlandaise périrait peut-être. Mais la laissera-t-on, faible et impotente, languir des années, des siècles même, et s'éteindre dans une lente agonie au milieu des violences qu'elle excite, des misères qu'elle crée et des malédictions qu'elle entend? Non, elle ne peut plus être, pour le peuple irlandais, qu'un vain fantôme de gouvernement; et sans doute elle ne se relèvera pas au milieu des coups terribles qui lui sont portés, lorsque, dans des temps de paisible oppression, elle n'a pas réussi à se maintenir. Ses priviléges ne sont plus qu'un obstâcle qu'il convient de supprimer.

CHAPITRE III

COMMENT ET PAR QUELS MOYENS IL FAUT RÉFORMER L'ARISTOCRATIE EN IRLANDE

Lorsque je dis qu'il faut réformer l'aristocratie d'Irlande, je n'entends point par là une réforme violente et sanguinaire.

Je ne suis point de l'avis de ceux qui pensent que, pour

établir dans un pays l'ordre, la prospérité et l'union, il faut commencer par égorger quelques milliers de personnes, exiler ceux qu'on ne tue pas, prendre les propriétés des riches, les donner aux pauvres, etc., etc. Je repousse tout d'abord de pareils moyens comme iniques, et ne m'enquiers point s'ils seraient nécessaires. Je crois, sans examen, qu'ils ne sont pas nécessaires, parce qu'ils ne sont pas justes et qu'ils sont atroces. C'est, à mes yeux, un procédé vicieux, quand une injustice se présente à réformer, de commencer par en commettre une autre, et de faire un mal certain et présent en vue d'un bien à venir et douteux. Je me défie de ces moyens criminels que le but doit sanctifier, et qui, le but étant manqué, ne laissent que le crime à celui qui les emploie ; ou, pour mieux dire, je ne crois point que des moyens criminels puissent jamais devenir honnêtes. D'ailleurs, il me répugne d'admettre que l'injustice et la violence profitent jamais aux nations ou aux individus. J'estime trop le progrès de l'humanité pour croire utile à sa cause les excès qui la déshonorent. Tel grand forfait semble hâter la liberté, qui, après lui avoir imprimé un élan d'un jour, l'arrête peut-être pour des siècles ; et alors même qu'il serait prouvé qu'une iniquité est avantageuse à la génération présente, je ne croirais point que celle-ci eût le droit de charger les générations suivantes d'une infaillible expiation.

J'entends l'abolition de l'aristocratie irlandaise, en ce sens qu'on la prive de son pouvoir politique et de ses privilèges civils, dont elle ne s'est servie que pour opprimer le peuple, et qu'on abolisse sa prédominance religieuse, qui, lors même qu'elle n'engendre plus les persécutions, en perpétue le souvenir.

SECTION PREMIÈRE

Ce qu'il faut faire pour abolir les priviléges politiques de l'aristocratie. — Nécessité de centraliser.

Pour détruire le pouvoir politique de l'aristocratie, il faudrait lui ôter l'application quotidienne des lois, comme on l'a privée précédemment du pouvoir de les faire. Il faudrait, par conséquent, modifier profondément le système administratif et judiciaire qui repose sur l'institution des juges de paix et sur l'organisation des grands jurys, tels qu'ils sont constitués aujourd'hui. Et d'abord, pour exécuter cette réforme, il faudrait centraliser le pouvoir.

S'il est, en général, difficile de concevoir toute fondation d'un gouvernement nouveau, sans le secours d'une autorité centrale qui commence par détruire le régime existant, l'assistance de ce pouvoir central semble surtout indispensable lorsque, avant d'édifier une société nouvelle, il y a une aristocratie à renverser. Quel moyen, en effet, d'atteindre cette multitude infinie de petites puissances éparses çà et là sur le sol, toutes ces existences locales, toutes ces influences individuelles propres à l'aristocratie, si ce n'est en concentrant toute la force publique sur un seul point, duquel on abatte toutes les sommités condamnées et toutes les supériorités rebelles ?

Dans les pays où existe la meilleure aristocratie, le bras central qui s'étend sur elle pour la frapper est, en général, agréable au plus grand nombre. C'est assez dire combien serait puissante en Irlande une centralisation établie pour la ruine d'une aristocratie impopulaire, et contre laquelle la haine politique se confond dans la haine religieuse.

Plus on considère l'état de l'Irlande, et plus il semble qu'à tout prendre un gouvernement central fortement constitué serait, du moins pour quelque temps, le meilleur que puisse avoir ce pays. Une aristocratie existe, qu'on veut réformer. Mais à qui remettre le pouvoir qu'on va retirer de ses mains? — Aux classes moyennes? — Elles ne font que de naître en Irlande. L'avenir leur appartient : mais ne compromettront-elles pas cet avenir, si la charge de mener la société est confiée dès aujourd'hui à leurs mains inhabiles et à leurs ardentes passions?

Telle est aujourd'hui en Irlande la situation des partis, que l'on ne peut obtenir quelque justice des pouvoirs politiques, si on les laisse à l'aristocratie protestante, et que l'on ne saurait guère en espérer davantage, si on les donne aussitôt à la classe moyenne catholique qui s'élève.

Ce qu'il faudrait à l'Irlande, ce serait une administration supérieure aux partis, à l'ombre de laquelle les classes moyennes pussent grandir, se développer et s'instruire, pendant que l'aristocratie perdrait son pouvoir.

Il y a là une grande œuvre à accomplir, et dont la tâche s'offre au gouvernement anglais.

Lorsque j'indique la centralisation comme moyen de réformer en Irlande la société politique, j'ai hâte d'expliquer sur ce point ma pensée tout entière.

Je suis bien loin, assurément, de considérer comme salutaire en lui-même le principe absolu de la centralisation. Il est tel gouvernement central qui me paraîtrait mille fois pire qu'aucune aristocratie. Le défaut général de celle-ci est de restreindre, par le patronage, le nombre des existences individuelles; mais un pouvoir central, unique, qui fait tout et dirige tout, ne diminue pas seulement la vie politique des citoyens, il l'anéantit.

Ce pouvoir ne serait ni tyrannique ni oppresseur, il se tiendrait dans la limite des lois, respectant les passions et les intérêts populaires, que je ne l'en trouverais pas moins mauvais; car il annulerait toujours l'existence politique des individus. Or, de même que la meilleure éducation est celle qui développe chez l'homme son intelligence et multiplie ses forces morales, de même les meilleures institutions sont celles qui lui attribuent le plus de droits civils et de facultés politiques. Plus il y aura chez un peuple de personnes habiles à se conduire, à diriger leur famille, leur commune, la province, l'État, plus il y aura de puissance réelle dans ce pays, et plus la valeur de chacun sera accrue.

Alors même qu'on me prouverait que ce pouvoir central, unique, homme, assemblée, ministre ou commis, ferait mieux que tous les individus ensemble l'affaire de leur commune, de leur province, du pays entier, je n'en serais pas moins d'avis qu'il est mauvais d'enlever à ceux-ci le soin de ces divers intérêts; parce qu'à mes yeux il s'agit bien moins de faire à tous une vie matériellement douce et commode, que d'agrandir, par les intérêts politiques, le domaine offert dans ce monde aux facultés de chacun. Ce n'est donc point une forme définitive de gouvernement que j'indique ici pour l'Irlande.

Autant un gouvernement central me paraît aujourd'hui nécessaire à ce pays, autant il me semblerait malheureux pour lui de le conserver longtemps. L'extrême centralisation est plutôt un violent remède qu'une institution; elle n'est pas un état, mais un accident; c'est une arme puissante dans le combat, et qu'il faut déposer après la lutte. Elle excelle surtout à détruire; et alors même qu'elle crée quelque chose, elle ne sait point le conserver. C'est une phase par laquelle passent les peuples qui ont besoin, avant d'édifier une société nouvelle, de balayer les débris de l'ancienne, et dont ils doivent se hâter de sortir, dès que l'œuvre de transition est consommée. Malheureusement il n'est pas toujours facile de congédier cet auxiliaire, alors qu'on n'a plus besoin de lui; et la société peut trouver un germe de mort dans la cause qui l'a sauvée. Là est le péril. Ce danger est si grand, qu'un peuple ne doit le courir que s'il y avait pour lui un péril encore plus grave à ne s'y pas exposer. Il a le choix à faire entre la chance de ne pouvoir détruire un gouvernement mauvais sans le secours de la centralisation, et le risque de ne pouvoir, cette destruction étant faite, se débarrasser de l'instrument qui l'a exécutée. Mais c'est parce qu'en Irlande la réforme de l'aristocratie est le premier et le plus urgent besoin, qu'il faut, pour l'accomplir, prendre l'instrument le plus puissant, quoique le plus périlleux.

Il n'entre, du reste, ni dans mon désir, ni dans mon plan, d'expliquer la forme et le mécanisme de la centralisation qui conviendrait à l'Irlande, et dont je me borne à reconnaître en principe l'utilité passagère pour ce pays; je ne hasarderai sur ce sujet qu'une seule idée pratique.

C'est que, pour organiser en Irlande un gouvernement central puissant, il faudrait de plus en plus resserrer le lien d'union qui attache l'Irlande à l'Angleterre, rapprocher le plus possible Dublin de Londres, et faire de l'Irlande un comté anglais.

Tout, aujourd'hui, conspire à rendre ce but facile à saisir. Nous ne sommes plus au temps où des semaines, quelquefois des mois de voyage, séparaient l'Irlande de l'Angleterre.

Un jour, sous le règne de Henri VIII, on vit le parlement d'Irlande, privé depuis longtemps de toutes nouvelles d'Angleterre, confirmer, par un décret, le mariage du roi avec Anne Boleyn, et, le lendemain, par suite de l'arrivée du courrier, prononcer solennellement la nullité de ce mariage (1). Le parlement d'Irlande, s'il existait de notre temps, et qu'un tyran lui demandât un acte de bassesse, ne serait point ainsi exposé à déplaire au maître, tout en se montrant servile.

Grâce aux perfectionnements de la navigation et des routes, vingt heures seulement séparent Dublin de Londres. L'Irlande est plus près du parlement anglais que l'Écosse et le pays de Galles.

On ne conteste point que l'Irlande ait besoin d'un gouvernement spécial; et s'il y a nécessité de la soumettre à un régime législatif autre que celui de l'Angleterre, il faut bien aussi des agents particuliers pour appliquer des règles différentes d'administration. Mais, ceci étant admis, l'on ne voit pas ce qui aujourd'hui empêcherait de placer le siége du gouvernement irlandais dans la première ville de l'empire britannique.

D'autres considèrent la vice-royauté de Dublin et la cour qui l'environne comme propres à tempérer la violence des partis et à les diviser quand elles ne les amortissent pas. Mais cette opinion a-t-elle quelque fondement?

Le seul moyen, pour une cour, d'être brillante, c'est d'appeler à elle l'aristocratie du pays. Or, cette aristocratie, exclusive de sa nature, étant maîtresse du terrain, ne souffrira pas qu'on mêle dans ses rangs des gens de classe inférieure; et alors de quelle conciliation cette cour sera-t-elle la source? Supposons maintenant que le chef de cette cour à Dublin ait reçu du gouvernement dont il est l'agent le mandat de combattre l'aristocratie d'Irlande : comment pourra-t-il la convier à ses fêtes, ou s'abstenir de le faire? S'il la convoque, il la trompe; et l'offense, s'il la laisse dans l'oubli. Et alors même qu'il tentera de l'attirer, celle-ci, blessée dans son orgueil, et menacée dans ses intérêts, se tiendra à l'écart, affectera de mépriser une cour qu'elle appellera vulgaire et bourgeoise, et refusera de s'associer à des plaisirs dont elle n'entendra cependant pas le bruit sans les regretter!

Une cour à Dublin créerait les partis, s'ils n'existaient pas.

La réforme de la vice-royauté et l'abolition des administrations locales d'Irlande ne sont sans doute que des changements de forme. Mais ce sont des moyens pratiques indispensables pour exécuter les réformes politiques dont ce pays a besoin. Il faut que, pendant la période de transition où se trouve l'Irlande, ceux qui la gouvernent soient placés absolument en dehors d'elle, de ses mœurs, de ses passions;

il faut que son gouvernement cesse complétement d'être irlandais; il faut qu'il soit entièrement, non pas anglais, mais remis à des Anglais (1).

SECTION II

Ce qu'il faut faire pour abolir en Irlande les priviléges civils de l'aristocratie. — Utilité de rendre le peuple propriétaire.

Ce serait peu que d'attaquer l'aristocratie irlandaise dans ses pouvoirs politiques; c'est surtout à sa puissance sociale qu'il s'en faut prendre. Quelque révolution qui s'opère dans un pays, la société reste à peu près la même, si, dans le temps qu'on y altère les institutions politiques, on n'y modifie pas aussi les lois civiles. Les lois politiques changent avec les passions et la fortune des partis qui se succèdent au pouvoir. Les lois civiles, dans lequelles sont engagés une multitude d'intérêts, ne changent pas. Voyez les deux plus grandes révolutions qui, durant les derniers siècles, aient ébranlé le monde : 1649 en Angleterre, 1789 en France. Dans les deux pays, la foudre populaire gronde d'un bruit à peu près égal; même enthousiasme des réformateurs, même passion de nivellement. Dans l'ordre politique, tout est renversé et foulé aux pieds. Ici et là on démolit le monde existant pour édifier sur ses ruines un monde nouveau, un monde idéal où la justice, la raison, la vérité, seront seules souveraines. Et les deux pays s'égarent à peu près de même, l'un avec sa philosophie, l'autre avec sa religion. Ils semblent se copier mutuellement dans leurs élans, dans leurs illusions et dans leurs misères. Chacun offre son holocauste de sang royal; chacun a son anarchie et son despotisme, celui-ci son Napoléon, celui-là son Cromwell, et chacun revient à son passé, l'un vers ses Stuarts, l'autre vers ses Bourbons; la similitude semble parfaite entre les deux époques et entre les deux peuples, si ce n'est qu'en France il y a plus de gloire, et en Angleterre moins de sang.

D'où vient cependant que le jour où les deux peuples se retrouvent à leur point de départ, le premier a complétement changé de face, tandis que le second reparaît tout semblable à lui-même?

A peine Charles II a-t-il ressaisi la couronne royale, que la société anglaise, sortie un instant de son lit, y rentre tout entière : rien ne reste plus de la révolution; douze années de réformes, de violences, de coups d'État, ont passé comme une tempête dont un jour tranquille suffit pour effacer la trace. En France, au contraire, en dépit de la forme politique qui s'efforce de reproduire la vieille société, un autre peuple se révèle. Que cette forme s'appelle république, empire ou royauté, n'importe! la France monarchique de 1789 est devenue démocratique et ne cessera plus de l'être.

Pourquoi cette différence si grande dans les effets quand les causes paraissent semblables? C'est qu'en Angleterre, au plus fort de la destruction politique, les réformateurs ne touchèrent point aux lois civiles. Ils frappaient la royauté et laissaient intact le droit d'aînesse, tandis qu'en France le changement se fit tout à la fois dans l'ordre civil et dans l'ordre politique; la réforme sociale y précéda même les grandes crises révolutionnaires. Les lois qui abolissaient les servitudes féodales de la terre, celles qui substituaient dans les successions l'égalité au privilége, avaient toutes été décrétées quand la République le fut. Ces lois s'attaquaient au cœur même de la société, à ce qu'il y a de plus immuable chez un peuple, le sol et la famille. La République a passé, les lois civiles sont restées. Celles-ci avaient tout de suite atteint le fond, l'autre n'avait qu'effleuré le pays, non comme la brise qui passe, mais comme la faux qui tranche, en restant à la surface. Ce serait donc une vaine entreprise que de dépouiller l'aristocratie irlandaise de son autorité politique, si en même temps on ne lui enlevait les priviléges civils qui sont comme l'âme de sa puissance. Il y a, en Irlande, des plaies sociales qu'il importe encore plus de guérir que tous ses maux politiques. Ce qui est essentiel, c'est de rétablir l'harmonie, non-seulement entre les gouvernants et les sujets, mais entre les classes qui travaillent et celles qui possèdent la richesse. Ce qu'il faut arrêter avant tout, c'est la guerre que livre à la société le prolétaire, dont la misère profonde mérite tant de pitié, et dont les passions recèlent tant de périls. On s'égare et on tombe dans de funestes écarts si, pour apaiser ces passions, on attaque la propriété. On leur donne une satisfaction légitime, lorsqu'on se borne à combattre les lois du privilége sur lesquelles la propriété est fondée.

Or, ce sont des lois de privilége, telles que les substitutions et le droit d'aînesse, qui, en Angleterre comme en Irlande, concentrent dans les mains de l'aristocratie la possession de toute la richesse territoriale. Ce monopole enchaîne le sol dans un petit nombre de mains et empêche la terre de tomber au pouvoir de ceux qui, en la fécondant, s'enrichiraient au profit de tous. Il ne préserve pas toujours de leur ruine les propriétaires qu'il veut protéger, et il forme un obstacle insurmontable à ce que le peuple aborde la propriété foncière. Et, cependant, peut-on voir l'Irlande et son immense population agricole, sans reconnaître que le meilleur remède à la misère du peuple serait qu'au lieu d'être fermier, il devînt propriétaire?

L'Angleterre montre mieux qu'aucun autre pays comment, avec une bonne aristocratie, la population agricole peut être heureuse sans acquérir jamais la propriété du sol; tandis que l'Irlande prouve qu'il existe des contrées où le peuple est absolument misérable dans la condition de fermier.

Il est difficile d'imaginer un pays où la propriété soit aussi mal distribuée qu'en Irlande. En Angleterre, de grandes fermes, établies sur de vastes domaines, emploient peu de cultivateurs; mais ce petit nombre y vit heureux. En France, où la propriété est divisée à l'infini, l'agriculteur est le plus souvent propriétaire, et les fermes sont assez grandes pour que la condition du fermier ne soit point à déplorer. En Irlande, les propriétés sont grandes comme en Angleterre, et les fermes aussi divisées que les propriétés le sont en France; en d'autres termes, ce pays réunit les abus de la grande propriété sans aucun de ses avantages, avec tous les inconvénients de la petite culture dont il n'a rien pris de ce qui en rachète les vices.

Il arrive souvent aux économistes anglais d'invoquer l'exemple de la pauvre Irlande pour prouver combien est funeste en France l'extrême division du sol. Cependant une pareille comparaison ne peut être qu'une source d'erreurs; car il n'existe, dans la distribution agraire des deux pays, qu'une similitude apparente. La terre y est, à la vérité, dans l'un comme dans l'autre, également chargée d'agriculteurs; mais là commence et finit l'analogie, puisque en France tous ces petits agriculteurs sont les maîtres des parcelles de terre qu'ils occupent, tandis qu'en Irlande ils n'en sont que les fermiers.

De ce qu'on voit en Irlande des cultivateurs malheureux sur le petit coin de terre où s'élève leur pauvre cabane, on conclut qu'en France la même indigence est le sort de quiconque n'occupe sur le sol qu'un aussi étroit espace; rien pourtant n'est moins logique. C'est pour lui, c'est à son profit seul que l'agriculteur français arrose de ses sueurs cette terre dont tous les fruits lui sont assurés; tandis que le colon irlandais sème pour autrui, recueille des moissons dont il ne goûte jamais, et a le plus souvent épuisé le sol quand il en a tiré le prix de fermage qu'il est tenu de payer au maître. Qui ne voit que, dans le premier cas, une égale quantité de terre peut satisfaire les besoins de celui auquel, dans le second, elle sera nécessairement insuffisante? Qui ne comprend que, sur cette modique parcelle, l'un pourra être heureux et libre, par les mêmes causes qui feront l'autre dépendant et misérable ?

C'est une objection souvent élevée contre la division du sol, que, ce partage ne s'arrêtant jamais, la propriété foncière finira par arriver à un tel degré de fractionnement, que chaque parcelle ne sera plus pour son possesseur qu'un bien stérile, et pour la société composée de pareils propriétaires qu'une cause générale d'appauvrissement. Mais ces craintes ne sont-elles pas exagérées ou chimériques ? Ne voyons-nous pas le morcellement de la terre en France s'arrêter au point où il cesse d'être utile (1) ? Quand le propriétaire n'a plus d'intérêt à conserver une terre devenue trop modique, tantôt il la vend à un propriétaire voisin, tantôt il l'afferme ; le plus souvent il la cultive lui-même, et dans ce cas, quelque petite qu'elle soit, il trouve son profit à la garder. Seulement, comme les soins qu'il donne à son champ ne pourraient pas plus l'occuper toute l'année que les produits de ce champ le nourrir, il a coutume de joindre à ses travaux agricoles l'exercice de quelque autre industrie. La plupart des petits propriétaires français sont tout à la fois cultivateurs de leur propre domaine et ouvriers pour autrui ; ceux-ci simples journaliers ; ceux-là vignerons ; les uns, petits marchands dans le village ; les autres, artisans.

Mais la terre ainsi divisée, broyée, et livrée, pour sa culture, aux mains les plus débiles, ne perd-elle pas de sa richesse et de sa fécondité ?

Je ne discuterai point cette question tant controversée du mérite relatif de la grande et de la petite culture. On soutient, je le sais, qu'un grand domaine produit plus proportionnellement que plusieurs petites terres d'égale étendue, parce que le grand possesseur a dans ses mains des capitaux et des procédés qui ne sont pas à la portée des petits propriétaires ; mais ne sait-on pas aussi qu'à défaut de capital pécuniaire chacun de ces petits occupants du sol dépense sur la parcelle dont il a la propriété absolue une somme d'activité et d'énergie personnelle plus grande que n'en peut fournir un ouvrier salarié; que tous travaillant ainsi pour eux-mêmes, et sous l'influence d'un égoïsme fécond, parviennent, à force de zèle et d'industrie, à tirer de leurs terres autant, si ce n'est plus, que n'en obtiendrait un propriétaire unique, obligé d'employer les bras d'autrui; qu'en somme ces petits cultivateurs, obligés à des efforts supérieurs pour atteindre le même but, ne sont point à plaindre, parce qu'ils trouvent dans l'intérêt et la passion de la propriété une source intarissable de vigueur qui leur rend plus léger un plus lourd fardeau? L'expérience des temps modernes a montré quelle différence de prix il y a entre le travail de l'ouvrier libre et celui de l'esclave; on ne sait pas encore de combien l'emporte le travail du cultivateur propriétaire sur celui de l'ouvrier libre.

Quoi qu'il en soit, et laissant l'examen de cette grande question aux économistes, je me borne à dire que si les avantages économiques de la division du sol sont douteux, son bienfait social et politique n'est pas incertain.

Consultez tous ceux qui en France ont vu la condition du peuple telle qu'elle était avant 1789 : tous vous diront qu'aujourd'hui, elle est infiniment plus heureuse qu'elle ne l'était autrefois : et quelle a été la cause principale de ce changement subit? C'est que le peuple est devenu propriétaire. Mais nous n'avons pas besoin, pour nous convaincre de cette vérité, de recueillir les traditions du siècle passé. Regardons seulement ce qui se passe sous nos yeux ; qui de nous n'est frappé de la révolution qui s'opère soudainement dans toute l'existence de l'homme du peuple qui n'était pas propriétaire et qui le devient?

Le sol est, en France, la suprême ambition des classes ouvrières. Le domestique, le journalier agricole, l'ouvrier manufacturier, ne travaillent qu'en vue d'acquérir un petit coin de terre; et celui qui atteint le but tant désiré devient non-seulement matériellement plus heureux, mais il s'accroît aussi moralement. En même temps qu'il couvre son corps de vêtements meilleurs et prend une nourriture plus saine, il conçoit de lui-même une plus haute idée. Il sent que désormais il compte dans son pays. Errant jadis de commune en commune, de ville en ville, il était peu intéressé à vivre honnêtement, et courait peu de périls dans une existence reprochable. Ici on ne lui savait pas de gré des années régulières passées ailleurs; là on ignorait les improbités qui ailleurs l'avaient flétri. Mais, depuis qu'il s'est attaché à la terre, il sait que tout lui sera compté; de ce moment il veille sur lui-même, car il souffrira toute sa vie d'une action mauvaise, comme il est sûr aussi de jouir toujours d'une bonne œuvre. En général, il choisit une compagne en même temps qu'il achète une terre; et bientôt, au sein des affections domestiques, il apprend l'ordre, l'économie, la prévoyance. Meilleur comme homme, il vaut mieux aussi comme citoyen. La patrie a pris à ses yeux un corps sensible : la patrie, n'est-ce pas la terre? Désormais il a place sur son sein. Vainement on me prouverait que par le fractionnement de la propriété on obtient du sol moins de produits à plus de frais; je répondrais que je ne sais point le moyen de couvrir la surface d'un pays d'habitants plus heureux, plus rangés, plus amis du sol et plus intéressés à le défendre.

Si, en France, l'acquisition du sol a été pour le peuple un si grand progrès, de quels bienfaits elle serait la source pour le peuple irlandais! En devenant propriétaires, les basses classes de France ont passé d'une situation supportable à un état meilleur; celles d'Irlande franchiraient d'un seul bond tout l'espace qui sépare un sort heureux de la plus misérable condition.

Plus on considère l'Irlande, ses besoins et ses difficultés de toutes sortes, et plus on est porté à penser que ce changement dans l'état de sa population agricole serait le vrai remède à ses maux.

Tant que l'Irlandais ne sera que fermier, vous le verrez toujours indolent et misérable. De quelle énergie voulez-vous que soit doué le pauvre agriculteur qui sait que, s'il améliore sa ferme, son fermage sera tout aussitôt augmenté? Supposez-le, au contraire, propriétaire des deux ou trois acres dont il n'a que la ferme : avec quelle ardeur il remuera cette terre, qui rendra un fruit à chacune de ses sueurs! De quels efforts ne sera-t-il point capable, lorsqu'il verra une récompense à la suite de chaque travail, un progrès au bout de chaque sillon?

Il est permis d'espérer que le jour où il y aurait en Irlande de petits propriétaires, la plupart des misères du pays cesseraient. Cette fatale concurrence dont les petites fermes sont l'objet, et qui n'est pas moins funeste aux grands propriétaires qu'aux petits cultivateurs, disparaîtrait aussitôt; car, partout où le peuple possède rigoureusement de quoi vivre sur sa propre terre, il ne se fait fermier d'autrui qu'à des conditions avantageuses. Le riche cessant d'avoir le monopole de la terre, celle-ci n'encourrait plus l'anathème du pauvre; et d'ailleurs le petit propriétaire, qui couvre de son corps son champ et sa cabane, n'aurait rien à craindre des attaques dont, en Irlande, le sol est l'objet.

L'Angleterre fait de grands efforts aujourd'hui pour tirer l'Irlande de sa redoutable misère. Toutes les théories sont invoquées, toutes les intelligences supérieures sont en travail, tous les moyens sont essayés, depuis la charité qui donne du pain au pauvre, jusqu'au système de l'émigration qui l'exile de sa patrie. Tous ces systèmes ne seraient efficaces qu'à la condition d'être appliqués violemment. Qu'on y réfléchisse bien, et l'on verra que la terre sur laquelle le peuple vit aujourd'hui si pauvre peut seule rendre sa condition meilleure. C'est en vain qu'on veut sauver l'Irlande par l'industrie : l'Irlande est essentiellement agricole, et elle est telle, précisément parce que l'Angleterre est essentiellement industrielle. Il faut de toute nécessité que le peuple y trouve sur la terre un sort plus heureux, ou qu'il se résigne à rester éternellement misérable : or, puisqu'il est profondément malheureux comme fermier, la seule chance qui lui reste n'est-elle pas de devenir propriétaire?

J'aurais mille autres raisons pour appuyer cette opinion; je m'arrête cependant. Un lecteur anglais trouvera mes arguments incomplets. Tout autre qu'un Anglais les jugera peut-être surabondants.

Mais s'il est vrai que le peuple d'Irlande soit destiné à languir dans la détresse aussi longtemps qu'il ne parviendra pas à la propriété du sol, comment arrivera-t-il à ce but?

Des publicistes graves ont donné à la difficulté une solution que je ne puis accepter. Admettant la nécessité du principe que je viens d'établir, ils voudraient qu'on déclarât purement et simplement propriétaires ceux qui aujourd'hui ne sont que fermiers (1). Ceci n'est point de la discussion, mais de la révolution. Je me suis expliqué plus haut sur la nature des procédés par lesquels s'opèrent les réformes sociales et politiques. Pour être bons, à mes yeux, il faut à ces procédés une condition première; c'est qu'ils soient conformes à la morale et à la justice. S'il est moins cruel de dépouiller un propriétaire de son domaine que de lui arracher la vie, la spoliation est tout aussi injuste que le meurtre, et, sous ce rapport, tout aussi haïssable. On suppose, fort gratuitement, que le parlement anglais légitimerait par un décret cette révolution agraire. Mais d'abord la dépossession des riches au profit des pauvres ne serait pas plus équitable parce qu'elle s'exécuterait au nom des lois. Vainement on alléguerait que les possesseurs actuels du sol irlandais l'ayant usurpé, il est juste de le reprendre sur eux. Quel droit actuellement existant tiendrait contre cet examen du passé? Et quels propriétaires déclarerait-on usurpateurs? Seront-ce seulement les descendants des compagnons de Guillaume III? Mais alors on

8.

ne rentrera que dans une bien petite partie des terres. Y ajoutera-t-on les soldats de Cromwell et les aventuriers venus en Irlande au temps de la république? Mais alors pourquoi n'y pas joindre les colons anglais de Jacques Ier, même ceux d'Élisabeth?

Depuis le XVIe siècle, la propriété en Irlande a mille fois changé de mains, non-seulement dans le choc des révolutions, mais encore par l'effet des échanges. Ira-t-on dépouiller de ses domaines tout détenteur, à quelque titre que ce soit, même celui qui les aura acquis de ses deniers sous la protection des lois? Mais alors l'Irlande est jetée dans la plus effroyable perturbation; et le désordre atteindra sans distinction l'ancien propriétaire et le nouveau riche, le catholique et le protestant, l'industriel qui vient d'acheter une terre comme celui qui tient la sienne d'un héritage, le marchand auquel une propriété a été donnée en hypothèque aussi bien que le propriétaire lui-même. D'ailleurs on comprend bien comment avec un pareil système les pauvres cesseraient d'être indigents; mais on ne voit pas ce que deviendraient les riches, qui sans doute ne demeureraient pas spectateurs froids et impassibles de leur ruine, et qui, s'ils ne soufflaient le feu de la guerre civile dans le pays, se hâteraient sans doute de le quitter : de sorte que, tous les propriétaires ayant disparu, il ne resterait plus en Irlande que de grossiers paysans devenus les maîtres. Singulier moyen d'avancer la civilisation de l'Irlande, de rendre la paix à un pays déchiré par six cents ans de discordes civiles, de ranimer le sentiment du droit chez un peuple qui l'a perdu!

Pour moi, il me paraît si important de ne point troubler la conscience publique par la violation des droits, et de ne point ébranler la société en agitant le sol, que je repousse également le système de ceux qui voudraient qu'on distribuât aux pauvres irlandais les deux ou trois millions d'acres de terres incultes qui sont en

Irlande. Il faudrait, pour leur faire ce don, commencer par les prendre à ceux qui les ont : or, à mes yeux, toute atteinte à la propriété est un mauvais moyen d'économie politique.

Ne peut-on donc, par des voies équitables et légitimes, arriver au but qu'on se propose, et qui cesse d'être désirable, si, pour l'atteindre, il faut employer l'injustice?

Que faut-il au bas peuple d'Irlande? Acquérir la propriété du sol, mais non l'obtenir par des violences iniques; il faut, non le faire propriétaire, mais l'aider à le devenir; il faut, pour qu'il atteigne le but, qu'on lui donne le moyen. Or, c'est ce moyen qui lui manque aujourd'hui. Il est dans l'impossibilité absolue d'acquérir la propriété du sol, non-seulement parce qu'il est pauvre, mais surtout parce qu'en Irlande, comme en Angleterre, il n'existe que de grandes terres, inabordables à toute petite fortune; parce que, dans ces deux pays, les lois civiles, faites au profit de l'aristocratie, tendent constamment à la concentration du sol dans un moindre nombre de mains, et s'opposent invinciblement à la division du sol; parce qu'en un mot ces lois placent la terre hors du commerce. Cet état de la terre, inaccessible au peuple, est le véritable obstacle à vaincre; c'est, de tous les priviléges de l'aristocratie, le plus important à détruire; et sa gravité est telle que je crois devoir en faire l'objet d'un examen plus approfondi. Ce sera le sujet du chapitre suivant.

§ Ier

État féodal en Angleterre. — De la propriété foncière.

Pour faire comprendre quel est en Irlande l'état du sol, j'ai besoin de dire d'abord ce qu'il est en Angleterre.

Dans ce dernier pays le sol est encore féodal. La main qui le cultive est libre depuis longtemps; mais il n'a point rompu ses vieilles chaînes; et, tandis qu'autour de lui tout s'agite, se change, se modifie, lui seul ne change point, fragment inaltérable détaché d'une société mutilée par le temps et par les révolutions.

En dépit de toutes les victoires que remporte chaque jour le principe nouveau des sociétes sur le vieux principe; le travail qui crée sur le privilége qui conserve, la terre y est aujourd'hui ce qu'elle était il y a sept siècles, la base féodale d'une société qui ne l'est plus; emblème vivant d'un monde éteint.

C'est un fait très-digne de remarque que l'art avec lequel l'aristocratie anglaise a conservé entiers ses priviléges civils tout en cédant parfois de ses priviléges politiques. L'esprit qui en cela l'anime ne se montre nulle part plus clairement que dans tout ce qui touche au sol. Assurément il serait plus facile d'obtenir du parlement anglais la concession du suffrage universel qu'une réforme de la loi des successions.

L'aristocratie anglaise n'a du reste gardé des lois féodales relatives à la terre que ce qui lui est propice; elle en a aboli toutes les dispositions ennemies.

A la vérité, le roi est encore, par la loi présente, présumé le seul propriétaire du sol, dont les occupants ne sont possesseurs qu'à des titres secondaires. Mais c'est une fiction dépourvue de toute réalité. Cette suzeraineté est purement nominale; et l'héritier d'un domaine en Angleterre jouit d'un droit de propriété aussi absolu que celui qui est défini par la loi française. Les priviléges royaux, en cette matière, ont tous été abolis. Les lois qui instituaient les priviléges de l'aristocratie sont seules restées en vigueur.

Le principal objet de ces lois, arrachées à des princes faibles par des barons puissants, était de conserver au vassal toute sa force en protégeant son fief. Pour atteindre ce but, quel moyen prenaient ces lois? Elles tendaient à rendre les terres inaliénables et insaisissables entre les mains de leurs possesseurs : de là les substitutions. Elles s'opposaient à ce qu'à la mort du propriétaire la terre se partageât entre tous ses enfants : de là le droit de primogéniture. Maintenant voici un fief acheté par un marchand qui sera, pour la conservation de ce domaine, protégé, s'il le veut, par les mêmes lois qui faisaient la puissance d'un vassal du temps d'Édouard Ier. L'esprit de la loi féodale a disparu : sa conséquence est restée.

Conçues dans un but politique, ces institutions civiles sont passées dans les mœurs; elles étaient un moyen de gouvernement : elles satisfont les passions, les intérêts même des particuliers, comme autrefois elles répondaient à un besoin politique.

Si l'esprit de l'aristocratie féodale, ses idées, ses instincts, sont descendus, en Angleterre, jusque dans les rangs du bas peuple, c'est surtout à ces lois civiles qu'il le faut attribuer. Il est très-difficile, dans ce pays, d'arriver à la possession du sol; mais quiconque y parvient trouve dans les lois une égale protection. La terre n'a pas plus de priviléges pour le duc de Devonshire que pour le bourgeois qui vient d'acheter un domaine. A vrai dire, la loi ne considère ni le pair, ni le noble, ni le roturier; elle n'a point en vue le propriétaire, mais bien la propriété, qu'elle aspire à accroître et à perpétuer. Or, le nouveau venu sur une terre jouit peut-être encore plus de cette sollicitude féodale que l'antique possesseur moins ébloui d'un éclat dans lequel il est né.

Il ne faut plus demander d'où vient qu'en Angleterre les substitutions et le droit d'aînesse, qui perpétuent les immenses fortunes de la noblesse, ne sont l'objet d'aucune attaque. Ces lois sont aussi chères au manufacturier qui vient d'acquérir un immeuble qu'à l'héritier des plus illustres familles. Ces lois profitent surtout aux lords, parce que ceux-ci ont plus de terres que les autres ; ils possèdent, dit-on, la moitié du sol de l'Angleterre : mais enfin ces lois forment le droit commun.

J'ai souvent entendu dire que ce qui conserve l'aristocratie anglaise, c'est l'accès qu'est sûre de trouver toute grande illustration dans le sein de la chambre des lords, seule noblesse du pays. Je crois que ce qui la sert encore plus efficacement, c'est la faculté qu'a tout grand capital de se transformer sur le sol en un élément d'aristocratie. Ses vieilles richesses féodales se conservent par la même loi qui imprime un caractère aristocratique à toutes les fortunes qui s'élèvent.

L'étranger qui parcourt ce pays tombe dans un grand étonnement quand il y voit la terre féodale l'objet d'une sorte de culte populaire. N'est-il pas naturel, cependant, que, dans une société amie des traditions, on s'attache au seul monument du passé qui soit encore debout, et qu'on le respecte non-seulement pour lui-même, mais encore pour les souvenirs dont il est empreint, et dont seul il perpétue la mémoire? Le sol, en Angleterre, est une chose presque sacrée : c'est comme un sanctuaire dans lequel la piété veut qu'on ne donne accès qu'à un petit nombre.

Si l'aristocratie anglaise se fût montrée antinationale, on eût sans doute pris en haine les priviléges qui conservent sa richesse, et les lois civiles sur lesquelles ces priviléges reposent. L'alliance étroite de cette aristocratie avec le peuple a fait naître un sentiment opposé. On aime en Angleterre le sol féodal et les institutions qui le perpétuent. On voit peu de profit matériel à l'acquérir ; mais on regarde sa possession comme un honneur et presque comme une gloire. Il y a en Angleterre un comté (celui de Kent) où la loi féodale sûr les successions n'est point en vigueur ; là, ce n'est point le droit d'aînesse, mais le principe du partage égal entre tous les enfants (*the gavelkind*) qui forme le droit commun; mais ceci n'empêche pas que, dans le comté de Kent, aussi bien que dans le Yorkshire, les domaines ne se conservent dans leur intégrité. Ce qui n'est pas l'œuvre de la loi s'y fait par la volonté de l'homme, et le yeoman de Kent crée par son testament l'aîné que la loi ne lui donnerait pas.

Du reste, ce ne sont pas seulement les grands intérêts de l'aristocratie, les passions des nouveaux riches, les traditions populaires, les souvenirs et les mœurs, qui, en Angleterre, conspirent incessamment à resserrer la terre entre les mains d'un nombre toujours moindre de possesseurs. C'est une opinion théoriquement établie et singulièrement populaire dans ce pays, que, pour être féconde, la terre ne doit point se diviser, et qu'un grand domaine appartenant à un seul maître produit plus proportionnellement que plusieurs petites terres d'égale étendue ayant chacune un possesseur.

Fondée ou non, cette théorie est certainement très-répandue en Angleterre; et, en ce moment, elle est peut-être l'auxiliaire le plus utile de l'aristocratie, et le plus grand obstacle à la division du sol.

Ainsi nulle voix, en Angleterre, ne s'élève pour demander qu'on démolisse ces ruines si bien conservées de la vieille société, et l'indivision du sol continue.

Ce n'est pas que les terres anglaises aient conservé de nos jours cette nature absolument inaliénable qu'il était dans l'esprit des lois féodales de leur conférer. Non : leur inaliénabilité, dont le premier effet était de placer les fiefs à l'abri de la confiscation royale, était trop incommode aux rois normands et aux Tudors pour que ces princes ne travaillassent pas à la détruire. Vainement, toutefois, ils demandèrent à leurs parlements d'abolir les substitutions; ceux-ci n'y consentirent jamais. Alors, ne pouvant changer la loi, les rois anglais résolurent de la fausser. Ils en confièrent le soin à leurs cours de justice, auxquelles leur appel ne fut pas vain. Alors, dépendants des rois, les juges inventèrent la plus subtile de toutes les fictions légales, à l'aide de laquelle toute espèce de substitution pouvait être subitement rompue (1).

Cette jurisprudence, inspirée par le despotisme, tendait cependant à l'affranchissement du sol. Elle le plaçait, il est vrai, sous la main du despote, mais en même temps elle le rendait accessible à l'acheteur. Toutefois, à peine se fut-elle établie, que les grands propriétaires s'efforcèrent d'éluder cette jurisprudence, imaginée pour éluder la loi. Il s'éleva alors une lutte singulière entre les ruses de l'intérêt aristocratique, ingénieux à perpétuer les monuments de son orgueil, et la profonde sagacité du juge, protecteur servile de la liberté du sol. Cette lutte dure encore de nos jours, avec cette différence que les mœurs continuent l'œuvre des passions, et que le juge, devenu inamovible, fait par tradition ce que son devancier faisait par complaisance.

Mais alors même que les terres sont aliénables, elles sont très-difficilement aliénées. L'obstacle vient surtout des ténèbres qui en Angleterre couvrent le titre de la propriété. Le domaine n'est plus sujet aux atteintes de la confiscation royale; mais nul moyen n'existe pour l'acquéreur de s'assurer que la terre qu'il achète appartient bien réellement à celui qui la vend. La propriété foncière ne se transmet en Angleterre que par actes sous seing privé : les actes publics y sont inconnus. De là suit la facilité pour un propriétaire de vendre à celui-ci le domaine qu'il a hypothéqué à celui-là, et dont il a fait donation à un troisième.

On a de tous temps en Angleterre repoussé la publicité des contrats translatifs de propriété. Je ne sais quel voile mystérieux y enveloppe la terre et dérobe à tous les yeux les vicissitudes de sa fortune. Il semble qu'en lui permettant de changer de maître on veuille du moins tenir secrète sa nouvelle destinée, pour que, dans l'instant même où le sol s'ébranle, on le croie encore immobile.

Et puis, dans une société aristocratique où la considération et la puissance se mesurent si exactement sur la fortune, chacun aspire à paraître plus riche qu'il n'est, chacun met en relief son luxe et dissimule ses misères. Or, rien n'est plus favorable à ces mensonges de la vanité que le secret des contrats. Tel tire de sa terre un grand orgueil qui l'a depuis longtemps engagée au delà de sa valeur; mais personne ne le sait, et il jouit de cette ignorance qui s'évanouirait devant la publicité des actes.

Mais ce secret des contrats, qui protége l'amour-propre des riches en voilant leur déclin, est un obstacle immense à la mutation du sol. Il est destructif de toute sûreté; et comment vouloir, sans garantie, acheter un domaine? On comprend maintenant sans peine qu'en Angleterre l'industrie soit préférée à la terre par quiconque spécule et veut s'enrichir. Un placement agricole n'offre aucune des chances de gain que l'industrie présente; et il n'est pas sujet à moins de ruines.

Enfin, alors même que l'insécurité du titre est bravée, l'étendue et le prix des terres à vendre éloignent les acheteurs; et ce serait une erreur de penser qu'il est possible au propriétaire de diviser son domaine en petites fractions qui le mettent à portée, sinon du pauvre, du moins des fortunes médiocres.

Tout en Angleterre s'oppose à la vente des héritages et les retient dans la famille. En France les contrats de vente sont chers par les droits payés à l'État; mais la transmission d'un héritage par succession n'est pas moins dispendieuse. On sait que les frais, dans ce cas, enlèvent à peu près une année de revenu. En Angleterre il n'en coûte rien, absolument rien, au fils qui hérite de son père. Mais celui qui achète a de si énormes frais à payer, qu'on peut dire que, dans l'état présent des choses, la vente ou l'achat d'une petite terre en Angleterre sont presque impossibles; car les frais occasionnés par le contrat dépasseraient de beaucoup la valeur de la terre aliénée.

En France ce qui est cher dans la transmission des propriétés, ce n'est pas l'acte rédigé par le notaire, c'est le droit fiscal exigé par l'État, droit qui s'élève en proportion du prix de la terre vendue. En Angleterre le droit du fisc est presque nul; et toute la dépense gît dans la forme de l'acte. Ce n'est pas du reste le contrat lui-même qui est dispendieux : c'est l'examen des titres en vertu desquels la propriété que cet acte a pour objet est transmise.

Nous venons de voir quelle ombre épaisse environne la propriété foncière; or, si rien n'est plus difficile, au milieu de ces ténèbres, que de s'assurer de la sincérité des titres, il faut ajouter que rien n'est plus cher.

En Angleterre il n'exists point de notaires, c'est-à-dire de fonctionnaires institués pour conférer aux actes un caractère public. C'est une conséquence forcée du mystère des contrats. Des actes ne sauraient être tout à la fois secrets et authentiques. Cependant, au milieu des obscurités qui couvrent la terre, comment s'engager dans une transaction relative au sol sans courir à quelque lumière? à quel signe certain reconnaître que celui qui veut vendre un domaine en est bien le propriétaire légitime? Ce domaine n'est-il point grevé de quelque charge secrète? Quelque hypothèque occulte n'en a-t-elle point réduit la valeur? Le possesseur n'en a-t-il pas déjà aliéné le fonds en se réservant un usufruit auquel il doit peut-être une trompeuse possession? L'examen de ces diverses questions a coutume d'être remis à un avocat (*conveyancer*) dont c'est la profession spéciale de vérifier les titres de propriété. C'est une vérité reconnue que, dans la plupart des cas, il y a impossibilité absolue, quels que soient les efforts du plus habile légiste, d'acquérir une certitude complète de sécurité pour l'acheteur (1). A vrai dire, il n'y a pas d'acte de transmission de propriété foncière qui ne soit litigieux, et qui ne se traite comme un procès. Et c'est précisément ce qui rend ruineux l'acte par lequel cette transmission s'opère. Du reste, que les investigations soient nécessaires ou inutiles, elles coûtent toujours le même prix. Elles se conservent traditionnellement par les hommes de loi, auxquels appartient ainsi le privilége exclusif d'examiner et de comprendre les titres de propriété. La terre est entre leurs mains comme ces substances tout à la fois bienfaisantes et dangereuses que nul ne peut acheter sans l'ordonnance d'un médecin. Et peu importe que la terre à vendre soit de grande ou de moindre étendue, l'examen des titres entraîne toujours les mêmes soins et les mêmes dépenses. Il en résulte qu'il y a en Angleterre dans la division possible du sol une limite au delà de laquelle le fractionnement de la terre est moralement impossible : cette limite se trouve au point où les frais du contrat, égaux ou supérieurs à la valeur du domaine vendu, détruisent l'intérêt de la transaction. Ces frais, qui ne varient point, sont, à mesure que la terre vendue est plus considérable, comparativement moindres : c'est ce qui explique pourquoi en Angleterre il n'y a possibilité d'acheter que de grandes terres, et comment des entraves, qui gênent même le riche, arrêtent tout court le pauvre. C'est ainsi que dans ce pays, alors même que le sol change de mains, il ne se divise pas.

§ II

État féodal de la propriété foncière en Irlande : nécessité de le changer.

La loi constitutive de la propriété foncière est la même en Irlande qu'en Angleterre. Ainsi les mêmes causes qui, dans ce dernier pays, tendent à la conservation et à l'indivision du sol, exercent en Irlande la même influence.

L'obscurité qui s'étend sur les titres de propriété n'y est cependant pas aussi épaisse qu'en Angleterre. En 1708, au temps de la reine Anne, un bureau d'enregistrement public, pour tous les actes intéressant le sol, fut établi à Dublin ; et depuis ce temps, il ne se fait pas une vente en Irlande, il ne s'opère pas un seul engagement hypothécaire, sans que le contrat en soit enregistré. Le principe de l'institution est bon sans doute ; mais soit vice de forme, soit abus, le bienfait qu'on en retire est de peu de valeur. Les frais qu'entraîne une recherche sur les registres sont considérables ; il faut donc, pour les consulter, être riche.

Cet examen d'ailleurs ne dispense pas de l'obligation de consulter l'homme de loi, qui possède en Irlande le même monopole qu'en Angleterre, et la même autorité mystique en matière de contrats ; et si la terre d'Irlande n'est pas extérieurement enveloppée d'une ombre aussi impénétrable que celle qui couvre le sol anglais, elle est peut-être chargée de plus de complications, d'embarras et d'entraves. Indépendamment des vieux liens féodaux qui l'enlacent comme celle d'Angleterre, elle porte des chaînes qui lui sont propres.

Et d'abord, un grand nombre de titres de propriété sont entachés de vices qui remontent au temps même où les catholiques d'Irlande ne pouvaient, d'après les lois, être ni propriétaires ni fermiers à de longs termes. Comme il arrivait cependant quelquefois aux catholiques d'avoir des fonds pour acheter, et aux protestants des terres qu'ils désiraient vendre, il résulta de ce double fait une disposition commune à éluder la loi, et la terre devint l'occasion d'une foule de transactions clandestines, dont l'objet était de conférer la propriété de la terre à ceux qui légalement ne pouvaient la posséder.

Tout domaine en Irlande, petit ou considérable, est d'ailleurs infecté d'une sorte de lèpre incurable. Une immense population de petits fermiers le couvre, dont il faut accepter le fardeau en même temps qu'on en devient le propriétaire. Et tous ces fermiers n'occupent point le sol au même titre ; les uns ont un bail de vingt-un ans, les autres de trente-un, ceux-ci de quatre-vingt-dix-neuf, ceux-là ont un bail perpétuel. Il en est qui tiennent leur ferme, non du propriétaire, mais d'un traitant ou d'un fermier intermédiaire. Comment un nouvel acheteur reconnaîtra-t-il les droits qu'il acquiert au milieu de cette tourbe d'occupants, de middlemen, de fermiers, de colons, tous nantis de droits antérieurs, et souvent engagés les uns envers les autres (1)? Faudra-t-il qu'il examine successivement tous les contrats qui lient les agriculteurs aux middlemen, et qu'il recherche lesquels de ces actes obligent réellement le maître du sol, lesquels sont illégitimes? Quel moyen de jamais acheter une terre si on se livre à de pareilles investigations? et si on les omet, comment acheter avec quelque sûreté?

Mais, s'il est vrai qu'il existe en Irlande encore plus d'obstacles matériels qu'en Angleterre au mouvement de la propriété foncière, il faut reconnaître en même temps que son indivision n'est point protégée dans le premier pays par les mêmes causes morales et politiques qui lui viennent en aide dans le second.

Nous avons vu, en Angleteterre, une population qui, au lieu d'envier la terre, désire, en quelque sorte, ne point la posséder et la regarde plutôt comme une charge pesante, imposée aux plus riches. C'est une superfluité du luxe et de l'opulence; et dans ce pays, où tant de voies diverses sont ouvertes à l'activité de l'homme, on n'aperçoit pas l'intérêt qu'auraient les classes inférieures à être propriétaires; il est certain du moins qu'elles ne songent pas à le devenir.

En Irlande, au contraire, au lieu d'être un luxe, la terre est une nécessité; c'est l'unique bien auquel chacun aspire, c'est le sujet de tous les engagements, c'est la passion qui remue toutes les âmes; c'est la seule fortune du riche, c'est la seule espérance du pauvre. La terre, en Irlande, est le refuge commun; il n'est pas exact de dire qu'en Irlande on désire la terre; on la convoite, on l'envie, on la mutile, on la déchire, on s'en dispute les lambeaux; quand on ne l'occupe pas en vertu d'un droit, c'est au moyen d'un crime qu'on s'en empare. Je ne chercherai pas si en Irlande le peuple souhaite de devenir propriétaire du sol, lorsque je le vois risquer sa vie et prendre celle d'autrui pour occuper, comme fermier, une demi-acre de terre. Il ne se rendrait pas compte lui-même de sa passion, qu'elle n'existerait pas moins; la propriété est si éloignée de lui, qu'elle s'offre à lui comme une chimère à laquelle ce serait folie que d'aspirer, et s'il ne la poursuit pas, ce n'est pas qu'il la dédaigne, c'est parce qu'il l'estime à un trop haut prix.

On conçoit du reste, sans aucune peine, que le sol féodal de l'Irlande ne soit point entouré de cette sympathie populaire qui, en Angleterre, protége son indivision. Confisquée trois ou quatre fois, la terre d'Irlande ne retrace que des souvenirs de violence, de persécution et de sang; elle est encore, en quelques mains, le témoignage solennel d'une usurpation qui ne remonte guère à plus d'un siècle. D'un autre côté, en admettant le bienfait pour l'Angleterre de la concentration du sol en peu de mains, il faut reconnaître que l'Irlande ne saurait en tirer les mêmes avantages.

L'Angleterre s'applaudit d'une théorie agricole qui, en employant peu de bras, rejette dans les ateliers de l'industrie tous ceux qui ne sont pas nécessaires à la culture du sol. Qui ne voit, au premier coup d'œil, que cette théorie n'est pas faite pour l'Irlande?

Ce n'est pas pour sauver en Irlande les grandes fermes et la grande culture, qu'on y conservera l'indivision du sol, car toutes les fermes sont minimes, et la grande culture y est inconnue; ce n'est pas dans l'intérêt de la richesse publique qu'on maintiendra en Irlande un régime sous lequel les terres les plus fécondes demeurent stériles, ou produisent moitié moins de fruits que les champs les plus infertiles de l'Angleterre.

Et, pour un pays où une population de huit millions d'habitants n'a d'autre ressource que le sol, quel peut être le mérite de cette théorie dont l'objet principal est d'employer à la terre le moins de monde possible? Si un pareil système convient à un pays où les manufactures manquent de bras, ne serait-il pas funeste au peuple chez lequel tous ceux que la terre n'occupe pas sont nécessairement oisifs?

Le laboureur anglais que le sol repousse devient aussitôt, dans les ateliers de l'industrie, un agent de richesse pour le pays. Mais que fera le cultivateur irlandais, une fois sorti de sa pauvre cabane? A quelle industrie se dévouera-t-il dans un pays où aucune industrie n'existe? Pensez-vous que, débarrassée d'un ouvrier surabondant, la terre produira plus? Il se peut: mais la société aura de plus à sa charge un membre inoccupé, dont l'oisiveté sera périlleuse. Le jour où ce laboureur quitte sa terre, que peut-il devenir si ce n'est un mendiant ou un *White-Boy?*

Aucune des raisons morales et politiques qui peuvent, en Angleterre, sinon justifier, expliquer du moins la durée du sol féodal, n'existe pour l'Irlande. Dans ce dernier pays, devenir propriétaire est pour le peuple une question de vie ou de mort. Mais, en dépit de cette nécessité, il a, pour atteindre ce but, les mêmes obstacles à vaincre qu'en Angleterre, où le peuple n'en éprouve ni le désir ni le besoin. Les principaux obstacles viennent, comme je l'ai dit plus haut, des substitutions et du droit d'aînesse.

Ce sont des points importants auxquels j'ai besoin de revenir un instant.

§ III

Des substitutions en Angleterre et en Irlande. — Utilité de les abolir dans ce dernier pays.

Ce qui tout d'abord frappe dans les substitutions anglaises, c'est à quel point elles sont laissées par le législateur à la merci des volontés particulières ; c'est une arme que la loi met entre les mains des propriétaires pour protéger leurs domaines, mais dont elle ne leur commande pas absolument de faire usage.

Il n'y a point, dans ce pays, de substitutions perpétuelles, c'est-à-dire qui, par la force seule de la loi, soient inhérentes à un héritage, dont elles règlent souverainement la transmission suivant des principes invariables, et qu'aucune volonté ne puisse contrarier.

La plus longue substitution meurt au second degré, si elle n'est renouvelée ; c'est-à-dire que si le fils de celui au profit de qui elle a commencé ne la renouvelle pas, elle s'arrête à lui. Si donc il ne fait pas l'acte nécessaire pour la continuer, il peut disposer du domaine, qui, par l'expiration de la substitution, devient essentiellement aliénable.

Il y a plus : dans l'état présent de la jurisprudence anglaise, le propriétaire d'un domaine substitué peut toujours, à l'aide de certaines formes judiciaires, éteindre la substitution existante, et acquérir l'entière faculté de disposer.

Conclura-t-on de ce qui précède que le principe aristocratique des substitutions a disparu des institutions anglaises ? Ce serait une grande erreur. Les terres du riche ne sont pas, à la vérité, nécessairement inaliénables ; mais il dépend de sa volonté qu'elles le deviennent et demeurent telles. Veut-il placer ses propriétés sous l'égide d'une substitution, il n'a qu'à parler. Son intention manifestée est un commandement, et sa terre va devenir insaisissable en vertu de la loi qui prête appui à sa volonté. Croit-il moins avantageux de conserver ses domaines que d'en disposer ; la loi vient encore à son aide, et rend tout à coup aliénable ce qui un instant auparavant ne l'était pas.

Une pareille loi, qui laisse tant au libre arbitre de l'homme, remplirait mal son objet dans une monarchie pure. Là les substitutions, qui maintiennent les grandes propriétés dans quelques familles nobles, sont établies surtout en vue du trône dont ces familles sont le soutien. Il ne s'agit pas de savoir s'il convient ou non à cette noblesse de conserver ses terres; le monarque y voit son intérêt, et cela suffit. Il en est autrement dans une aristocratie où les maîtres du sol sont riches et puissants pour leur propre compte.

Ce serait donc se tromper étrangement que de croire que le principe des substitutions qui, en Angleterre et en Irlande, domine la propriéte foncière a perdu de sa puissance, parce qu'on le voit fléchir sous le caprice des maîtres du sol; il ne plie qu'à leur profit.

Ce principe protecteur des fortunes aristocratiques en serait devenu, en Irlande, le plus grand ennemi, si, dans ce pays, on n'avait pas possédé le secret de le faire ainsi céder à la volonté des propriétaires.

On conçoit le secours que pourrait trouver même dans un système de substitutions absolues et inflexibles une aristocratie éclairée et sage. Habituellement rangée, elle serait protégée dans ses désordres passagers par la loi qui déclare ses domaines inaliénables. Elle serait toujours assez riche pour garder son crédit; et lorsqu'il lui arriverait de faire des dettes, elle aurait l'avantage de ne pouvoir disposer de sa fortune pour les payer.

Mais à la place de cette aristocratie éclairée et puissante, supposez une aristocratie dépourvue de lumières et d'esprit de conduite, abaissée dans l'opinion, appauvrie autant par ses vices que par ses fautes, en un mot, à la place de l'aristocratie anglaise, mettez celle d'Irlande. Alors la loi conçue dans le but de perpétuer sa richesse ne fera que précipiter sa ruine.

Succombant sous le poids de ses dettes et manquant de tout crédit (1), l'aristocratie d'Irlande ne peut plus trouver d'argent à emprunter qu'en engageant ses terres. Mais comment donner en hypothèque des terres grevées de substitution? Son embarras est grand; et il lui est arrivé souvent de maudire la loi funeste qui fut établie en sa faveur.

Quel serait donc en Irlande l'obstacle à l'abolition des substitutions?

Les propriétaires de ce pays perdraient, il est vrai, l'avantage de pouvoir au besoin rendre leurs terres inaliénables. Mais, dans l'état de détresse où ils sont, cet avantage ne serait-il pas plus que compensé par le crédit dont le droit de disposer serait pour eux la source?

Une mesure qui détruirait l'aristocratie irlandaise comme corps sans nuire aux membres dont elle se compose ne serait-elle pas la meilleure de toutes? Or les substitutions étant abolies, tout propriétaire irlandais serait plus complétement maître de sa terre, plus riche parce qu'il aurait plus de crédit; et la terre, affranchie des liens qui l'enchaînent et des embarras qui l'entravent, deviendrait tout à fait libre. Ce serait le premier pas vers la division du sol.

§ IV

Le droit d'aînesse en Angleterre et en Irlande. — Raisons de l'abolir dans ce dernier pays. — Résumé des chapitres précédents.

Il faut sans doute que les terres soient aliénables, pour que le peuple puisse les acquérir; c'est la première condition; car on ne peut acheter que ce qui est dans le commerce. Voilà pourquoi l'abolition des substitutions est la première chose à faire; mais ce ne serait pas assez. Le peuple ne deviendra pas propriétaire, si toutes les terres à vendre sont de grande étendue; et elles conserveront cette vaste dimension dans tout pays où règne le droit de primogéniture.

Rien, je crois, n'est plus commun, en France, que de se tromper sur la nature du droit d'aînesse existant en Angleterre. On croit qu'une volonté impérieuse de la loi attribue forcément à l'aîné des fils la totalité de l'héritage patrimonial, et que celui-ci jouit du bienfait de la loi en dépit de la volonté contraire de ses parents. Il n'existe rien de semblable.

Cette liberté, que je montrais tout à l'heure dans le propriétaire d'un domaine substitué, se retrouve bien plus grande encore dans le père de famille faisant la dernière disposition de sa fortune. Il peut, s'il lui plaît, partager également ses biens entre tous ses enfants, donner la plus grande part, la totalité même à l'un d'eux, au dernier d'entre eux, à la plus jeune de ses filles, et ne rien laisser aux autres; il peut exclure l'aîné; que dis-je? il peut non-seulement donner tout à un seul d'entre eux, il peut même les déshériter tous ensemble, et laisser sa fortune entière à un étranger. La loi n'établit en faveur des enfants aucune réserve. Remarquons, en passant, que si la législation anglaise mérite un reproche, ce n'est pas d'être trop impérieuse, c'est plutôt de trop laisser à la liberté de l'homme. Elle est l'opposé de la loi française, qui destitue l'homme de toute volonté dans la disposition de ses biens.

Tandis qu'en France on méconnaît la loi anglaise sur les successions, en lui attribuant un despotisme dont elle est exempte, il arrive souvent aux Anglais de tomber dans une erreur contraire, qui est de considérer leur loi de primogéniture comme n'étant douée en elle-même d'aucune puissance. Ce n'est point dans la loi, vous disent-ils, que réside le droit d'aînesse; il est tout entier dans les mœurs.

Les Anglais qui tiennent ce langage ont raison dans de certaines limites. Il est bien clair que si le droit de primogéniture était contraire à l'opinion et aux mœurs du pays, il cesserait d'exister, puisqu'il n'est point obligatoire. Il a pourtant sa racine dans la loi. Quel est le principe légal? c'est que si le père ne fait point de testament, et ne dispose point d'une autre manière de sa propriété, le fils aîné hérite de tout, à l'exclusion des frères et sœurs, qui n'ont absolument rien. Or, que suit-il de là? C'est que, le père gardant le silence, la loi parle; et la voix de celle-ci est toute en faveur de l'aîné des fils. Dites, si vous le voulez, que la loi n'est pas tyrannique, puisqu'il est permis de résister à son empire; mais ne dites pas qu'elle est sans puissance, car, si l'homme demeure muet et oisif, elle agit seule, et, dans ce cas, devient absolue.

Et prenez bien garde à toute la puissance qu'elle exerce sur la volonté de l'homme, alors même qu'elle semble la laisser entièrement libre. Elle proclame le principe que, dans le silence du père, l'aîné des fils héritera seul de ses domaines. N'est-ce pas comme si le législateur déclarait que, dans son esprit, l'attribution sans partage de l'hérédité à l'aîné des fils est l'arrangement le plus sage et le plus juste? S'il en existait un meilleur et plus équitable, la loi l'adopterait sans doute pour en faire la base du droit commun. Quelle est la conséquence de ceci? C'est que tout père de famille qui désire de partager également ses terres entre tous ses enfants, se trouve tout d'abord en opposition avec la loi. Celle-ci lui permet, il est vrai, de suivre son désir; mais enfin il sait que, s'il ne faisait pas une disposition conforme à ce sentiment, la loi disposerait autrement. Il sait qu'en cas de silence de sa part, son fils aîné *a droit* à la totalité de l'héritage. Or, c'est déjà chose grave pour un père que de changer la condition faite par la loi à l'un de ses enfants. Ce père ne croira-t-il pas facilement qu'en dérangeant l'ordre que la loi a fixé, il commet une sorte d'injustice envers celui au profit de qui cet ordre a été établi? et combien cette injustice lui paraîtra évidente, lorsqu'en même temps que son esprit sera troublé de ces doutes, sa vanité viendra lui montrer l'avantage de transmettre en entier, à un seul descendant, ce beau domaine, qu'un partage égal entre plusieurs mutilerait? Au milieu de ces doutes, de ces scrupules, de ces passions, il prendra le parti de ne rien faire, ce qui sera pourtant un acte très-décisif; car, encore une fois, l'homme se taisant, le droit de primogéniture règle la succession.

Ce droit est sans contredit le privilége le plus important de l'aristocratie anglaise; ajoutons qu'il est le plus incontestablement national.

Les cadets en souffrent moins qu'on ne pourrait croire, parce que la même constitution qui les exclut de l'héritage paternel les dédommage par un certain nombre de priviléges qui leur sont réservés. L'Église, l'armée, la marine, la compagnie des Indes, leur offrent des carrières dont il ont à peu près le monopole. Le jour où l'on voudra porter au droit d'aînesse un coup mortel, on n'aura qu'à enlever aux cadets de famille la faveur politique qui leur fait oublier l'injure de la loi civile. De ce jour-là seulement, le droit d'aînesse leur paraîtra une injustice.

Pour comprendre le sentiment populaire dont, en Angleterre, le droit de primogéniture est l'objet, il faudrait tâcher de mettre, pour un instant, de côté nos idées françaises en cette matière, nos habitudes philosophiques, et nos mœurs démocratiques elles-mêmes.

En France, quand une succession s'ouvre, ce qui excite l'intérêt, c'est le sort de ceux entre lesquels l'héritage sera divisé. En Angleterre, ce n'est pas l'héritier qui attire l'attention, c'est l'héritage. La loi anglaise a bien plus en vue la terre que l'homme. Il ne s'agit pas de distribuer la terre équitablement entre tous; ce qui importe, c'est de donner à la terre un possesseur digne d'elle, et qui soit capable de la conserver entière et indivise.

Pour comprendre cette idée, il faut songer à tout ce qu'il y a de richesses accumulées sur le sol anglais, à tous les arrangements factices qu'il a reçus, à toutes les transformations artificielles que la main de l'homme lui a fait subir.

Les domaines anglais sont comme autant d'objets d'art dont chacun forme un ensemble parfait! il semble qu'on ne pût, sans impiété, leur faire subir un partage. Chacun d'eux est comme un tableau du Corrége trouvé dans une succession. Il faut, de toute nécessité, qu'un seul héritier le possède : nul ne voudrait qu'on le coupât en deux. Dans de certains pays, ce lot privilégié se tire au sort. En Angleterre, on gagne ce lot en naissant le premier.

Et remarquez que ces domaines éclatants de luxe et d'industrie ne sont pas de rares accidents qui se rencontrent çà et là ; ils forment l'état commun du sol; ils se succèdent, sans une seule lacune, d'un bout du pays à l'autre, sans aucun intermédiaire qui les interrompe, sans aucun contraste qui les dépare. Voilà pourquoi l'Angleterre est si belle ! Quelle splendeur dans l'ensemble! quel goût admirable dans les détails? comme tout y est riche, élégant, fini ! Il semble que rien n'ait été fait en vue de l'utilité, et que tout ait été calculé pour l'agrément, pour la grâce et pour la beauté du paysage ! Il est si facile d'être généreux envers la terre, quand elle-même vous prodigue tous ses trésors. Ici, point de gêne, point d'entraves : point de petit propriétaire dont les vues étroites et mesquines viennent contrarier de vastes plans ; point de petit champ dont la grossière culture souille de son contact les perfectionnements agricoles d'une savante exploitation ; point de toit pauvre dont les misères viennent désenchanter les regards. Tout est grand et magnifique dans les campagnes de l'Angleterre.

Il faut avoir vu cent fois ces campagnes merveilleuses, sur lesquelles la nature a versé tant de trésors, l'industrie humaine tant de richesses, et l'art tant d'ornements ; il faut traverser l'Angleterre d'une seule traite, et voir toute cette magie d'un seul coup d'œil, pour comprendre, non le droit de primogéniture, mais le sentiment qu'on en a Angleterre ; pour s'expliquer comment une sorte de popularité est attachée à ce privilége, sans lequel ces beaux domaines, qui font une si belle contrée, tomberaient sous la hache du principe d'égalité qui divise et broie les héritages.

Le droit d'aînesse est, en Irlande, le même, suivant la loi, qu'en Angleterre; mais il n'y trouve point le même appui dans l'état du sol, dans les préjugés et dans les passions nationales.

Il est vrai qu'en Irlande, comme en Angleterre, tous ceux qui sont en possession de vastes domaines éprouvent, pour la conservation de ces propriétés, le même sentiment aristocratique que les propriétaires anglais, et partant le même attachement pour le privilége qui seul en empêche la division.

Il est vrai encore qu'en Irlande il arrive souvent aux nouveaux enrichis, qui achètent une grande terre, d'être, comme en Angleterre, saisis tout aussitôt des mêmes instincts d'orgueil et de conservation pour ce domaine, qu'ils seraient fiers de transmettre entier à leur postérité la plus reculée.

Mais en Irlande la passion de l'aristocratie s'arrête à ceux qui en sont ou qui croient en être membres; et ce nombre est très-limité. En Angleterre, à côté d'une vieille fortune il y en a mille qui sont en train de naître; il n'en est pas de même en Irlande, où la misère est presque aussi immobile que le sol. Peu espèrent arriver au but, et ceux qui l'ont atteint sont impopulaires. Jamais, en Irlande, je n'ai vu le peuple témoigner, en parlant des vastes possessions de l'aristocratie, ces sentiments indulgents et quelquefois enthousiastes dont j'ai si souvent, en Angleterre, surpris l'expression dans la bouche du pauvre.

On pourrait donc abolir, en Irlande, le principe du droit de primogéniture sans y blesser aucunement le sentiment national. Ce serait, au contraire, le meilleur moyen de mettre la loi d'accord avec l'esprit public. S'il est vrai que les lois civiles d'un peuple expriment ses mœurs, ne peut-on pas dire qu'aussi longtemps qu'en Irlande une aristocratie antinationale conservera ses priviléges civils, il y aura dans ce pays contradiction entre ses mœurs et ses lois?

On est forcé de reconnaître aussi que l'abolition du droit d'aînesse ne causerait point en Irlande les ruines qu'elle pourrait faire en Angleterre. Il existe bien en Irlande de magnifiques domaines et de splendides demeures. Mais ce sont comme des oasis dans le désert. Le riche propriétaire d'Irlande a coutume d'entourer sa résidence d'une certaine étendue de terres réservées, sur lesquelles il accumule tous ses soins, tout son luxe, tout son orgueil. Si l'on arrête ses regards sur cet espace étroit, on se croit encore en Angleterre. Mais, dès qu'on porte ses yeux au delà, on est de toutes parts frappé du plus triste spectacle. La terre se montre aussi pauvre que ses habitants : il semble qu'elle envoie le reflet de leur profonde misère. Des cabanes immondes, des champs dépourvus de clôtures, un sol nu, entièrement dépouillé d'arbres, tout présente un aspect désolé.

En Angleterre, la ferme est si riche qu'elle se confond avec la réserve du propriétaire. En Irlande, il y a, au point où finit le domaine privé du riche, un brisement subit; et l'on a peine à croire que cette ferme hideuse, qui porte tant d'indigence et de malheur, dépende de ce palais superbe, qui annonce une si énorme opulence.

Maintenant, pense-t-on qu'il y eût matière à de grands regrets, quand, par l'effet d'une législation nouvelle, ces immenses terres, si tristes à voir, viendraient à se diviser? Serait-ce le cas de déplorer la mutilation des grandes terres, si tous ces domaines, chargés de huttes sauvages et de fermiers en haillons, se couvraient d'habitations modestes et de petits propriétaires ?

Ici encore, on le voit bien, l'intérêt de l'Irlande recommande de renverser ce qu'en Angleterre on peut laisser debout.

L'abolition, en Irlande, du droit de primogéniture est un des moyens les plus sûrs pour arriver au but qu'il faut atteindre. Ce serait déjà introduire dans la loi un changement considérable que de retourner l'échelle du droit ; et, au lieu d'établir que l'aîné des fils aura tout l'héritage, à moins de dispositions contraires du père, de statuer qu'en cas de silence de celui-ci, le partage sera égal, et que, pour dépouiller les plus jeunes au profit de l'aîné, il faudra une déclaration expresse.

Sans doute, pendant longtemps, une pareille loi serait peu efficace, parce que les mœurs des riches lutteraient contre elle; mais ne serait-elle pas le moyen le plus sûr et le plus équitable de préparer les mœurs ? D'abord elle serait puissante chaque fois qu'un père de famille aurait omis volontairement ou involontairement de faire un testament ; et combien sont surpris par leur dernière heure ! ce serait aussi enlever à l'égoïsme de l'orgueil l'asile dans lequel il a coutume de se réfugier. Sur cinq enfants, quatre sont dans une condition misérable, un seul est riche : que voulez-vous ? c'est la loi qui l'a réglé ainsi. Désormais on pourrait dire au père : Cette choquante inégalité dans l'état de ceux qui avaient un égal droit à votre tendresse est votre ouvrage ; elle résulte, non d'une omission de votre part, mais d'un fait positif dont vous êtes l'auteur.

Je ne puis croire qu'à la longue une pareille loi ne devînt féconde, et sans doute elle amènerait la division d'un grand nombre de domaines. Il faut n'avoir point vu la France pour ne pas reconnaître avec quelle rapidité cette division s'opère, dès que le principe du partage égal commence à exercer son action dissolvante. Le droit d'aînesse étant aboli, le fractionnement des héritages qui en résulterait offrirait d'abord à la classe moyenne qui naît en Irlande des terres d'une étendue accommodée à ses moyens, et sans doute la division, se perpétuant, finirait par rendre la propriété accessible aux classes inférieures elles-mêmes.

En résumé, pour atteindre le but qu'on se propose, il faudrait briser les liens féodaux qui enchaînent encore le sol, abolir les substitutions, au droit de primogéniture substituer le droit commun de partage égal ; délivrer la propriété de toutes ses entraves; ne point la laisser incertaine entre un maître qui n'est plus possesseur, et un possesseur qui n'est pas propriétaire ; déclarer rachetable, à prix d'argent, toute rente perpétuelle ; exposer au grand jour le mouvement de la terre, en faciliter la vente, ouvrir gratuitement au public le registre où sont consignés les engagements relatifs au sol, offrir à ces engagements des garanties de sécurité, et en simplifiant la forme des contrats dont le sol est l'objet, rendre possible l'achat des petits comme des grands domaines.

Je ne prétends pas, du reste, indiquer les procédés législatifs par lesquels le mal signalé pourrait être guéri, et je me borne à dire aux hommes de qui dépend le sort de l'Irlande : « Hâtez-vous de faire des lois qui rendent la terre au commerce : divisez, fractionnez la propriété autant que vous le pourrez ; c'est le seul moyen de mettre le sol à la portée du peuple ; et il faut de toute nécessité, que le peuple d'Irlande devienne propriétaire[1]. »

SECTION III

Ce qu'il faut faire pour abolir les priviléges religieux de l'aristocratie.

§ 1er

Nécessité de détruire la suprématie du culte anglican.

Enfin ce ne serait point assez d'avoir enlevé à l'aristocratie irlandaise ses priviléges sociaux et politiques, si on lui laissait ses priviléges religieux.

[1] La loi qui a établi le *Landed Estates Coust*, dont le système a été exposé dans la *Notice* placée en tête de cette nouvelle édition, brisera le lien qui enchaînait le sol et le rendra au commerce ; mais l'exécution donnée à cette loi n'a point pour objet de rendre le peuple propriétaire, elle crée seulement la moyenne propriété.

(*Note de la septième édition*, 1862.)

Ces priviléges sont : la prédominance de son culte, qui, quoique professé par une petite minorité, est la religion légale de tous, et les grandes richesses données par l'État à son Église.

Comment l'aristocratie, perdant sa puissance politique et civile, conserverait-elle une suprématie religieuse qui n'était que l'accessoire de ses autres priviléges? C'est à grand'peine que l'Église anglicane se maintient, appuyée sur les pouvoirs temporels de l'aristocratie. Ceux-ci venant à lui manquer, sur quoi s'appuierait-elle?

Sans doute, au milieu de toutes les ruines du vieil édifice, on ne conservera pas cette Église, qui est pour l'Irlande un si grand fléau qu'il faudrait la détruire, alors même que tous les autres priviléges de l'aristocratie seraient épargnés.

L'obstination qu'on met à maintenir dans l'Irlande catholique le principe légal et l'existence officielle de l'Église protestante, prouve qu'il y a dans les institutions humaines un degré d'égoïsme et de folie, dont il est impossible de marquer la limite.

On ne peut comprendre l'Église anglicane d'Irlande qu'à sa naissance. Le zèle religieux des temps nous l'explique. Chaque secte, au XVIe siècle, croyait tenir la vérité absolue, et regardait comme un saint devoir d'imposer sa croyance, même par la force, à quiconque était assez malheureux pour avoir une autre foi. Alors l'esprit de prosélytisme animait tous les cultes, et les anglicans, qui possédaient la puissance temporelle, eussent montré à cette époque une grande modération, s'ils se fussent bornés, comme aujourd'hui, à placer sous les yeux des catholiques d'Irlande ce qu'ils considéraient comme l'*Église modèle*, le *type de la vraie foi*, et qu'en leur offrant cette *forme unique du vrai culte*, ils leur eussent défendu tout autre mode d'adorer Dieu.

On concevrait encore que si, de notre temps, la même

passion religieuse régnait sur les âmes, il fût permis de s'obstiner dans une entreprise dont trois siècles d'inutiles essais ont démontré le vice.

Mais la tolérance n'a-t-elle pas, de nos jours, remplacé, même en Angleterre, l'esprit de prosélytisme? En dépit de sa nature anglicane, le gouvernement anglais reconnaît tous les cultes; et les sectes les plus diverses, qui jadis se déchiraient entre elles, vivent maintenant paisibles sous la protection des lois.

Quel est donc le sens d'une Église créée dans un pays par le fanatisme religieux, et qui, après trois cents ans de persécutions stériles, continue d'exister, quand le fanatisme est éteint?

On trouve encore, il est vrai, parmi quelques congrégations protestantes d'Angleterre, d'Irlande et d'Écosse, un zèle enthousiaste et une ardeur religieuse qui rappellent les premiers temps de la réformation; mais on doit rendre à l'Église anglicane établie en Irlande cette justice, qu'elle est bien complétement exempte de pareilles passions, et que, condamnée à vivre au milieu d'une population catholique, elle paraît tout à fait résignée à son malheur[1]. Les ministres anglicans ne semblent point préoccupés du besoin de faire des adeptes; et la meilleure preuve que peuvent donner beaucoup d'entre eux de leur parfaite tolérance, c'est le fait même qu'ils ne résident point parmi ceux dont ils pourraient tenter la conversion. C'est d'ailleurs une coutume familière aux ministres anglicans d'Irlande de reprocher aux catholiques leur esprit de prosélytisme; d'où il faut inférer que les ministres anglicans sont animés d'un autre esprit. Assurément cette modération est louable; on ne peut que l'approuver. Mais si les ministres anglicans ne sont pas en

[1] On a vu plus haut, dans la *Notice* qui précède cette nouvelle édition, que l'esprit de prosélytisme s'est réveillé en Irlande, où en ce moment il sévit avec violence.

(*Note de la septième édition*, 1862.)

Irlande pour faire des prosélytes, pourquoi y sont-ils ? Placés dans ce pays pour tendre vers un but dont la poursuite est abandonnée, pourquoi y restent-ils? Si ce n'est point la passion qui les retient, faudra-t-il croire que c'est l'intérêt, et que, n'ayant point converti l'Irlande à leur culte, ils n'en gardent pas moins les priviléges, les terres, les revenus, qu'on leur avait donnés pour travailler à cette conversion?

Triste condition d'une Église qui, pour échapper au reproche d'égoïsme, n'aurait d'autre moyen que de se montrer intolérante ou de périr! Si, en dépit des enseignements du passé, l'Église anglicane d'Irlande rêvait encore la conversion de ce pays au protestantisme, elle soulèverait plus de passions, mais elle choquerait moins les esprits; elle serait plus irritante, mais se comprendrait mieux. Son établissement primitif fut une violence, son maintien présent est un non-sens. Dans son impuissance reconnue de communiquer ses croyances à ceux qui la payent, elle s'efforce de se rendre inoffensive, et ne voit pas que plus elle excite l'indulgence, plus elle révolte la raison.

Depuis que l'Église ne persécute plus les catholiques d'Irlande avec les lois pénales du XVIIIe siècle, elle manifeste, devant les attaques dont elle est l'objet, la plus singulière surprise. Que lui reproche-t-on? Ses ministres ne vivent-ils pas paisiblement sur leurs terres? Ne les voit-on pas indulgents pour leurs fermiers, bons voisins, bons pères de famille? Ne dépensent-ils pas leur revenu au profit de la population qui travaille? Et n'est-ce pas un grand bienfait pour un pays encore sauvage, et où les classes les plus élevées ne résident pas, d'avoir çà et là, épars sur sa surface, un certain nombre d'hommes intellectuels, qui, s'ils n'y font pas fleurir l'arbre du protestantisme, y déposeront du moins des germes féconds de civilisation? Tel est le langage de l'Église d'Irlande et de ses amis les plus ardents (1). Cependant, alors même que les ministres anglicans, si souvent absents de leur poste, ne le quitteraient point, ils seraient impuissants à faire le bien qu'on leur demande. Vainement vous les convertissez en de simples rentiers, ils sont toujours pour le peuple les ministres d'une religion ennemie; leur fortune, si modique qu'on la suppose, est une charge pour le pauvre, et pour le catholique un scandale. Les persécutions violentes et directes de l'Église ont cessé, mais l'oppression morale qui leur a succédé est encore un lourd fardeau. L'existence seule de l'Église anglicane en Irlande, telle qu'elle est constituée, est une constante tyrannie.

Aussi longtemps que le culte anglican sera en Irlande la religion de l'État, l'État sera odieux au pays, et il n'y aura pour l'Irlande ni prospérité possible ni repos.

La suprématie anglicane est pour l'Irlande le principe et la source continue de tous les maux : elle signifie, pour l'Irlandais, violence, confiscation, cruauté. Elle est, à ses yeux, le signe certain de l'injustice, du mensonge et de la spoliation. Tant que l'Église anglicane sera le culte établi en Irlande, à tort ou à raison, ce pays ne se regardera point comme libre; il se croira toujours traité en pays conquis et opprimé, parce que les plus amers souvenirs de la conquête sont tous mêlés de protestantisme, et qu'il n'est pas un souvenir de protestantisme qui ne soit mêlé d'oppression.

Ce principe de domination religieuse, dans lequel se résument tous les vieux griefs de l'Irlande catholique, sera, tant qu'il durera, une source intarissable de divisions, de haines. Il rendra impossible toute autorité, même la plus bienfaisante, mais appuyée sur lui. Vainement le gouvernement, d'ailleurs le plus national, tenterait de s'établir en Irlande, il serait impuissant et fragile, si on lui laissait cette base vicieuse. Et vainement des réformes seraient faites dans l'administration de l'Église anglicane, des abus corrigés, les sinécures abolies, les richesses du clergé diminuées, le mal sera toujours le même aussi longtemps que prévaudra le principe qui attribue à l'Église anglicane une prédominance légale sur tous les autres cultes ; et ce mal provoquera toujours les mêmes soulèvements. Les mêmes violences, les mêmes rébellions populaires reparaîtront. Sous quelle forme éclateront ces résistances nouvelles? Quel fait en sera l'occasion? On ne saurait le dire ; mais le fait ne manquera pas.

C'est une erreur souvent commise que de croire qu'une diminution dans les revenus de l'Église anglicane remédierait au mal religieux. D'abord cette réduction ne pourrait, même sans injustice, excéder de certaines limites. Le haut clergé d'Irlande est seul opulent. Les ministres de paroisse n'ont pas, terme moyen, chacun plus de 10,000 francs de rentes (500 livres sterling). Cette somme énorme pour ceux qui la payent à contre-cœur est à peine suffisante pour les ministres qui la reçoivent. Ceux-ci sont presque tous des cadets de famille pour lesquels l'Église est un état. Leur fortune, quelque belle qu'elle paraisse, est encore bien inférieure à leur condition et à leurs besoins ; ils sont mariés, ils ont des enfants qu'il faut élever et au sort desquels il faut pourvoir ; ils ont des amis riches, des rapports de société et de famille dans le monde élégant ; leurs charges sont grandes et leurs revenus au-dessous de leurs nécessités. Peut-être même, pour être impartial et juste, faudrait-il reconnaître que le clergé d'Irlande ne s'est jamais prévalu à la rigueur de la totalité de ses droits. La dîme en Irlande est sans aucun doute bien moindre qu'en Angleterre (1). Au lieu d'équivaloir, comme dans ce dernier pays, au dixième des produits du sol, elle est à peine égale au vingtième, et ce n'est pas seulement depuis que la loi l'a réduite que la dîme est moindre en Irlande. Elle y a toujours été telle, soit modération de ceux à qui elle était due, soit résistance de ceux qui la devaient. Et pourtant les richesses du clergé anglican excitent en Irlande des cris et des plaintes qu'en Angleterre elles ne provoquent pas.

Les hauts salaires que reçoit l'Église d'Irlande sont, il faut le dire, le prétexte et non la cause réelle de ces clameurs.

Ceux qui pensent que des réformes dans les vices reconnus de l'Église d'Irlande suffiraient pour en faire une institution bienfaisante n'ont qu'à jeter un coup d'œil sur le passé.

Les haines et les désordres que cette Église excite en Irlande, ayant en 1824 attiré l'attention du parlement anglais, on s'imagina que l'hostilité manifestée contre l'institution tenait au mode suivant lequel la dîme était levée, et que tout grief cesserait dès que cette forme vicieuse serait corrigée. La dîme se prenait alors en nature sur les récoltes du cultivateur. Une loi fut rendue (1) qui autorisait tous les débiteurs de la dîme en Irlande à entrer en composition avec les ministres de l'Église anglicane à l'effet de commuer la dîme en une redevance pécuniaire. Cependant, cette loi exécutée, la dîme et l'Église furent attaquées comme par le passé.

On prétendit alors que la haine des Irlandais contre l'Église anglicane ne devait être attribuée qu'aux incapacités politiques dont était frappé en Irlande quiconque professait un autre culte; et l'on annonça que le jour où les catholiques d'Irlande seraient affranchis, ces inimitiés seraient amorties. Cependant, après l'émancipation de 1829, l'Église anglicane est-elle moins haïe et moins attaquée en Irlande? En 1830 on commence à refuser le payement de la dîme, et en 1831, l'Irlande entière est en pleine révolte contre les droits de l'Église.

Alors on a cru apercevoir la cause de ces agressions nouvelles.

« La dîme est odieuse, a-t-on dit, à cause des rapports personnels que son payement fait naître entre le catholique qui la paye et le ministre protestant qui la reçoit. Ce n'était pas assez d'autoriser le débiteur et le créancier à substituer au payement en nature une dette pécuniaire; car cette autorisation, le plus grand nombre n'en fait point usage. Il faudrait donc déclarer obligatoire cette commutation de la dîme qui aujourd'hui n'est que permise. »

En conséquence une loi nouvelle (1) est adoptée qui, au lieu d'établir une faculté, prescrit comme un devoir la conversion de toute dîme en une somme d'argent déterminée.

Cette réforme était un incontestable progrès; et nul doute que, si l'institution qui en était l'objet n'eût point été radicalement vicieuse, le bienfait du changement eût été senti et accepté avec reconnaissance.

Cependant, cette loi destinée à étouffer les passions ne fait que les irriter; c'est en 1832 que le changement s'opère : et cette même année l'Irlande est en pleine insurrection contre la dîme.

Mais on se méprend encore : ce n'est point, dit-on, contre l'institution que le peuple s'insurge, mais contre quelque défaut non encore aperçu, et qu'il faut découvrir. On cherche donc encore une fois des abus dans l'Église; on en trouve sans peine; et l'année suivante (1833) on ne doute pas que toutes les clameurs contre l'Église ne cessent lorsqu'on abolit l'une des plus odieuses richesses de l'Église anglicane (les church rates), c'est-à-dire l'impôt levé par les protestants sur la population catholique des paroisses pour l'entretien du culte protestant : et on va mettre un terme à toute controverse, en réduisant le nombre des évêques protestants, en diminuant leurs revenus et en soumettant les propriétés ecclésiastiques à une meilleure administration (2).

Cette loi passe pourtant inaperçue; la résistance à la dîme continue, et l'Église qui excite les mêmes passions est en butte aux mêmes attaques.

Enfin, après cinq années de confusion et d'anarchie, l'Irlande va, dit-on, retrouver l'ordre et la paix : car la dîme elle-même va être réduite (1). Sa charge va passer du pauvre au riche. Cette grande innovation se fait; nous en sommes les témoins.

Mais ceux qui attendent de cette réforme des effets considérables ne se font-ils pas une grande illusion? La dernière loi (the Tithes act Ireland) réduit la dîme de 25 0/0, c'est-à-dire d'un 1/4, elle ôte à *la dîme* son nom, et la convertit en une *rente foncière* fixe et perpétuelle (*Rent-change*). Enfin sa disposition importante est celle-ci : autrefois c'était le petit cultivateur et le fermier sur qui pesait l'obligation de payer la dîme; la loi nouvelle les affranchit de cette charge, qu'elle transporte aux propriétaires.

L'intention de cette loi est généreuse : mais on se tromperait si l'on croyait qu'à dater de ce jour la dîme, en Irlande, cessera de peser sur la population pauvre, et de soulever les résistances populaires.

On connaît assez la situation et les sentiments des propriétaires irlandais pour juger de l'impatience avec laquelle ils ont reçu le fardeau qui vient de leur être imposé.

Comment ces riches déjà si pauvres parviendront-ils à payer cette nouvelle dette?

Beaucoup en auront à peine le pouvoir; la plupart n'en auront pas la volonté. D'abord on peut compter que presque tous s'efforceront de rejeter sur le peuple la charge qu'on a voulu leur attribuer; et ils auront pour cela un moyen facile, celui d'augmenter le fermage du cultivateur en proportion de la charge nouvelle que la dîme leur impose. On obtiendra ainsi du peuple, par une voie indirecte, ce qu'auparavant on lui demandait directement. Mais quelle sera la conséquence? C'est que, ne voyant dans cet acte du propriétaire qu'une nouvelle rigueur, le fermier sentira s'accroître toutes ses haines envers celui-ci, et sera encore plus prompt que par le passé à donner un libre cours à ses vengeances meurtrières. Et vainement le propriétaire s'efforcera de rejeter sur l'Église tout l'odieux d'une exaction dont celle-ci seule en effet profite; le pauvre agriculteur d'Irlande, qui du matin au soir trace son pénible sillon, ne comprendra rien, sinon qu'autrefois il payait à un homme d'Église très-haïssable une dette, qu'à présent il acquitte entre les mains d'un riche qu'il ne hait guère moins.

Qui ne conçoit dès lors quel sera, même parmi les propriétaires protestants, le sentiment de répugnance contre la dîme, qui viendra ajouter, soit à leurs embarras d'argent, soit aux ressentiments populaires. Mais ce ne sont pas seulement les propriétaires protestants qui seront tenus de payer la dîme : elle sera exigée aussi des propriétaires catholiques. Or, croit-on que ces propriétaires, dont le nombre en Irlande est en progrès, seront mieux disposés à payer la dîme que ne l'étaient leurs fermiers? Est-ce que leurs passions religieuses ne repoussent pas avec la même force ce tribut offert à un culte ennemi? Est-ce que leur raison ne leur suggère pas les mêmes objections? Le catholique riche ne ressent-il pas, aussi bien que le catholique pauvre, l'injure de payer l'Église protestante?

Et pourquoi interroger l'avenir sur les effets de ce changement? Le présent ne suffit-il pas pour les apprécier? Quelques mois à peine se sont écoulés depuis qu'a été faite cette innovation qui devait calmer l'Irlande agitée! et déjà nous voyons la dîme soulever, sous son nouveau nom, les mêmes oppositions que par le passé, et l'Église anglicane exciter parmi le peuple les mêmes ressentiments et les mêmes fureurs!

D'où vient cette inutilité des efforts tentés pour réformer l'Église anglicane d'Irlande? C'est que l'Irlande veut, non la réforme de l'Église anglicane, mais son abolition. Le vice radical de cette Église, c'est de constituer le culte légal et officiel d'un peuple qui a un autre culte. L'abus, c'est son établissement lui-même. Sa création au sein d'un peuple catholique est un excès qui se perpétue aussi longtemps qu'elle dure. Le grand tort de l'Église anglicane en Irlande, c'est de se trouver placée au sein d'une population qui la repousse sans examen. Ses richesses, son luxe, son oisiveté, sont assurément de grands abus; mais, de tous, le plus énorme, c'est son existence. Sa destruction en Irlande est le premier pas vers le bon sens et l'ordre.

Lorsqu'on parle d'abolir l'Église anglicane, il ne s'agit point d'anéantir en Irlande le culte épiscopal, mais seulement de détruire la supériorité politique de ce culte sur tous les autres.

Il ne faudrait pas non plus, en abolissant la prédominance du culte anglican, la remplacer par la suprématie du culte catholique; ce qui importe, c'est d'établir en Irlande l'égalité des cultes. L'Irlande, il est vrai, est catholique en masse, comme l'Angleterre est épiscopale, comme l'Écosse est presbytérienne; et il serait logique que l'Irlande eût un établissement catholique, comme l'Écosse a un établissement presbytérien, et l'Angleterre un établissement anglican. Mais d'abord c'est une grande question de savoir s'il est bon de lier l'un à l'autre l'État et l'Église. Comment associer ensemble l'institution humaine et caduque avec celle qui est de Dieu, et qui ne meurt point? Que serait-ce d'ailleurs que de proclamer en Irlande la religion catholique religion de l'État, sinon détruire le privilége religieux des protestants pour le transporter aux catholiques? Après avoir aboli l'injurieuse suprématie de l'Église anglicane, qui offense en Irlande la majorité du peuple, verra-t-on la minorité protestante opprimée par le culte qu'elle opprima jadis?

L'un des plus grands périls auxquels soit exposée l'Irlande catholique, c'est qu'après avoir été dominée elle veuille devenir dominante.

Ce serait une source féconde de malheurs pour l'Angleterre et pour elle-même : pour l'Angleterre, qui ne pourrait souffrir cette domination de secte, et chez laquelle toutes les vieilles passions de la réformation seraient réveillées par cette prétention *papiste;* et pour l'Irlande elle-même, qui serait de nouveau écrasée par l'Angleterre.

Il importe donc aux deux pays que l'Irlande s'accoutume à la liberté religieuse : or, quel meilleur moyen, pour lui imprimer des habitudes de tolérance, que de placer tous les cultes sur le même niveau? Et c'est à présent, c'est pendant que l'Angleterre protége l'Irlande, qu'elle doit donner aux catholiques de ce pays un enseignement de ce genre. Il faut que l'égalité des cultes leur vienne comme un bienfait; plus tard ils la considéreront peut-être comme un mal. C'est ce qui arriverait certainement, si cette égalité ne se fondait, en Irlande, que lorsque les catholiques seront devenus tout à fait maîtres de la société civile; alors ils croiraient qu'on n'introduit l'égalité des religions que pour abaisser leur culte.

§ II.

Moyen d'établir l'égalité des cultes en Irlande. — Avantages d'un salaire public pour le clergé catholique.

Un publiciste anglais a dit avec raison qu'il y a deux moyens d'établir l'égalité entre les cultes; c'est de les payer tous, ou de n'en payer aucun (1).

Le système selon lequel on laisse à chaque communauté religieuse le fardeau de son culte et de ses ministres semble assurément le plus équitable, puisque nul, dans cet ordre d'idées, n'est appelé à payer pour le culte d'autrui, et ne donne, pour le sien propre, que ce qui lui plaît.

Cependant il y a équité aussi, et peut-être plus de sagesse politique dans le système qui charge l'État de pourvoir également aux frais de tous les cultes sans attribuer de prééminence à aucun d'eux.

Et, s'il y avait doute sur cette grave question, l'État particulier du clergé catholique d'Irlande le ferait peut-être cesser.

Je conçois le système suivant lequel les membres de chaque communauté soutiennent eux-mêmes leur Église, et contribuent librement aux frais de leur culte; je conçois, dis-je, ce système dans un pays qui, comme les États-Unis, par exemple, contient une multitude de sectes diverses, dont aucune ne constitue une puissance considérable dans l'État. Mais qui ne voit du premier coup d'œil tous les périls que présente un tel système en Irlande, où il n'y a guère que deux communions en face l'une de l'autre; où le seul culte catholique comprend près de sept millions d'âmes; où le clergé de ce culte est la première puissance du pays; où ce clergé dépend étroitement du peuple, et le peuple de ce clergé; et où ce clergé et ce peuple, ennemis politiques du gouvernement, accroissent leur force mutuelle en se liguant tous les deux contre lui.

Il y a sans contredit, dans la puissance populaire du clergé catholique en Irlande, quelque chose d'excessif qui semble demander qu'on le tempère. Un salaire donné par l'État à tous les membres de ce clergé exercerait cette influence modératrice. Ce salaire, proportionné à celui qui serait donné aux ministres de l'Église anglicane et presbytérienne, attesterait l'égalité politique des cultes. Le clergé d'Irlande, attaché au peuple irlandais par la sympathie du culte commun, ne serait plus affranchi de tout lien envers l'autorité publique. Recevant désormais de l'État un traitement fixe, il ne demanderait plus rien au peuple pauvre et misérable. Il serait moins populaire, sans doute, mais plus indépendant; moins libre envers le pouvoir, mais plus affranchi des passions de parti. Quel serait l'obstacle à cette mesure? Serait-ce qu'un gouvernement protestant ne saurait payer une Église catholique, ou qu'une Église catholique ne peut consentir à recevoir son salaire d'un État protestant? Ces objections n'auraient de poids que si, en payant le culte catholique, l'État le reconnaissait comme la religion du pays; ou si, en acceptant ce salaire, les prêtres catholiques étaient tenus de reconnaître la suprématie protestante de l'État. Lors de l'union législative de l'Irlande, M. Pitt avait conçu un plan d'émancipation des catholiques d'Irlande, dans lequel il faisait entrer le salaire du clergé catholique. Tout le monde paraissait d'accord, le parlement à donner, le clergé d'Irlande à recevoir. L'histoire contemporaine constate le consentement officiel donné alors par les évêques catholiques au projet du ministre anglais; le pape lui-même avait donné son assentiment. Mais Georges III croyait que son serment anglais et protestant ne lui permettait pas d'émanciper les catholiques d'Irlande, et devant son bigotisme obstiné, le projet d'un salaire pour le clergé catholique s'évanouit avec le plan d'émancipation dont il était un accessoire (1).

Aujourd'hui si le projet était remis en question, ce n'est pas du roi et du parlement que viendraient les plus grands obstacles, mais du clergé irlandais lui-même. Au commencement de l'année 1837, le bruit s'étant répandu que l'intention du gouvernement était de représenter ce projet, les évêques d'Irlande se sont émus, et ont déclaré unanimement que jamais ils ne consentiraient à recevoir de l'État une assistance qu'ils ne voulaient tenir que du peuple (2). Cette déclaration est-elle l'expression d'une volonté définitive? il est permis d'en douter. Je l'ai déjà dit plus haut : il n'est pas dans la nature du clergé catholique de se montrer hostile envers les pouvoirs établis. L'on ne peut nier que, sous plusieurs rapports, le clergé catholique d'Irlande ne soit présentement en dehors de ses voies ordinaires. Son dévouement au peuple est sans doute propre à sa nature, mais sa lutte contre la loi temporelle ne l'est pas (3). Et l'on peut conclure de ce qui se passa du temps de Pitt qu'un arrangement eût été facile entre le gouvernement et les prélats catholiques d'Irlande. Cette transaction souriait alors au plus grand nombre des prêtres. Elle leur assurait une condition stable à la place d'un état précaire, un salaire régulier au lieu d'une assistance sujette à mille variations. Elle les affranchissait des caprices populaires sans les placer dans la dépendance du pouvoir.

Mais, depuis cette époque, l'existence du clergé catholique d'Irlande a complétement changé. Les grandes luttes engagées depuis vingt ans entre le gouvernement et le peuple, dans lesquelles le prêtre, devenu tribun, s'est établi le défenseur de tous les droits et de toutes les réformes, s'est associé à tous les mouvements et à tous les triomphes populaires; ces luttes, dis-je, ont créé, pour le clergé catholique d'Irlande, la plus grande existence politique qu'il soit donné à un corps religieux de posséder; et à présent que le clergé catholique a goûté de cette vie, il n'en veut point d'autre.

Lors donc que le clergé catholique déclare que, si le gouvernement voulait lui donner un salaire, il le refuserait, ce n'est pas seulement pour flatter le peuple dont il dépend qu'il tient ce langage. Il exprime sans doute un sentiment sincère; il a la conscience de tout ce qu'il perdrait en acceptant un traitement de l'État, et il voit bien que, pour gagner un salaire plus fixe et moins casuel, il sacrifierait une partie de sa puissance et de sa grandeur.

Cependant les conditions de l'étroite union qui lient mutuellement le clergé catholique et le peuple d'Irlande peuvent, sinon changer, du moins se modifier. Toute circonstance, tout événement qui amoindrira en Irlande le rôle politique du clergé catholique, rendra plus facile une transaction de celui-ci avec le gouvernement. Que l'on considère aussi qu'une semblable mesure doit, autant que possible, se faire subitement et secrètement, et non se discuter. Jusqu'au jour où il sera payé par l'État, le clergé d'Irlande déclarera nécessairement qu'il ne veut rien recevoir que du peuple, dont il dépend aujourd'hui. Pareille à toutes les affaires où l'Église est intéressée, cette mesure demande à être conduite avec beaucoup de prudence et de tact, et comme mesure populaire, elle exige de la résolution. Bien d'autres difficultés se présentent sans doute : ainsi il est clair que, si le gouvernement anglais payait les évêques catholiques, il voudrait avoir au moins un contrôle indirect sur leur nomination; mais l'idée seule du *veto* mis par un roi protestant à l'élection d'un prélat catholique paraît au clergé d'Irlande une énorme impiété, quoique la cour de Rome, plus sage et plus politique, admette ces sortes de transactions.

Du reste ce n'est point ici le lieu d'examiner ces objections de détail; je m'efforce de montrer le but à poursuivre. Si je savais l'indiquer, d'autres pourraient l'atteindre. Ce qui me paraît certain, c'est que le clergé catholique d'Irlande n'est pas dans son état normal. Sa condition présente peut servir momentanément les intérêts d'un pays qui est en révolution ; mais elle ne conviendrait pas de même à d'autres temps. L'Irlande, il ne faut pas l'oublier, est anglaise et destinée à demeurer telle. Il faut que l'Irlande catholique tâche de prospérer sous la souveraineté de l'Angleterre protestante. La première condition de cette prospérité, c'est qu'au dedans et au dehors elle se conduise avec sagesse et habileté. Jusqu'à présent, les plus éclairés dans ses conseils nationaux sont ses prêtres; mais ceux-ci sont maintenant dans la dépendance absolue du peuple et de ses aveugles passions. Comment pourraient-ils échapper à cette espèce de servitude? Je ne vois qu'un moyen : en cessant d'être payés par le peuple. Or, si le peuple ne leur donne pas leur salaire, il faut bien que ce soit l'État.

§ III

L'égalité des cultes n'existerait pas en Irlande, si on y laissait à l'Église anglicane ses dîmes et ses terres. — Ce qu'il faut faire de ces deux choses.

L'égalité qu'il faut de toute nécessité établir en Irlande entre tous les cultes n'existerait pas si, même après avoir donné un salaire au clergé catholique, l'État laissait à l'Église anglicane ses dîmes et ses terres.

Il suffirait que l'Église anglicane gardât ces deux choses pour que le peuple crût qu'elle a retenu aussi sa prédominance religieuse. Alors même que le produit de ses terres et de ses dîmes ne lui donnerait que l'équivalent du salaire payé par l'État aux ministres du culte catholique, on verrait encore un privilége là où il n'y aurait qu'égalité, parce que ces deux sources de revenu ont été, depuis des siècles, attachées à l'Église dominante, et qu'elles sont par elles-mêmes considérées comme des priviléges.

Il ne faut pas oublier qu'en Irlande, plus peut-être qu'en aucun autre pays, toute injustice qui s'est imprimée sur le sol a bien de la peine à s'en effacer. La terre est tout pour le peuple en Irlande ; c'est le livre unique où il sait lire ; il ne connaît pas d'autres annales. Tant qu'il verra l'Église anglicane en possession des grandes propriétés qu'elle obtint au temps de sa suprématie, il la croira toujours le culte supérieur.

Mais ici se présente la question de savoir jusqu'à quel point la loi pourrait, sans porter atteinte aux principes de la propriété, priver l'Église de ses domaines.

C'est maintenant un principe admis par tous les publicistes, que la propriété d'Église, de corporation ou de mainmorte, n'est point de même nature que la propriété particulière, et qu'elle est gouvernée par d'autres règles que celle-ci.

Il y a, entre ces deux sortes de propriété, des différences de fait que la théorie ne saurait contester. Il est certain que chaque possesseur successif d'une terre ecclésiastique n'en a qu'une propriété viagère ; il n'en peut disposer ni durant sa vie ni au jour de sa mort. Il est certain que, n'ayant point le choix de celui qui doit lui succéder sur cette terre, et ne le connaissant même pas, il ne s'intéresse point au sort de la propriété, par sympathie pour le futur possesseur. La propriété pour lui n'a point d'avenir. Il est certain aussi que, le présent étant tout pour lui, il a intérêt à tirer actuellement de la terre les plus grands revenus possibles, au risque de l'épuiser et de la frapper un jour de stérilité. Il possède, en un mot, toutes les passions d'un usufruitier irresponsable, et n'a aucun des sentiments qui animent le père de famille.

Livrée ainsi à un égoïsme et une imprévoyance nécessaires, la propriété de main-morte est sujette à un autre vice; elle a le défaut d'être inaliénable et placée hors du commerce. Mal gérée elle produit peu, et est enchaînée dans les mains qui l'administrent mal.

Maintenant on se demande quelle analogie, quant aux principes, il pourrait y avoir entre la propriété privée et celle d'une corporation, entre le droit du particulier qui, ayant reçu un domaine de son père, le transmet à son fils, si mieux il n'aime en disposer autrement, et le droit d'un individu qui est mis en possession d'un domaine ecclésiastique, parce qu'il est nommé évêque, d'un domaine qu'il ne peut aliéner, sur lequel ses héritiers ne reposent aucune espérance, et qui cessera de lui appartenir, je ne dirai pas le jour de sa mort, mais à l'instant où, par une cause quelconque, il ne serait plus ministre de l'Église.

Ne voit-on pas que ce qui, dans un cas, constitue le droit de propriété n'est, dans l'autre, que l'accessoire d'une charge ecclésiastique? L'un possède, parce qu'il est propriétaire; l'autre, parce qu'il est évêque ou ministre. Le premier est investi d'un droit absolu, perpétuel et sacré, comme la propriété qui est la plus inviolable de toutes les choses humaines; le second n'a qu'un droit précaire, s'ouvrant d'ordinaire sur la tête d'un vieillard pour mourir avec lui et pour s'éteindre tout entier, parce que, le dignitaire n'étant plus, nul ne représente la dignité à laquelle seule le droit est attaché; en un mot, c'est l'office, et non l'officier, qui est propriétaire.

Qui n'aperçoit, dès lors, que la terre n'est pour l'évêque ou le ministre religieux qu'un moyen d'existence, un traitement, un salaire de leurs fonctions?

Et si, par conséquent, les mêmes pouvoirs qui avaient créé tel ou tel office ecclésiastique le supprimaient, qui soutiendrait que l'abolition de l'office est une atteinte à la propriété? La propriété cesse cependant de ce jour, car il n'y a plus de propriétaire; ou, pour mieux dire, c'est l'usufruitier, c'est le possesseur précaire qui disparaît. Le propriétaire réel reste toujours; ce propriétaire, c'est le pays, c'est la société, c'est l'État, qui avaient doté avec des terres un certain emploi public, et à qui, l'emploi étant supprimé, les terres reviennent naturellement. On voit bien là une fonction abolie, mais il est impossible d'y apercevoir la spoliation d'un individu. Et si le législateur a le droit de supprimer l'office, comment n'aurait-il pas le pouvoir de changer le mode suivant lequel la charge est rétribuée? Quelle atteinte à la propriété peut-on lui reprocher, si, reconnaissant les vices d'une dotation immobilière pour le clergé, il y substitue un traitement en rentes? On peut différer d'opinion sur le mérite relatif des systèmes; mais tous deux sont des modes divers d'une même chose; et il n'y a pas plus de spoliation dans le second que dans le premier. Pour soutenir qu'il y a spoliation aussi souvent qu'une terre appartenant à l'Église est retirée de ses mains, il faudrait aller jusqu'à dire que toute attribution faite par l'État, d'un revenu, d'un salaire ou d'un domaine à un établissement public, confère à celui-ci une propriété absolument irrévocable. Or, cette théorie peut-elle s'appuyer sur des raisons plausibles ? Supposez que l'établissement qu'on a doté richement, quand on le croyait salutaire, devienne funeste, ou bien que, créé dans de certaines vues, il cesse de répondre à son objet ; faudra-t-il que la société continue à supporter, pour le soutien d'une institution reconnue mauvaise, les charges qu'elle s'était imposées dans l'espoir d'en retirer de grands bienfaits ?

Il semble bien difficile de ne pas reconnaître que la propriété, même territoriale, dont l'État a doté des corporations ecclésiastiques, n'est entre les mains de ces corporations qu'un dépôt (*a trust*) dont elles sont comptables envers le pays, et qui peut légitimement être repris par la même autorité qui le leur avait confié.

Ce principe est moins contestable en Angleterre et en Irlande qu'en tout autre pays, parce que là l'État et l'Église ne font qu'un, et que les biens de l'Église y sont tout naturellement ceux de l'État.

Et comment garder quelques doutes en présence des faits accomplis ? Ne considérons que l'Irlande. Jadis dans ce pays la dîme était payée à l'Église catholique ; cependant cette Église a été un jour privée de ses revenus. Comment ? Par autorité du roi et du parlement. Sur quel fondement ? Sur le principe qu'il appartenait au gouvernement de régler la propriété ecclésiastique et d'en faire un meilleur emploi. En conséquence la dîme a été transférée à l'Église anglicane. Dans quel but ? Afin de rendre protestante l'Irlande, qui est pourtant restée catholique.

Conclurons-nous de là qu'il faut restituer la dîme à l'Église catholique ? La conséquence n'est pas rigoureuse. L'État, disposant à son gré d'une propriété qui est la sienne, peut, il est vrai, en faire cet emploi, s'il le croit avantageux ;

mais en agissant ainsi dans un pays où l'idée de supériorité hiérarchique parmi les cultes est attachée au paiement de la dîme, il placerait tous les cultes d'Irlande sous la domination de l'Église catholique, et nous avons vu que rien ne serait plus funeste à l'Irlande elle-même.

Quelle est donc la conséquence qu'il faut en tirer? C'est que si l'État a pu légitimement dépouiller l'Église catholique de ses dîmes, et les transporter à l'Église anglicane, dans la confiance que l'Irlande allait devenir protestante, il peut, à plus forte raison, lorsque après trois siècles d'expérience il reconnaît la vanité de ses efforts et la chimère de ses espérances, ressaisir les dîmes et en disposer de nouveau.

On conçoit qu'il y ait difficulté sur le meilleur emploi à faire de cette source de richesses; mais la question de légalité et de justice peut-elle ici être douteuse?

Il en est qui reconnaissent à l'État le droit, en général, de régler les revenus de l'Église, et même d'administrer ses propriétés, pourvu que, dans tous les cas, ces revenus soient appliqués à un objet ecclésiastique; mais c'est là une opinion arbitraire, et qui manque de base. Supposez une dotation annuelle de vingt millions de francs, établie au profit d'un culte qui a perdu tous ses prosélytes; continuerez-vous à doter de vingt millions de francs quelques pasteurs sans troupeau? D'autres disent: il faut reporter la dotation sur le culte qui réunit le plus de croyants. On le peut sans doute; mais l'exemple de l'Irlande prouve qu'une pareille combinaison serait quelquefois très-dangereuse. Bien d'autres avis sont ouverts sur ce sujet. Quand une dotation existante est supprimée, il faut, dit-on, pour ne heurter aucune secte, y faire participer toutes les communautés; ou bien encore, employer les revenus qu'on enlève à l'Église à des objets d'intérêt général, tenant par quelque côté à la religion, telles que l'instruction et l'éducation du peuple. Et toutes ces divergences sont naturelles, parce que ceux qui soutiennent ces opinions diverses ne se dirigent par aucune règle.

Disons-le nettement, le droit qui appartient à l'État de disposer des biens dont il a doté une corporation ne dépend point de l'usage qu'il fera de ces biens après qu'il les aura repris : ce droit est absolu, et n'est soumis à d'autres conditions et à d'autres limites que celles de la morale et de l'utilité. Et si on ne peut contester à l'État le pouvoir de reprendre ces dotations, quand l'intérêt du pays et de la religion le commande, il faut reconnaître aussi qu'il peut faire de ces biens la distribution qu'il juge la plus utile à la société. Du reste, une loi récente du parlement anglais a implicitement, sinon expressément, reconnu tous les principes qui viennent d'être exposés (1) : cette loi est celle qui réduit d'un quart la dîme due au clergé d'Irlande. Cette réduction d'un quart est peu de chose ; mais ce qui est grave, c'est le principe en vertu duquel elle est faite. Le parlement n'a pu la décréter sans reconnaître en même temps que les biens d'église sont une propriété nationale dont la disposition souveraine appartient à l'État. La reconnaissance de ce principe est aussi nécessaire pour enlever à l'Église un quart de ses revenus, que pour lui en ravir la totalité ; et l'on ne voit pas qu'il y ait à distinguer entre la dîme et la terre. Si le parlement a le droit d'ôter à l'Église sa propriété, appelée *dîme*, il peut tout aussi bien lui reprendre sa propriété appelée *terre*.

A l'égard des possessions provenant de donations, la question de principe est beaucoup plus délicate, et l'on se demande si la loi peut, sans commettre une injustice, changer la destination d'un legs pieux et violer l'intention du fondateur? Mais à quoi bon discuter une question qui ici n'en est pas une? En effet, presque toutes ces fondations ont eu pour origine des dons faits par des catholiques dans l'intérêt de leur Église et des établissements de leur religion. Cependant, lors de la réformation, le gouvernement investit l'Église réformée de toutes les richesses dont il dépouilla l'Église catholique, et certes il ne pouvait pas faire un acte plus directement contraire à l'intention des donateurs. Or, de deux choses l'une, ou il avait alors le droit d'agir de la sorte, ou il a commis une injustice. S'il a commis une injustice, il faut qu'il la répare et rende à l'Église catholique les propriétés confisquées que celle-ci, du reste, ne réclame pas. Ou bien il a fait un acte légitime; et s'il a eu le droit de donner à l'Église anglicane les biens de l'Église catholique, il est à plus forte raison fondé aujourd'hui à reprendre ces biens pour en faire une autre disposition.

Il semble donc qu'aucun principe de morale et aucune considération d'équité ne s'opposeraient à ce que l'État abolît le droit de l'Église anglicane aux dîmes qu'elle reçoit et aux terres qu'elle possède, sauf, bien entendu, à donner en échange un salaire équivalent à tous les ministres de cette Église pendant toute leur vie. Du reste, on n'entend point l'abolition en ce sens, que celui qui aujourd'hui doit la dîme fût libéré de toute dette, et que celui qui est fermier d'un bien d'église en devînt propriétaire. On veut dire seulement que la taxe appelée dîme, au lieu d'être due à l'Église, le serait au gouvernement, et que les terres dont l'Église a maintenant le dépôt, rentreraient dans le domaine de l'État. Il serait mauvais, en abolissant la dîme, de supprimer toute dette; car c'est un funeste enseignement pour un pays, quand les débiteurs sont affranchis de leurs obligations par des actes de force majeure. Rien n'est plus dangereux et plus dépravant pour un peuple que les profits illicites faits dans les révolutions. C'est par la même raison qu'il serait mauvais de donner les terres de l'Église aux fermiers qui les occupent. Ces terres sont à l'État; qu'il les vende au peuple d'Irlande, il en tirera un capital immense. Ces terres, maintenant mal exploitées, ne produisent pas cent cinquante mille livres sterling, et on estime à sept cent trente-deux mille livres sterling, c'est-à-dire environ vingt millions de francs, le revenu qu'on en pourrait obtenir (1); qu'on juge du prix auquel seraient payées en Irlande de pareilles terres. Un précieux moyen serait ainsi offert au gouvernement d'arriver à ce but tant désirable, de rendre le peuple propriétaire; il aurait à vendre six cent soixante-dix mille acres épars dans toutes les paroisses d'Irlande; et s'il se faisait une loi de les débiter par petites parcelles, depuis un jusqu'à dix acres, il créerait d'un seul coup une multitude de petits propriétaires fonciers. Le jour où, en Irlande, il y aurait cent cinquante mille petits propriétaires, la propriété serait plus solide, et la sécurité des propriétaires plus grande qu'elles ne peuvent le devenir par l'effet d'aucune mesure politique.

C'est ainsi que la plus nécessaire des réformes religieuses conduirait à la plus bienfaisante de toutes les réformes sociales.

QUATRIÈME PARTIE

CHAPITRE Ier

QUE FERA L'ANGLETERRE?

On vient de voir ce qu'il faudrait faire en Irlande pour attaquer dans leur principe les maux qui désolent ce pays, et pour rendre à son état social profondément troublé des conditions d'ordre et de paix.

Maintenant ce qui serait désirable sera-t-il fait? L'Angleterre voudra-t-elle, pourra-t-elle accomplir les changements que réclame l'intérêt de l'Irlande? — Il est bien difficile de le penser.

C'est la réforme de l'aristocratie qu'il faut accomplir en Irlande : et l'Angleterre est encore profondément aristocratique. Elle aime les institutions que l'Irlande déteste, et tend naturellement à conserver tout ce qu'en Irlande il faudrait abolir.

Sans doute l'Angleterre n'est pas étrangère au mouvement général de démocratie qui agite le monde. A ne considérer même que la surface des choses et l'aspect extérieur des événements de date récente, on pourrait croire que la vieille constitution féodale de l'Angleterre est menacée d'une prochaine ruine.

Voyez seulement les progrès de la démocratie dans ce pays depuis 1830. La réforme parlementaire, agitée il y a un demi-siècle, arrêtée par 1793 et suspendue pendant quarante ans, reprend subitement son cours, et, devenue irrésistible par les démonstrations énergiques de la volonté nationale, se développe et s'accomplit sur une large base. A compter de ce jour, au lieu de quatre cent mille électeurs, on en compte plus d'un million. La chambre des communes cesse d'être une créature de la chambre des lords; et, appuyée désormais sur le peuple dont elle émane toute entière, elle devient le premier pouvoir de l'État.

Lorsque ces grands changements s'exécutent, il semble qu'une ère nouvelle commence pour l'Angleterre. C'était jadis la tradition qui présidait à ses conseils; pour la première fois elle prend la logique pour guide, et règle sa conduite, non sur les précédents, mais sur le raisonnement. Cette révolution dans sa méthode législative, était peut-être la plus difficile qui pût s'opérer dans un pays aussi attaché que l'Angleterre à ses coutumes.

Et une fois entrée dans une voie rationnelle, elle semble ne pas devoir s'arrêter.

Il est absurde, dit-on, qu'un petit bourg de deux ou trois maisons envoie au parlement des députés, tandis qu'une ville comme Manchester et Birmingham, villes de cent et de deux cent mille âmes, n'ont point de représentant. Sans doute. En conséquence le bourg est privé de son privilége, et des droits sont attribués aux grandes cités qui n'en avaient pas (1).

Il est absurde que les citoyens, sur qui pèsent les taxes publiques, ne soient pas tous appelés à élire les représentants auxquels appartient le pouvoir de les voter, et, en conséquence de ce raisonnement très-juste, on donne à la franchise électorale une immense extension. Fort bien; mais n'est-il pas absurde aussi que les villes municipales aient pour représentants un petit nombre de citoyens qu'elles n'ont point élus, et pour gouvernants des fonctionnaires qu'elles n'ont point institués? Assurément : en conséquence les corporations municipales d'Angleterre sont réformées et réorganisées sur un plan rationnel de gouvernement libre.

La même méthode logique atteint tous les abus ; et elle ne se prend pas seulement au monde politique : elle embrasse tout le cercle de l'humanité. On abolit, dans une foule de cas, la peine de mort comme inutile et barbare ; et parce que l'esclavage est injuste, on rachète à grands frais dans les colonies les nègres esclaves dont on décrète la liberté.

Ainsi, et l'on ne saurait le nier, la démocratie a son cours en Angleterre ; son progrès est manifeste et constant ; et il sera peut-être moins difficile de détruire les priviléges de l'aristocratie que d'en être venu à les discuter (1).

Mais, en même temps qu'on voit en Angleterre ce mouvement continu, ce progrès devenu plus rapide depuis qu'il est logique, il faut reconnaître aussi que la démocratie anglaise n'est encore en quelque sorte qu'à l'entrée de la carrière. Si elle a fait déjà quelques conquêtes, elle n'a point encore établi son empire. Son adversaire, pour avoir eu un jour de défaite, est bien loin de s'avouer vaincue, et à côté de tout ce qui pousse en avant le char de la réforme, il y a des puissances considérables qui le retiennent, ou du moins s'efforcent de le modérer.

Toutes les existences magnifiques de l'aristocratie, le prestige de ses grandes fortunes, l'éclat de ses grands noms, son immense patronage, la multitude de conditions particulières qui dépendent d'elle, et toutes celles qui se sont arrangées sur la foi de sa durée ; la popularité des antiques familles investies des priviléges attaqués ; les efforts prodigieux de ceux qui, nouvellement possesseurs de ces priviléges, travaillent à garder un bien si précieux, si péniblement conquis ; les ambitions qui aspirent aux rangs aristocratiques, et qui, sans avoir encore touché le but, en sont si près, qu'elles le défendent avant même de l'avoir atteint; la foule énorme de capitalistes qui abondent dans la Grande-Bretagne, dont la seule pensée est d'accroître leurs richesses, et qui, ayant besoin de paix pour suivre leurs desseins, s'alarment de toute agitation dans l'État, soit que le mouvement se fasse en avant ou en arrière; tout cela forme une masse extraordinaire d'influences, de passions et d'intérêts qui, ouvertement ou tacitement, conspirent à ralentir, sinon à entraver les allures de la réforme démocratique.

Un des grands obstacles à la démocratie en Angleterre, c'est que l'égalité philosophique y soit à peu près inconnue. Quelques esprits supérieurs la comprennent; un petit nombre l'aime peut-être; nul n'en a la passion; et parmi le peuple on n'en a ni le goût ni l'idée. Les mœurs de ce pays sont tellement imprégnées d'aristocratie, que le prolétaire lui-même en subit l'influence: et, dans ses efforts les plus laborieux, ce n'est pas l'égalité, c'est l'inégalité qu'il poursuit. Ce qui l'excite au travail, c'est bien moins la condition de ceux dont il sera l'égal, que de tous ceux dont il voudrait devenir le supérieur. Il poursuit, du reste, son but avec loyauté. Ce n'est point en abaissant les autres qu'il aspire à se grandir, mais bien en s'élevant lui-même; et, s'il échoue, il se soumet sans murmure aux fortunes plus heureuses que la sienne, qui ont conquis le privilége, objet de ses propres efforts. Aussi longtemps que ce sentiment prévaudra parmi les classes inférieures, l'aristocratie conservera une grande puissance.

Mais la démocratie, en Angleterre, a un ennemi plus redoutable encore et plus visible à tous les yeux : c'est l'Église.

Il y a dans la longue existence et dans les souvenirs de l'Église d'Angleterre quelque chose qui plaît à l'esprit national de ce pays. Le peuple voit en elle la tradition vivante de la réformation et le triomphe continu de la foi protestante sur le catholicisme. L'Église a pour elle toutes ces passions du peuple ; elle le sait, et toutes les fois qu'elle voit l'aristocratie en danger, elle la protége en dénonçant hautement les adversaires de celle-ci comme des ennemis secrets de l'Église. Les clameurs qu'elle pousse retiennent un grand nombre qui seraient assez enclins à détruire les priviléges aristocratiques, mais qui n'osent toucher à l'édifice dont l'Église est une colonne, de peur que la colonne ne tombe avec l'édifice qu'elle soutient. Cette crainte religieuse est peut-être ce qui, dans ces derniers temps, a contribué le plus à suspendre le mouvement démocratique. Les réformateurs anglais ayant eu l'imprudence d'avouer leur intention de réformer l'Église elle-même, la réforme s'est arrêtée tout court. Le rejet du bill dont l'objet était d'abolir en Angleterre les taxes d'église (*church rates*) a été le point d'arrêt du mouvement imprimé par la réforme parlementaire de 1832 (1).

Quoi qu'il en soit, et par beaucoup d'autres causes dont la nature de ce livre ne comporte point l'exposition, l'Angleterre est amie de ses institutions aristocratiques et religieuses, et adverse à tout changement.

Comment donc supposer qu'elle fera ou laissera faire en Irlande les réformes profondes que celle-ci réclame? Ne jugera-t-elle pas, dans son amour pour sa vieille constitution, que l'on ne pourrait la ruiner en Irlande sans l'ébranler en Angleterre? Toute altération de la propriété dans le premier pays ne lui paraîtra-t-elle pas un péril pour la propriété dans le second? Les priviléges de la naissance et de la fortune, abattus en Irlande, se pourront-ils conserver en Angleterre? Et l'Église, cette pierre angulaire de la constitution britannique, l'*Église établie d'Angleterre et d'Irlande* se tiendra-t-elle debout, glorieuse et puissante dans l'un de ces pays, après avoir été démolie dans l'autre?

De pareilles objections, en les supposant mal fondées, sont tellement dans le sens des passions de l'Angleterre, qu'on doit prévoir que celle-ci ne fera point en Irlande les grands changemeuts qui seraient nécessaires.

Peut-être l'Angleterre aura-t-elle tort de ne pas abolir en Irlande les institutions qu'elle veut conserver chez elle; peut-être la destruction de ces institutions dans le pays qui y est hostile serait-elle le plus sûr moyen de les maintenir chez le peuple qui en est content; peut-être serait-ce de la part du législateur anglais la preuve d'une haute sagesse que de reconnaître et de déclarer ouvertement qu'il faut pour des peuples dont l'état social n'est point le même, des procédés différents de gouvernement, et d'autres lois pour d'autres mœurs. Ce principe une fois posé et compris, bien des difficultés suscitées par l'Irlande s'évanouiraient.

Celle-ci ne serait plus fondée à se plaindre qu'on la traite autrement que l'Angleterre, qui, de son côté, ne lui contesterait plus le besoin d'un régime différent. Aujourd'hui on choque la raison lorsque les lois propres à consolider en Angleterre l'aristocratie et l'Église sont données à l'Irlande. Celle-ci les repousse, et avec raison; et pourtant l'Angleterre peut lui dire : Vous voulez les mêmes lois. On est encore dans le faux lorsque des réformes plus libérales que démocratiques étant faites en Angleterre, on les accorde à l'Irlande. L'Angleterre aristocratique a besoin de plus de liberté; il faut à l'Irlande plus d'égalité. Le gouvernement anglais est donc sage lorsque, dans ce cas, il refuse à l'Irlande ce qu'il donne à l'Angleterre; et cependant l'Irlande peut dire : Puisque vous m'imposez votre inégalité sociale, donnez-moi aussi votre liberté politique.

Ces difficultés insolubles dans le système d'un gouvernement uniforme pour les deux pays disparaîtraient dès qu'on établirait que chaque peuple a besoin de son régime propre, et que l'Irlande doit être traitée autrement que l'Angleterre, non parce qu'elle est inférieure, mais parce qu'elle est différente.

Mais tout en admettant que, s'il agissait ainsi, le gouvernement anglais ferait à la fois l'œuvre la plus juste et la plus sage, on prévoit cependant qu'il ne serait point en son pouvoir de procéder de la sorte. Un seul obstacle suffira pour l'arrêter : les préjugés de l'Angleterre et ses passions plus puissantes que ses intérêts.

Une pareille conclusion est triste sans doute et féconde en graves conséquences : mais avant de les détruire, ne faut-il pas d'abord exposer plus complétement les bases du problème?

S'il est vrai que l'Angleterre ne puisse et surtout ne veuille point accomplir en Irlande les réformes dont on a montré la justice et la nécessité, s'ensuit-il qu'elle ne veuille rien réformer dans ce pays? Non, sans doute. Tout annonce, il est vrai, que l'ensemble des innovations proposées lui répugnerait, mais chacune d'elles ne la trouverait pas également hostile. Ne faut-il pas, par conséquent, rechercher, parmi les réformes indiquées, quelles sont celles que l'Angleterre repousserait absolument et celles dont elle pourrait admettre quelque chose? On croit nécessaires au repos et à la prospérité de l'Irlande tous les changements qui ont été indiqués; mais si l'accomplissement de tous est impossible, le meilleur système ou plutôt le moins défectueux ne sera-t-il pas celui qui permettra d'en exécuter quelques-uns?

Comment d'ailleurs porter sur les passions de tout un peuple un jugement absolu? Il y a bien dans la physionomie générale d'une nation quelques traits universellement répandus qui permettent de lui attribuer en masse tel penchant, telle aversion; mais ces traits communs au plus grand nombre sont rares. Un grand peuple, surtout un peuple libre, n'est point si homogène dans toutes ses parties; la différence des classes et des rangs, l'inégalité des conditions, la variété des intérêts politiques, les divisions religieuses, font naître une multitude de sentiments opposés et de passions contraires ; la lutte s'établit et continue sans relâche dans le pays entre ces intérêts divers. Et ce n'est pas toujours le même sentiment qui triomphe. Tantôt une idée domine, tantôt une autre : celle-ci, maîtresse du pouvoir, détruit aujourd'hui ce que celle-là avait institué la veille ; et ce que le peuple vient d'édifier, guidé par l'opinion du jour, il le renversera demain sous l'empire de l'opinion rivale et triomphante. Lors donc qu'on recherche ce que, dans tel cas donné, un peuple voudra ou pourra faire, on ne saurait aller bien loin dans cet examen si l'on ne distingue pas les divers éléments dont ce peuple se compose, et si, après avoir fait cette distinction, on ne s'applique pas à reconnaître la nature et la portée de chacun d'eux. Il faut donc, après avoir examiné ce que l'Angleterre, envisagée tout entière et d'un point de vue général, ferait pour l'Irlande, analyser le peuple anglais et apprécier ce qu'il pourrait faire tour à tour sous l'influence des différentes opinions, des passions diverses et des intérêts opposés qu'il renferme. En d'autres termes, il faut rechercher ce qu'est capable d'exécuter pour l'Irlande chacun des partis politiques qui divisent l'Angleterre.

CHAPITRE II

CE QUE PEUT FAIRE CHACUN DES PARTIS QUI DIVISENT L'ANGLETERRE

Il y a en Angleterre trois partis principaux, les tories, les radicaux et les whigs. Voyons ce que l'Irlande pourrait attendre de chacun d'eux.

SECTION PREMIÈRE

Le parti tory.

Les tories anglais sont ceux qui, dans la nation, se montrent les plus animés du désir ardent et de la volonté ferme de maintenir intactes les institutions du pays; ce sont ceux qui, dans leur amour de ce qui existe, défendent tous les priviléges, et signalent les partisans de toute réforme comme les ennemis de la constitution. Ce sont ceux qu'on voit les plus constants et les plus dévoués partisans de l'Église; ils offrent, en un mot, la plus haute expression des passions aristocratiques et religieuses que contient l'Angleterre.

N'est-ce pas assez dire que ce parti est placé dans une situation particulièrement difficile pour faire, en Irlande, les changements qu'exige ce pays? Si l'Angleterre, avec ses intérêts divers et ses passions opposées, serait, en général, contraire à de telles réformes, comment les demander au parti dans lequel se résument et se concentrent les sentiments les plus hostiles à toute innovation?

A la vérité il s'est formé, dans ces derniers temps, sous la bannière du parti tory, un autre parti moins absolu que celui-ci dans ses principes, et qui, tout en montrant le même attachement aux antiques institutions de l'Angleterre, ne professe pas un égal respect pour tous les abus dont elles sont mêlées. Ce nouveau parti, communément appelé conservatif, se compose, en général, de tories qui, plus modérés et plus intelligents que les autres, ont compris que le meilleur moyen de sauver l'aristocratie attaquée serait de corriger ses vices les plus saillants à mesure que le temps les révèle, et que l'opinion publique en réclame impérieusement la réforme.

Ce parti est peut-être l'image la plus fidèle de l'Angleterre, considérée isolément; tout porte à croire qu'il y aurait la majorité, comme il la posséderait dans le parlement, si l'Écosse et l'Irlande n'y envoyaient cent cinquante représentants, dont la plupart sont radicaux ou whigs.

Mais on concevra facilement que ce second parti ne serait guère moins incapable que le premier de donner à l'Irlande la satisfaction que celle-ci demande.

Ce ne sont pas seulement des abus qu'il faut corriger en Irlande, ce sont des institutions qu'il faut réformer. Or, comment ces institutions seraient-elles abolies par le parti dont le nom indique que sa mission est de les maintenir?

Pour faire en Irlande de grandes réformes, il faut de toute nécessité engager une lutte avec les passions aristocratiques et religieuses de l'Angleterre. C'est ce que ferait difficilement le parti conservatif, dont ces passions sont le point d'appui; sa modération consiste à ne les point exciter, et à souhaiter qu'elles s'adoucissent; mais il ne saurait les combattre. Ce parti peut, sans doute, faire dans les détails de l'administration publique d'utiles innovations; mais il n'exécuterait point de réformes propres à changer l'économie sociale et politique du pays.

Il y a cependant des gens qui croient que de tous les partis le parti conservatif serait le plus propre à réformer les institutions vicieuses de l'Irlande. Ils fondent ce sentiment sur ce qu'à diverses époques les plus grands changements exécutés dans les institutions de l'Irlande l'ont été par des tories modérés; et ils citent pour exemple l'émancipation catholique accomplie en 1829 par le ministère dont lord Wellington était le chef. Mais il ne faut pas confondre ce qu'a fait un parti avec ce qu'on peut attendre de ses principes.

L'émancipation catholique n'était point de sa nature une mesure tory; lord Wellington l'a entreprise, non parce qu'elle était conforme à ses principes, mais quoiqu'elle y fût contraire; et il a déclaré lui-même qu'en l'accomplissant il obéissait non à la justice, mais au besoin d'apaiser les agitations de l'Irlande qui menaçait l'Angleterre d'une insurrection. Il n'a point librement exécuté une réforme, il a fait une concession nécessaire.

Or on ne cherche point en ce moment si le parti conservatif, étant chargé de gouverner l'Irlande, serait dans la nécessité de lui faire des concessions ; on examine s'il serait dans la nature de ses principes d'y pratiquer des réformes.

Alors même qu'il serait dans les dispositions du parti conservatif de vouloir, et quand même il lui serait donné de pouvoir exécuter en Irlande un certain nombre de réformes, il en est une qu'il lui est impossible d'entreprendre, et qui l'arrêterait tout d'abord : c'est la réforme de l'Église. Comme les questions religieuses sont celles qui, en Angleterre, excitent les passions les plus vives, les conservatifs les plus tempérés ne peuvent, dans tout ce qui concerne l'Église, appliquer leurs principes de modération. Ici l'abus est tout aussi sacré pour eux que le principe.

Cependant nous avons vu plus haut qu'aucune réforme ne saurait être salutaire en Irlande, si d'abord on n'y renverse la suprématie anglicane. Ainsi, la première réforme à exécuter en Irlande, celle sans laquelle toute autre serait vaine et stérile, est précisément celle que le parti conservatif serait dans l'impossibilité d'accomplir.

SECTION II

Le parti radical.

Si le parti tory est de sa nature impropre aux réformes que veut l'Irlande, le parti le plus capable de ces réformes n'est-il pas celui dont les doctrines sont le plus opposées à celles des tories, et qui représente dans la nation anglaise les opinions les plus favorables au mouvement et au progrès, comme le parti conservatif y exprime les passions les plus amies de l'immobilité ?

Il est sans doute permis de penser que, maître du pouvoir, le parti radical d'Angleterre exécuterait en Irlande des réformes considérables. Ce ne serait point cependant une tâche exempte de difficultés que de déterminer les actes que l'on pourrait attendre de ses principes,

On aperçoit bien sa tendance générale vers la démocratie, mais il serait malaisé de dire jusqu'où il va dans cette voie. Sa marche est incertaine, ses théories sont vagues, ses plans ne sont point encore arrêtés. Soit qu'il ne sache pas bien lui-même le but vers lequel il s'avance, soit qu'il craigne d'effrayer l'Angleterre en le lui montrant, il est certain que ce but ne s'aperçoit pas clairement. Dans ses professions de foi les plus larges et les plus explicites, le parti radical réclame des parlements annuels, le vote au scrutin secret (1), le suffrage universel; réformes importantes sans doute, mais qui sont des moyens bien plutôt que des fins.

On peut prévoir, il est vrai, que si, à l'aide de pareils moyens, les radicaux devenaient maîtres du parlement et du pouvoir, ils aboliraient, en Angleterre, les priviléges politiques et civils de l'aristocratie, et feraient ainsi disparaître un des grands obstacles qui s'opposent à la destruction de ces mêmes priviléges en Irlande. Mais qui peut dire quand le parti radical aura la puissance d'exécuter de pareilles réformes? Ce parti est jusqu'à présent peu nombreux, il a peu de puissance dans la nation anglaise, parce qu'il est trop en avant d'elle; dans le parlement il ne compte que peu de membres, et le pouvoir est si loin de lui, qu'il semble presque superflu d'examiner quel usage il en pourrait faire. Et ce parti eût-il aujourd'hui la puissance d'enlever à l'aristocratie d'Angleterre et d'Irlande leurs priviléges civils et politiques, pourrait-il abolir de même leurs priviléges religieux, c'est-à-dire accomplir la réforme qui en Irlande doit précéder toutes les autres? Il est permis d'en douter. Et l'obstacle qui peut-être l'arrêterait se trouve en lui-même.

Ces passions religieuses, que l'on a vues plus haut si puissantes en Angleterre, ne sont peut-être aussi vivaces dans aucun parti que dans le parti radical, où elles sont plus violentes et moins éclairées que dans tout autre. A la vérité, le parti radical étant en général composé de dissidents ennemis de l'Église établie, le fanatisme des passions religieuses dont il est animé le pousse plutôt vers la démocratie, et semblerait sous ce rapport favoriser l'Irlande; mais aujourd'hui ces passions sont encore plus protestantes que démocratiques, et les Irlandais sont catholiques. Les dissidents d'Angleterre, pour la plupart radicaux, sont assurément fort ennemis chez eux de la suprématie de l'Église; mais ils hésiteraient beaucoup à la renverser en Irlande, ne fût-ce que par la crainte de fournir aux catholiques d'Irlande un sujet de joie et de triomphe. Ces passions du parti radical contre l'Irlande catholique, qui, sans doute, tendent chaque jour à s'affaiblir, et que les chefs de ce parti combattent de tous leurs efforts, n'ont jamais manqué une occasion d'éclater. Et pour n'en rappeler ici qu'un exemple : lorsqu'à diverses reprises le plan a été conçu, par le gouvernement anglais, de donner au clergé catholique d'Irlande un salaire public, les plus vives oppositions en Angleterre sont toujours venues des dissidents, qui ont signalé comme une impiété énorme l'assistance donnée à une Église papiste par un État protestant. Ainsi le parti radical comme le parti tory pourrait être, dès le premier pas, arrêté dans la réforme irlandaise par une cause provenant de la religion; avec cette différence, que, pour ne pas attaquer en Irlande la suprématie d'une Église essentiellement aristocratique, les radicaux auraient besoin de faire violence à leurs principes politiques, tandis que les tories, en la conservant, agiraient tout à fait dans le sens de leurs passions, de leurs doctrines et de leurs intérêts.

Ajoutons que les préjugés de l'Anglais contre l'Irlandais,

ce mépris si commun chez le premier pour le second, ne se rencontrent nulle part plus violents que parmi les classes inférieures, où les radicaux prennent naturellement leur point d'appui.

Toutes les observations qui précèdent s'appliquent, à plus forte raison, à un certain parti radical extrême qui s'est tout récemment manifesté en Angleterre, et qui, s'essayant dans les grandes assemblées populaires, s'y est distingué par une singulière violence de langage et par une grande exagération de théories. Au rebours des radicaux modérés, qui, pour ne point alarmer l'Angleterre, annoncent sans doute moins qu'ils ne veulent faire, ce nouveau parti semble prendre à cœur de terrifier le plus qu'il peut tous les intérêts conservateurs : non que ses doctrines donnent une idée claire de ses projets : il ne dit pas précisément ce qu'il fera; mais ce qu'il établit avec grand soin, c'est qu'il accomplira certainement de grandes et de terribles choses. Il ne lui suffit pas d'être réformateur, il se pose en révolutionnaire ; il prend pour devise le principe du recours à la force matérielle, se plaît à rassembler le peuple, la nuit, à la lumière de torches incendiaires, et, pour qu'on ne suspecte pas l'énergie de ses desseins, il invoque la mémoire et les procédés de Danton. Il est douteux que ce parti radical extrême, composé principalement des dissidents les plus fanatiques de l'Angleterre, voulût faire, pour l'Irlande catholique, plus que ne voudraient les radicaux modérés; mais ce qui est certain, c'est qu'il le pourrait encore moins que ceux-ci, car, à force de se porter en avant de la nation, il s'est placé en dehors d'elle.

SECTION III

Le parti whig.

On vient de voir comment par des causes diverses les deux partis qui, en Angleterre, représentent les idées les plus contraires et les passions les plus opposées ne sauraient faire en Irlande aucune réforme de quelque importance : l'un, parce qu'il soutient aveuglément la constitution ; l'autre, parce qu'il en est supposé l'ennemi ; le premier, parce qu'il ne voudrait rien innover ; le second, parce qu'on ne lui en donnerait point le pouvoir.

Mais entre ces deux partis extrêmes il en est un troisième composé de tous ceux que l'immobilité tory repousse, et que le radicalisme effraye ; qui, sincèrement attachés aux institutions du pays, croient cependant qu'il est permis de les modifier ; et qui, tour à tour ardents à attaquer et zélés à défendre, admettent assez de réformes pour seconder dans sa marche le progrès de la démocratie, et en osent trop peu pour alarmer sérieusement les passions et les intérêts aristocratiques de l'Angleterre. Ce parti moyen est le parti whig.

On juge tout d'abord par le peu de mots qui précèdent, qu'il ne serait point dans la capacité des whigs d'exécuter subitement en Irlande tous les changements qu'on a reconnus nécessaires ; car c'est une destruction qu'il faudrait faire dans ce pays, et la portée naturelle des whigs ne dépasse point une réforme. Ce n'est même qu'à la condition de ne rien détruire qu'ils ont la puissance de réformer ; mais l'on aperçoit aussi en même temps que, s'il est interdit aux whigs de changer les institutions de l'Irlande, ils tiennent du moins de leurs principes la faculté, et de leurs intérêts le désir d'y pratiquer de grandes innovations.

Les whigs qui, pour exécuter des réformes, ont la volonté que n'ont pas les tories, possèdent aussi le moyen qui manque aux radicaux : car ce sont eux qui en ce moment gouvernent la Grande-Bretagne.

Ils ont d'ailleurs des motifs de nature diverse pour faire des réformes en Irlande; d'innombrables maux s'étant accumulés dans ce pays pendant que les tories, ennemis de tout changement (1), occupaient le pouvoir, les whigs, qui, après cinquante ans d'exclusion, reviennent aux affaires, doivent naturellement porter le remède là où ils voient les plus larges plaies.

Cette disposition généreuse se fortifie chez eux d'un sentiment personnel. Ils sont d'autant plus enclins à faire des réformes en Irlande, qu'ils sont plus embarrassés d'en pratiquer en Angleterre. Dans ce dernier pays, les partis politiques sont si incertains et si partagés, et les passions les plus favorables aux whigs sont si timides et si chancelantes, que ceux-ci ont bien de la peine à imaginer une réforme qui donne quelque satisfaction à leurs partisans, sans en diminuer le nombre. Il faut pourtant de toute nécessité qu'ils fassent des réformes, quand ils ont le gouvernement; c'est dans ce seul but qu'ils le prennent et qu'on le leur remet. S'il ne s'agissait que de conserver ce qui est, le soin en appartiendrait naturellement aux tories dont c'est l'affaire et le droit. Ainsi, contraints de marcher toujours et ne sachant comment faire un pas sans tomber, les whigs se portent volontiers vers l'Irlande, qui leur ouvre une carrière illimitée de réformes et leur fournit un terrain moins difficile à tenir, parce que les passions conservatrices de l'Angleterre y sont moins brûlantes.

Puisque les whigs ont la possibilité de faire beaucoup de choses pour l'Irlande, et puisqu'en même temps ils sont bornés dans leur sphère d'action, il devient nécessaire de rechercher quels actes sont dans la mesure de leurs facultés, et quels autres excèdent leur puissance. Il importe de savoir jusqu'où ils peuvent aller dans la réforme des institutions irlandaises; quels sont, parmi les besoins de l'Irlande, ceux qu'ils peuvent satisfaire et ceux qu'ils ne sauraient contenter, et quelle influence pourraient exercer sur l'état de ce pays et sur son avenir les réformes qui sont dans leur pouvoir : il faut, en un mot, reconnaître jusqu'à quel point ils peuvent appliquer aux maux de l'Irlande le remède qui a été indiqué plus haut, c'est-à-dire réformer les priviléges civils, politiques et religieux, de l'aristocratie.

§ Ier

Réforme des priviléges religieux.

Le premier et le plus grand avantage peut-être que possèdent les whigs sur les tories dans toutes les qnestions relatives à l'Irlande, c'est de ne point être arrêtés tout d'abord, comme ceux-ci, par l'obstacle de l'Église.

Les whigs sont assurément attachés à l'Église anglicane (1), et ils s'en montrent les partisans dévoués; mais ce qui les distingue des tories, c'est qu'ils n'en veulent pas à tout prix l'entière conservation. Les tories disent : Périsse l'Irlande plutôt que l'Église anglicane! Les whigs, au contraire : Sauvons l'Irlande, et tâchons de préserver l'Église. Les premiers consentiraient encore à faire en Irlande quelques réformes, pourvu que l'Église y demeurât debout avec tous ses priviléges et tous ses monopoles; en d'autres termes ils veulent bien offrir à ce pays quelques remèdes, à la condition d'y laisser la cause première de tous les maux. Les whigs, au contraire, voient d'abord les misères de l'Irlande, et la nécessité de les guérir. Ils voudraient pouvoir établir dans ce pays l'ordre et la paix sans y toucher à l'Église; mais si, en poursuivant leur but, ils rencontrent quelque abus de l'Église qui les gêne, quelque principe anglican qui les entrave, ils suppriment le principe et l'abus.

On retrouve sans cesse dans les actes des tories et des whigs les conséquences de ce point de départ différent.

Voyez, par exemple, les doctrines et les procédés des uns et des autres touchant l'instruction religieuse du peuple.

Pendant plus d'un siècle les basses classes d'Irlande ont été privées de toute instruction, par la seule raison qu'elles étaient catholiques, et qu'il n'existait en Irlande que des écoles protestantes. Les tories régnaient alors, et quand on leur reprochait une institution qui ne donnait aux pauvres irlandais que le choix de l'ignorance ou de l'apostasie, ils répondaient, comme ils le soutiennent encore aujourd'hui, que l'éducation populaire est un privilége de l'Église, qu'on ne saurait enlever à celle-ci.

Les whigs, au contraire, pensant que l'instruction du peuple, en Irlande, est pour ce pays une condition essentielle de salut, reconnaissent d'abord la nécessité de l'établir ; et comme il est désormais bien constaté que les catholiques irlandais ne veulent point envoyer leurs enfants dans les écoles protestantes, les whigs se voient forcés d'attaquer le monopole de l'Église ; et, nonobstant les cris de celle-ci, qui se dit dépouillée, ils instituent des écoles nouvelles, dont tout esprit de secte doit être banni, et où la liberté religieuse est promise à toutes les croyances. L'établissement de ces écoles nationales a été un des premiers actes des whigs, et il n'en est point qui les honore davantage (1).

Le parti tory croit si sacrés les droits de l'Église, que leur violation lui paraît le mal suprême ; et lorsque l'Irlande conteste un de ces droits ; lorsque, par exemple, elle se révolte contre le payement de la dîme, les tories estiment que l'Église doit, à tout prix, être maintenue dans l'intégrité de ses priviléges; si le peuple entier résiste, il faut abattre toutes les résistances, et dût le dernier des Irlandais être exterminé, il est nécessaire que la dîme soit payée. Dans les mêmes circonstances, les whigs agissent autrement : ils souhaitent, à la vérité, comme les tories, que l'on acquitte les dettes de l'Église ; ils en prescrivent même l'obligation rigoureuse ; mais, lorsqu'ils trouvent toute la population rebelle à ce payement, ils n'ont point recours aux mêmes violences pour dompter la rébellion ; ils essayent la rigueur, et ne s'y obstinent pas ; ils s'arrêtent au commencement de la voie sanglante que les tories parcourent tout entière, l'intérêt général du pays leur paraissant supérieur à celui de l'Église, qui pourtant les touche beaucoup. Alors ils s'efforcent d'apaiser le peuple sans renverser l'Église. Ils n'abolissent pas la dîme, dont la suppression serait un trop grand coup porté à l'Église ; mais ils s'efforcent, en modifiant l'institution, de la rendre moins odieuse, et, en calmant les passions populaires, de rendre possible le gouvernement de ce pays.

C'est ainsi qu'en présence de l'agitation irlandaise de 1832 les whigs ont aboli l'impôt protestant le plus odieux aux catholiques d'Irlande, qui était les taxes de fabrique (church rates). Ainsi, en 1838, jugeant, par une expérience de cinq années, que le peuple irlandais était résolu à ne plus payer la dîme, les whigs l'ont réduite d'un quart, et ont transporté du fermier au propriétaire l'obligation de la payer.

De pareils changements n'attaquent pas sans doute le mal dans sa racine, mais ils le rendent moins douloureux.

Il n'entre pas dans les principes des whigs d'abolir en Irlande la suprématie religieuse ; ce qui serait pour ce pays la première condition de repos et de bien-être ; mais ils peuvent du moins rendre moins blessant et moins odieux le principe funeste qu'ils ne détruisent pas, et c'est déjà beaucoup. L'Église anglicane n'est pas la seule plaie de l'Irlande, mais c'est la plus vive; et le soulagement des autres est impossible, si celle-ci n'est d'abord adoucie. C'est ce qui explique pourquoi les whigs peuvent seuls aujourd'hui gouverner l'Irlande.

Si les whigs avaient des ambitions vulgaires, leur intérêt serait, quand ils tiennent le gouvernement, de traîner en longueur la réforme de l'Église d'Irlande; car, tant que cette Église sera debout avec ses abus au milieu des passions violentes qu'elle excite, l'accès du pouvoir sera bien difficile aux toriès, dont le nom seul insurge l'Irlande, et qui ne pourraient faire leur paix avec ce pays que s'ils commençaient par y attaquer l'institution religieuse dont ils sont les soutiens obligés.

Cependant, en même temps qu'on voit l'Église d'Irlande attaquée par les whigs, on comprend bien qu'elle n'est pas l'objet auquel ceux-ci aimeraient à appliquer leurs principes réformateurs; car c'est le terrain de combat où ils se sentent le moins à l'aise. S'ils luttent d'abord contre l'Église, c'est que, quand ils entrent dans la carrière des réformes, l'Église est le premier adversaire qu'ils trouvent devant eux, et qu'il faut d'abord vaincre, sous peine de se retirer. La réforme de l'Église est donc bien moins un but qu'ils poursuivent qu'un obstacle dont ils travaillent à se délivrer.

§ II

Quelles réformes les whigs peuvent faire dans les priviléges civils de l'aristocratie d'Irlande.

Maintenant l'obstacle religieux étant écarté, quelles réformes peuvent-ils faire dans les priviléges civils et politiques de l'aristocratie?

Cette question présente des difficultés dont on va comprendre tout de suite la gravité.

Les whigs anglais sont certainement très-aristocrates dans la plupart de leurs passions et de leurs principes, et pour justifier cette assertion, un seul fait suffit : ils gouvernent l'Angleterre depuis sept ans (1).

D'un autre côté, on est forcé de reconnaître qu'ils font beaucoup de réformes, dont la portée, sinon le principe, est singulièrement démocratique. Ainsi, les grandes mesures qui ont été indiquées plus haut, la réforme parlementaire, la réforme municipale, la réforme des juges de paix(2), sont toutes l'ouvrage des whigs. Beaucoup d'actes favorables à la démocratie sont donc faits par les whigs, amis de l'aristocratie. N'y a-t-il pas là une contradiction au moins apparente? En quoi donc sont-ils démocrates? en quoi aristocrates?

L'incohérence qui se présente ici dans le caractère des whigs anglais se dissipera si l'on prend le soin de distinguer dans leurs principes ceux suivant lesquels ils gouvernent la société civile et ceux qu'ils appliquent à la société politique.

Si l'on étudie les doctrines et les actes des whigs les plus voisins du radicalisme (3), on reconnaît qu'ils iraient jusqu'à sacrifier une partie des priviléges politiques qui appartiennent en Angleterre à la grande propriété. Ils trouvent sans doute fort juste qu'il existe un certain nombre d'hommes tenant du hasard de la naissance et du sort de la fortune le droit de gouverner leurs semblables ; juges de paix, parce qu'ils sont riches ; législateurs, parce qu'ils sont lords. Cependant ils ne considèrent pas comme inviolables l'institution des juges de paix et celle des lords.

Ainsi ils admettent que si la Chambre des lords devenait un obstacle à des innovations jugées nécessaires, cette Chambre devrait être non abolie, mais réformée et composée au moins en majorité d'hommes qui eussent conquis, soit par leur mérite personnel, soit par une grande fortune, le droit de représenter dans le parlement une idée ou un intérêt.

Ils comprendraient aussi qu'un plus grand nombre de citoyens fût appelé à prendre part aux affaires de l'État; et en même temps qu'ils étendraient le cercle de la capacité électorale, ils accroîtraient le nombre des fonctions publiques qui sont conférées par l'élection populaire. Ainsi il ne serait point contraire à leurs principes d'organiser dans chaque comté un conseil local où des citoyens mandataires du peuple rempliraient les fonctions administratives qu'exercent en ce moment les juges de paix (1). Leur tendance serait donc, en agrandissant la représentation populaire, d'appeler par l'élection les classes moyennes à l'administration du pays, dont les grands propriétaires fonciers ont le privilége et le monopole. Il y a certainement, dans ce corps de doctrines, une portée très-démocratique.

Mais les mêmes hommes qui souffrent que l'on établisse l'égalité dans la société politique ne montrent plus la même tolérance quand il s'agit de régler la société civile. Ils ne tiennent pas absolument à conserver en faveur d'un aîné le droit héréditaire d'entrer au parlement et d'y faire des lois pour le pays; mais ils défendent obstinément la loi civile qui donne à cet aîné le droit de prendre, au décès de son père, la totalité de l'héritage, à l'exclusion de ses frères, de ses sœurs, destinés à végéter dans l'ombre, tandis que l'être privilégié vit au sein du luxe et des honneurs. Ils comprendront que l'on ne remette pas exclusivement le gouvernement de la société entre les mains d'une petite oligarchie; mais, une fois le privilége politique supprimé, ils trouvent naturel que cette petite oligarchie possède à elle seule la moitié du territoire anglais, et le conserve à tout jamais en vertu des substitutions et des lois civiles qui rendent le sol, en quelque sorte, inaliénable entre ses mains : c'est-à-dire qu'en même temps qu'ils consentent à introduire l'égalité dans la société politique, ils incline-raient à maintenir l'inégalité dans la société civile.

Les whigs créent ainsi dans leur tête, et ils travaillent à

constituer dans le pays, comme deux zones distinctes, dans chacune desquelles ils mettent en vigueur un principe différent de gouvernement, aussi démocratique pour l'une qu'aristocratique pour l'autre. Comme s'il n'existait aucun lien intime entre le gouvernement d'un peuple et ses mœurs, ils ne paraissent pas soupçonner que la doctrine d'égalité admise dans l'État puisse jamais entrer dans la famille; et ils semblent croire que la propriété restera le monopole d'un petit nombre après que les droits politiques seront devenus le partage de tous. Ce n'est point ici le lieu d'examiner jusqu'à quel point un pareil système est logique, et si cette séparation artificielle de l'homme et du citoyen pourrait être durable; mais il importait de constater cette théorie qui résume le système des whigs les plus avancés, parce qu'on y trouve quelque prémisse pour la solution de la question posée plus haut.

Ne voit-on pas en effet que, par la nature même de cette doctrine, les whigs anglais répugneraient à abolir les priviléges civils de l'aristocratie irlandaise, c'est-à-dire réformer les lois qui maintiennent entre les mains de celle-ci presque tout le sol de l'Irlande[1]? Et ne résulte-t-il pas aussi de cette théorie que, si, à raison de leurs propres principes, les whigs ne peuvent réformer les priviléges civils de l'aristocratie irlandaise, ils peuvent être conduits par ces mêmes principes à abolir ses priviléges politiques? Voyons donc quels changements les whigs pourraient introduire dans la société politique en Irlande, et quels priviléges politiques de l'aristocratie ils pourraient réformer.

[1] Les whigs ont, en cette matière, fait beaucoup plus que l'auteur n'espérait d'eux en 1838. La loi qui met la terre dans le commerce fait sortir le sol des mains de l'aristocratie irlandaise. — Voir, dans le § 7 de la notice placée en tête du premier volume, ce qui est dit de la Landed Estates court.

(*Note de la septième édition*, 1862-63.)

§ III

Réformes politiques spéciales à l'Irlande, que peuvent faire les whigs dans la paroisse et dans les corporations municipales.

Les réformes que les whigs font ou peuvent faire dans les pouvoirs politiques de l'aristocratie ont nécessairement pour objet les priviléges appartenant à celle-ci, soit dans l'État, soit dans le comté, dans les villes municipales ou dans les paroisses.

Lorsqu'en 1833 les whigs ont aboli les taxes de fabrique (1) que la population protestante imposait pour les besoins de son culte à la population catholique, ils ont, par cet acte, détruit un privilége tout à la fois religieux et politique qu'exerçait l'aristocratie anglicane dans la paroisse irlandaise.

L'on peut ajouter qu'ils n'ont aucune autre réforme à y faire; car la paroisse irlandaise, dont presque toute la vie était un abus, n'existe pour ainsi dire plus depuis que l'abus est aboli (2).

Les whigs voudraient opérer dans les corporations municipales d'Irlande une réforme non moins profonde, et qui serait plus complète; car ici ils ne se borneraient pas à démolir, ils entreprendraient de réédifier.

Ils voudraient détruire le monopole anglican et aristocratique de ces corporations, et sur leurs ruines construire une organisation municipale démocratique et libre. Ils voudraient établir en principe que tout individu, catholique ou protestant, anglican ou presbytérien, payant une taxe et domicilié dans l'enceinte de la cité, est par ce seul fait un citoyen actif, et à ce titre investi de droits qu'il exerce, soit directement, soit par les représentants qu'il a élus.

Deux fois déjà ils ont porté au parlement le projet de loi qui contient cette réforme; et ce projet, deux fois adopté par la chambre des communes, a toujours échoué devant les lords.

De toutes les réformes que l'Irlande réclame, c'est peut-être celle à laquelle les whigs se sont le plus attachés, non qu'elle soit pour l'Irlande la plus importante, mais c'est celle que l'Angleterre a le moins de répugnance à accorder, parce qu'une réforme du même genre a été faite précédemment dans ses propres institutions (1). Les whigs sont sûrs que cette réforme irlandaise ne blesse aucun des principes chers à l'Angleterre; on peut donc compter qu'ils la représenteront de nouveau à la prochaine session du parlement (en 1839). La nature de leurs principes les y engage, les passions de l'Irlande les y poussent, et les défaites parlementaires elles-mêmes qu'ils ont essuyées en la soutenant les portent à désirer une occasion de triomphe dans son succès définitif.

Du reste, quelle que soit la vivacité des contradictions que ce projet de réforme a soulevées parmi les tories, c'est encore, à tout prendre, un des sujets sur lesquels les whigs et les conservatifs modérés seraient le moins incapables de s'entendre.

Les corporations municipales d'Irlande, qui semblent avoir pris à tâche de montrer jusqu'où peut aller l'égoïsme du privilége et l'insolence du monopole, abondent en abus si grossiers et si révoltants, que les plus zélés partisans de l'institution se voient dans l'impossibilité de la défendre. Tout le monde admet donc la nécessité de sa réforme, et il est probable que si le parti conservatif que dirige sir Robert Peel arrivait aux affaires, il prendrait en main cette réforme, et s'efforcerait de la faire aussi libérale que ses principes peuvent lui permettre.

La difficulté principale qui divise les partis sur cette question est pourtant très-réelle. Tandis que les whigs voudraient attribuer le droit de cité à tout habitant domicilié, le système des tories et des conservatifs serait de mettre au droit de citoyen municipal la condition d'un cens plus ou moins élevé (1).

Les whigs appliqueraient aux corporations municipales d'Irlande le même principe qui a été établi dans les corporations d'Angleterre, où la presque totalité des citoyens jouit de la franchise municipale. Les tories, au contraire, restreindraient beaucoup, en Irlande, le droit qui, en Angleterre, est presque illimité.

A ne voir que la théorie, il semblerait que l'opposition des tories ne serait dépourvue ni de raison ni de justice. Le bon sens permet-il en effet de régir suivant des principes pareils une ville d'Irlande et une ville d'Angleterre? Est-il sage, dans un pays où les basses classes sont dépourvues de lumières et de l'habitude de se gouverner, de leur conférer les mêmes droits municipaux que dans une autre contrée, où le peuple plus éclairé est en possession d'une vieille expérience? Mais si la logique seule était consultée, bien d'autres réformes, en Irlande, par exemple, celle de l'Église, précéderaient celle des corporations municipales. Des institutions que la raison repousse étant imposées à l'Irlande, il est naturel que ce pays, quand une réforme lui est offerte, consulte moins, pour l'apprécier, son jugement que ses passions. L'Irlande se plaint de ce qu'on ne lui donne pas, dans la loi municipale, les mêmes droits et les mêmes libertés qu'à l'Angleterre, et elle fait bien. Lorsqu'elle est forcée de subir toutes les institutions aristocratiques et religieuses de l'Angleterre, par la seule raison que celle-ci les ayant chez elle croit de son intérêt de les établir dans le pays voisin, l'Irlande est bien fondée à demander qu'on ne lui refuse pas le peu de démocratie que de temps à autre l'Angleterre introduit dans ses lois.

Il est d'ailleurs aisé de reconnaître que les tories, qui invoquent un principe de justice, arriveraient, par son application, à perpétuer le plus inique des priviléges. En effet, l'établissement de tout cens un peu élevé, mis comme condition à l'exercice des droits municipaux, maintiendrait pour longtemps encore, dans presque toutes les villes d'Irlande, le monopole des protestants qui, étant plus riches que les catholiques, exerceraient seuls le droit, parce qu'ils en rempliraient seuls la condition. Quels seraient donc pour l'Irlande les bienfaits d'une réforme qui laisserait à peu près intact le vice principal de l'institution attaquée?

Mais ici les adversaires des whigs élèvent une objection grave : si l'on ne fait dépendre d'aucun cens l'exercice des droits de cité, il en résultera, disent-ils, que l'administration des villes municipales d'Irlande tombera tout entière entre les mains des catholiques, qui y seront en majorité, et qui, après avoir été opprimés, pourraient devenir oppresseurs à leur tour. Cette objection demande à être méditée, et elle aurait bien plus de poids encore qu'elle n'en a, si elle ne venait des tories, qui ont soutenu le monopole tant qu'ils en jouissaient, et n'ont l'idée de mettre un obstacle à l'abus que le jour où il leur échappe.

Du reste, soit que les whigs admettent tout ou partie du cens que les tories proposent, soit que ceux-ci fléchissent dans leur opposition au principe établi par les whigs, tout annonce que la réforme des corporations municipales d'Irlande s'accomplira cette année.

On pouvait, pour l'exécution de cette réforme, suivre deux voies différentes conduisant vers le même but. La première était d'attirer au centre du gouvernement les pouvoirs politiques qu'on déplaçait; la seconde, d'étendre ces pouvoirs en les remettant au peuple. Les whigs ont adopté le second moyen. Peut-être eussent-ils plus sûrement attaqué l'influence de l'aristocratie sur les corporations municipales en plaçant ces corps sous la main de l'autorité centrale; mais, dès qu'ils prenaient le parti d'attaquer l'aristocratie par le peuple, ils ne pouvaient guère rien faire de mieux que ce qu'ils proposent.

La réforme des pouvoirs politiques que l'aristocratie d'Irlande possède dans les corporations municipales, et de ceux qu'elle avait autrefois dans la paroisse, est sans doute importante; mais celle qui est surtout grave, celle dans laquelle toutes les autres seraient à peu près vaines, c'est la réforme des priviléges qui appartiennent à l'aristocratie dans le comté. C'est dans le comté qu'il faut frapper l'aristocratie si l'on veut l'atteindre profondément. C'est là que sont les juges de paix, c'est là que sont les grands jurys : et il faut surtout savoir quelles réformes les whigs peuvent exécuter dans le comté irlandais, si l'on veut posséder la mesure exacte de leur puissance à attaquer l'aristocratie d'Irlande dans ses pouvoirs politiques.

§ IV

Réformes que peuvent faire les whigs dans le comté.

On a montré plus haut comment, pour réformer les pouvoirs politiques de l'aristocratie d'Irlande, le premier soin à prendre serait de centraliser l'administration des comtés; la première question qui se présente est donc celle de savoir si les whigs pourraient exécuter cette centralisation.

C'est ici surtout qu'il est nécessaire de distinguer les principes qui dirigent les whigs dans le gouvernement de l'Angleterre, de ceux qu'ils appliquent à l'administration de l'Irlande.

On aperçoit bien, en Angleterre, depuis que les whigs y dominent, une certaine tendance vers la centralisation administrative des affaires publiques. Cette tendance se montre nécessairement en tout pays, où soit la démocratie, soit le pouvoir absolu travaillent à s'établir; car comme l'un et l'autre aspirent à niveler les rangs, ils ont besoin d'un instrument d'égalité. Lors donc qu'on voit en Angleterre l'aristocratie attaquée, on peut compter que son affaiblissement se manifestera par quelque effort de centralisation. C'est ainsi que le bill de réforme de 1832 est suivi de trois lois, dont l'une tend à centraliser l'administration des pauvres (1); la seconde, le régime des prisons (2); la troisième, la tenue des registres de l'état civil (3) : lois purement sociales dans leur objet, mais essentiellement politiques par les nouvelles formes d'administration qu'elles introduisent dans l'État, et que l'on doit peut-être, par cette raison, considérer comme la plus haute expression du mouvement démocratique imprimé à l'Angleterre par la Révolution de 1830.

On se tromperait toutefois, si l'on voyait dans ces lois rien d'analogne à la centralisation, telle que nous la connaissons en France.

Chez nous, lorsqu'un pouvoir local, aristocratique ou démocratique, provincial ou municipal, est aboli, cette destruction s'opère toute au profit du gouvernement central, qui prend pour lui seul l'autorité supprimée et l'exerce sans peine par l'un de ses innombrables agents.

Le gouvernement central, en Angleterre, quand il attaque l'aristocratie, ne procède point d'une façon si nette et si absolue; il ne s'avance dans cette voie qu'avec une prudence extrême, et des réserves infinies; il ménage la puissance elle-même, qu'il veut dépouiller; le jour où il brise un privilége de l'aristocratie, il ne l'enlève point tout entier à celle-ci, il lui en laisse un fragment, et faisant plusieurs parts du reste, il en prend timidement une pour lui-même, et remet les autres aux diverses classes de la société dont il a besoin de se concilier l'indulgence. Ainsi, pour citer un exemple, lorsque les whigs ont retiré à l'aristocratie l'administration exclusive de la loi des pauvres, ils ont d'abord, il est vrai, institué à Londres une commission centrale chargée de maintenir dans toute l'Angleterre des principes uniformes de charité publique, mais en même temps ils ont, pour l'exécution de la loi, créé dans les comtés des commissions locales, composées en partie des juges de paix, dont ils venaient d'abolir les pouvoirs, et en partie de citoyens, élus par le peuple dans des conditions de cens propres à faire sortir l'élection du sein des classes moyennes.

C'est assurément un phénomène, digne d'observation, que ce système de demi-centralisation suivant lequel le pouvoir se resserre au centre, en même temps qu'il s'étend vers la circonférence; il semble que les deux principes ennemis, qu'on a vus plus haut se disputer l'empire, la centralisation normande et la liberté saxonne, aient fait leur paix, et que désormais elles s'unissent pour combattre leur adversaire commun, l'aristocratie, qui se trouve ainsi pressée entre le prince et le peuple!

Cette centralisation tempérée, qui ne porte à l'aristocratie que de faibles coups, satisfait, en Angleterre, presque tous les amis de la réforme, car le désir d'affaiblir l'aristocratie n'empêche point qu'on ne craigne le despotisme du gouvernement central : et ce sentiment de crainte est plus naturel chez le peuple anglais que dans tout autre pays. Si dans les contrées les moins libres il est dangereux d'établir une centralisation absolue, parce qu'il peut en naître plus tard un obstacle invincible au développement de la liberté; combien ce péril est plus redoutable pour un peuple chez lequel la liberté existe, et où par conséquent le danger n'est pas de compromettre dans l'avenir le plus grand de tous les biens, mais de le perdre dans le temps même que l'on en jouit. A l'heure qu'il est il n'y a pas une paroisse, pas une ville municipale d'Angleterre qui ne constitue une vraie république, une démocratie libre. Le peuple anglais agirait-il sagement, si, pour aider le pouvoir central à réformer l'aristocratie, il livrait au gouvernement ses libertés et ses droits, au risque de ne pouvoir les reprendre quand son adversaire serait abattu? N'est-ce pas une situation heureuse que celle d'un peuple qui, ayant des réformes à faire dans ses institutions, peut conférer au pouvoir central assez de force pour les accomplir peu à peu, et ne lui en donne pas cependant assez pour que ce pouvoir devienne tyrannique? De sorte que le principe d'autorité grandisse sans que la liberté meure.

Mais si l'on comprend sans peine que ces essais de centralisation contentent jusqu'à un certain point l'Angleterre, on conçoit plus aisément encore qu'ils seraient tout à fait insuffisants en Irlande, où les passions légitimes et les intérêts du peuple exigent que le principe aristocratique soit ouvertement attaqué. L'état de l'Angleterre permet de douter s'il vaut mieux pour elle d'exécuter une réforme plus rapide en risquant ses libertés, ou d'accepter une réforme plus lente avec la certitude de demeurer toujours libre. Mais la question ne saurait être la même pour l'Irlande, où la réforme de l'aristocratie est la première des nécessités. Aussi les whigs, à qui l'Angleterre permet de faire en Irlande des réformes plus radicales, emploient-ils, pour combattre l'aristocratie de ce dernier pays, des moyens de centralisation beaucoup plus puissants (1).

On a vu plus haut comment, à la fin du siècle dernier et au commencement de celui-ci, certains pouvoirs, appartenant à l'aristocratie, lui furent enlevés dans son propre intérêt, et attribués au gouvernement central. Un juge révocable au gré du vice-roi fut, sous le nom d'assistant-barryster, chargé de présider les assemblées trimestrielles des juges de paix. Pour suppléer ceux-ci dans leurs fonctions quotidiennes, des magistrats salariés furent établis (stipendiary magistrates); et afin de rendre plus sûre et plus commode pour les riches la police du pays entier, une espèce de gendarmerie (constabulary) fut instituée. C'étaient autant de moyens pris par le gouvernement central pour aider et défendre l'aristocratie faible et inhabile dont il était l'ami.

A peine ont-ils été en possession du pouvoir, les whigs ont retourné contre l'aristocratie irlandaise la centralisation qui avait été établie pour la protéger. L'assistant-barryster, qui jadis recevait du pouvoir central la mission expresse ou tacite de soutenir les hautes classes contre le peuple, a pour mandat aujourd'hui de soutenir le peuple contre l'aristocratie. Autrefois il mettait tout son art à dissimuler l'injustice ou l'incapacité des juges de paix, maintenant il travaille plutôt à jeter un voile sur les fautes et sur les écarts du peuple. Les magistrats salariés (stipendiary magistrates), dont tout l'office consistait à seconder les juges de paix, sont institués à présent dans le but manifeste de les remplacer. Ils étaient déjà, en 1837, au nombre de quatre-vingt-un, dont cinquante avaient été nommés depuis 1833 (1). Ces agents révocables, assez semblables à nos commissaires de police, sont en Irlande en grande faveur auprès du peuple; dirigés par l'autorité centrale, ils ont coutume de faire mieux que l'aristocratie; et, dans tous les cas, ils ont le mérite de n'être pas les agents de celle-ci.

Enfin cette gendarmerie, créée pour veiller au repos de l'aristocratie, et placée par la loi de son organisation sous la direction et le contrôle immédiat des juges de paix et des grands jurys, devient, par l'effet d'une loi récente, une arme puissante entre les mains du gouvernement général [1]; en 1836 elle est centralisée complétement, et passe ainsi du service de l'aristocratie à celui du vice-roi (2) [1].

Mais les whigs ne se bornent pas à tourner contre l'aristocratie les vieilles lois créées jadis dans le dessein de la fortifier; ils s'efforcent aussi, pour l'atteindre plus sûrement,

[1] Les tendances de la gendarmerie irlandaise (*constabulary*) sont toujours les mêmes; et, en ce moment, l'un des griefs de l'aristocratie contre elle, c'est que la constabulary devient une force militaire entre les mains du pouvoir central au lieu de rester une force civile à la disposition des comtés.

(*Note de la septième édition*, 1862.)

de créer quelques instruments nouveaux de centralisation, ou de perfectionner ceux qui déjà existent. Ils ont, depuis 1831, soumis les juges de paix à une surveillance régulière et périodique (1); ils ont restreint les pouvoirs des grands jurys; ils ont transporté au gouvernement central le choix et le contrôle de plusieurs agents salariés du comté, et lui ont attribué le pouvoir de faire, dans de certains cas, des travaux d'utilité publique, tels que ponts, routes et canaux, qui jadis étaient dans le domaine exclusif des grands jurys (2). Enfin ils ont créé en Irlande trois administrations centrales, dont chacune porte à l'aristocratie de ce pays une atteinte plus ou moins grave. L'une a pour objet les travaux publics (3); l'autre est relative à l'instruction primaire (4); la troisième concerne l'exécution de la loi des pauvres dont on a parlé plus haut. La première est celle qui frappe le plus directement dans sa puissance l'aristocratie des comtés, puisqu'elle est l'instrument avec lequel le gouvernement peut désormais exécuter ce que, jadis, les comtés seuls pouvaient faire; les deux autres ne l'atteignent qu'indirectement, celle-ci en constatant par l'institution d'une charité publique le peu de sympathie du riche pour le pauvre; celle-là en conférant des lumières au peuple, et en lui donnant ainsi plus de force contre son ennemi.

On voit, par ce qui précède, dans quelle mesure les whigs se sont, jusqu'à présent, servis de la centralisation pour réformer les institutions de l'Irlande. On peut s'apercevoir qu'ils procèdent, quand ils centralisent en Irlande, moins timidement qu'en Angleterre, non qu'ils transportent en masse au gouvernement général les pouvoirs de l'aristocratie réformée, mais ils en centralisent une partie, confèrent au gouvernement des attributions nouvelles, et gênent la puissance de l'aristocratie dans la portion d'autorité qu'ils lui laissent. Maintenant que l'on sait comment ils manient ce grand instrument de réforme, on peut apprécier quels coups ils sont capables de porter en Irlande à l'aristocratie des comtés; ce qu'ils ont fait est déjà un signe de ce qu'ils pourraient faire. On retrouve, du reste, ici, chez les whigs, quoique moins prononcée, cette éternelle tendance des gouvernants anglais à faire les réformes de l'Irlande de la même manière que les réformes de l'Angleterre, et cette disposition constante, quand ils déplacent un pouvoir, à le distribuer plutôt dans tous les rangs de la société qu'à en investir le gouvernement central tout seul. Aussi peut-on considérer comme probable que si les whigs abolissaient les grands jurys des comtés, ce ne serait point pour transporter leurs attributions à l'autorité centrale, mais pour les remettre à des administrations locales dont les membres procéderaient de l'élection populaire; système libéral mais compliqué, qui convient à un pays où les diverses classes de la société, dont on demande le concours, sont en parfaite harmonie, mais qui peut-être sied mal à l'Irlande, où ces classes sont en état de guerre mutuelle, où la classe moyenne est encore dans l'enfance, où le peuple n'a point l'habitude de se conduire, et où l'aristocratie est tellement antinationale, qu'il faut bien moins travailler à régler ses pouvoirs qu'à les abolir (1).

§ V

Réformes que peuvent faire les whigs dans l'État.

On vient de voir quelles réformes politiques les whigs peuvent faire dans la paroisse, dans les corporations municipales et dans le comté; reste l'État.

Pendant tout le temps que les tories ont gouverné l'Irlande, l'aristocratie irlandaise a possédé dans l'État un immense privilége politique; ce privilége, c'était la faveur, ou pour mieux dire, la partialité constante du pouvoir exécutif.

Les principes décrétés par les lois sont importants sans doute; mais ce qui est peut-être plus grave encore, c'est l'esprit dans lequel on les met en vigueur. Or, sous l'empire des tories, toutes les lois destinées théoriquement à protéger l'aristocratie irlandaise étaient de plus appliquées dans le sens de ses passions les plus ardentes.

C'était alors une tradition reçue parmi les gouvernants de l'Irlande, que les lois étaient faites pour l'aristocratie contre le peuple, dans le seul but de tenir celui-ci sous le joug, et de défendre celle-là contre toute résistance. Et si une plainte était adressée au gouvernement par un catholique contre un protestant, par un pauvre contre un riche, elle ne rencontrait que l'indifférence ou le mépris.

La justice elle-même était alors, par l'exécution que lui donnaient les agents du gouvernement, corrompue jusque dans sa source. Ainsi, pour ne donner qu'un seul exemple, c'était une constante pratique, au temps des tories, que, dans les procès criminels, l'avocat de la couronne récusât tous les jurés catholiques, et travaillât à composer un jury exclusivement protestant (1).

A cette époque, le parti orangiste en Irlande était si fort de l'appui que lui prêtait le pouvoir exécutif, qu'il pouvait impunément fouler aux pieds le parti populaire. Ainsi le voyait-on chaque année, lors de l'anniversaire de la Boyne, célébrer le triomphe des protestants sur les catholiques avec toutes les démonstrations les plus injurieuses pour les vaincus. Non-seulement le gouvernement souffrait ces insolentes provocations d'une faction à tout un peuple, mais encore, si ce peuple humilié osait relever sa tête et engageait une lutte avec ses oppresseurs, le pouvoir central soutenait ceux-ci dans leur tyrannie, et mettait à leur service la police et l'armée.

Les whigs ont introduit dans l'administration de l'Irlande d'autres maximes et d'autres procédés de gouvernement; ils ont interdit les manifestations publiques dont la Boyne était le prétexte (1); ils s'efforcent, en laissant le jury accessible aux citoyens de toutes les croyances, d'établir une justice impartiale; ils proclament le principe que l'autorité publique est instituée autant dans l'intérêt du peuple que dans celui des classes supérieures; et, si leur balance penchait plus d'un côté que d'un autre, ce serait, il faut le reconnaître, plutôt vers le pauvre qu'en faveur du riche qu'elle inclinerait.

Il suffit, en effet, de jeter un coup d'œil sur l'Irlande pour s'apercevoir que non-seulement le gouvernement whig n'accorde point à l'aristocratie de ce pays l'exorbitante protection que celle-ci recevait des tories, mais encore qu'il la traite plutôt en adversaire. Il ne se borne pas à ne plus lui conférer les emplois publics dont elle avait autrefois le monopole, il s'efforce de la dépouiller de ceux qu'elle possède encore. Un juge de paix, grand propriétaire, commet-il une faute, le gouvernement saisit cette occasion de le remplacer par un magistrat salarié. Quelque autre se signale-t-il comme chef du parti orangiste, on le destitue purement et simplement (2).

En même temps qu'ils enlèvent à l'aristocratie d'Irlande les faveurs et les grâces du pouvoir exécutif, les whigs accordent ces grâces et ces faveurs aux adversaires les plus notoires de cette aristocratie; ils appellent le plus qu'ils peuvent de catholiques dans la commission de la paix; ils nomment aux fonctions publiques les plus éminentes des hommes manifestement engagés dans le parti national (3). Au lieu d'élire pour shérifs des comtés les grands propriétaires que désire l'aristocratie, le gouvernement choisit ceux qu'elle considère comme ses ennemis (4). Depuis les moindres emplois jusqu'aux plus élevés, depuis les dignités de la judicature jusqu'à la police, il prend ses agents dans le parti populaire. A vrai dire, le gouvernement des whigs en Irlande et l'aristocratie de ce pays sont en état de guerre ouverte.

Cette façon de procéder du gouvernement whig en Irlande

ne s'explique pas tout naturellement; car, si l'on comprend que les whigs soient, dans ce pays, comme en Angleterre, les adversaires des tories, on ne conçoit pas aussi aisément qu'ils y montrent envers le parti aristocratique tout entier une hostilité qu'en Angleterre ils ne lui témoignent pas. Dans ce dernier pays, la loi la plus radicale qui émane des whigs se tempère par son exécution; et fût-elle dirigée contre certains pouvoirs de l'aristocratie, le gouvernement qui l'exécute ne s'en prend jamais à l'aristocratie elle-même. En Irlande, au contraire, l'exécution que les whigs donnent à cette loi est toujours plus hostile à l'aristocratie que la loi n'a voulu l'être. D'où vient cette différence?

La cause en est dans la nature des partis existants de ce pays. On a vu plus haut qu'il n'y a en Irlande que deux partis extrêmes, les tories et les radicaux : le parti whig y est inconnu. On a vu aussi que le gouvernement anglais établi en Irlande est dans l'absolue nécessité de faire son choix entre ces deux partis, de s'attacher à l'un ou à l'autre; et qu'il lui faut, quand il s'est déclaré pour l'un d'eux, se livrer à celui-ci corps et âme, et subir tous ses mouvements.

Quand les tories avaient le pouvoir, leurs représentants en Irlande tombaient sous le joug inévitable du parti orangiste, dont ils étaient les esclaves alors qu'ils n'auraient voulu être que ses alliés. Les whigs arrivant aux affaires sont nécessairement à la merci du parti opposé; ils n'ont pas même à délibérer pour savoir s'ils se mettront du côté populaire. Ils s'y trouvent naturellement placés par le fait seul que l'aristocratie, dont le parti tory est la seule expression, se montre leur ennemie violente.

Il serait, du reste, peut-être juste de dire que le pouvoir exécutif en Irlande s'anéantit plus complétement encore dans sa fusion avec le parti populaire que dans son alliance avec le parti aristocratique. Comme, dans le second cas, il n'épouse qu'une faction haïe du peuple, il est plus maître de modérer l'appui qu'il prête à celle-ci; il pourrait à la rigueur se borner à la défendre quand elle est attaquée, et lui retirer son assistance dès qu'il la verrait agressive. Au contraire, lorsque le pouvoir exécutif adopte en Irlande la cause nationale, il est plus irrésistiblement entraîné par elle, et forcé de suivre plus aveuglément le torrent populaire auquel il s'est mêlé.

Ce n'est pas sans une sorte de terreur et sans une certaine répugnance que les whigs anglais forment en Irlande l'alliance qu'ils sont forcés de contracter. Ils ne peuvent être sans doute que très-disposés à frapper le parti tory ou aristocratique, qui se montre leur impitoyable adversaire; mais ce qui les trouble, ce n'est pas le sort des ennemis qu'ils combattent, c'est la puissance de leurs propres amis, dont ils se défient. Ils verraient avec une joie exempte de toute inquiétude le parti orangiste d'Irlande tomber, si sur ses ruines ne s'élevait en même temps le pouvoir formidable du parti démocratique. Ils craignent presque autant les triomphes de leurs alliés que les succès de leurs adversaires, et ne portent que timidement le coup qui, en abattant un ennemi détesté, peut exalter un ami redoutable. Leur idéal serait de créer un parti whig; mais c'est en vain qu'ils l'ont tenté. Dès qu'en Irlande le gouvernement se range du côté du peuple, il devient par cela même un instrument du parti populaire.

On voit maintenant comment les whigs anglais sont forcés d'être radicaux en Irlande; et ceci explique les clameurs que poussent sans cesse les tories d'Angleterre contre le gouvernement whig d'Irlande, qui, disent-ils, non sans quelque raison, donne aux lois émanées du parlement une exécution démocratique qui n'était pas dans la pensée du législateur.

On comprendra maintenant sans peine pourquoi les radicaux d'Irlande sont beaucoup plus satisfaits que ceux d'Angleterre de l'administration des whigs.

Quoique les whigs ne donnent pas à l'Irlande toutes les

institutions que celle-ci voudrait, ils font cependant pour elle une chose considérable, qui est d'exécuter les lois dans le sens de ses désirs et de ses intérêts. Et voilà pourquoi O'Connell et tous les siens se séparent en ce moment des radicaux anglais, si violents contre les whigs. Les radicaux d'Irlande se soucient bien moins de ce qui arrive au Canada et même en Angleterre que de ce qui se passe en Irlande. Peu leur importe que le parlement refuse de réformer, en Angleterre, les taxes de fabrique (church rates) après qu'il les a abolies en Irlande. Ils oublient bientôt le sort qu'on fait subir aux insurgés de Montréal lorsque, d'ailleurs, on laisse les Irlandais s'insurger librement contre la dîme. Ils pardonnent aux whigs d'être chaque jour moins radicaux en Angleterre, pourvu que ceux-ci le soient toujours autant en Irlande.

Ces attaques du gouvernement whig contre l'aristocratie d'Irlande n'ont pas sans doute toute la portée qu'on pourrait au premier abord leur attribuer. Presque toutes les réformes qui sont l'œuvre du pouvoir exécutif sont essentiellement fragiles et transitoires. Celui-ci changeant, elles disparaissent avec lui, et si une administration tory ressaisissait le pouvoir, elle pourrait remettre en vigueur les anciens principes de gouvernement et rendre à l'exécution des lois son esprit aristocratique. La plupart des institutions libérales qui paraissent le mieux établies, telles, par exemple, que l'instruction primaire, pourraient recevoir d'eux une impulsion qui en dénaturerait le principe. La force publique, c'est-à-dire la police et l'armée, que les whigs ont mises au service du parti national, seraient remises à la dévotion du parti aristocratique. Ces deux corps, soumis aveuglément au principe de l'obéissance passive, soutiendront certainement le parti populaire aussi longtemps que le gouvernement exigera d'eux cet appui; mais, composés encore pour la plupart d'Anglais et de protestants, ils sont au fond les amis du parti protestant et tory d'Irlande; et si une autre administration leur donnait des ordres différents, ils aimeraient mieux comprimer les catholiques, qu'on les force de protéger en ce moment, que de frapper les anglicans sur lesquels ils tombent aujourd'hui.

Cependant l'administration des whigs en Irlande est pour ce pays un grand bienfait non-seulement dans le présent, mais encore dans l'avenir. Elle a enseigné aux Irlandais qu'il peut exister parmi les Anglais un parti favorable au peuple, et qu'ainsi les gouvernants venant d'Angleterre ne sont pas tous nécessairement haïssables.

Les whigs anglais ont le grand avantage de pouvoir gouverner l'Irlande sans recourir aux mesures violentes dont les tories ne sauraient se passer.

Depuis près d'un demi-siècle, c'est-à-dire à dater de l'époque où l'Irlande opprimée se réveilla de sa servitude, les gouvernants anglais n'avaient pu tenir ce pays dans l'obéissance sans un certain nombre de lois d'exception qui, sous des noms divers, soit d'*insurrection-act*, soit de *coercion-bill*, investissaient l'autorité centrale de pouvoirs extraordinaires dont celle-ci usait à sa discrétion. Le principal de ces pouvoirs consistait dans la faculté d'établir pour tel ou tel comté une espèce de lois de suspects (1), et dans le droit de changer arbitrairement l'ordre des juridictions en matière criminelle, par exemple, de remettre à une cour martiale le jugement des délits commis dans les comtés frappés de suspicion.

Et ces pouvoirs extraordinaires ne s'exerçaient pas seulement pour la répression d'attentats politiques de leur nature, tels que les séditions, les rébellions populaires et les conspirations ourdies contre l'État. Leur premier objet était d'atteindre des crimes qui ont plutôt un caractère social; ils avaient surtout en vue cette guerre constante et terrible que le peuple livre en Irlande à la personne et à la propriété du riche. Quand l'aristocratie d'Irlande avait pour elle le pouvoir exécutif, elle se servait de la puissance politique de celui-ci pour exercer une plus grande oppression sociale; et, sous prétexte d'atteindre les crimes agraires, demandait aux lois d'exception la protection de tous les excès de pouvoir. Elle abusait ainsi avec moins de réserve du pauvre et du faible, elle écrasait plus résolument l'infortuné, rebelle à ses rigueurs, quand la voix du malheureux ne trouvait d'écho nulle part et que des lois foudroyantes arrêtaient celui-ci dans ses projets de représailles. Ainsi protégés par une sorte de terreur légale, les riches d'Irlande respiraient plus à l'aise, recueillaient plus facilement les revenus de leurs fermes, et pratiquaient plus paisiblement leur bon plaisir. Or, ces lois ont été presque entièrement abolies par les whigs. Ceux-ci n'ont conservé dans leur gouvernement de l'Irlande qu'une ombre imperceptible du coercionbill, espèce de fantôme légal dont ils ne font pas même usage (1).

Il y á deux raisons principales qui forcent toute administration tory en Irlande d'y mettre en vigueur les lois d'exception : la première est que ces lois sont exigées d'eux par l'aristocratie dont ils dépendent; et la seconde est que leur avénement aux affaires, en révoltant l'Irlande, les force de recourir aux moyens rigoureux de répression. C'est là ce qui rend si difficile le retour au pouvoir pour les tories dont le premier acte obligé est l'établissement en Irlande d'un régime violent. C'est aussi là qu'est le principal mérite des whigs, capables d'administrer l'Irlande sans le secours de ces lois odieuses qui violent le droit commun et l'humanité.

Ce n'est pas que le gouvernement des whigs en Irlande protége les attentats dont les riches et les propriétés y sont l'objet. Il les réprime aussi, mais autrement. D'abord ces attentats sont moindres sous le régime des whigs, parce que les riches, ayant moins de priviléges et de pouvoirs, excitent moins de haines, et puis, quand il en est commis, leur répression est abandonnée au cours ordinaire de la justice.

Cette répression régulière et modérée, la seule que les whigs autorisent en Irlande, est loin sans doute de satisfaire les passions de l'aristocratie, accoutumée à une protection particulière, et qui, pour peu qu'un accusé soit acquitté par le jury, s'écrie que la société est menacée de dissolution; que la sûreté des propriétés et des personnes n'existe plus; que la justice est impossible avec les lois ordinaires, et demande à grands cris qu'on remette en vigueur quelques lois d'exception.

Tout récemment encore, l'aristocratie du comté de Tipperary adressait d'une voix unanime au gouvernement central une supplique humble et pressante, à l'effet d'obtenir quelque protection extraordinaire devenue nécessaire, disait-elle, par la guerre systématique que les pauvres livraient à la personne et à la propriété du riche. Mais jusqu'à présent les whigs ont refusé à l'aristocratie toute assistance exorbitante; et persuadés que les attentats qui désolent le pays sont au moins accrus par la conduite et par l'imprévoyance des riches, ils ont eu le courage de dire à l'aristocratie de Tipperary une grande vérité trop longtemps méconnue en Irlande. Ils lui ont rappelé que la propriété met ses droits en péril, quand elle oublie ses devoirs (1).

Ainsi le gouvernement des whigs en Irlande n'y détruit pas sans doute la puissance politique de l'aristocratie, mais il la combat; et il ne peut, avec les armes incomplètes qu'il possède, mieux soutenir la lutte contre un adversaire aussi formidable que le parti aristocratique; il ne saurait plus habilement affaiblir l'ennemi qu'il est dans l'impuissance de détruire.

En résumé, les whigs ne sont pas prêts sans doute à exécuter en Irlande toutes les réformes qu'exigerait le salut de ce pays; ils ne feront que partielles ou transitoires les réformes politiques pour lesquelles ils sont cependant les plus propres; les réformes religieuses qu'ils sont capables d'accomplir pécheront par la base, puisqu'elles laisseront debout le principe anglican qui est la première plaie d'Irlande; et ils n'aborderont peut-être pas la réforme des priviléges civils, qui sont comme l'âme de l'aristocratie. Mais si les whigs ne guérissent pas les maux de l'Irlande, ils ont au moins le pouvoir de les adoucir; ils gagnent du temps; ils accoutument l'Angleterre à s'occuper de ce pays; ils mettent au grand jour ses plaies les plus cruelles.

Ainsi, l'on pourrait dire, comme résumé de tous les partis, que les radicaux n'ayant point encore été vus à l'œuvre, l'Irlande ne sait ce qu'elle pourrait attendre d'eux; elle a connu le régime des tories, qui ne peuvent que la révolter; les whigs ne lui donnent pas satisfaction, mais ils la font patienter.

CHAPITRE III

VUES GÉNÉRALES SUR L'ÉTAT DE L'IRLANDE. — CONCLUSION. — COUP D'ŒIL SUR L'AVENIR SOCIAL, POLITIQUE ET RELIGIEUX DE CE PAYS

Maintenant, les faits sont connus. On a vu de quels maux la pauvre Irlande est travaillée; quelle a été la source première et permanente de tous ses maux; quels symptômes de résistance un mauvais gouvernement y a fait naître. On a vu quels moyens seraient propres à y ramener l'ordre et la paix. On vient de reconnaître enfin que, ce qu'il faudrait faire, l'Angleterre le ferait difficilement, et que celui des partis anglais qui est le moins incapable de gouverner l'Irlande, ne saurait cependant exécuter les réformes fondamentales qu'exige l'état de ce pays.

Maintenant, les bases du problème étant posées, qu'elle sera la solution? Quelles sont pour l'Irlande, quelles sont, pour l'Angleterre elle-même, les conséquences de cet état de choses? Que faut-il en conclure pour le présent? Que doit-on en augurer dans l'avenir?

Arrêtons-nous un instant; puis, avançons-nous timidement dans cette voie de prévisions et de conjectures.

La situation qui vient d'être exposée est sans doute extraordinaire et singulièrement compliquée : elle est pourtant logique.

L'Irlande, convaincue que sa misère lui vient de ses institutions, doit vouloir les détruire; tandis que l'Angleterre, qui voit en elles la cause principale de sa prospérité et de sa grandeur, aspire naturellement à les conserver.

La grande difficulté vient donc de ce que le même régime politique, salutaire pour l'un des deux peuples, est funeste à l'autre; et que celui-ci se sent mourir avec un gouvernement qui est la vie même de celui-là. Si les lois qui sont chères à l'Angleterre sont maintenues, l'Irlande demeure avec toutes ses souffrances et tous ses périls; et si l'on veut guérir les maux de celle-ci, le seul remède qu'on puisse prendre est douloureux à l'Angleterre.

La difficulté vient, enfin, de ce que les deux peuples auxquels un régime commun est fatal, et pour chacun desquels il faudrait une loi différente, sont cependant obligés d'en recevoir une semblable; et de ce que, formant un seul et même empire, ils sont soumis à la même autorité dont les actes, vivifiants pour l'un, sont meurtriers pour l'autre.

Si l'Angleterre et l'Irlande ont des intérêts aussi opposés, et s'il est aussi nuisible à tous les deux de ne former qu'un seul peuple, il semblerait que le seul parti qu'elles auraient à prendre serait de se séparer, et de former chacune un État distinct, ayant sa nationalité propre et son gouvernement particulier. Cet expédient résoudrait sans doute toutes les difficultés : mais on peut prédire hardiment qu'on n'y aura point recours. Il suffit en effet de considérer la situation géographique de l'Angleterre et de l'Irlande pour reconnaître que la première ne voudra jamais renoncer à l'empire qu'elle exerce sur la seconde. L'Irlande est un membre vital de la Grande-Bretagne : membre gangréné, sans lequel pourtant elle ne saurait vivre. A la vérité, si quelque convulsion du globe faisait rentrer l'Irlande au sein des mers, l'Angleterre ne serait peut-être que fortifiée de cette perte; mais tant que ce pays, qui tient à elle comme un bras au corps, garde dans l'Océan la place qu'il occupe, elle voudra nécessairement le dominer.

De tous temps l'Irlande a été le point de mire des ennemis de l'Angleterre. Elle était telle dès le XIIe siècle; car l'histoire nous apprend que le parti qu'en pouvait alors tirer la France fut un des motifs qui portèrent les rois anglais à entreprendre sa conquête. Lorsqu'à l'époque de la réformation religieuse le projet est conçu par l'Europe catholique de frapper le protestantisme en Angleterre, c'est sur l'Irlande que l'Espagne jette les yeux, et c'est dans ce pays que débarque la fameuse armada de Philippe II. C'est en Irlande que Louis XIV envoie l'armée française qui doit aider le catholique Jacques II à remonter sur le trône occupé par le protestant Guillaume III. Et quand la France républicaine et démocratique lutte contre la coalition européenne dont l'Angleterre est l'âme, elle n'imagine, pour atteindre celle-ci, aucun moyen plus sûr que de transporter une armée en Irlande; et elle fait, dans ce but, en moins de deux ans, trois expéditions successives (1). Assurément ces diverses tentatives d'invasion n'ont pas été heureuses; et l'Irlande a toujours si mal répondu aux attentes de l'étranger, qu'elle serait en droit de n'être point comptée comme un auxiliaire assuré aux ennemis de celle-ci.

Cependant l'Angleterre voit l'Irlande trop près d'elle pour n'en pas vouloir conserver la police; elle ne peut consentir à voir s'isoler d'elle une terre dont elle n'est séparée que par un étroit canal, de laquelle on aperçoit ses propres rivages et d'où une armée irlandaise ou étrangère fondrait sur elle en quelques heures. Et c'est précisément parce que l'Irlande est catholique et démocratique, que l'Angleterre, aristocratique et protestante, ne peut laisser celle-là indépendante, et l'abandonner à ses sympathies pour des peuples dont les institutions politiques et religieuses répugnent à l'Angleterre par la même raison qui les rend agréables à l'Irlande. Et puis ôtez toutes ces considérations : quel est l'empire qui consent à se démembrer? Toute puissance qui perd son étendue n'est-elle pas ou n'a-t-elle pas l'air d'être en déclin? L'Angleterre, qui ne veut à aucun prix perdre le Canada dont quinze cents lieues la séparent, n'abandonnera certainement pas l'Irlande qui fait partie d'elle-même.

Mais si l'on peut considérer comme certain que l'Irlande ne formera jamais un État séparé de l'Angleterre, ne pourrait-il pas arriver que les deux pays, tout en restant unis par un lien politique, fussent séparés législativement; c'est-à-dire gouvernés sous le même empire, chacun par un parlement particulier, obéissant au même roi, et trouvant dans des lois spéciales à chacun d'eux la satisfaction de leurs intérêts différents? Cette séparation parlementaire (1) était en 1833 le vœu de presque toute l'Irlande insurgée : et, en ce moment même, O'Connell l'invoque comme le seul port de salut où devra se réfugier l'Irlande, si elle n'obtient pas du parlement anglais toutes les réformes qu'elle demande (2).

On ne saurait sans doute affirmer que jamais cette scission législative de l'Angleterre et de l'Irlande n'aura lieu : le passé prouve d'abord qu'en fait elle est possible, puisqu'elle a existé pendant six siècles et n'a cessé qu'en 1800; et l'on aurait tort peut-être de tirer contre elle une objection absolue de la servilité des anciens parlements irlandais; car, si le parlement d'Irlande était rétabli, ne pourrait-il pas être assis sur des bases propres à garantir son indépendance et sa dignité?

Mais d'autres et de si grandes objections s'élèvent contre son rétablissement, qu'on croit pouvoir, sinon assurer, du moins énoncer comme à peu près certain que jamais il n'aura lieu; c'est ce que peu de mots feront comprendre. Pourquoi le parlement d'Angleterre ne donne-t-il pas à l'Irlande les lois politiques et religieuses que celle-ci réclame? Ce n'est pas qu'il croie les institutions de l'Irlande les meilleures que puisse avoir ce pays; mais il juge dangereux de les abolir. Il craint que le coup qui renverserait ces institutions dans un pays voisin ne les ébranlât en Angleterre; et que la loi qui frapperait ici l'aristocratie ne l'atteignît là par la contagion du principe. Or, l'Angleterre aurait absolument les mêmes sujets d'alarme, si l'Irlande était investie du pouvoir de faire elle-même des lois à son usage.

Deux peuples qui se touchent comme l'Angleterre et l'Irlande ne sauraient se remuer sans que le mouvement de l'un agite l'autre; ils ne sauraient gronder ou gémir sans que la voix de celui-ci retentisse aussitôt chez celui-là, plaintive ou menaçante. Sous le régime de publicité essentiel aux institutions libres de la Grande-Bretagne, chacun des deux peuples saurait jour par jour ce qui se passerait chez l'autre. Or, en supposant que les intérêts matériels des deux peuples, tels que le commerce et l'industrie, ne fussent pas, comme ils l'ont été par le passé, un sujet perpétuel de collisions entre les deux législatures, la délibération des seules questions politiques ne serait-elle pas de nature à faire naître les plus graves embarras et les plus sérieuses querelles? Que dirait, que ferait l'Angleterre si, par exemple, le parlement d'Irlande, cédant aux vœux du pays, abolissait le principe de l'Église anglicane; et, après avoir renversé les priviléges religieux de l'aristocratie, détruisait ses priviléges politiques et civils; abattait les juges de paix et les grands jurys; abolissait les substitutions, le droit d'aînesse, et brisait toutes les entraves qui enchaînent le commerce du sol? Croit-on que de pareilles lois décrétées en Irlande ne retentiraient pas en Angleterre d'un formidable écho, et ne feraient pas bondir les passions *conservatives* de ce dernier pays? L'Angleterre, qui est ou croit être intéressée à maintenir chez elle l'aristocratie et l'Église, les laisserait-elle abattre ainsi parlementairement dans le pays voisin, soumis d'ailleurs à son empire?

Évidemment il arriverait bientôt l'une de ces deux choses: ou le parlement d'Irlande serait, soit par la crainte, soit par la corruption, soumis au bon plaisir de l'Angleterre, et, tout en présentant les mouvements extérieurs d'un corps indépendant, ne ferait que les seules lois qui seraient du goût de celle-ci; et, dans ce cas, on ne voit pas clairement l'intérêt qu'aurait l'Irlande à posséder une législature, instrument passif de ceux au joug desquels elle voudrait se soustraire. Ou bien, échappant à toute influence de peur ou de séduction, ce parlement irlandais, vraiment national, aborderait franchement et courageusement la discussion des maux de l'Irlande; et alors l'Angleterre, voyant dans ce langage une attaque au moins indirecte contre ses propres institutions, se hâterait de dépouiller l'Irlande de sa législature. Un parlement irlandais vendu à l'Angleterre n'est point désirable; un parlement indépendant est impossible. Ainsi, ces deux pays, que le même parlement ne peut conduire, ne sauraient être régis par deux législatures différentes; et leur union parlementaire doit être considérée comme aussi nécessaire que leur union politique.

Ainsi l'Angleterre et l'Irlande, que leurs préjugés et leurs intérêts politiques, éloignent l'une de l'autre, sont liées par la destinée. Il faut qu'avec des mœurs différentes et des besoins opposés elles demeurent ensemble, par la seule raison qu'un jour elles ont surgi côte à côte du sein des mers : pareilles à ces jumeaux monstres qui, condamnés par la nature à ne faire qu'un même corps et une même chair, ont cependant des goûts contraires, et qui, travaillés incessamment du besoin de se quitter, sont obligés de se mouvoir ensemble et de vivre extérieurement unis au sein d'une discorde profonde.

Mais que suit-il de cette union fatale? C'est que le plus faible suit la condition du plus fort; en d'autres termes, que l'Irlande est forcée d'accepter la loi qu'il plaît à l'Angleterre de lui imposer. Voilà pourquoi il y a en Irlande une Église et une aristocratie anglicanes.

Mais faut-il conclure de ce qui précède que l'Irlande, intéressée à détruire des institutions funestes, les subira aussi longtemps qu'il plaira à l'Angleterre de les lui imposer? L'Irlande sera-t-elle condamnée à d'éternelles souffrances, parce que le remède qui pourrait la guérir alarme l'Angleterre! Non. Il ne paraît point qu'on doive accepter une aussi triste conséquence.

Sans doute on peut prévoir que l'Angleterre essayera de maintenir ses propres institutions en Irlande. Elle croit dangereux de gouverner ce pays autrement qu'elle ne se gouverne elle-même; elle s'efforcera donc de n'y pratiquer que les changements dont elle croira n'avoir rien à redouter, et tentera, sinon d'enchaîner, du moins de ralentir la réforme religieuse et démocratique qui a son cours dans ce pays. C'est la voie qu'elle suit depuis des siècles, et dans laquelle elle est si profondément engagée, que l'on n'aperçoit pas comment elle en pourrait sortir. Mais, en même temps qu'on prévoit qu'elle visera à ce but, on peut être à peu près sûr qu'elle ne l'atteindra pas. C'est, depuis cinquante ans, l'objet constant de ses efforts toujours infructueux.

Quand on considère ce qui s'est accompli en Irlande depuis un demi-siècle, il est impossible de ne pas reconnaître que les institutions fondées dans ce pays par les Anglais sont attaquées au cœur. Ces institutions ne respiraient, en quelque sorte, que d'un souffle protestant; or, le principe qui les animait est, il faut le reconnaître, en pleine décadence. Comment s'achèvera cette destruction commencée? par quels actes et dans quelles circonstances? sera-t-elle lente ou rapide? paisible ou violente? On ne saurait le dire; mais il est impossible de ne pas reconnaître qu'elle se prépare et qu'elle arrivera.

L'Irlande est une contrée essentiellement catholique, et

le mensonge légal qui la fait un pays protestant est déjà trop ruiné dans sa base pour se maintenir longtemps debout. On peut donc regarder comme certain que, dans un temps donné et probablement peu éloigné de nous, l'Église anglicane aura cessé d'être le culte officiel et public de l'Irlande.

La question de savoir si la religion catholique deviendra le culte dominant en Irlande, comme le culte anglican est celui de l'Angleterre, et le culte presbytérien celui de l'Écosse, est une question d'un autre ordre et d'une nature plus douteuse. On a vu plus haut comment cette prédominance du catholicisme en Irlande serait pour ce pays plutôt un péril qu'un bienfait. L'Irlande a déjà la liberté religieuse; ce qui lui manque, ce qu'elle veut conquérir, et ce qu'elle conquerra sans aucun doute, c'est l'égalité des cultes.

Il en est pourtant qui croient que l'Église anglicane demeurera encore longtemps le culte établi de l'Irlande. La constitution britannique, disent-ils, dont le principe fondamental est anglican, cesserait d'être, si l'Église d'Irlande était abolie. Les rois d'Angleterre, dont le droit à la couronne est un droit protestant, ne pourraient détruire en Irlande la suprématie de l'Église sans manquer à leur propre serment. Enfin, les catholiques irlandais eux-mêmes, qui, en 1829, ont reçu l'émancipation parlementaire sous la condition de respecter l'Église et son établissement, se montrent parjures lorsqu'ils en demandent la ruine.

On se trompe étrangement si l'on pense que les puissances qui travaillent en Irlande au renversement de l'Église anglicane s'arrêteront devant de pareils obstacles. La constitution anglaise s'opposât-elle à cette ruine, je crois que l'Église d'Irlande n'en tomberait pas moins; mais il n'est pas vrai de dire que la constitution britannique n'existe qu'à la condition du maintien, en Irlande, de l'Église anglicane. C'est un des grands avantages de cette constitution, que, n'étant point écrite, elle ne saurait jamais être violée.

On peut ainsi, sans l'offenser, faire dans les lois du pays tous les changements qu'exigent les opinions et les mœurs. Voilà comment l'Écosse a pu devenir presbytérienne, et le Canada demeurer catholique sous le sceptre de l'Angleterre, sans que la constitution anglaise en reçût aucune atteinte. De pareils changements dans la constitution, loin de la détruire, sont peut-être les seuls moyens de la conserver. Et comment s'arrêter aux reproches de parjure adressés aux catholiques d'Irlande qui, ayant obtenu des réformes sous la condition de s'en contenter, en demandent encore de nouvelles? Si les catholiques d'Irlande ont, en 1829, promis de s'en tenir à tout jamais à l'émancipation parlementaire, ils ont certainement pris l'engagement le plus insensé qu'on puisse imaginer; ce serait comme s'ils avaient juré qu'ils ne lutteraient plus dès qu'ils auraient une arme de combat. Et les législateurs qui, par nécessité et non par justice, auraient accordé l'émancipation catholique à une telle condition, n'auraient pas moins manqué de sens; car ç'eût été comme s'ils avaient dit aux catholiques d'Irlande : Vous êtes déjà tellement forts, que nous sommes obligés de vous concéder ce que nous ne vous donnerions point librement; en conséquence, nous allons accroître votre puissance, à la condition que de ce jour vous renoncerez à en faire usage. Ces engagements, qu'il eût été aussi absurde d'offrir que d'accepter, eussent-ils été raisonnables et sérieusement consentis, ce serait chimère que d'y chercher quelque réalité. Les serments que prête un homme ont quelquefois de la valeur; ceux qu'on impose à un parti n'en ont jamais.

Si rien ne peut arrêter la réforme de l'Église d'Irlande, la réforme de l'aristocratie irlandaise s'avance d'un pas non moins sûr. Les membres de cette aristocratie sont toujours des étrangers en Irlande; ils agissent comme au temps où les conquérants anglais n'avaient devant eux, en Irlande, que quelques hordes barbares; et cependant ils se trouvent aujourd'hui en présence d'un peuple bien discipliné, conduit par un grand chef, et qui a la conscience de sa force.

L'aristocratie d'Irlande a, dès l'origine, mêlé sa cause à celle de l'Église; et sa destinée semble être de vivre et de mourir avec celle-ci. Se reconstituera-t-il une autre aristocratie sur les ruines de celle qui s'écroule? Il est bien difficile de le dire. Les tendances de l'esprit anglais y poussent, mais les passions qu'a fait naître et qu'entretient une aristocratie ennemie y peuvent être un obstacle. Et plus cette aristocratie anti-nationale résistera aux coups qui lui sont portés, plus le sentiment qui repousse une aristocratie quelconque se fortifiera en Irlande; car c'est son impopularité qui déconsidère surtout les priviléges de la naissance et de la fortune dans un pays naturellement enclin à les estimer. Aussi peut on dire que le système des tories, qui tend à maintenir intacte et inviolable en Irlande l'aristocratie existante, est tout à la fois le plus propre à assurer la ruine complète de celle-ci et à rendre impossible sa métamorphose en une autre aristocratie; tandis que si une pareille transformation s'opère, elle sera favorisée par les whigs qui, en réformant l'aristocratie protestante, la rendent moins impopulaire, et accoutument les catholiques au régime des priviléges en les y faisant participer.

Mais si une aristocratie catholique ne succède point à l'aristocratie protestante, destinée à périr, quel pouvoir prendra donc la place de celle-ci? Le gouvernement de l'Irlande deviendra-t-il démocratique? En faisant voir tout à l'heure comment le parti tory excite les haines du peuple contre les classes privilégiées, on a par cela même montré de quelle manière ce parti pourrait, dans certains cas, aider la démocratie à se développer. Mais si cette démocratie triomphe, comment s'établira-t-elle? Sera-ce par quelque révolution violente, ou par un progrès doux et lent? Que fera l'Angleterre? Comment laisser s'accomplir une pareille révolution? Comment l'empêcher? Et, en supposant que d'un progrès tranquille ou de changements révolutionnaires il naquit un gouvernement démocratique, quelle en serait la forme? quel en serait le principe? quelle égalité donnerait-il aux citoyens? Serait-ce l'égalité propre au despotisme, ou celle qui appartient aux institutions libres? Voilà des questions que l'on ne peut que poser, et dont la solution n'appartient qu'à l'avenir?

Mais si l'on ne peut dire quelle puissance succédera en Irlande à l'aristocratie anglicane, ce qu'on peut considérer comme indubitable, c'est que cette aristocratie est atteinte au cœur; et il semble impossible de ne pas regarder sa réforme comme prochaine et imminente.

Vainement le gouvernement anglais voudrait conjurer cette double ruine de l'Église et de l'aristocratie protestante d'Irlande; quel qu'il soit, whig ou tory, il n'en aura point la puissance; et il n'y réussira ni par de prudentes réformes, ni par une aveugle résistance, ni par la sagesse, ni par la force.

L'Angleterre est sans doute bien supérieure en puissance à l'Irlande, et celle-ci serait insensée si elle prétendait soutenir avec la première une lutte de rivalité. Elle serait folle, non-seulement si elle voulait dicter des lois à l'Angleterre, mais encore si elle essayait d'échapper à la souveraineté de celle-ci : malheur à elle si jamais elle engageait de pareils combats! Mais il est bien différent pour le faible d'attaquer ou de se défendre. Le faible qui est opprimé trouve dans la sainteté de son droit une grande force auxiliaire, tandis que le puissant qui opprime est singulièrement affaibli par l'injustice qu'il pratique, et dont il a lui-même la conscience. Or, l'Angleterre peut bien croire utile à ses propres intérêts d'imposer à l'Irlande des institutions funestes à celle-ci; mais elle ne saurait penser qu'un pareil procédé soit juste, et il suffit qu'elle doute de son droit pour qu'elle soit moins forte. Au contraire, quand l'Irlande résiste à la violence qui lui est faite, elle a le sentiment de l'iniquité commise envers elle, et ce sentiment la soutient. Ainsi, il semble qu'une longue injustice tende à égaler la puissance de l'oppresseur et de l'opprimé, dont le courage s'accroît en même proportion que l'énergie du tyran diminue.

L'Angleterre se lèverait comme un seul homme contre l'Irlande aspirant à briser le lien politique qui les unit l'une à l'autre. Mais lorsque l'Irlande se borne à repousser les persécutions d'une politique égoïste, lorsqu'elle fait entendre les accents douloureux du pauvre qui jeûne et de l'opprimé qui gémit, l'Angleterre se divise, et le grand peuple, qui serait tout puissant pour dompter un sujet rebelle, manque de force pour écraser une victime. C'est là qu'est le secret de la faiblesse anglaise en face de la pauvre Irlande, appuyée sur son infortune imméritée; là est l'explication du passé et la révélation de l'avenir. Voilà pourquoi, même au temps de sa plus grande infériorité relative, l'Irlande a toujours été pour l'Angleterre un embarras et une menace.

Et le temps approche, si déjà il n'est venu, où l'Irlande ne sera pas seulement forte de son bon droit. Sa population, qui s'accroît plus rapidement que celle de l'Angleterre, vient encore chaque jour augmenter la puissance du plus faible, et diminuer la supériorité du plus fort. L'Irlande n'est plus ce petit peuple de huit à neuf cent mille habitants qu'abattaient d'un seul geste Henri VIII ou Élisabeth; elle en compte à présent plus de huit millions; c'est la moitié de ce qu'en possèdent l'Angleterre, l'Écosse et le pays de Galles, tous réunis; c'est trois fois plus que n'en a l'Écosse toute seule, et le temps n'est peut-être pas éloigné où l'Angleterre, prise isolément, ne sera pas numériquement plus forte que l'Irlande (1). Alors, sans doute, la première sera encore infiniment plus puissante que la seconde; mais ils ne faut pas oublier tout ce que l'une doit avoir de forces supérieures pour exercer une oppression qui l'affaiblit et qui diminue l'infériorité de l'autre.

Qu'on y prenne bien garde, d'ailleurs, l'on ne doit pas

considérer l'Angleterre et l'Irlande abstractivement comme deux peuples qui existeraient seuls dans l'univers, et seraient tout l'un pour l'autre. Il est bien vrai que l'Angleterre est tout pour l'Irlande, qui n'a jusqu'à présent qu'une existence relative à l'Angleterre; mais il n'en est point de même pour celle-ci, qui, ayant établi sa puissance dans tous les mondes, a le soin de l'y conserver. Ainsi l'Irlande, qui ne poursuit qu'un seul but politique, celui de réformer ses institutions, et qui n'a de contact qu'avec un seul peuple, celui qui s'oppose à cette réforme; l'Irlande, dis-je, réunit toutes ses forces contre un seul adversaire, et met à le combattre, sans distraction, sans trêve, sans relâche, tout ce qu'elle a de puissance matérielle et de vigueur morale; tandis que l'Angleterre, qui, dans son état politique, se doit à une foule d'intérêts divers, est souvent obligée de se partager. La résistance que l'Irlande oppose à l'Angleterre est constante, et ne peut que s'accroître; la force que celle-ci fait peser sur celle-là est variable, et sujette à se réduire singulièrement dans des temps extraordinaires.

Il faut se rendre compte de cette situation mutuelle de l'Angleterre et de l'Irlande, pour comprendre comment la nation faible a pu résister si heureusement au peuple fort, et comment elle peut compter dans l'avenir sur de semblables succès. Forte de sa cause juste, de son progrès, de ses efforts continus, dirigés vers un but unique, et de tous les embarras accidentels qui viennent gêner son adversaire, l'Irlande avance sans cesse dans la voie qu'elle suit : tantôt elle obtient de l'Angleterre un acte de demi-justice, tantôt une concession : un jour on lui accorde, par calcul, ce que la veille on avait refusé à son bon droit; on cède tour à tour à la pitié qu'inspirent ses infortunes, et à la crainte que font naître ses agitations; et l'Angleterre est ainsi conduite, moitié malgré elle, moitié librement, à renverser en Irlande l'édifice qu'elle voudrait maintenir. Si l'avenir était douteux, que l'on consulte le passé.

L'Angleterre n'était pas, il y a cinquante ans, moins jalouse qu'elle ne l'est à présent de conserver en Irlande, dans leur intégrité, ses institutions aristocratiques et religieuses, et, à cette époque, la faiblesse relative de l'Irlande était encore bien plus grande que de nos jours; c'est cependant de ce temps que datent les plus grands avantages remportés par l'Irlande sur l'Angleterre. De 1775 à 1793, c'est-à-dire pendant près de vingt années, il semble que l'Irlande tienne en échec l'Angleterre; il semble que celle-ci, qui jusqu'alors avait tout refusé à l'Irlande, ait pris le parti de tout céder. Et pourquoi? C'est que l'Angleterre était alors dans tous les embarras de sa puissance, bravée dans l'Amérique du Nord, menacée dans l'Inde, en guerre avec la France et l'Espagne : de là les émancipations irlandaises de 1778 et de 1782; l'Angleterre donne à l'Irlande des libertés en même temps que les colonies américaines prennent les leurs. Le jour où la France révolutionnaire, déclarant la guerre à l'Europe, fait comprendre à l'Angleterre le besoin d'être en paix avec elle-même, celle-ci donne à l'Irlande de nouvelles libertés : de là l'émancipation de 1793.

Et lorsque enfin, en 1829, elle accorde à l'Irlande la grande émancipation parlementaire, elle avoue ingénument qu'elle fait cette concession non parce qu'elle est juste, mais parce qu'elle est nécessaire. Et quelle était cette nécessité? C'était d'empêcher l'insurrection générale de l'Irlande, que l'on voyait imminente.

C'est sans doute une déplorable situation, que celle de l'Angleterre, ne se sentant ni le pouvoir d'être équitable envers l'Irlande, ni la force de lui refuser toute justice; rigide dans sa puissance, et généreuse seulement aux jours de sa faiblesse, repoussant aujourd'hui comme impies et sacriléges les réformes qu'elle exécute le lendemain comme nécessaires. Elle voit ainsi démolir pièce à pièce, de concession en concession, de nécessité en nécessité, toutes les institutions qu'elle aurait à cœur de conserver en Irlande.

Et chaque jour doit nécessairement rendre plus irrésistible ce travail de destruction. Le peuple, auquel des concessions sont faites, non parce qu'elles sont justes, mais parce qu'elles sont nécessaires, tire de là un enseignement inévitable. Avertie qu'elle ne doit rien attendre de l'équité de ses maîtres, l'Irlande ne travaille qu'à leur prouver sa force; voilà pourquoi, dès qu'il veut quelque chose, O'Connell prêche l'agitation et secoue ses sept millions d'hommes comme un épouvantail propre à jeter l'Angleterre dans la réflexion.

Et pourtant ce triste système de concessions arrachées à la peur, à la faiblesse, et quelquefois à la pitié, semble le seul que, dans son état présent, l'Angleterre puisse suivre vis-à-vis de l'Irlande.

On a vu ailleurs par quelle raison l'Angleterre serait dans l'impossibilité d'exécuter paisiblement et librement les réformes que veut l'Irlande. Elle ne peut faire ainsi ces réformes, parce que, si une partie de la population voulait qu'on rendît justice à l'Irlande, il y en a une autre dont les passions politiques et religieuses exigent que l'oppression de l'Irlande soit continuée. Or ces passions et ces préjugés, qui s'irriteraient contre une réforme logique spontanée, cèdent à une réforme imposée par une force majeure, et s'inclinent devant une nécessité. L'Angleterre pardonne à son gouvernement d'être faible, impuissant même, devant les exigences de l'Irlande; elle ne lui pardonnerait point de même d'immoler aux simples vœux de ce pays les institutions politiques et religieuses dont elle lui a confié le dépôt; et il y a telle réforme que les whigs seraient absolument incapables d'exécuter comme juste et rationnelle, et que l'Angleterre laisserait accomplir par les tories comme déplorable, mais nécessaire.

Ainsi s'écrouleront les institutions anglaises établies en Irlande, en dépit des efforts que ferait l'Angleterre pour prévenir leur ruine. Ces institutions tomberont, et l'on peut affirmer en même temps qu'elles ne seront point renversées en Irlande sans que les mêmes institutions, existant en Angleterre, reçoivent le contre-coup de leur chute.

Comment les Anglais, entendant discuter sans cesse les abus de l'Église et de l'aristocratie d'Irlande, ne seraient-ils pas à la longue amenés à se demander si les mêmes abus ne se retrouveraient pas dans l'Église et l'aristocratie d'Angleterre?

L'aristocratie anglaise est autre, sans doute, que celle d'Irlande. Mais, si bonne qu'on la suppose, elle contient en elle assez d'abus, elle est sujette à assez d'erreurs, et, toute généreuse qu'elle soit comparativement, elle renferme encore assez d'égoïsme pour que le grief irlandais puisse être rapproché d'un grief analogue en Angleterre; pour que celui qui, dans ce dernier pays, souffre d'un excès, d'une faute, d'une faiblesse de l'aristocratie, applique à son état ce qui est propre à l'aristocratie d'Irlande, et soit tenté de haïr l'une chez lui autant qu'il voit l'autre détestée dans le pays voisin. L'Angleterre, qui, pour demeurer anglicane et aristocratique, force l'Irlande de rester telle, ne songe pas à ce qu'il y a de formidable dans cette voix solennelle de tout un peuple qui ne cesse de lui crier que l'Église anglicane est le plus odieux de tous les cultes, et l'aristocratie le pire de tous les gouvernements.

Ainsi non-seulement l'Angleterre ne réussira point à maintenir en Irlande l'Église anglicane et l'aristocratie, mais encore les coups qu'elle porte à l'Irlande pour lui faire violence, reviendront, par une espèce de rebond, la frapper elle-même, et atteindre chez elle ses propres institutions; et cette influence de l'Irlande qui réagit sur l'Angleterre, et qui, en retour de mauvaises lois, lui en renvoie la haine, ne s'exerce pas seulement par une voie morale et indirecte.

L'Irlande, qui sait que l'Angleterre ne lui imposerait point violemment le régime de l'aristocratie et de l'Église anglicane, si ce régime n'était le sien, s'efforce d'attaquer ces institutions en Angleterre ; et la part importante de représentation qu'elle a dans le parlement anglais lui en donne le moyen (1).

L'influence des représentants de l'Irlande dans le parlement est et doit être nécessairement de nature démocratique (2), et il est naturel qu'ils saisissent toute occasion qui leur est offerte de frapper par leur vote non-seulement les institutions aristocratiques de l'Irlande, mais encore celles de l'Angleterre : non qu'ils aient précisément à cœur la ruine de l'aristocratie anglaise, mais ils savent bien que, celle-ci étant abattue ou seulement affaiblie, l'aristocratie factice d'Irlande s'écroulerait d'elle-même.

Or ce caractère radical de la représentation irlandaise exerce et est propre à exercer dans l'avenir la plus extraordinaire influence sur les destinées de l'Angleterre.

On l'a déjà dit, laissée à elle-même, l'Angleterre inclinerait à conserver ses institutions, sinon intactes, du moins à peu près telles qu'elles sont ; et il est certain que, dans le parlement actuel, les voix des députés *anglais* donneraient la majorité au parti conservatif. D'où vient donc que celui-ci n'est point à la tête du gouvernement? Parce que, dans l'état de division à peu près égale où sont les partis purement anglais, les députés de l'Irlande assurent l'avantage aux whigs en se portant de leur côté (1). Voilà donc l'Angleterre qui tient, il est vrai, l'Irlande sous son joug, mais qui, par l'influence de celle-ci, est forcée de renoncer au gouvernement qu'elle préfère et de se livrer au parti qui, en somme, ne la représente pas.

Tout amie qu'elle est du repos, l'Angleterre *conservative* ne se tiendrait point dans l'immobilité, si elle pouvait diriger ses propres mouvements et les modérer à son gré. La nature de son gouvernement, ses habitudes de liberté, l'esprit de discussion qui, de sa religion, a passé dans ses mœurs, les intérêts même qu'elle renferme, qui, trop craintifs pour concéder beaucoup, sont trop éclairés pour ne céder rien, tout la porterait à une réforme lente, paisible et progressive de ses institutions.

Mais, tandis qu'elle voudrait s'avancer doucement et prudemment dans la voie des réformes, voici qu'elle est contrainte d'y marcher à grands pas. Et d'où lui vient cette violence? Du tribut qu'apporte dans sa représentation nationale le peuple auquel d'ailleurs elle dicte des lois.

Il est maintenant bien avéré que le fameux bill de réforme de 1832 n'eût point été adopté par les seuls représentants de l'Angleterre, et qu'il n'a dû son triomphe qu'au vote des députés irlandais.

Il semble que chaque jour l'influence démocratique de l'Irlande dans le parlement britannique s'accroisse, et que celle de l'Angleterre diminue. Aux dernières élections de 1837, l'Angleterre, qui est en réaction contre la réforme, nommait déjà un plus grand nombre de *conservatifs*, et l'Irlande plus de radicaux (1).

Et tout annonce que, pendant longtemps encore, la représentation parlementaire des deux pays suivra ces deux tendances opposées, parce que la question se posera chaque jour davantage entre l'intérêt grave qu'a l'Angleterre de ne point hâter le mouvement démocratique, et le besoin impérieux qu'éprouve l'Irlande de le précipiter.

Mais, entre les passions constantes à attaquer et les intérêts déterminés à la résistance, ne peut-il pas éclater une redoutable collision?

Ce désir singulier qu'éprouve l'Angleterre de s'arrêter dans la voie où l'Irlande la pousse impétueusement ne fera-t-il pas naître à la longue, chez le peuple anglais, quelque résolution extrême? Déjà, il faut le reconnaître, l'Angleterre éprouve un secret ennui d'être traînée à la remorque de l'Irlande. L'idée qu'elle subit une pareille influence l'importune; elle souffre dans son orgueil de ce qu'un obstacle à sa marche naturelle lui vienne d'un peuple qu'elle est accoutumée à mépriser. Et puis, à force d'être attaqués, ces intérêts *conservateurs* de l'Angleterre prennent l'alarme. Les réformes succédant toujours aux réformes, les concessions aux concessions, un moment vient où l'aristocratie pense, à tort ou à raison, qu'elle n'a plus rien à céder, et que désormais elle est réduite à cette alternative de résister ou de cesser d'être.

Ne pourrait-il donc pas alors arriver que le parti qui, de sa nature, est le plus ami de la paix, aperçût un jour qu'il n'y a plus de salut possible que dans la lutte, et que, convaincu que, s'il ne se révolte pas, on le tuera lentement, il ne tente contre son ennemi une résistance à force ouverte, au risque d'y périr lui-même de mort violente?

Et ce n'est pas seulement une collision entre l'Angleterre et l'Irlande que rendrait possible ce conflit d'intérêts et de passions : c'est un engagement entre les partis anglais eux-mêmes, dont l'un est irrité par l'Irlande, qui sert d'appui à l'autre.

Le recours aux armes n'est pas sans doute, en Angleterre, un procédé familier aux partis, et l'on peut dire qu'en général tout, dans ce pays, se résout constitutionnellement. Cependant, qui pourrait assurer que l'Angleterre ne sortira jamais de la voie légale?

Ceux qui ont vu l'Angleterre en 1832 hésiteraient peut-être sur cette question. A cette époque, les résistances du parti tory avaient fait naître dans le pays des passions si ardentes et si unanimes en faveur de la réforme, qu'on eût dit l'Angleterre à la veille d'une révolution. On parlait hautement d'insurrection; déjà des plans de campagne se préparaient, des chefs étaient indiqués; on dit même que des commandes d'armes se faisaient déjà pour l'armée nationale. L'aristocratie ayant cédé, le fleuve débordé est rentré dans son lit; mais que fût-il advenu, si elle se fût obstinée contre le torrent populaire?

Maintenant ne serait-il pas possible qu'après s'être mise

en mouvement pour obtenir des réformes la nation anglaise s'agitât de même pour en arrêter le cours?

Déjà, en 1835, à l'époque où la réaction de l'Angleterre contre le mouvement de 1832 commença à se faire sentir, le parti conservatif, dans son impatience des réformes annoncées par les whigs, toujours maîtres du pouvoir, fit entendre plusieurs fois le cri de *guerre*. Il ne s'agissait rien moins que d'un appel aux *cavaliers* contre les *têtes rondes*. Cette provocation n'eut point de suite alors. Mais la violence ne pourrait-elle pas quelque jour précéder la menace?

C'est ainsi que le vent impétueux d'Irlande, qui souffle la démocratie sur l'Angleterre, peut amener pour celle-ci la chance d'une guerre civile. C'est ainsi que l'entreprise de maintenir en Irlande un gouvernement que ce pays repousse fait naître pour l'Angleterre elle-même une sorte d'oppression. C'est ainsi qu'en imposant violemment ses institutions à l'Irlande l'Angleterre se voit menacée de perdre les siennes. Situation étrange et grave, de quelque côté qu'on l'envisage! plus terrible pour l'Irlande, plus imposante pour l'Angleterre; entraînant pour celle-ci plus de responsabilités, pour celle-là plus de périls : plus simple quoique plus laborieuse pour l'Irlande, qui, n'ayant qu'un intérêt et qu'un devoir, n'a point à hésiter dans la route qu'elle suit, dût-elle s'y traîner toute saignante à travers les tortures et les supplices; plus compliquée pour l'Angleterre, qui, chargée de mille fardeaux divers, ne sait comment porter ni comment rejeter le poids de l'Irlande; qui, sûre de vaincre quand elle combat l'Irlande, ne remporte jamais que de stériles victoires, se ruine toujours en ruinant ce malheureux pays; et, au milieu de ses rigueurs envers cette contrée, doutant sans cesse de sa propre cause, tour à tour poussée par son égoïsme et retenue par sa conscience, tente vainement d'être toujours habile et toujours juste : situation immense et environnée de ténèbres! Ne peut-on pas cependant entrevoir le moment où le principe démocratique qui travaille le monde, pesant sur une aristocratie sage et éclairée, amènera celle-ci à introduire en Irlande les seules institutions que puisse supporter ce malheureux pays, et rendra possible l'accord de deux peuples qui sont condamnés à une vie commune, et qui aujourd'hui ne peuvent pas plus s'unir que se séparer?

RÉFLEXION FINALE

Au milieu de toutes les misères, de tous les périls dont on vient de présenter le triste tableau, un aspect consolant s'offre à la vue.

D'où viennent à l'Angleterre ces embarras et ces dangers, que ses plus grands hommes d'État déclarent presque insolubles? De l'Irlande : de l'Irlande, malheureuse et opprimée, sur laquelle l'Angleterre pratiqua jadis une conquête égoïste et dure; que l'Angleterre attaqua cruellement dans sa liberté religieuse, après l'avoir dépouillée de sa liberté politique; de l'Irlande, tenue pendant six siècles sous un joug de fer, et soumise sans relâche aux plus odieuses persécutions qu'ait jamais inventées la plus ingénieuse tyrannie.

Et c'est ce peuple, écrasé par tant d'oppression, et dégradé par tant de servitude; c'est ce peuple tant de fois foulé aux pieds par l'Angleterre; c'est ce peuple infortuné, victime tour à tour de tous les fléaux, de la guerre étrangère et de la guerre civile, des massacres et de l'exil, du glaive qui tue, de l'or qui corrompt, de la loi qui persécute; c'est ce peuple, déchiré par d'éternelles convulsions, et décimé par des famines annuelles ; c'est ce peuple de pauvres, c'est ce peuple en haillons, c'est ce peuple esclave, qui devient aujourd'hui pour le tyran un embarras et un péril !

Certes, il y a là pour les princes et pour les peuples un grave sujet de méditation. Ne serait-ce pas que la violence et la corruption sont de mauvais procédés de gouvernement? Ne serait-ce pas que toute politique, pour être bonne, doit commencer par être honnête, et que, dans l'art de diriger les peuples, comme dans la science qui sert aux individus à se conduire eux-mêmes, il ne faut pas séparer l'habileté de la justice?

Il se passe en ce moment, chez deux grands peuples que l'Océan sépare, deux phénomènes de même nature et qui sont bien dignes de fixer l'attention du monde.

Les États-Unis de l'Amérique du Nord sont sans contredit le peuple le plus fortuné de la terre; dans aucun pays les conditions ne sont ni si égales ni si heureuses; nulle contrée ne s'avance d'un pas aussi rapide vers la puissance que donnent la richesse et l'industrie; nulle part le progrès de l'humanité n'est si constant ni si extraordinaire. Cependant au sein de cette prospérité merveilleuse, qui brille d'une si douce clarté, une affreuse tache apparaît ; ce corps, si jeune, si sain, si robuste, porte une plaie hideuse et profonde : les États-Unis ont des esclaves. Et vainement, dans ce pays chrétien, la religion et l'humanité se dévouent avec une admirable vertu à guérir ce mal néfaste ; la lèpre s'étend, elle flétrit des institutions pures, elle empoisonne la félicité des générations présentes, et dépose déjà un germe de mort dans une société pleine de vie.

En même temps qu'en Amérique les États-Unis font d'impuissants efforts pour rejeter de leur sein la race noire dont la servitude les trouble et les humilie ; en Europe, la nation la plus habile peut-être dans l'art du gouvernement, l'Angleterre, s'épuise en stériles efforts pour se délivrer du pays qu'elle a mis six siècles à conquérir, et se débat vainement sous les misères de son esclave.

Et comment les deux peuples sont-ils arrivés à des situations si tristes et si semblables? Par les mêmes voies : par une première violence, suivie d'une longue injustice.

L'Amérique et l'Angleterre voudraient, il est vrai, abandonner ces voies funestes, au bout desquelles elles ont trouvé des abîmes. Mais on ne sort point ainsi tout d'un coup de la route fatale et ténébreuse où l'on a marché longtemps; il faut pour d'aussi longs égarements de plus longs retours. Lorsque des violations solennelles de la morale et de la justice ont continué pendant des siècles, la perturbation profonde qu'elles ont causée dans l'ordre moral dure longtemps encore après même qu'elles ont cessé. Il ne suffit point que le tyran, qui croyait la tyrannie utile à son intérêt, reconnaisse son erreur pour qu'il cesse tout à coup de souffrir de sa propre iniquité. Il ne dépend point du plus ou moins d'intelligence de l'égoïsme de suspendre ou de prolonger la responsabilité de ses actes. Dès que l'oppression a existé, l'oppresseur encourt un châtiment fatal. Cette loi est sévère; mais elle est juste et belle, et l'on est heureux de reconnaître que l'égoïsme, l'injustice et la violence entraînent des réparations aussi infaillibles que leurs excès.

Il en est qui pensent que les hommes et les peuples sont conduits fatalement au crime. C'est une opinion fausse et injurieuse à l'humanité, qu'on ne saurait affranchir du crime sans la destituer de la vertu. Les crimes des peuples comme ceux des hommes sont libres, et ne sont jamais nécessaires. Il n'y a de nécessaire que la conséquence des crimes; il n'y a de fatal que leur expiation.

APPENDICE[1]

ÉTAT DE LA QUESTION D'IRLANDE EN 1844

§ Ier

SENS POLITIQUE DE L'AGITATION IRLANDAISE

L'agitation en Irlande a un sens spécial qui est propre à ce pays. Il existe des contrées où tout mouvement est une émeute, toute plainte populaire une révolte; toute révolte une révolution. En Irlande le peuple entier se lève, pétitionne, délibère, s'assemble par masses innombrables, accuse le gouvernement, proclame funeste la loi qui le régit, et cette loi, jusqu'à ce qu'elle soit régulièrement abrogée, conserve sur lui tout son empire. Quel spectacle pour tant de peuples opprimés et immobiles, pour la Pologne, pour la Hongrie, où tant de maux existent pareils à ceux de l'Irlande, et où cependant tout est silence et repos! Car il faut pour lutter contre l'oppression une somme d'indépendance que la plupart des opprimés n'ont pas.

La résistance d'un peuple n'est pas toujours en proportion de

[1] Ce morceau, publié pour la première fois en 1845, formait la préface de la sixième édition. Comme il contient l'historique des principaux événements de 1839 à 1845, on a cru devoir le conserver.

ses maux; elle est plutôt en raison de sa liberté. C'est sans doute l'indice qu'un peuple souffre quand il se plaint; mais c'est une preuve certaine qu'il est asservi quand il se tait. Il n'y a de silence que dans la servitude, et le peuple le plus heureux trouve encore des accents pour se plaindre et des causes pour s'agiter. Maintenant, qui ne comprend que le plus haut degré de l'agitation et de la résistance doit se rencontrer dans le pays où d'immenses plaies sociales se trouvent mêlées à de grandes libertés politiques, où le plus grand nombre est très-malheureux, et où la plainte est le droit commun? Or, tel est précisément l'état de l'Irlande que l'Angleterre a tant opprimée d'une main, tandis que de l'autre elle lui laissait les plus puissantes armes pour combattre la tyrannie.

Il n'y a point d'institutions politiques qui garantissent les sujets contre un certain despotisme, et les gouvernements contre une certaine résistance; despotisme tantôt arbitraire, tantôt légal; résistance tantôt violente, tantôt régulière et constitutionnelle. Mais c'est déjà quelque chose pour les peuples, que leur oppression soit contenue dans des bornes; c'est aussi quelque chose pour les gouvernements, qu'il y ait une règle pour la résistance des sujets. Les maux de l'Irlande sont immenses; mais qui pourrait dire à quelles extrémités de misère elle serait parvenue, si le pouvoir du maître n'avait été limité par des droits? Il y a en Irlande de grands troubles populaires : mais qui pourrait dire à quels excès violents les réactions de la douleur eussent conduit les opprimés, si les moyens de la résistance n'avaient été posés dans les lois?

Certaines gens tiennent l'Angleterre pour bien sotte de laisser tant de liberté à un pays qu'elle veut réduire, et qui se fait contre elle une arme de ses droits constitutionnels; d'autres avouent ne rien comprendre à la patience stupide de l'Irlande, qui étant assez puissante pour se tenir insurgée, ne se déclare pas en rébellion ouverte et ne brise pas violemment le lien qui l'attache au Saxon. Ni les uns ni les autres ne voient qu'il y a entre l'Angleterre et l'Irlande un pacte sérieux dans lequel chacune d'elles puise sa principale force. Le droit de l'Angleterre est de régner, celui de l'Irlande de résister par les lois. L'Angleterre perdrait la moitié de sa puissance si elle s'avouait tyran, et l'Irlande, toute la sienne, si elle se déclarait rebelle. L'Angleterre et l'Irlande joueraient l'une et l'autre une folle partie si, pour échapper à l'état présent, la première voulait asservir tout à fait l'Irlande, et la seconde s'affranchir entièrement de l'Angleterre; celle-ci y jouerait ses libertés, celle-là sa domination.

Il arrive souvent chez nous qu'on se méprend sur le vrai sens et sur la portée de l'agitation irlandaise. L'agitation en Irlande est libérale, religieuse, nationale; elle deviendra peut-être, elle n'est pas révolutionnaire.

La première question que l'on s'adresse, en présence de ces agitations continues, et qui dans ces derniers temps ont été si profondes, c'est à quel but immédiat tend l'Irlande, à quel but elle peut atteindre; quel serait le remède à ses maux; si ce remède se trouverait dans le *repeal*, qu'elle invoque à grands cris; si le *repeal* est possible, etc., etc. Pour résoudre ces questions le meilleur moyen peut-être serait de savoir ce que veut celui qui mène l'Irlande, c'est-à-dire ce que veut O'Connell. Maintenant, pour connaître les desseins et les vues d'O'Connell, qu'y a-t-il de mieux à faire que d'étudier la lutte solennelle que depuis deux ans notamment il soutient contre l'Angleterre, et dont le résumé peut se trouver dans son procès?

§ II

PROCÈS D'O'CONNELL

Il n'est point de procès criminel intenté au plus obscur citoyen, qui n'émeuve à un certain degré l'attention publique. C'est toujours une scène imposante que celle du combat engagé devant un tribunal entre la société et l'individu; entre l'être faible que son droit seul protége, et la souveraine puissance, forte du droit de tous. Aussi, depuis le moment où le drame judiciaire commence, jusqu'au jour où il finit, l'intérêt et la sympathie du peuple ne cessent pas d'aller en croissant; et quand la sentence du juge approche, chacun l'attend avec anxiété : car il y a au fond de toutes les âmes un sentiment d'ordre qui veut que la société soit défendue, et de morale qui demande qu'elle ne le soit qu'avec justice. Si telle est l'impression qui naît en général du procès le plus vulgaire, quelle doit donc être l'émotion publique lorsque l'accusé est, de l'aveu du monde entier, l'homme le plus extraordinaire de son temps? Lorsque son juge, en le contemplant, se sent saisi d'effroi; lorsque cet homme est à lui seul la personnification d'un peuple, et qu'en prononçant sur son sort, le tribunal va condamner ou absoudre toute une nation! lorsque cet accusé, c'est Daniel O'Connell, et ce tribunal, douze protestants de Dublin, ses ennemis politiques et religieux! lorsque les jurés, poussés à l'indulgence par la peur, et à la sévérité par la haine, ont tant de raisons d'être partiaux que peut-être il ne leur en restera plus pour être justes!

Tout le monde sait dans quelles circonstances est né ce procès extraordinaire. C'était en 1843. L'Irlande était couverte de *meetings monstres*, où l'on s'assemblait par masses de quatre ou cinq cent mille personnes. Il y en avait près d'un million à Tara-Hill. O'Connell prétend qu'on les a justement nommés *meetings monstres*, parce qu'en tout autre pays de pareilles multitudes ne pourraient se réunir sans des désordres et des violences qui, en Irlande, ont été évités. Il s'agissait, dans ces assemblées, de demander à la reine d'Angleterre, par humble pétition, le *repeal* de l'union législative qui rend l'Irlande sujette du parlement anglais; et provisoirement O'Connell annonçait un meeting qui devait effacer tous les autres, et dans lequel le peuple irlandais décréterait que l'Irlande seule a le pouvoir de faire ses lois. Ce meeting se tiendrait à Clontarff. O'Connell faisait plus : en attendant que le droit proclamé par l'Irlande fût reconnu, et que la pétition fût accueillie, il annonçait qu'il allait convoquer à Dublin une espèce de parlement provisoire, destiné apparemment à réaliser les vœux du peuple, dans le cas où l'Angleterre ne les satisferait pas; et, pour montrer par des exemples péremptoires que l'Irlande pouvait se gouverner elle-même, il instituait des cours arbitrales qui devaient appliquer les lois, et qui, dignes de toute la confiance du peuple irlandais, suppléeraient aux cours actuelles qui apparemment ne la méritaient pas. On sait au milieu de quelles hésitations le gouvernement anglais, effrayé du progrès de l'agitation et de la marche d'O'Connell, résolut de l'arrêter; comment, la veille même du jour indiqué pour le meeting de Clontarff, il déclara ce meeting illégal et séditieux, et commença les poursuites qui ont amené O'Connell devant la justice [1].

Il n'est personne qui n'ait suivi avec attention les phases de ce procès. Est-il quelqu'un qui pût se vanter justement d'en avoir prévu les incidents et les solutions?

D'abord la présomption était que le ministère anglais n'engagerait pas cette lutte fondée sur un droit douteux, et qui placerait O'Connell sur le terrain judiciaire où il est supérieur. Il est aujourd'hui universellement reconnu que ce procès a été une faute. Mais la procédure engagée, qui eût prévu qu'O'Connell serait condamné par le jury d'Irlande et qu'il gagnerait sa cause devant la chambre des lords? que dans le pays où il commande en maitre, il succomberait sous des influences politiques, et qu'il lui faudrait venir en Angleterre pour être jugé selon son droit? Il y avait bien, pour amener chacun de ces événements inattendus, une cause particulière que l'on pouvait apercevoir. Qu'est-ce qui prétendrait l'avoir vue?

Bien des gens en voyant l'arrestation d'O'Connell ont cru et déclaré doctement que tout était fini en Irlande. C'était le coup de mort de l'agitation. Le bon ordre avait le dessus. La mesure était toute naturelle : l'étonnant était qu'on ne l'eût pas prise plus tôt. O'Connell était un factieux, un brouillon dont on avait eu le tort de laisser se grossir l'importance. Du reste, le résultat ne pouvait être douteux : du moment où l'Angleterre prenait le parti d'agir énergiquement, il fallait bien que l'Irlande pliât; il n'y avait plus à discuter, et le faible n'avait qu'à céder au fort. Le procès n'était plus qu'une vaine forme, une sorte de comédie judiciaire, qu'il eût été plus loyal de ne pas jouer. Ces sentiments ont été surtout communs en France, où l'on incline à penser que l'autorité, quand elle frappe, a toujours raison, à moins qu'on ne lui prouve son tort en faisant une révolution. On ne sait pas en France tout ce qu'il y a de puissance dans une liberté légale, quand tout un peuple la veut, et quand un homme se dévoue avec persévérance à la soutenir. O'Connell est arrêté, soit. Mais il faut le juger, et

[1] Les coprévenus d'O'Connell étaient MM. Steele, Barrett, Th. Ray, G. Duffy, John Gray et John O'Connell, fils du principal accusé.

quelle tâche que de dompter judiciairement O'Connell! Les meetings sont interdits : très-bien. Mais il faut qu'un tribunal les condamne. Il faut qu'on décide que l'Irlande ne peut pas demander la révocation de l'union, s'assembler pour exprimer ce vœu, sous l'empire d'une constitution qui reconnaît à tous les citoyens le droit de se réunir et de pétitionner. Mais l'Irlande est rebelle! C'est ce qui est en question. O'Connell est un adversaire! Oui, cela est vrai; mais on oublie qu'il y a des pays où l'on peut être adversaire sans être factieux, et où la longue habitude du régime légal et le respect traditionnel du droit font naître des mœurs constitutionnelles, plus puissantes que tous les intérêts de partis et que toutes les passions politiques.

Arrêtez un instant vos regards sur cette salle de Westminster, où siége la chambre des lords assemblée en cour de justice. Un débat qui paraît plus solennel que douteux, va s'agiter devant elle. C'est le recours d'O'Connell, condamné le 30 mai 1844, par le jury de Dublin, à un an d'emprisonnement, et qui défère ce jugement à la cour des lords [1]. Il n'y a point d'appel possible de cette sentence; mais il appartient à la chambre des lords d'examiner, non pas si le jury a bien ou mal jugé au fond, mais si les formes prescrites par la loi ont été dans tout le cours de la procédure fidèlement observées. La chambre des lords remplit ici le même office qu'en France la cour de cassation. O'Connell espère peu de cette haute juridiction, qu'il a jadis tant insultée. N'est-ce pas d'elle qu'il a dit dans un jour de colère, et dans un style indigne même de la place publique, que *c'était une assemblée de cochons dont le duc de Wellington était le porcher?* Ce sont aujourd'hui ses juges [2].

[1] Par l'arrêt du 30 mai 1844, O'Connell était condamné à un an d'emprisonnement et à 2,000 liv. st. d'amende (51,000 fr.) et de plus à donner, pour *garantie de bonne conduite*, pendant sept ans, une caution personnelle de 5,000 liv. st. (127,500 fr.); ses coaccusés étaient condamnés chacun à neuf mois d'emprisonnement, à 50 liv. st. d'amende (1,275 fr.) et à une caution de 1,000 liv. st. (25,000 fr.).

[2] O'Connell et ses partisans s'attendaient tellement à une condamnation, qu'ils n'étaient occupés qu'à démontrer la parfaite insignifiance de l'arrêt qu'allait rendre la chambre des lords, et la veille même de la décision de cette cour, Daniel O'Connell junior prononçait dans l'association du *repeal* ces paroles textuelles : « It would be quite idle to expect any thing favourable from the decision of the English judges... »

Cependant, avant que la haute cour entre en délibération, les magistrats suprêmes de l'Angleterre sont, selon l'usage, introduits dans son sein et y donnent leur avis. Tous, sauf un seul, disent qu'O'Connell a été bien condamné. Cet avis n'est, il est vrai, pour la chambre des lords qu'une consultation, qu'elle peut admettre ou repousser. Mais que peut-il y avoir de plus dangereux pour un accusé que des raisons de droit, offertes aux passions de son juge?

Après avoir tous opiné, les jurisconsultes se retirent, et la cour des lords va délibérer. Elle est aussi nombreuse que de coutume. Cependant un très-petit nombre de ses membres sera peut-être appelé à participer au jugement. Il est d'usage, en effet, que dans les questions judiciaires de leur nature, et portées devant la chambre des lords, ceux qui n'ont jamais été légistes s'abstiennent de juger, et que la décision de l'affaire soit abandonnée exclusivement aux lords qui sont arrivés à la pairie par les dignités de la magistrature. Or il ne se trouve en ce moment dans la haute chambre que cinq membres qui aient ce dernier caractère : ce sont le lord chancelier, lord Brougham, lord Denman, lord Cottenham et lord Campbell. Appelé le premier à donner son avis, le lord chancelier déclare adopter l'avis des juges contraires à O'Connell. Lord Brougham parle et vote dans le même sens. Mais les trois autres, lord Denman, lord Cottenham et lord Campbell, se prononcent en faveur d'O'Connell, qui a ainsi pour lui une majorité, si les lords non légistes suivent l'usage de s'abstenir. Que vont-ils faire? Un mouvement de surprise et d'incertitude éclate dans toute l'assemblée et la tient en suspens. Quoi! O'Connell absous par la chambre des lords, qui voterait presque en masse pour sa condamnation! Quelle solution, et quelles conséquences! quel triomphe pour l'agitateur et pour l'agitation dont il est le symbole! quel échec pour le gouvernement anglais! Quelle est donc cette coutume suivant laquelle, pour remplir leur devoir, il faut que les lords cessent leurs fonctions? Faut-il mettre en balance le respect d'un usage que le bon sens réprouve, avec la cause de l'ordre menacé d'un grand péril? Ainsi raisonnent beaucoup de consciences flottantes ou passionnées, et l'hésitation est naturelle; car s'il est vrai que la coutume qui les gêne existe, elle n'est pas si bien établie ni si souvent pratiquée, qu'elle ne puisse être raisonnablement contestée.

Combien il est beau, dans une telle circonstance, de voir un des ministres de la couronne (lord Wharncliffe) se lever, et, dans un noble et simple langage, dire qu'il voit bien qu'une grave difficulté va naître pour le gouvernement du succès d'O'Connell; que cet embarras serait conjuré si tous les lords, légistes ou non, prenaient part au jugement; mais qu'il n'a garde de demander à la haute chambre de recourir à un mode de procéder contraire à ses précédents; qu'à la vérité en s'écartant cette fois de sa règle, la chambre des lords ferait un acte très-utile au ministère dans le moment présent, mais qu'elle se causerait à elle-même et au gouvernement britannique un préjudice durable, en ébranlant la confiance du pays dans un des pouvoirs constitutionnels de l'État.

Et tous les lords non légistes, dont l'immense majorité était contre O'Connell, s'abstiennent de voter, laissant la décision aux trois voix qui lui donnaient gain de cause.

Malheur au pays chez lequel de tels exemples n'exciteraient pas l'admiration; car le premier besoin pour demeurer ou pour devenir un peuple libre, c'est de comprendre la liberté, et les conditions auxquelles on la garde après l'avoir conquise.

Évidemment toute la chambre des lords et tous les membres du gouvernement désiraient vivement la condamnation d'O'Connell; ils la désiraient avec toute l'ardeur des passions de parti que peut éprouver l'Angleterre protestante et tory contre l'Irlande factieuse et catholique. Cependant ce sont eux qui l'ont empêchée! Ce qu'il y a d'admirable dans cette circonstance ce n'est pas le jugement, sans doute très-consciencieux des trois lords légistes dont le vote a fait loi; ces trois lords sont des whigs qui, pour acquitter O'Connell et procurer un embarras aux torys, n'avaient aucune violence à se faire. Ce qui est beau, c'est la conduite de ces torys qui peuvent prévenir le triomphe d'un ennemi politique, et qui ne le font pas, parce qu'une règle de justice le leur interdit. Il y a eu, du reste, dans cette circonstance quelque chose de plus remarquable peut-être que la décision des lords : c'est la sanction de l'opinion publique. Tout le monde croyait en Angleterre qu'O'Connell allait être condamné; tout le monde a approuvé qu'il ne le fût pas. Sur ce point le langage de la presse tory n'a pas été autre que celui de la presse whig et radicale[1]. En France

[1] Il est aujourd'hui à peu près universellement reconnu qu'O'Connell n'a-

le fait a paru si extraordinaire, que pour l'expliquer on a supposé quelque combinaison politique très-profonde, recouverte d'un semblant de respect pour les formes légales. Il y a des gens qui voient du machiavélisme partout, et qui ne peuvent pas croire à la vertu d'un principe. Mais quand la chambre haute d'Angleterre, au lieu de suivre une règle, aurait fait un calcul, elle n'aurait point manqué d'habileté; car elle s'est grandie en se plaçant au-dessus de ses passions, et en gênant le ministère elle a fortifié le gouvernement.

Après tout, on se tromperait si l'on croyait que du procès d'O'Connell et de la sentence des lords dépendait la paix ou le trouble de l'Irlande. Une décision contraire à celle qui a été rendue eût peu changé l'état des choses. Un peu plus tôt, un peu plus tard, O'Connell avait son triomphe assuré; soit que gagnant sa cause, comme il lui est arrivé, il reparût en vainqueur parmi ses concitoyens; soit que, subissant sa peine jusqu'au bout, il sortit de sa prison avec la couronne du martyre. C'est une égale erreur de croire que la condamnation d'O'Connell avait rétabli la paix en Irlande, et que son acquittement l'a replongée dans l'agitation. Non la question d'Irlande n'est ni dans la perte ni dans le gain d'un procès, pas même quand de ce procès dépend la liberté d'O'Connell. Qu'O'Connell fût poursuivi ou qu'il ne le fût pas, que le jury lui donnât un verdict favorable ou contraire, que les lords ratifiassent ou non la sentence de condamnation, la question restait toujours à peu près la même. Ce qui fait la question d'Irlande, ce n'est ni le ministère, ni le jury, ni la chambre des lords, ni O'Connell; c'est l'Irlande elle-même, c'est sa sainte cause, c'est sa misère sociale, c'est son oppression passée, ce sont les marques de servitude qui lui restent au front; ce sont des millions d'êtres humains qui meurent de faim; c'est toute une population profondément religieuse qui subit l'insolente suprématie d'un autre culte.

vait pas été régulièrement condamné. Les vices principaux et avérés de la procédure étaient : « 1° qu'on l'avait condamné pour des faits qui d'après la loi anglaise ne constituent ni crime ni délit; 2° le jury de jugement n'avait pas été composé loyalement, puisque cinquante ou soixante noms avaient été arbitrairement rayés de la liste générale. C'est ce second grief qui paraît avoir déterminé l'opinion de lord Denman, dont la parole a produit sur toute la chambre des lords une si vive impression.

Rien ne prouve-t-il mieux que le procès d'O'Connell à que point il existe en Irlande un fond des choses inhérent aux entrailles même du pays, indépendant des circonstances accidentelles qui viennent s'offrir à la surface? On peut dire que dans ce procès tout est arrivé au rebours de ce qui était prévu et probable; et tout a tourné au profit de l'Irlande. Les événements eussent été l'opposé de ce qui s'est accompli, et les conséquences eussent peu varié. Qu'on se fût abstenu de poursuivre O'Connell, l'agitation suivait son cours; on a fait le procès, l'agitation s'en est accrue. Le jury condamne, de là grande irritation populaire qui excite le mouvement; la cour supérieure absout, de là une autre excitation qui naît des joies de la victoire. A la nouvelle de la condamnation d'O'Connell les fonds du *repeal* affluent de toutes parts, et des Irlandais éminents, jusque-là opposés à O'Connell puissant, se déclarent partisans de l'homme persécuté. Est-il acquitté? les souscriptions et les conversions se multiplient; et le succès a ses sympathies comme le malheur. Quand on a contre soi de certaines passions, il faut s'attendre, quoi qu'on fasse, à les trouver hostiles; bonheur, malheur, elles tournent tout dans leur sens, et tirent le même parti de la joie enthousiaste que de la douleur indignée. L'émotion est égale en Irlande le jour où O'Connell est jeté dans un cachot, et le jour où la liberté lui est rendue.

Est-ce à dire que tout soit fatal dans le mouvement de l'Irlande; que le choix de la conduite à tenir soit indifférent, et que l'action individuelle des hommes et des partis n'ait aucune influence sur le cours des événements, qu'il faudrait alors abandonner à eux-mêmes? Non, sans doute; on veut montrer seulement combien est faible la portée des faits secondaires là où des causes principales exercent leur empire. Non, tout n'est pas fatal dans les événements de l'Irlande, et l'homme, dans sa prudence, peut agir sur les choses. Il le peut, mais à une condition, c'est, quand il veut guérir un mal, qu'il se prenne non à ses effets, mais à ses causes. C'est qu'au lieu d'attaquer O'Connell, l'agitation et les meetings, il s'adresse aux causes qui font naître les meetings, créent l'agitation et construisent la puissance d'O'Connell. On confond sans cesse les symptômes sous lesquels un mal se produit avec le mal lui-même; et l'on se consume en efforts pour détruire un effet extérieur qui, un instant après, reparaît sous une autre forme, parce que sa cause première subsiste toujours. On croit qu'une victoire immense sera remportée si une pétition irlandaise est déclarée illégale et séditieuse. Qu'importe cependant si la douleur qui a dicté la plainte est toujours aussi vive? Ce n'est pas la plainte, ce n'est pas la liberté de ceux qui se plaignent qu'il faut supprimer; c'est le mal, le mal d'où naissent les murmures qui le dénoncent et les efforts qui le combattent. Le gouvernement anglais, dans sa colère à l'aspect des agitations toujours renaissantes de l'Irlande, ressemble à ces sauvages qui, voulant défricher une forêt, coupent par le pied tous les arbres sans toucher la racine, et s'indignent chaque année des efforts d'une végétation persistante qui sans cesse reparaît quoique sans cesse combattue.

Mais s'il est vrai que la plaie soit aux entrailles mêmes de l'Irlande, quel remède faut-il y porter? O'Connell répond qu'il n'y a d'autre remède aux maux de l'Irlande que le *repeal*, c'est-à-dire la révocation de l'acte législatif qui, en l'année 1800, a aboli le parlement irlandais et chargé le parlement anglais de donner des lois à l'Irlande. Mais ici plusieurs questions gravent se présentent. Le *repeal* est-il possible? Qu'en pense O'Connell lui-même? Le poursuit-il comme un but qu'on croit pouvoir atteindre, ou l'emploie-t-il seulement comme un instrument de guerre? Ce sont là des questions qui méritent un examen particulier.

§ III

LE REPEAL EST-IL POSSIBLE?

Avant d'examiner si le *repeal* serait efficace pour guérir les maux d'Irlande, voyons d'abord s'il est possible.

Il est certain que l'Irlande presque tout entière le veut. Dans l'origine et pendant longtemps le *repeal* n'avait de partisans que parmi les classes inférieures; aujourd'hui il a non-seulement pour lui les masses populaires et le bas clergé, si étroitement lié au peuple en Irlande, mais encore presque toutes les classes moyennes, la plupart des évêques et une partie de l'aristocratie. Enfin le mouvement du *repeal*, jadis concentré dans l'Irlande catholique, a gagné l'Irlande protestante. Ce progrès se montre surtout depuis le procès d'O'Connell. Dans ce pays où toutes les questions ont été pendant des siècles exclusivement religieuses, le *repeal* ne fut longtemps pour les protestants irlandais qu'un drapeau du parti catholique. C'est une des grandes habiletés d'O'Connell d'avoir su effacer du *repeal* toute couleur religieuse, et d'en avoir fait une question purement nationale. Rien n'est plus fréquent aujourd'hui que de voir des ministres des Églises protestantes s'enrôler solennellement sous la bannière du *repeal* qu'ils avaient jusqu'alors combattu. Tout récemment une ville d'Irlande qui fut toujours considérée comme le foyer de l'organisme le plus ardent, Londonderry, entendait dans ses murs une protestation s'élever en faveur du *repeal*. La question n'est ni religieuse ni politique, elle est irlandaise. L'Irlande ne voit pas seulement dans le *repeal* un moyen de faire elle-même ses lois, elle y trouve encore un moyen de retenir dans son sein ses législateurs; elle croit que le jour où elle aura un parlement à elle, elle sera délivrée du fléau de l'absentéisme, et que tous les grands propriétaires, obligés de résider en Irlande au moins la moitié de l'année, rendront au pays un peu des richesses qu'ils reçoivent. Enfin un grand nombre d'Irlandais, qui jusqu'alors s'étaient prononcés contre le *repeal*, viennent de se rallier à sa cause au moyen de la théorie du *fédéralisme*. Ils ne veulent point, disent-ils, le *repeal* pur et simple de l'union législative. A la vérité, ils demandent comme O'Connell un parlement irlandais; mais ils voudraient que l'Irlande, régie par ce parlement pour toutes ses affaires locales, demeurât soumise au parlement britannique pour toutes les questions extérieures et d'un intérêt commun. Dans ce système l'Irlande serait vis-à-vis de l'Angleterre dans la même situation que l'État de New-York vis-à-vis du congrès américain. Elle aurait sa législature propre : ce qui ne l'empêcherait pas d'envoyer des représentants au parlement impérial. La nuance qui distingue le *repeal* et le système d'une union fédérale est sans doute grave en elle-même; et le fédéralisme a en ce moment pour partisans en Angleterre des hommes qui seraient certainement les adversaires du *repeal*. Mais le plus grand nombre en Irlande n'aperçoit pas ces nuances. Il ne voit en général dans le système d'une union fédérale qu'une forme nouvelle du *repeal*, adoptée surtout par ceux qui, jusque-là, opposés au *repeal*, avaient besoin d'un expédient pour se rallier à la cause populaire.

Quoi qu'il en soit, le mouvement qui pousse l'Irlande vers le *repeal* est non-seulement général, mais encore il est à cette heure complétement organisé. L'association nationale qui, chaque semaine, se réunit à Dublin, se nomme à présent l'association du *repeal*. La souscription pour le *repeal* se paye comme un impôt régulier dans toutes les paroisses d'Irlande; elle est recueillie par des agents officiels de l'association appelés agents du *repeal* (*Repeal's wardens*), que surveillent des inspecteurs également nommés par elle (*inspectors of Repeal guardians*). On calcule que cette année la souscription ne sera guère moindre d'un million de francs. La ville de Dublin seule y a contribué, en six mois, pour une somme de 4,489 livres sterling (c'est-à-dire 124,669 francs). C'est un spectacle vraiment extraordinaire que celui du développement qu'a pris en deux années la question du *repeal*, qui n'était à son origine que l'opinion d'un parti et qui semble aujourd'hui la volonté de tout un peuple. On peut affirmer que plus des trois quarts des habitants de l'Irlande sont aujourd'hui pour le *repeal*. Le plus curieux serait de rechercher par quel art prodigieux O'Connell est parvenu à organiser le mouvement du *repeal* et à le propager; comment il a réussi à former des convictions plus profondes peut-être que la sienne; par quel mélange singulier d'audace et de prudence, il a excité les uns et rassuré les autres; entraîné ceux-ci par le patriotisme, ceux-là par l'intérêt, d'autres par la vanité, d'autres encore par la crainte; et créé enfin en faveur du *repeal* un mouvement d'opinion publique presque irrésistible : car il est bien malaisé, quand une passion générale est ainsi dominante, de lutter longtemps contre elle; et dans les pays libres, où le peuple intervient sans cesse par ses suffrages, il faut une force d'âme peu commune pour garder longtemps une opinion impopulaire. Enfin il existe en faveur du *repeal* quelque chose de plus grave que son développement extraordinaire en Irlande, c'est son progrès en Angleterre. Jusqu'alors dans ce pays on riait d'O'Connell et de ses plans; maintenant on ne les approuve pas assurément, mais on les discute. Le *repeal* est, si l'on veut, une mesure fausse, dangereuse; ce n'est plus une utopie.

Ainsi il est certain que non-seulement l'Irlande veut le *repeal*, mais encore qu'elle le veut avec passion, comme le remède aux maux dont elle souffre, et qu'elle s'agite tout entière pour l'obtenir.

Cependant, plus on considère la situation respective de l'Angleterre et de l'Irlande, et plus on demeure convaincu que le *repeal* ne s'accomplira pas.

Il serait sans doute déraisonnable de déclarer dogmatiquement impossible le rétablissement du parlement irlandais. De quelle chose peut-on dire qu'elle n'arrivera jamais? Il n'est guère en Irlande qu'une seule impossibilité qui puisse être proclamée en termes absolus : c'est l'impossibilité pour l'Irlande de se séparer de l'Angleterre, de rompre non pas seulement le lien législatif, mais encore le lien politique, de former tout à la fois un gouvernement et un peuple à part. Il est évident que c'est une séparation à laquelle l'Angleterre ne consentirait jamais. Elle emploierait à la combattre tout ce qu'elle a de puissance. Le jour où cette scission aurait lieu, l'Angleterre pourrait exister encore, l'empire britannique ne serait plus; et telle serait aujourd'hui la folie de l'Irlande si elle tentait une semblable entreprise, qu'on peut affirmer avec une égale assurance que l'Angleterre, à aucun prix, ne céderait dans la lutte, et que l'Irlande ne l'engagera pas.

Mais la séparation législative est, il faut bien le reconnaître, autre chose que la séparation politique. Le *repeal* que veut l'Irlande n'aurait point pour conséquence de faire de l'Angleterre et de l'Irlande deux États indépendants l'un de l'autre, mais seulement de rendre à l'Irlande le parlement qu'elle avait autrefois. L'établissement d'un parlement irlandais n'a sans doute rien que de très-compatible avec la constitution britanique. Car le parlement d'Irlande a existé pendant plus de six cents ans et n'a cessé d'être qu'en 1800. Ceux qui voient une nouveauté singulière dans l'institution de la législature irlandaise ne tiennent aucun compte de l'histoire : ce qui est nouveau ce n'est pas la séparation, c'est l'union législative des deux pays, qui ne date que d'un demi-siècle. La rupture du lien parlementaire et la séparation politique tiennent si peu l'une à l'autre, que pendant tout le temps qu'ont existé côte à côte le parlement d'Irlande et celui d'Angleterre, l'union politique des deux pays n'a jamais cessé; et l'Irlande soumise alors comme aujourd'hui à la couronne d'Angleterre, n'a jamais sérieusement mis en question sa dépendance. Apparemment le parlement d'Angleterre lui-même croyait l'indépendance législative de l'Irlande très-conciliable avec sa sujétion politique, puisqu'en 1782, à l'époque où l'union de l'Angleterre et de l'Irlande lui paraissait le plus désirable, il reconnaissait solennellement que *jamais le parlement anglais n'avait eu le droit de faire des lois pour l'Irlande ni de porter atteinte à l'indépendance du parlement irlandais*[1]. A la vérité le parlement anglais a aboli cette déclaration le jour où il a décrété l'union législative de l'Irlande avec l'Angleterre : mais qui l'empêche aujourd'hui de revenir au principe de 1782, et d'abroger l'acte de 1800? Ces alternatives de vie et de mort dans la législature irlandaise, indépendantes du lien politique qui ne meurt jamais, ne prouvent-elles pas mieux que toute autre chose que c'est une question, non de constitution, mais de législation? Pourquoi donc proscrire comme chimérique dans l'avenir ce qu'on a vu existant dans le passé?

Cependant, en admettant la différence grave qui existe entre la séparation politique et la séparation parlementaire de l'Angleterre et de l'Irlande, et sans méconnaître que celle-ci serait quelque chose de moins impossible que celle-là, on aurait tort de conclure que l'une a plus que l'autre des chances sérieuses de réalisation.

D'abord il y aurait dans la seule séparation législative quelque chose de contraire à la tendance universelle des peuples de notre temps, dont les gouvernements inclinent bien moins au fédéralisme qu'à la centralisation. Suivant la loi générale qui semble pousser le monde, l'Irlande, au lieu de se distinguer par de nouveaux traits du pays dont elle dépend, tendra de plus en plus à s'y fondre entièrement en une seule et même nation. Les antipathies entre l'Angleterre et l'Irlande, quelque vives qu'elles soient aujourd'hui, l'ont été jadis bien plus encore : ce qui n'a pas empêché de se poursuivre sans aucun relâche le travail de cohésion qui la rapproche de l'Angleterre, et qui a déjà resserré dans les liens de l'empire britannique le pays de Galles et l'Écosse.

[1] C'est le texte même d'une résolution du parlement anglais.

Considérons aussi que bien loin que l'existence antérieure du parlement irlandais soit un argument pour son institution nouvelle, ce passé élève la plus grave objection contre sa renaissance. Il y a pour l'Angleterre un empêchement d'orgueil à relever ce qu'elle a détruit; et il serait plus facile de créer pour l'Irlande une législature qui n'aurait jamais existé, que de rétablir celle qui n'est plus. Rien de plus simple assurément que de concevoir séparés l'un de l'autre les parlements de deux peuples comme l'Irlande et l'Angleterre; mais c'est à la condition qu'ils n'aient pas déjà été confondus en un seul. Cette réunion une fois opérée, il devient très-difficile de les imaginer distincts, ou du moins c'est une idée qui n'entre pas aisément dans l'esprit du pays au profit duquel la fusion s'est opérée. Quand l'Irlande avait son parlement, ce fut un progrès de la puissance britannique de le détruire; le relever après sa ruine serait pour elle un pas rétrograde. L'Angleterre n'a jamais rien enduré de pareil de la part de l'Irlande; et c'est à tort que l'on établirait une comparaison entre ce qui arriva en 1782 et ce qu'O'Connell veut faire aujourd'hui. En 1782 le parlement irlandais existait; on ne le créa pas; on lui restitua seulement l'indépendance que lui avait enlevée la loi Poyning[1]. Aujourd'hui il s'agit, non d'affranchir le parlement irlandais qui n'existe pas, mais de le créer après qu'il a été aboli. Ah! sans doute si l'Angleterre était engagée dans quelque grande guerre qui mît en péril sa puissance au dehors, si l'Europe était en feu, si dans le même moment l'Inde et le Canada se montraient menaçants, l'Irlande mettant sa tranquillité au prix d'un parlement local pourrait l'obtenir. Mais y a-t-il aujourd'hui dans le mouvement de l'Europe et du monde rien qui offre à l'Irlande la chance de tels auxiliaires?

Enfin il existe contre le rétablissement du parlement irlandais une objection encore plus profonde : c'est que l'existence de ce parlement ne serait peut-être bonne ni pour l'Angleterre ni pour l'Irlande. N'est-ce pas encore l'expérience qui l'a démontré?

Un parlement ne saurait s'établir en Irlande sans entrer aussitôt en lutte avec le parlement anglais, à moins qu'il n'accepte pu-

[1] Sous Henri VII; cette loi établissait que nulle question ne pourrait être soumise aux délibérations du parlement d'Irlande, sans le consentement préalable du parlement anglais.

rement et simplement la domination de celui-ci. Mais alors, de deux choses l'une, ou il est indépendant ou il ne l'est pas. S'il ne l'est pas, s'il accepte entièrement le joug que le parlement anglais doit vouloir lui imposer, à quoi sert à l'Irlande de posséder une représentation propre, mais servile? Ou bien le parlement d'Irlande sera véritablement indépendant du parlement d'Angleterre : et dans ce cas concevez-vous bien l'existence simultanée de ces deux parlements, placés côte à côte, rendant sur les mêmes matières des décrets contradictoires, si ce n'est hostiles les uns aux autres? l'un détruisant ce que l'autre travaille à maintenir; celui-ci élevant à grands frais telle institution, que celui-là s'applique à renverser; le parlement anglais veillant avec une pieuse sollicitude sur la moindre parcelle de la constitution britannique, et l'entretenant comme une sainte relique; dans le même moment le parlement irlandais s'attaquant ouvertement à cette constitution, dont le principe protestant est antipathique à la vie de l'Irlande; ici l'Église anglicane honorée par le parlement, et respectée jusque dans ses plus criants abus; là cette Église haïe et prise pour point de mire de toutes les agressions de la législature; à *Westminster* tous les priviléges de l'Église et de la propriété féodale défendus et conservés; à *College-Green* [1] les mêmes priviléges battus en ruine et foulés aux pieds. Croit-on que l'accord des deux pays pût durer longtemps au milieu de dissidences si profondes? et cependant qui peut nier que les dissidences n'existent, quand on compare l'état social et politique des deux pays? Dans deux États voisins, mais séparés l'un de l'autre, la tribune de deux parlements fonctionnant constamment en sens opposés, occasionne certainement des griefs mutuels et quelques embarras; car ces deux tribunes créent deux propagandes contraires, et destinées à s'entre-choquer sans cesse. Mais combien plus graves sont l'ébranlement et la perturbation lorsque c'est dans le même État que les deux tribunes sont élevées en même temps l'une contre l'autre!...

Si le *repeal* est impossible, comment donc O'Connell peut-il le vouloir? Il est bien certain qu'il le demande. Le *repeal* est, depuis plusieurs années, le sujet presque unique de ses discours. Il ne cesse de répéter qu'il n'y a de salut pour l'Irlande que dans le

[1] Lieu désigné à Dublin pour les séances du futur parlement irlandais.

repeal. C'est le thème de l'agitation irlandaise depuis 1843, et qui a abouti à son procès. C'est le thème de toutes les déclarations sorties de sa prison pendant les trois mois qu'il y a passés. Rendu à la liberté, son premier mot est le *repeal*. Lorsque, pour célébrer sa victoire, un grand banquet national est organisé, O'Connell veut qu'on l'appelle le banquet du *repeal*. Pendant sa marche triomphale de Dublin à Darrynane-Abbey [1], partout où les populations, ivres d'orgueil et de joie, viennent saluer la *libération de leur libérateur*, le peuple avide recueille de sa bouche ces paroles solennelles : « le *repeal*, rien que le *repeal*, point de transaction sur le *repeal*. » Enfin, même dans son dernier manifeste du 2 octobre, daté de Darrynane, et que l'on a bien à tort considéré comme un pas rétrograde dans la question du *repeal*, O'Connell dit expressément : « Voici pour tous les Irlandais le moment de s'unir étroitement afin d'obtenir le rétablisement du parlement irlandais, sans lequel il n'y aura jamais de tranquillité durable en Irlande [2]. On ne peut donc nier que le *repeal* ne soit au moins le but apparent d'O'Connell. Comment donc O'Connell poursuit-il un but impossible?

O'Connell est, sans contredit, de tous les hommes qui, de notre temps, jouent un grand rôle sur la scène du monde, le plus positif, et pour employer une expression usitée, le *plus pratique*, qui se puisse rencontrer. Tout en lui est prudence, calcul, réflexion. Les poétiques expressions dont sa parole abonde, adressées aux multitudes, avides de sa voix, prouvent sans doute la richesse de son imagination, et témoignent des élans de son cœur ; mais rien de ce qui sort de sa bouche n'échappe au contrôle de sa raison. Et ce qui, au milieu de toutes ses grandes facultés, l'a toujours rendu supérieur dans la conduite des événements, ce n'est ni son éloquence passionnée, ni son activité infatigable, ni son admirable persévérance ; c'est l'excellence et la constance de son bon sens. Comment donc O'Connell, qui répugne à tout ce que son jugement n'approuve pas, poursuit-il le *repeal*, dont le succès paraît une chimère? Comment expliquer cette énigme d'un homme qui,

[1] Nom de l'habitation d'O'Connell en Irlande.

[2] This is emphatically the time for catholic and protestant non repealers to join with us in procuring the reestablishment of the Irish parliament, without which there can be no lasting tranquillity in Ireland.

très-évidemment, fait une entreprise dont, non moins évidemment, sa raison lui défend d'espérer le succès?

Serait-ce, ainsi qu'on l'a prétendu, l'entreprise d'un vieillard, affaibli par l'âge, tombé dans l'égoïsme, dans cette personnalité violente et aveugle qui perd tant de grands hommes au déclin de leur carrière? Serait-ce le calcul d'une ambition cupide qui, recevant du peuple beaucoup d'or et de pouvoir, en retour de ses services, ne peut se résigner à être ni moins riche ni moins puissante, et, quand son rôle a cessé, s'obstine à le continuer? Serait-ce, enfin, le dernier essai d'une existence immense, qui, ayant été tout ce qu'on peut être sous l'empire des lois, rêve quelque chose de nouveau et d'inconnu, aime mieux risquer toutes ses gloires passées que de n'en pas chercher quelque autre, et s'égare dans des efforts aventureux et stériles? Cet homme qui a plus de pouvoir qu'aucun souverain de l'Europe, et auprès duquel le président de l'Union américaine ne possède qu'une ombre d'autorité, trouverait-il que ce n'est pas assez que d'être O'Connell?

On ne pose ici ces questions que parce qu'elles ont été soulevées ailleurs. De pareilles imputations ne se discutent pas. Le caractère de l'homme politique les condamne ou les justifie. Disons seulement que la plupart des soupçons dont O'Connell a été l'objet sont ridicules, et ajoutons que ceux qui lui imputent d'avoir engagé la question du *repeal*, en vue seule de maintenir sa faveur chancelante, lui reprochent un manque de patriotisme et de générosité dont précisément il a fait preuve.

Assurément s'il fut un moment critique pour l'influence d'O'Connell en Irlande, ce fut vers les années 1837 et 1838, à l'époque où, le ministère whig ayant opéré dans ce pays un certain nombre de réformes, l'agitation populaire s'était singulièrement calmée. Il est certain qu'alors, et l'auteur de ce livre en a été le témoin oculaire, l'irritation des partis était sinon détruite, du moins très-apaisée; les plaies de l'Irlande n'étaient pas guéries, mais quelques-unes se fermaient, et toutes étaient adoucies. Le pouvoir exécutif inclinait manifestement pour la masse de la nation contre le parti orangiste; et si des clameurs violentes étaient encore poussées, elles ne partaient guère que de la minorité protestante et tory, indignée de se trouver en butte à une partialité qu'elle avait toujours eue en sa faveur. En même temps que ce fait se passait, il s'en accomplissait un autre qui n'était que la conséquence naturelle du premier. A mesure que la tranquillité se rétablissait en Irlande et que les partis y perdaient de leur violence, on voyait baisser sensiblement la puissance d'O'Connell; non qu'il cessât d'être grand, mais il était moins nécessaire. Comme la lutte n'était plus imminente, le peuple pensait moins à son chef. O'Connell ne cessait pas d'être le premier personnage de l'Irlande, mille fois supérieur à tous ses concitoyens ; mais déjà il commençait à avoir pour rival l'empire des lois qu'il avait en lui-même la gloire de fonder. Ce déclin, il est vrai, ne fut pas de longue durée, et le retour du ministère tory ne tarda pas, en ranimant l'agitation en Irlande, d'y reconstruire encore une fois et sur une base plus haute que jamais la puissance du libérateur. Cependant, que fit O'Connell dans le moment où son crédit parut en péril? Témoigna-t-il par aucun de ses actes la volonté de remuer à tout prix l'Irlande pacifiée? Certes, c'était le cas ou jamais d'agir ainsi, si un sentiment personnel eût seul dominé sa conduite. C'est alors qu'il se fût montré aventureux s'il avait jamais dû l'être. Il n'en fit pourtant rien. Quoique sa faveur fût visiblement menacée, son bon sens, peut-être aussi son patriotisme, lui interdisaient de crier à l'agitation quand tout était à la paix. En présence de l'Irlande tranquille, il fut calme lui-même, au risque d'être moins populaire. Maintenant conçoit-on bien que le même homme qui en 1837 ne faisait rien pour relever son influence en déclin, recourût en 1843 et en 1844 à des expédients désespérés pour sauver sa puissance que rien n'attaque, et qui, au contraire, par l'effet de causes toutes naturelles, est plus grande qu'elle n'a jamais été?

Laissons là les suppositions injurieuses; tâchons d'expliquer la conduite des grands hommes autrement que par de bas motifs d'ambition égoïste ou de sordide intérêt. Voyons ce qui peut porter O'Connell à demander le *repeal*. En supposant que sa raison juge cette entreprise impossible, quels motifs honorables peuvent l'exciter à la poursuivre sans en espérer le succès?

Plus on réfléchit sur la situation extraordinaire de l'Irlande, sur la nature de ses griefs, et sur les obstacles qu'elle rencontre devant elle, plus on est convaincu que le *repeal* n'est point pour O'Connell un but, mais un moyen. C'est une arme qu'il juge nécessaire dans la lutte difficile qu'il soutient et sans laquelle il croit que l'Irlande n'obtiendrait pas ce qu'elle est en droit de demander à l'Angleterre. Pour atteindre le but, O'Connell vise plus haut. Il demande ce qu'il ne peut obtenir, à l'Angleterre qui refuse ce qu'elle devrait donner, pour arriver à la seule chose possible entre ces deux extrêmes, à une transaction. Le *repeal* est impossible, soit; mais l'union telle qu'elle existe ne l'est-elle pas aussi? O'Connell n'obtiendra pas la séparation législative de l'Irlande, on l'admet: mais obtiendrez-vous que l'Irlande demeure tranquille sous le régime auquel elle est sujette? Si c'est folie que de vouloir soustraire l'Irlande aux lois de l'Angleterre, croyez-vous qu'il soit sage de vouloir la laisser sous le joug des lois qu'elle repousse? O'Connell travaillant avec ardeur au succès du *repeal* vous semble un visionnaire et un insensé. Mais l'Angleterre voulant gouverner l'Irlande avec la suprématie protestante vous paraît-elle sage?

Entre l'Angleterre qui veut imposer à l'Irlande une condition que celle-ci ne saurait souffrir, et l'Irlande qui demande à l'Angleterre ce que celle-ci ne saurait lui accorder, entre ces deux exagérations qu'y a-t-il de possible, si ce n'est de mutuelles concessions? Qu'on étudie à fond la politique d'O'Connell, et l'on se convaincra que c'est là ce qu'il poursuit au fond de son âme, en apparence si ouverte, en réalité si cachée.

Il en est qui prétendent qu'O'Connell ne veut pas de transaction, par la seule raison qu'il déclare sans cesse qu'il ne transigera pas. Mais qui ne sait que la première condition de succès, pour qu'une transaction soit offerte, c'est qu'elle ne soit pas demandée?

D'autres, tout en reconnaissant les justes griefs de l'Irlande, lui font un crime d'employer pour les défendre le moyen du *repeal*, et croient qu'elle obtiendrait bien plus sûrement le redressement de ses griefs, si elle n'y mêlait point la poursuite d'un but impossible à atteindre. Ceux qui font ce reproche à l'Irlande méconnaissent entièrement les conditions auxquelles il est donné à ce pays de réussir dans ses luttes contre l'Angleterre.

Pour soutenir ces luttes, il a fallu et il faudra encore à l'Irlande la réunion de deux choses, la force et le droit. Sans la force, l'Irlande n'obtiendra jamais rien de l'Angleterre. Or sa force vis-à-vis de l'Angleterre, ceest l'agitation. Pour O'Connell, le grand moyen d'agitation, c'est le *repeal*. Et ce n'est pas au hasard qu'il choisit cet instrument; il le prend, parce que c'est le meilleur, et le plus sûr.

Il y a en Irlande une question profondément nationale, et qui résume en quelque sorte tous les griefs et toutes les passions de l'Irlande : c'est le *repeal*; le *repeal*, qui dans la pensée du peuple ne veut pas dire seulement la révocation de l'union parlementaire, mais signifie encore la rupture même du lien politique, la séparation absolue, la haine du conquérant, le mépris et l'abolition de ses lois. Ce n'est qu'au nom du *repeal* qu'on peut remuer l'Irlande jusque dans ses entrailles. Il ne s'agit pas de savoir si le *repeal* est possible, mais bien si sans le *repeal* on peut exciter en Irlande l'agitation, qui est la première condition de force pour l'Irlande. Ce n'est qu'au moyen du *repeal* qu'O'Connell crée en Irlande cette agitation profonde et continue qui seule commande l'attention de l'Angleterre et provoque sa justice.

Il ne faut pas perdre de vue le sentiment qui domine en Angleterre touchant l'Irlande. Bien des Anglais sont loin de considérer comme justes et raisonnables les réformes dont en Irlande la nécessité est manifeste pour tous. L'Irlande est en général peu connue des Anglais, qui en détournent les yeux comme d'un objet incommode, à moins que leur attention ne soit violemment attirée par quelque grand événement. Laissée au courant naturel de ses sentiments, l'Angleterre donnera bien de loin en loin quelques marques d'intérêt à l'Irlande malheureuse et tranquille; mais, soit préjugés de race, soit antipathies de religion, elle ne fera rien de plus pour l'Irlande, à moins que l'Irlande en s'agitant ne trouble le repos de l'Angleterre elle-même. O'Connell connaît bien les Anglais, et avant de leur parler de son bon droit, il commence par leur montrer sept millions d'hommes levés et résolus à ne se rasseoir qu'après avoir obtenu justice. Sept millions d'Irlandais! c'est bien peu de chose sans doute en face de la grande puissance de l'Angleterre! mais c'est ici surtout que pour évaluer des forces respectives, il ne faut pas compter sèchement des chiffres. Il n'y a rien de si puissant qu'une petite force mise au service d'une cause très-juste. Tel est à vrai dire le secret de l'Irlande, capable malgré son infériorité relative de tenir l'Angleterre en échec.

Combien d'Anglais qui, abandonnés aux inspirations seules de leur conscience, n'approfondiraient point les misères de l'Irlande, et fermeraient l'oreille à ses plaintes, et qui voyant l'Irlande entière debout et menaçante, considèrent plus attentivement ses maux, et se demandent s'il n'y aurait pas dans ses griefs quelque chose de légitime? Combien sont très-attachés au principe protestant, et qui, s'il fallait pour dompter l'Irlande catholique ainsi insurgée, l'écraser à coups de mitraille, se sentiraient chancelants dans leur for intérieur, et seraient peut-être les premiers à blâmer le ministère qui aurait recours à de violents moyens de répression? C'est là, il faut bien le reconnaître, l'état réel des esprits en Angleterre au regard de l'Irlande. Et cette disposition ne date pas d'aujourd'hui. Voilà pourquoi l'Angleterre, en 1829, donna l'émancipation aux catholiques d'Irlande; voilà pourquoi, en 1833 et durant les années suivantes, elle concéda à l'Irlande la réforme des church-rates (taxes de fabrique), la réforme des corporations municipales, la conversion de la dîme en rente fixe, puis la réduction de cette rente, etc. Il est plus que probable que l'Irlande n'eût obtenu aucune de ces choses si elle les eût réclamées au nom de la seule equité. Mais alors comme aujourd'hui l'Irlande étalait sa force, en invoquant son droit. Alors aussi elle se levait tout entière à la voix du libérateur; et, remarquez bien ceci, ce qu'elle demandait alors à haute voix, c'était précisément ce qu'elle réclame encore aujourd'hui, le *repeal* de l'union, qui ne lui fut pas accordé mais provoqua d'autres concessions dues à l'agitation du *repeal*. Dans toute circonstance analogue l'Angleterre hésitera toujours à engager contre l'Irlande des conflits dont le monde entier doit être témoin, et qui ne sauraient se produire sans ramener l'examen des maux du peuple qui souffre, et du droit de l'oppresseur.

Mais l'Irlande, pour réussir dans sa lutte, n'a pas seulement besoin d'appuyer son droit sur sa force; il lui faut aussi, en déployant sa force, ne jamais sortir du droit. Son agitation n'est efficace qu'à la condition d'être constitutionnelle. Situation étrange et terrible d'un peuple dont les efforts, pour être puissants, doivent toucher presque à l'insurrection, et qui deviennent dangereux s'ils dépassent les limites légales : opprimé s'il se résigne, esclave s'il se révolte, libre s'il sait combattre la loi sans l'enfreindre.

L'Irlande a affaire à un maître pour lequel la légalité est d'un très-grand poids. Les mœurs en Angleterre ne sont pas précisément douces, mais elles sont parlementaires et constitutionnelles. Quand l'Irlande se plaint de manquer de pain pour nourrir ses habitants, l'Anglais fait peu d'attention à ce cri de détresse, et il éprouve un secret mépris pour l'homme qui ne sait pas vivre heureux sous l'empire de la constitution britannique. Mais si l'Irlande dénonce une atteinte portée à sa liberté politique, si elle accuse le gouvernement de la gêner dans l'exercice du droit de pétition, dans la liberté de s'assembler en meetings, etc., alors l'Anglais le plus partial contre l'Irlande reconnaît qu'elle a raison, car à ses yeux la liberté dolitique est le moyen du bien-être, et vainement le gouvernement prétextera les difficultés que lui suscite l'agitation irlandaise. Nul ne le plaint. C'est le métier du pouvoir de rencontrer sur son chemin de tels embarras, et malheur à lui si pour les vaincre il sort du cercle sacré de la constitution ! Voyez l'universel cri de blâme qui en Angleterre accueille la destitution de quelques juges de paix irlandais révoqués pour avoir assisté aux meetings du *repeal*, comme si le droit d'aller à un meeting n'était pas garanti par la charte à tous les citoyens ! Voyez le procès d'O'Connell, la décision des lords, et l'assentiment général de l'opinion publique en Angleterre ! Mais malheur aussi à l'Irlande si pour combattre ses maux elle emploie des moyens qui soient contraires aux lois! malheur à celle des deux parties qui perdra ses droits aux sympathies constitutionnelles de l'Angleterre !

Considérez attentivement tous les actes d'O'Connell, et vous verrez que sa préoccupation principale, après qu'il a, de tout son pouvoir, agité l'Irlande, c'est de renfermer ce mouvement dans les bornes légales. Où trouver une seule de ses harangues où, à côté de l'excitation passionnée, il ne place aussitôt le conseil, ou plutôt l'ordre de ne pas offenser les lois? Avec quelle véhémence il condamne les entreprises des ribbonmen ou whiteboys, et tout ce qui tient aux sociétés secrètes[1] !

[1] Quelques jours après sa sortie de prison, O'Connell se rendant à Darrynane-Abbey, traversait le comté de Tipperary, dans lequel le ribbonisme et le whiteboysme sont toujours menaçants. Aussi ne manque-t-il pas, dans son discours à la multitude assemblée, de les combattre de toute sa force.

Un village d'Irlande ayant un jour désobéi à l'ordre des magistrats : « Que ce village, dit O'Connell, soit rayé de l'association du *repeal!* »

« On m'écrit, dit-il une autre fois, pour me demander s'il faudra obéir au bill des armes : à Dieu ne plaise qu'aucune résistance y soit faite! Pour mon compte, quand on me demandera mes armes pour les marquer, je m'empresserai de les remettre aux agents de l'autorité publique. »

Il y a quelques jours, un radical propose dans l'assemblée du *repeal* une résolution tendante à faire déclarer qu'en cas de guerre entre l'Angleterre et la France, l'Irlande rétablira les corps de volontaires comme en 1779 et en 1782. O'Connell était absent; mais son esprit présidait l'assemblée, qui aussitôt repousse comme révolutionnaire une pareille motion, et ne veut pas même la discuter.

Et avec quelle ardeur O'Connell recommande l'hygiène du père Mathew, qui a mis cinq millions d'Irlandais au régime de l'eau et rendu ainsi beaucoup plus difficiles en Irlande ces excès imprévus que peut amener la débauche des basses classes!! Enfin, voyez comme il a soin de poser de temps en temps à la face du monde l'état de la question d'Irlande, la justice de ses griefs, afin de se donner vis-à-vis des nations l'avantage du droit, et par contre-coup une plus grande force contre l'Angleterre, qui sait que dans cette lutte elle a pour témoins et pour juges tous les peuples de la terre.

Et ce procédé n'est pas seulement celui d'O'Connell, c'est aussi celui que pratique en général le ministère anglais dans ses débats

« Oui, dit-il, citoyens de Tipperary, j'ai été en prison pour vous. Le bruit des fers auxquels est attaché le vil scélérat a retenti à mon oreille. J'ai souffert pour mon pays. Je voudrais souffrir plus encore... Je viens ici vous déclarer qu'il n'y aura point de transaction; nous obtiendrons le *repeal*. Mais il faut que je vous mette encore une fois en garde contre les terribles effets des sociétés secrètes. Voyez-moi! est-ce que j'agis dans l'ombre? Me voici travaillant au succès de ma cause, de cette grande cause qui est la vôtre, Irlandais, qui est la cause de l'humanité opprimée, en quelque coin du globe que se pratique l'oppression. Mais j'y travaille au grand jour, à la face du Dieu qui voit toutes choses; il n'y a rien de caché dans mes actes; j'agis en présence du monde, et tout ce que je fais ne craint rien de l'œil le plus sévère. Qu'ainsi toutes vos actions soient à découvert et à la clarté du soleil. »

avec l'Irlande. Lui aussi sait bien que pour combattre l'Irlande, il a besoin d'avoir le droit pour lui; et voilà pourquoi le ministère de sir Robert Peel hésitait tant à engager contre O'Connell le procès qu'il a fini par perdre; voilà pourquoi sir Robert Peel, qui connait si bien l'Irlande et ses difficultés, ne voulait pas personnellement tenter cette lutte; voilà pourquoi le procès ayant été mal à propos intenté, il en est résulté un accroissement de force pour l'Irlande.

On voit comment, pour lutter avec avantage contre l'Angleterre, l'Irlande a besoin de posséder toujours et simultanément ces deux éléments de sa puissance, un appareil imposant de force et le respect du droit, l'agitation et la légalité. C'est là le secret de tous les combats et de toutes les victoires constitutionnelles de l'Irlande, passées et à venir. C'est le secret d'O'Connell, auquel l'honneur revient d'avoir créé cette difficile et formidable guerre, où les questions de force et de justice sont toujours entremêlées, et dans laquelle la science du jurisconsulte est aussi nécessaire que l'audace du tribun, parce qu'on ne peut jamais savoir si la querelle se videra dans les plaines de Clontarff ou bien à la cour d'assises.

O'Connell, dans toutes ses entreprises, a toujours en face de lui ces deux écueils terribles, dont un seul suffit pour le perdre. Le premier, c'est en agitant trop l'Irlande, de provoquer et de pousser à bout l'Angleterre. Le second, c'est en évitant les excès de l'agitation, de perdre l'agitation elle-même, c'est-à-dire sa première condition de force.

Il faut se bien pénétrer de tout ce que cette double situation contient de difficultés et de périls pour comprendre le caractère politique d'O'Connell, tout à la fois si prudent et si téméraire, si impétueux et si contenu, condamné sans cesse à modérer les tempêtes qu'il a soulevées et à combattre le calme qu'il a rétabli; accusé tour à tour de violence et de démagogie par ses adversaires, et par les siens de faiblesse et de trahison.

Il s'est passé en Irlande, dans l'espace de deux années, deux faits très-différents qui seuls suffiraient pour mettre en lumière la nécessité de ces perpétuels contrastes dans la conduite d'O'Connell.

Il est certain que l'année dernière (1843), à la suite des

meetings qui avaient remué toute l'Irlande, O'Connell annonça un plan d'attaque qui touchait de bien près aux limites constitutionnelles, s'il ne les dépassait pas. De quoi s'agissait-il en effet? De réunir à Dublin un parlement dont les membres seraient élus de la même manière que les membres du parlement anglais. Il y aurait donc à côté du parlement légal et déclaré suspect un parlement irrégulier, seul digne de la confiance nationale! Aux résolutions du parlement anglais ce parlement répondrait par d'autres résolutions! O'Connell alla plus loin : non content d'annoncer la création du pouvoir qui fait les lois, il institua tout d'abord l'autorité qui les applique, et des arbitres nommés par lui prirent bientôt la place des juges, c'est-à-dire que la justice du pays, la justice légale, régulière, fut mise au ban de l'opinion!! Certes on ne saurait imaginer rien de plus audacieux! Pourquoi cette marche voisine de l'inconstitutionnalité, si même elle ne l'atteint pas? Pourquoi provoquer ainsi des poursuites qui en effet ont eu lieu? Voilà ce que beaucoup de personnes se sont demandé en s'étonnant qu'O'Connell, dans cette circonstance, sortît de la circonspection habituelle de son caractère.

A cette conduite téméraire, comparez celle que tient en ce moment O'Connell!! Il vient de remporter une victoire qui remplit l'Irlande d'orgueil et de joie. Jamais le nombre de ses amis dévoués n'a été si grand! Jamais le *repeal* n'a rallié tant de partisans à sa cause! Et cependant que fait O'Connell? Il emploie tout ce qu'il a de puissance et d'habileté à calmer le pays. La première question qui se présente est celle de savoir si on reprendra le meeting de Clontarff : O'Connell énonce l'avis que cela ne serait d'aucune importance. Réunira-t-on la société des préservateurs, c'est-à-dire ce parlement provisoire dont un an auparavant O'Connell annonçait l'ouverture pour la Noël? O'Connell estime que mieux vaut ajourner la mesure. Une voix s'élève pour demander qu'au lieu du *repeal* pur et simple on adopte un système d'union fédérale : « Soit, dit O'Connell, il y a du très-bon dans un pareil plan; » et il demande que la question soit mise à l'étude[1]. Tel est le contraste que présente, en 1844, la conduite

[1] Trois prix, l'un de 100 liv. st. (2,550 fr.), l'autre de 75 liv. st. (1,687 fr. et le troisième de 50 liv. st. (1,275 fr.), sont proposés par l'association nationale pour les auteurs des trois meilleurs ouvrages dans lesquels sera

d'O'Connell, avec celle qu'il tenait l'année précédente; et beaucoup de personnes s'étonnent de ce qu'après avoir été si entreprenant et si hardi, il se montre tout à coup si timide et si réservé.

Cette contradiction n'est pourtant qu'apparente. Qu'on réfléchisse à la différence profonde des situations, et l'on reconnaîtra peut-être que dans les deux cas O'Connell reste fidèle à son rôle et à son caractère. Pourquoi, en 1843, O'Connell prend-il, pour exciter l'agitation, des moyens extrêmes et périlleux? Parce que sous l'empire de plusieurs circonstances diverses, l'Irlande était fatiguée du mouvement, et qu'à côté du danger d'une agitation sucessive il y en a une autre encore plus grave; c'est que l'agitation cesse.

Ce n'est point une tâche facile et simple que de tenir pendant un temps très-long toute une population sur pied, même pour la défense de la cause la plus juste; de l'arracher à ses travaux, à ses campagnes, à ses ateliers, à ses foyers domestiques, à toutes ses habitudes, pour lui parler de ses libertés, de ses droits, de ses misères momentanément accrues par le remède même employé pour les guérir. On conçoit encore, sans beaucoup de peine, qu'une nation, quand elle est convaincue que son gouvernement est mauvais, se lève, combatte, fasse l'œuvre de destruction, après quoi elle se repose. Mais ce qu'il est bien plus difficile d'obtenir d'un peuple, c'est ce mouvement continuel qui, à la vérité, fera le succès à venir, mais qui n'a pas d'effet immédiat; qui, chaque jour, finit pour recommencer le lendemain; c'est cette agitation régulière qui, à la vérité, ne recèle point dans son sein les périls d'une insurrection réprimée, mais qui aussi ne contient point les promesses et les excitations d'une révolution triomphante.

Le plus grand écueil de l'agitation constitutionnelle, ce n'est pas d'être factieux, c'est de devenir monotone. C'était le danger pour O'Connell en 1843. Voyez quelle était son angoisse. Depuis une année l'Irlande, docile à sa voix, était debout. Après avoir soulevé la plus formidable agitation dont ce pays ait jamais été le théâtre, après avoir dans les meetings mis en relief toutes les

traitée la question du *repeal*. Le programme donné se réduit à celui-ci : indiquer les institutions que nécessitera le *repeal*, et les relations internationales qu'il fera naître entre l'Angleterre et l'Irlande; étudier les exemples existants des gouvernements fédératifs tels que la Suède et la Norvége, etc.

ressources de l'Irlande, sa force musculaire, sa discipline, sa tempérance, ses passions; après avoir remué cent fois ses 7 millions d'Irlandais, et fait sonner aussi haut que possible la menace que renferme toujours l'Irlande constitutionnellement insurgée, O'Connell était fondé à penser que le gouvernement anglais lui offrirait cette transaction, seule chose possible et nécessaire entre l'Angleterre et l'Irlande. Cependant le gouvernement anglais se tait. Que suit-il de là? C'est qu'O'Connell est condamné à de plus grands efforts pour soutenir le mouvement de l'Irlande. Alors il redouble d'activité, d'inventions et de ruses pour préserver l'esprit public du découragement et de l'ennui. On ne saurait se faire une idée de tout ce qu'O'Connell a dépensé d'esprit, de verve et d'imagination dans ces meetings toujours répétés, toujours stériles; et quand il a épuisé ce moyen légal, il en prend un qui l'est moins peut-être, mais sera certainement capable de tenir l'Irlande éveillée jusqu'au bout. Il prévient les Irlandais que dans trois mois, au 25 décembre, ils verront siéger à Dublin le parlement irlandais.

En agissant ainsi O'Connell, à la vérité, provoque un procès; mais ce procès était douteux (l'événement l'a prouvé). Or, pour O'Connell, lequel valait le mieux d'en courir les risques, ou de laisser languir et s'éteindre l'agitation irlandaise? S'il importe que l'agitation soit contenue, ne faut-il pas surtout qu'elle dure?

Et pourquoi O'Connell, si ardent et si ingénieux, en 1843, à enflammer l'Irlande, emploie-t-il l'année suivante tout ce qu'il a d'art et d'influence à la calmer? C'est qu'aujourd'hui l'Irlande est en feu; et alors sa tâche consiste à tempérer les passions dont naguère il craignait la fatigue et l'engourdissement. Et il s'applique avec le même dévouement à cette nouvelle œuvre. On en conclut qu'il abandonne le *repeal* et l'agitation. Non, dans ses efforts laborieux pour retenir les élans de l'Irlande, il ne renonce pas plus au *repeal* qu'il ne l'abandonnait dans son travail d'agitation extrême. Il poursuit toujours le même but par des moyens divers appropriés chacun à une situation différente. Son but, ce n'est pas le *repeal*, c'est la transaction que doit lui valoir l'Irlande, agitée par le moyen du *repeal*. Il faut que l'Irlande menace pour être forte; voilà pourquoi O'Connell l'agite par le *repeal*; mais il faut, sous peine d'y périr, qu'elle se limite dans l'agitation, voilà pourquoi elle transigera. Et jamais la question n'a été plus habilement posée par O'Connell qu'elle ne l'est aujourd'hui pour amener cette transaction. Il a gagné son procès; il avait donc pour lui le droit. Il avait aussi la force, car c'est pour lui ravir cette force qu'on l'a poursuivi. On a tenté vainement de le désarmer à demi; il a recouvré sa double épée. Et quel usage fait-il de sa puissance le jour où il se retrouve en possession de son droit, et de l'Irlande, soulevée de nouveau, et comme folle de son triomphe? Il commande à l'enthousiasme la modération; il montre à l'Angleterre à quel point il est maître de l'Irlande puisqu'il la domine jusque dans son ivresse. Alors il n'abandonne pas la lutte, il l'interrompt, il ne jette pas au rebut l'arme du *repeal*, il la suspend. Il pose au contraire avec un grand soin la question : *L'Irlande agitée ne se reposera que quand elle aura obtenu le* repeal, et il se retire à Darrynane pour quelque temps, laissant le gouvernement anglais à ses réflexions. L'Angleterre aura le loisir de méditer sur les événements qui se sont accomplis et sur ceux qui suivront. Elle peut sans doute ne rien offrir à l'Irlande, mais elle verra comment renaîtra, sous la voix d'O'Connell, le mouvement qu'il comprime aujourd'hui. Elle peut aussi penser qu'il est sage d'en finir avec l'agitation irlandaise, et voir dans le manifeste de Darrynane une provocation conciliante; car il y a dans tous les actes d'O'Connell une menace de guerre et une invocation de paix.

Qui ne comprend maintenant comment dans les mains d'O'Connell le *repeal* n'est que le moyen pratique pour contraindre l'Angleterre à proposer la transaction que l'Irlande ne peut demander, mais qu'elle ne refuserait pas?

Cette transaction serait bien simple: que l'Angleterre donne à l'Irlande des réformes, l'Irlande cessera de menacer l'Angleterre d'une révolution.

Il est des personnes qui considèrent comme factice le mouvement de l'Irlande, et qui l'attribuent tout entier à l'influence d'un seul homme, après lequel, la cause cessant, l'effet cesserait aussitôt; à leurs yeux toute l'habileté politique de ceux qui gouvernent l'Irlande consisterait à savoir gagner un peu de temps. O'Connell a, en ce moment, plus de soixante-dix ans. Lui mort, l'agitation périt. Il ne s'agit donc pas de résoudre les questions, mais de les ajourner jusqu'au moment, nécessairement peu éloigné, où elles se résoudront d'elles-mêmes par une cause naturelle. Étrange illusion, qu'on s'étonne d'avoir à combattre! comme si O'Connell avait fait l'Irlande malheureuse et souffrante, d'où sortent tant de troubles et d'agitations! Sans doute O'Connell, mieux qu'aucun autre, comprend l'Irlande persécutée et misérable! sans doute, O'Connell mort, nul ne pourra le remplacer, quoique beaucoup y aspirent. Mais ces misères qu'il comprend si bien, qu'il sait si bien peindre, pour lesquelles il sait si bien demander justice ou pitié, ce n'est pas lui qui les a créées; elles n'existeront pas moins après qu'il aura cessé de les dénoncer. A la vérité, on les reconnaîtra moins, parce que sa voix ne les révélera plus; mais la douleur cessera-t-elle de gémir, parce qu'elle n'aura plus le même organe pour se plaindre? la plaie sera-t-elle moins vive, parce que nul remède ne viendra l'adoucir? et si l'agitation est moins puissante, dépourvue de la grande intelligence qui l'organisait, ne sera-t-elle pas aussi plus désordonnée, plus violente, plus terrible dans ses mouvements? O'Connell ne réveillera plus l'Irlande endormie; mais, lorsque O'Connell ne sera plus, qui contiendra l'Irlande irritée? et quand même, au bout des fureurs de l'Irlande privée de son grand chef, on verrait une répression assurée, ne sait-on pas à travers quelles affreuses violences il faudra passer pour rétablir la paix, et n'est-ce rien de notre temps, pour un gouvernement civilisé, que d'acheter l'ordre au prix du sang?

Non, non, qu'on ne s'abuse pas, la question d'Irlande n'est pas toute dans O'Connell. C'est se tromper également que de croire que O'Connell aura un successeur, ou qu'après O'Connell l'agitation cessera en Irlande. Il n'y aura point d'autre O'Connell, et l'Irlande continuera d'être agitée. L'homme extraordinaire ne sera plus : les causes générales et profondes de troubles qui remuent l'Irlande n'auront pas cessé. L'Irlande et sa juste cause existaient avant O'Connell; après lui l'Irlande et sa cause vivront encore. A Dieu ne plaise qu'en disant ceci, on méconnaisse la gloire de l'homme qui a fait pour l'Irlande plus qu'aucun autre homme n'a jamais fait pour son pays; qui a été si constamment grand dans un temps où il semble que les hommes privilégiés n'ont que des moments de grandeur; qui s'est montré si croyant dans sa cause, si persévérant dans ses desseins, dans un temps de doute et de mobilité; et qui pendant un quart de siècle, maître absolu de l'Irlande, a su, par son génie seul, garder cette dictature morale, chaque jour expirante, chaque jour renouvelée, dont il n'a fait usage que pour guider son pays dans les luttes périlleuses de la liberté, et lui enseigner, tout à la fois, la discipline et la résistance. Oh! sans doute, O'Connell est grand, mais il y a quelque chose même en Irlande qui est plus grand que lui, c'est la cause immortelle dont il a embrassé la défense et à laquelle il doit sa grandeur. Et ce n'est pas là un sujet de tristesse pour O'Connell. Si O'Connell aujourd'hui, chargé d'années, éprouve une douleur amère à l'idée qu'il faudra bientôt quitter cette chère patrie, à laquelle il a tant donné et dont il a tant reçu, sa plus douce consolation n'est-elle pas de penser que la cause juste de l'Irlande lui survivra et assurera la durée de sa propre gloire, identifiée au triomphe de principes sacrés qui ne meureut point?

Oui, en dépit de tous les accidents, et malgré le plus néfaste de tous, les réformes de l'Irlande suivront leurs cours. La nécessité le veut ainsi. Les questions de justice, de morale et d'humanité ne sont pas, comme les questions de parti, subordonnées au plus petit événement, sujettes au caprice d'un homme et dépendantes d'un hasard. Suspendues un instant, elles se remettent en marche et avancent toujours. Quelquefois l'accident qui paraît les contrarier est destiné à les servir, et le retard auquel elles sont condamnées n'est souvent que le précurseur d'une plus rapide impulsion. Les passions d'un roi, la mort d'un ministre, la supériorité accidentelle d'un homme, d'autres circonstances passagères font pour un moment dévier les événements de leur voie naturelle, dans laquelle ils rentrent quand l'accident est passé. Tout le monde sait aujourd'hui que les préjugés protestants de George III ont seuls empêché M. Pitt de régler la question d'Irlande au commencement de ce siècle. C'est beaucoup, sans doute, que cette influence d'un seul homme sur la destinée de tout un peuple, surtout quand elle dure un tiers de siècle; mais enfin, l'obstacle particulier ayant cessé à la mort de ce prince, l'Irlande a obtenu, en 1829, plus qu'on ne lui eût donné trente ans auparavant. Il y a dans la situation de l'Irlande un certain nombre de causes générales qui la poussent à la conquête de tous ses droits, et dont l'effet plus ou moins prompt est infaillible.

NOTES

PAGE 3.

(1) En 1723. V. the Hibernian patriot. Drapier's letters to the people of Ireland concerning M. Wood's Brass half-pence. Swift. V. aussi a View of the present state of affairs in the kingdom of Ireland in three discourses. — On voit dans l'Histoire de Galway, par Hardiman, que, dès l'année 1754, il y avait un journal publié en Connaught. V p. 313.

PAGE 4.

(1) V. ce que dit Grattan à ce sujet, p. 13 et 87, tome XIV. Grattan's speeches.
(2) Mémoires de Wolf Tone, t. I, p. 65.
(3) En ce moment même une foule de meetings sont convoqués sous l'autorité des shérifs des comtés, à l'effet de demander l'abolition des lois existantes, notamment l'extinction totale de la dîme. V. journaux irlandais de décembre 1838.
(4) Le shérif de Tipperary. Gordon, t. II, p. 379.

PAGE 5.

(1) 500 liv. st.
(2) V. l'Introduction historique, p. 58. On voit aussi constamment paraître le jury dans le jugement des White-Boys. V. Irish Disturbances, George Lewis, p. 15, 17, 35 et 109.

PAGE 6.

(1) Wolf Tone's Memoirs, t. II, p. 535. — L'exécution de Tone n'eut point lieu. Peu de temps après que ces faits venaient de se passer, on apprit que Tone s'était, dans sa prison, percé la gorge d'un coup de canif dont il mourut quelques jours après.

PAGE 7.

(1) V. lois de 1787 et de 1823. 27 George III, c. xv, et 4 George IV, c. LXXXVII.

PAGE 9.

(1) The whole mass of the population were placed in hostility with their landlords by the contested elections fort that county in 1828, 1829 et 1830; the landlords endeavoured to retaliate upon the tenants for voting against their wishes, and the result was insurrection. — Tithes in Ireland. Report 2, Lords, 1832, p. 189.

PAGE 10.

(1) L'accroissement de la richesse publique en Irlande est incontestable; il est certain que, depuis un demi-siècle, l'industrie agricole, commerciale et manufacturière, a fait en Irlande de grands progrès. Cependant ce progrès se concilie avec le maintien, si ce n'est l'accroissement de la misère parmi les classes inférieures. — Wonderful improvement in the midst of all our agitation political and otherwise, and notwithstanding *periodical famine* and *disease* amongst *the peasantry*. — V. Tithes Commons. 2d report, n° 5241. 1832, Mahony. — Après avoir établi les progrès de l'industrie agricole, les commissaires chargés de l'examen de la question des chemins de fer pour l'Irlande ajoutent : « But these signs of growing prosperity are unhappily not so discernible in the condition of the labouring people, as in the amount of the produce of the labour.» (V. 2d report of the railway commissioners for Ireland, p. 8.) — Ils disent un peu plus loin, p. 17 : « We regret that the state of the labouring population does not warrant us in assuming that any considerable portion of the increased consumption is shared by them. The demand seems to proceed exclusively from the superior class of landholders and the inhabitants of the towns. » — The present social aspect of Ireland is an anomaly it itself. Whilst the country is making a visible and steady progress in improvement and signs of increasing wealth present themselves on all sides, the *labouring population* constituting a large majority of the community, derive no

proportionate benefit from the growing prosperity around them. In many places their condition is even worse than it has been. (2[d] report, of the railway commissioners for Ireland, p. 79.) — La nourriture du cultivateur est moins bonne et moins abondante; il est sujet à des maladies plus nombreuses, à des famines plus fréquentes que jamais. (V. Poor Irish inquiry, part. II, appendix H, p. 9.) Autrefois il ajoutait quelque lait à ses pommes de terre; maintenant il ne mange rien autre chose, et il en mange moins. Il est réduit à préférer, pour sa nourriture, l'espèce de pomme de terre la plus mauvaise (the lumper), parce que c'est celle dont les fruits sont les plus abondants. (Id.) « The expense of a cottier's living as stated by Arthur Young (in 1780), was much higher than it is now. He reckons it to have been 11 l. a year; 6 or 7 would be much nearer the value of his annual income at *the present time.* » (Ib.) — Une seule cause suffit pour expliquer pourquoi la population agricole s'appauvrit de plus en plus en même temps que la prospérité du riche s'accroît; c'est que tous les progrès du sol profitent au propriétaire, qui exige plus du fermier à mesure que la ferme est plus féconde. Si les baux des fermiers sont doublés, la terre peut produire le double, sans que la condition du fermier soit changée. Il ne s'agit pas d'examiner ce que la population produit, mais ce qu'elle consomme; non ce qu'elle paye aux propriétaires, mais ce qu'elle s'applique à elle-même des produits du sol. C'est faute de faire cette distinction que l'on tombe à ce sujet dans tant de contradictions. V. Enquête sur les dîmes, Lords, second *report*, 1832, p. 172.

Page 14.

(1) L'association catholique pourrait être considérée comme remontant à 1809, et même bien au delà, puisque son existence se révèle dès l'an 1760. Mais on a cru devoir ne la dater, dans cet ouvrage, que de l'an 1823, parce que c'est à cette époque seulement qu'elle a manifesté sa puissance.

Page 15.

(1) Si quelque lecteur voulait étudier à fond le principe, la forme et les procédés de la grande association irlandaise, je ne puis que le renvoyer à l'ouvrage déjà cité plus haut de M. Th. Wyse de Waterford, intitulé History of the late catholic association. 1829.

Page 16.

(1) C'est ce que l'on appelle the *Catholic rent*, établie sur la proposition d'O'Connell. Wyse, Catholic association, I, 208.
(2) The Algerine act. Wyse, id., I, 176 et 219.

PAGE 17.

(1) O'Connell déclare depuis quelques années, au nom du parti dont il est l'organe, que, si le gouvernement anglais ne fait pas à l'Irlande les concessions que celle-ci réclame, le lien parlementaire qui unit les deux royaumes sera brisé. Cependant, dit-il, il faut essayer d'obtenir justice, et, afin d'atteindre ce but, il a, cette année (1839), demandé que toutes les provinces d'Irlande envoyassent à Londres un certain nombre de représentants ou mandataires qui y viendraient avec la mission de faire entendre les vœux du pays. Si leur voix n'était pas entendue, l'Irlande demanderait *la rupture de l'Union* (the repeal of the union). L'association qui s'est formée dans le but de seconder ce plan a pris le nom de *Société des Précurseurs*, parce que ses membres font une démarche provisoire, un premier pas, un essai après lequel ils doivent aller beaucoup plus loin.

PAGE 18.

(1) V. Séance de l'association générale du jeudi 8 décembre 1836; journaux de ce temps et notamment le numéro du Dublin Evening-Post du 10 décembre 1836.

PAGE 19.

(1) L'élection de Longford.
(2) V. le compte rendu de cette séance de l'association générale dans le Dublin Evening-Post du 14 juillet 1837.
(3) Catholic association. Th. Wyse, t. I, p. 224 et 236.

PAGE 21.

(1) History of the catholic association. Th. Wyse, t. I, p. 280 et 387.
(2) Id., t. I, p. 409.

PAGE 25.

(1) V. Wyse, Catholic association. Appendix, t. II, p. 21.

PAGE 27.

(1) ...... He wished to tell their lordships that it was not so easy so catch that person (O'Connell) within the law. (Discours de lord Plunkett à la chambre des lords, du 17 février 1832.) V. tous les journaux du temps.

PAGE 28.

(1) Pour l'interrogatoire d'O'Connell devant la chambre des communes et celle des lords, V. First report of on the state of Ireland, 23 february and 11 march 1825. House of commons, p. 48 et suiv. V. aussi Minutas of evidence taken before the select committee of the house of lords, appointed to inquire into the state of Ireland, 18 february, 21 march 1825, p. 123.

(2) On sait qu'en l'année 1828, à une époque où les catholiques étaient, par la loi, incapables d'être députés au parlement, O'Connell, quoique catholique, se présenta aux suffrages des électeurs du comté de Clare, qui le nommèrent leur représentant.

PAGE 29.

(1) C'est dans les meetings qu'O'Connell s'est fait d'abord connaître, et qu'il a gagné sa première popularité.

PAGE 34.

(1) On sait que chaque année le peuple irlandais offre à O'Connell un tribut volontaire très-considérable. Ce tribut, qui date de 1831, s'est élevé, cette année-là, à 26,000 liv. st. (663,000 fr.); en 1832, il a été seulement de 12,535 liv. st. (c'est-à-dire un peu plus de 300,000 fr.); en 1833, de 13,903 liv. st. (environ 350,000 fr.); en 1834, de ......; en 1835, de 20,189 liv. st. (c'est-à-dire 514,819 fr.). Cette taxe volontaire se perçoit avec régularité. Son payement se fait sous la forme d'une souscription, et son recouvrement par une administration centrale, établie à Dublin, et qui a des agents nombreux dans toutes les villes et toutes les paroisses d'Irlande. Je dois à M. Fitz-Patrik, qui est le directeur de cette administration, la communication des documents où j'ai puisé les chiffres qui précèdent, et qui, du reste, sont tous les ans livrés à la publicité. Depuis qu'il s'est voué à la défense de son pays, O'Connell a renoncé absolument au barreau, où, comme avocat, il gagnait autant d'argent, si ce n'est plus, qu'il n'en reçoit aujourd'hui de la reconnaissance de ses concitoyens.

PAGE 35.

(1) Discours prononcé par O'Connell, le 12 janvier 1837, à l'association générale. — V. Dublin Evening-Post du 14 janvier 1837.

PAGE 36.

(1) O'Connell a soixante-cinq ans.

Note de la septième édition (1862-63). — O'Connell est mort en 1847 âgé de soixante-treize ans.

PAGE 40.

(1) Les prêtres catholiques ont, terme moyen, environ 300 liv. st. de revenu (7,500 fr.); mais, sur ce salaire, le prêtre soutient ses deux vicaires (curates). C'est le revenu de la cure plutôt que celui du prêtre. (Docteur Doyle, p. 97. —Enquête de 1832, sur les dîmes. —Tithes lords, second report.)

PAGE 43.

(1) Catholic association. Wyse, I, 295.

PAGE 44.

(1) Le docteur Doyle parle ici de l'organisation de la chambre des communes, antérieure au bill de réforme de 1832.

PAGE 45.

(1) V. second report de l'enquête intitulée *Tithes in Ireland*, 13 mars 1832. *House of* commons, p. 102.

PAGE 48.

(1) Après la bataille de la Boyne, 80,000 familles écossaises s'établirent dans le nord de l'Irlande. (Wyse, I, 20.) — Hist. of the catholic association. — Sur 642,356 presbytériens, chiffre total, il y en a 629,127 dans l'*Ulster*. — La province (religieuse) d'Armagh en contient seule 638,303; le diocèse de Dublin, 2,290; et il n'y en a plus que 1,993 dans tout le reste de l'Irlande. — V. First report of the commissioners of public instruction in Ireland.

PAGE 49.

(1) Plowden, I, 213.

PAGE 51.

(1) Suivant le recensement fait en 1834 par les commissaires de l'instruction publique en Irlande, il y avait, à cette époque, dans ce pays, 642,000 presbytériens. Le chiffre total de la population d'Irlande, à la même époque, était de 7,943,940.

Page 57.

(1) M. Wyse de Watefort, l'aïeul de Thomas Wyse, membre distingué de la chambre des communes, auteur souvent cité de l'Histoire de l'association catholique, et de plusieurs ouvrages remarquables sur l'éducation, devenu depuis sir Th. Wyse, ministre d'Angleterre en Grèce.

Page 58.

(1) V. Wyse, Catholic association, t. I, ch. xi.

Page 59.

(1) Je dis ici que la propriété moyenne est en voie de se constituer en Irlande. C'est un fait dont la preuve résulte pour moi, non-seulement de tous les renseignements verbaux que j'ai recueillis à ce sujet, mais encore d'un certain nombre de documents écrits, dont quelques-uns ont un caractère public et officiel. Je trouve constaté dans une enquête parlementaire récente, que, dans le cours des années 1829, 1830 et 1831, il a été vendu en Irlande, par autorité de la cour de chancellerie, deux cent trente propriétés ou parcelles, dont le prix total a été de 1,007,948 liv. st. (plus de 25 millions de francs). Il en résulte que leur prix moyen a été de 4,383 liv. st. (ou 111,741 fr).— Si, au lieu de procéder en prenant la moyenne du chiffre total, j'examine tous les cas de vente isolément, j'arrive au même résultat par une autre voie. Ainsi, sur les deux cent trente et un cas de vente, j'en trouve seulement vingt et un dont le prix soit inférieur à 200 liv.st.— soixante et onze qui dépassent 100 liv. st., et moindres de 1,000 liv. ster.; et cent vingtneuf supérieurs à 1,000 liv. ster., et moindres de 20,000 liv. ster. Je ne trouve qu'un seul cas d'une terre vendue 40 liv. st. (1,020 fr.), — et un seul d'une terre vendue 80,000 liv. st. (2,040,000 fr.) — La vente des très-petites propriétés est aussi rare que celle des très-grandes. Il y a évidemment là le signe d'une propriété moyenne, s'établissant au profit des classes commerçantes et manufacturières; ce n'est ni l'aristocratie ni l'ouvrier qui achète; ce qui domine, ce sont les transactions de 80 à 150,000 fr.; c'est la classe moyenne qui s'élève. — V. enquête intitulée Tithes in Ireland, house of lords, 1832, second report, p. 177, 180, 182.

Note de la septième édition (1862). — Ce que je disais ici en 1838 est bien plus vrai aujourd'hui que la vente des terres grevées de dettes se fait par la *landed estates court*, au lieu de la cour de chancellerie. Voir sur ce sujet le § 7 de la notice sur l'état présent de Irlande, en tête du premier volume.

PAGE 61.

(1) V. Wyse, I, 146, Catholic association.

PAGE 62.

(1) Wolf Tone's Memoirs, t. I, 241.
(2) Wyse, Catholic association, I, 115.
(3) Pendant 1829, 1830 et 1831, il a été donné des hypothèques sur les propriétés foncières en Irlande pour 2,448,000 liv. ster., ce qui fait pour chaque année, terme moyen, 932,000 liv. ster., ou 23,744,000 fr. V. Tithes, in Ireland-Commons, t. II, p. 187. — Et l'on voit, par les extraits suivants, tirés des mêmes enquêtes, que ceux au profit de qui ces hypothèques ont été données appartiennent généralement à la classe moyenne. « The great portion of lenders upon judgements, as far as my experience extends, are the *middle classes*, *shopkeepers*, *persons who have been in trade*, and *who reside* in *the country towns.* » Mahony, n° 5261. Tithes, 1832, Commons. — *Roman catholics principally* (id.); and in *the transfer that is now going on, there is a great deal of landed property going in to roman catholic hand*, on *account* of the *nature of the incumbrance* I have been referring to. (Id.)
(4) Wyse, Catholic association, I, 430.

PAGE 67.

(1) V. Déclaration de la corporation de Dublin, en 1792, définissant le *protestant* ascendancy : a protestant king of Ireland; a protestant parliament; a protestant hierarchy; protestant electors and government; the benches of justice; the army and the revenue through all their branches and details protestant. — V. R. Musgrave appendix, p. 12, Irish rebellions.

PAGE 68.

(1) Tels que des tabatières, des médailles à son effigie; les lis jaunes sont cultivés avec une sorte de piété par les orangistes.
(2) Ce nom fut, dans l'origine, particulier aux protestants de l'Ulster, qui, en 1795, entrèrent en lutte ouverte contre les catholiques de cette province, connus sous le nom de *defenders*, et ensuite de *Ribbonmen*. Aujourd'hui encore il désigne plus spécialement les ardents protestants du nord, et notamment les membres d'une société secrète, qui existe en Irlande depuis plus de quarante ans. La première association secrète, qui s'appela *orangiste* en mémoire du roi Guillaume III, date de 1798; elle se forma surtout par réaction contre les concessions faites aux catholiques de 1776 à 1795, et par esprit d'opposition à la fusion qu'à cette époque on tentait d'amener entre les catholiques et

les protestants; c'est sous ce dernier point de vue que l'association orangiste se montra si hostile aux Irlandais-Unis qui avaient entrepris cette fusion. Dépositaire fidèle des principes et des passions de 1688, l'association orangiste subordonne son obéissance envers le roi d'Angleterre à la religion de celui-ci, qui doit être protestant (being protestant). Tous les serments secrets des orangistes mentionnent cette réserve. L'association de 1798 va plus loin encore, et elle veut que ce roi *protestant* maintienne dans toute son étendue le monopole du pouvoir protestant en Irlande; ce n'est qu'à ce prix que la fidélité lui est due.. so long as they maintain the protestant ascendancy. — L'association orangiste, constituée en 1798, s'est réorganisée à différentes reprises, en 1800, 1814, 1824, 1828, 1834, et, quoique dissoute en 1835, elle existe toujours; ses statuts divers sont rapportés dans le rapport parlementaire intitulé : *Orange lodges*, house of commons, 20 juillet et 6 août 1835.

Dans des temps récents, l'usage a fait appliquer la qualité d'*orangeman* à tout protestant, du sud comme du nord, dont les passions ou les principes sont absolument opposés aux réformes conçues en faveur des catholiques; on doit dire, cependant, que l'appellation de tory implique plutôt la nature des opinions, et celle d'*orangiste* la violence de l'esprit de parti.

PAGE 69.

(1) From that mistaken lenity which has been the ruin of the kingdom. (Musgrave's Irish rebellions appendix, p. 48.)

(2) Musgrave's Irish rebellions appendix, p. 161.

PAGE 70.

(1) Il y a en Irlande, sur 8 millions d'habitants, 6 millions et demi de catholiques. On peut estimer à 5 ou 600,000 le nombre des protestants qui font cause commune avec le parti radical; ce qui porte à 7 millions la force numérique de ce parti, qui a contre lui environ 1 million de protestants.

Note de la septième édition (1862). — On rappelle ici encore une ois que les chiffres qui se rapportent à la population sont ceux de 1838; qu'ils ont été modifiés par la famine de 1847 et par l'émigration; qu'on les laisse cependant tels qu'ils ont été posés il y a vingt ans, parce que les changements survenus dans le total des divers nombres n'en ont pas changé les proportions.

PAGE 74.

(1) Wyse, Catholic association, I, 224.

(2) Dans la province de Cashel, les catholiques sont vis-à-vis des pro-

testants dans la proportion de dix-neuf contre un ; dans celle de Tuam, vingt-cinq contre un. V. Report of the commissioners for public instruction in Ireland.

PAGE 75.

(1) Wolf Tone's Memoirs, I, 171.

PAGE 80.

(1) Il résulte des tableaux comparatifs de la population irlandaise, en 1821 et en 1831, que son accroissement, qui, dans la province de Leinster, n'a été, pendant dix ans, que de neuf pour cent, a été, durant le même laps de temps, de vingt-deux pour cent dans la province de Connaught. V. Statistical account of the British empire, par Mac-Culloch, t. I, p. 437 et 441. — Ces tableaux de M. Mac-Culloch reposent sur des documents officiels.

PAGE 81.

(1) C'est le recensement de 1831.
(2) Il n'y a, terme moyen, pour les journaliers irlandais, de travail que vingt-deux semaines par an, ou cent trente-cinq jours. V. Irish poor law inquiry, Appendix II, part. I, p. 12. — Les lieux où il y a le plus de travail donnent deux cent dix journées par an, et il en est qui n'en donnent que vingt-quatre. (Id.)

PAGE 82.

(1) Les chiffres statistiques dont je me sers ici sont empruntés à l'ouvrage de M. Mac-Culloch, Statistical account of the British empire. V. aussi second report of the Irish railway commissioners, p. 85.

PAGE 84.

(1) On en a vu, en 1826, un terrible exemple dans les districts manufacturiers d'Angleterre : à l'époque où les machines à filer le coton ont remplacé la main-d'œuvre, des milliers d'ouvriers ont été sans emploi et jetés dans toutes les horreurs de la famine. V. Emigration committee second report, p. 4 (1827).

L'Angleterre offre, dans un espace de moins de dix ans, un exemple bien saillant des fluctuations de population qu'occasionne l'industrie dans les pays où elle est établie sur une grande échelle, et des embarras immenses que ces fluctuations font naître. En 1827, on voit le parlement et l'Angleterre entière s'agiter pour trouver le moyen de faire émigrer aux colonies 95,000 individus qu'on considère comme surabondants par suite du déclin de l'industrie V. troisième émigration report, p. 40 et précédentes; et, en 1835, l'industrie étant relevée et employant plus de bras, on est inquiet de savoir où l'on trouvera 90,000 ouvriers qu'on calcule devoir être nécessaires à ces manufactures. V. 1 st. poor report, 1835, p. 308.

(2) Il n'existe un peu d'industrie manufacturière que dans la province d'Ulster, où la fabrique des tissus de lin est très-prospère. Dans le reste de l'Irlande, l'industrie manufacturière est plutôt en déclin; toutes les fabriques d'étoffes de laine, de flanelle et de coton y sont en pleine décadence. Il y a bien quelque progrès dans l'industrie *commerciale* proprement dite, c'est-à-dire dans celle qui achète pour revendre; mais ce genre d'industrie est borné, de sa nature, aux besoins du pays; il emploie un nombre restreint d'individus, et c'est une question de savoir s'il s'accroît en proportion des progrès de la population.

Pour aider l'industrie à se développer, le gouvernement anglais paraît être dans l'intention d'établir en Irlande un certain nombre de grandes lignes de chemins de fer. V. second report of the commissioners appointed to consider and recommend a general system of railways for Ireland. Dublin, 1838.

(3) Arthur Young's tour in Ireland, t. II, sect. IX, p. 150. Édit. in-8.

PAGE 85.

(1) Notamment celles des étoffes de laine.

(2) Par les incapacités civiles qui excluaient les catholiques d'Irlande des corporations municipales.

(3) Les droits d'entrée des produits irlandais dans les ports de l'Angleterre équivalaient à une prohibition absolue. On voit dans l'Histoire de la ville de Galway, par Hardiman, qu'il était permis d'exporter d'Irlande toutes sortes de marchandises, *excepté* les étoffes de laine et de lin (*linen and woollen goods*). V. p. 83.

(4) Gordon, History of Ireland, II, 49.

PAGE 87.

(1) V. First annual report of the poor law commissioners for England and Wales, p. 305. — V. aussi report de George Lewis, spécial sur ce sujet, p. 6. — *Irish in Great Britain.*

(2) G. Lewis. — Irish poor in Great Britain, p. 63 et suiv. — Irish poor inquiry, third report of the commissioners, p. 4. — Il est constaté que l'ouvrier agricole d'Irlande gagne, terme moyen, 2 sh. ou 2 sh. 6 d. par semaine, c'est-à-dire le quart de ce que gagne l'ouvrier anglais dont le salaire est de 8 à 10 sh. par semaine.

PAGE 88.

(1) Suivant le jugement de M. Griffith, directeur général du cadas-

tre de l'Irlande, la presque totalité des 5 millions d'acres pourrait être utilisée ; et il y en a plus d'un million dont on pourrait tirer des céréales. V. enquête sur les dîmes de 1832. — Tithes, second report p. 276. Queries 2936-2940.

PAGE 92.

(1) V. tous les économistes du XVIIIe siècle. Montesquieu dit, dans l'Esprit des Lois (t. II, liv. XVIII, ch. XXVI), que l'Europe a besoin de travailler à l'accroissement de sa population.

PAGE 93.

(1) On sait qu'une loi de la Révolution récompensait les filles mères d'enfants naturels.

(2) On peut voir par la correspondance du primat Boulter tous les efforts que fit le gouvernement anglais, en 1727 et en 1728, pour empêcher l'émigration des Irlandais en Amérique. V. Boulter's Letters, t. I, 220 et suiv.

En 1826 et 1827, une commission parlementaire fut instituée à l'effet d'organiser un plan d'émigration régulière d'Angleterre aux colonies anglaises ; et dans les rapports de cette commission, on retrouve sans cesse l'opinion qu'un vaste système d'émigration doit surtout être organisé pour l'Irlande. V. Emigration committee, 1826-1827. Je me rappelle avoir, le 1er juin 1837, assisté, à Londres, à une séance de la Société d'économie politique, et y avoir entendu discuter la question de l'émigration irlandaise, qui avait été posée en ces termes par le colonel Torrens : « To what extent should emigration from Ireland be carried, in order to dispauperize that country, and aid the introduction of poor laws? » — Sir Henry Parnell soutint que, pour atteindre le but indiqué dans cette question, il fallait faire émigrer d'Irlande 1,800,000 pauvres, et il calcula que cette émigration coûterait à l'État environ 750 millions de fr., ou 30 millions de liv. ster. La question fut débattue en présence et avec le concours des économistes les plus distingués de l'Angleterre, entre autres de MM. Senior, qui la présidait, le docteur Whately, archevêque de Dublin, Mac-Culloch, Joseph Hume, Spring Rice, chancelier de l'échiquier, Poulett Thomson, ministre du commerce, etc.

PAGE 94.

(1) Irish poor inquiry. Appendix E, p. 133, au mot Emigration.

(2) Ibid., p. 135 et 137

PAGE 95.

(1) On a déjà proposé d'exiger 10 *dollars* (53 fr.) comme droit d'entrée de tout émigrant.

PAGE 100.

(1) Poor-Law amendement act, août 1834.
(2) An act for the more effectual relief of the destitute poor in Ireland (31 juillet 1838).

PAGE 101.

(1) Ceux qui voudraient étudier à fond la grande question du paupérisme en Irlande, et notamment la théorie de la loi de charité adoptée pour ce pays par le parlement anglais, au mois de juillet 1838, doivent consulter d'abord les rapports des commissaires de l'enquête faite en 1835 et 1836, et qui ont exprimé une opinion contraire au système que la loi a établi; 2° les rapports de M. George Nicholls, de 1836 à 1838, sur lesquels la loi de 1838 a été rédigée; 3° une brochure intitulée : *Observations sur le troisième rapport des commissaires de* 1835, par M. George Lewis, 1837; 4° une lettre de M. Senior à lord John Russell, 1837, sur le troisième rapport des commissaires de 1835. Ces deux ouvrages de MM. Lewis et Senior sont également dans le sens de la loi, et renferment, sans contredit, les arguments les plus forts que l'on puisse présenter en sa faveur; 5° il a paru sous le titre de *Strictures on the proposed poor law for Ireland*, 1837, et sous celui de *Remarks on the bill for the relief of the poor in Ireland by philo-hibernicus*, deux brochures attribuées, la première à l'archevêque de Dublin, le docteur Whately, la seconde à M. Corrie, l'un des commissaires de 1835, dans lesquelles les vices du système de la loi adoptée en 1838 sont très-bien exposés. Lord Clements, M. William Stanley, de Dublin, jeune publiciste distingué, et M. Bicheno ont aussi publié sur cette grave question des livres ou brochures qui méritent d'être consultés.

PAGE 102.

(1) Le chiffre exact serait de 182,500,000 fr.

PAGE 104.

(1) Le principe facultatif de la loi se trouve dans l'art. 41. — V. Act for the more effectual relief of the destitute in Ireland, art 41.

PAGE 106.

(1) La loi ne dit pas en termes exprès le nombre d'établissements qui doivent être construits (V. art. 35) : elle laisse aux autorités le soin de le déterminer suivant les circonstances. Mais il résulte des rapports qui ont précédé la loi, et de la discussion qui l'a accompagnée, que le projet du gouvernement est d'édifier en Irlande quatre-vingts maisons de charité propres à recevoir chacune mille indigents.

PAGE 108.

(1) Le *Poor-Law* amendement act (août 1834).

PAGE 121.

(1) G. Lewis, Irish Disturbances, p. 444.

PAGE 127.

(1) Lingard history of England, t. VI, ch. v. en 1525.

PAGE 129.

(1) En 1850 lord John Russell a proposé à la chambre des communes l'abolition de la vice-royauté d'Irlande. Le bill avait passé à la seconde lecture. Cependant il en est resté là. Et la motion n'a pas été reproduite. (Séance du parlement du 18 mai 1850. — Note de l'édition de 1862-1865.

PAGE 133.

(1) M. Léon Faucher a, en 1836, publié une petite brochure intitulée : *État et tendance de la propriété en France*, où sont très-bien signalées les causes du fractionnement progressif du sol, et la limite où ce morcellement doit s'arrêter, sous peine de devenir funeste. Cette brochure présente sur ce sujet beaucoup de considérations neuves et de faits importants.

PAGE 137.

(1) Entre autres le célèbre Von Raumer, professeur d'histoire à l'Université de Berlin, dans son ouvrage intitulé *L'Angleterre en* 1835. Il dit en propres termes qu'il faut abolir tous les baux à ferme existant

en Irlande, et métamorphoser les fermiers en propriétaires. V. lettre LII. Son livre a été traduit en français. M. de Sismondi exprime une opinion analogue dans son remarquable ouvrage intitulé *Études sur l'économie politique*, t. I, p. 331 et suiv. Il voudrait que le droit des propriétaires irlandais fût converti en un droit à une rente perpétuelle; et il établit, en principe, que le droit du législateur à régler les conditions du contrat de culture, et à apporter pour cela des limites au droit de propriété, ne saurait être révoqué en doute.

PAGE 144.

(1) V. Blakstone, liv. II, ch. VII, XX et XXI. — L'indépendance des juges anglais (judges) remonte à la révolution de 1688, quoiqu'ils ne soient devenus véritablement inamovibles que sous le règne de George III (1 G. III, ch. XXIII). Du jour où ils ont été indépendants, ils ont été tout dévoués à l'aristocratie, non par l'effet seul de leur inamovibilité, mais par l'influence de causes qui se sont combinées avec celle-ci. Le juge anglais, avec son traitement de 2 à 300 mille francs, occupe naturellement un rang et une position sociale qui l'inclinent vers l'aristocratie, dès qu'il échappe à la main du prince. Le juge anglais, qui, comme officier royal, remplissait de certaines fonctions, propres, de leur nature, au pouvoir exécutif, les a conservées et continue de les exercer depuis qu'il est indépendant; et allié de l'aristocratie, il tourne au profit de celle-ci le pouvoir qu'il exerçait jadis au profit du monarque.

PAGE 146.

(1) On trouve dans l'enquête faite en Angleterre sur l'état de la propriété foncière en Angleterre (on Law of real property) une question ainsi posée : « Est-il possible, dans l'état présent de la législation, de s'assurer qu'un titre de propriété est bon? » — Et tous les jurisconsultes que l'on consulte sur ce point répondent que non. V. second report, 29 juin 1830. — Appendix, p. 138 et suivantes.

PAGE 149.

(1) Voici un exemple des embarras dont, en Irlande, la propriété foncière est couverte. Soit 100 acres de terre. A est le propriétaire primitif (the owner of the fee). A afferme à B ces 100 acres, moyennant un bail perpétuel (a lease of lives renewable for ever). B sous-loue ces terres à C et à D, 50 acres au premier et autant au second, en donnant à chacun d'eux un bail de quatre-vingt-dix-neuf ans. C sous-loue lui-même sa part et la donne à E et F avec un bail de trente et un ans; E sous-loue encore à G, H, I, avec bail de sept ans; et ces derniers sous-

louent encore d'année en année à une foule de petits cultivateurs (cottiers). V. second report. *Tithes in Ireland* 1832. House of Commons, p. 9.

PAGE 153.

(1) V. sur l'état embarrassé de la propriété foncière en Irlande, l'enquête de 1832, intitulée *Tithes* in Ireland. House of Commons, p. 487, 488. — Sur le désir qu'a l'aristocratie de vendre ses terres, V. id., p. 493, 501. — Sur la nécessité de rendre le sol au commerce, id., p. 491. — V. aussi Enquête sur le même sujet, *House* of lords, 1832, p. 189, 190.

PAGE 165.

(1) V. Enquête de 1832. Lords Tithes, second report, p. 95, et aussi Edinburgh Review, vol. LXIII, p. 179. 1836. — La théorie de l'Eglise anglicane est celle-ci : « It is for the general good, in a country where absenteism is so prevalent, to secure the residence of at least one country gentleman for the diffusion of civilization throughout a parish where he cannot diffuse religion. » V. id.

PAGE 167.

(1) V. les enquêtes de 1832, et notamment celle des lords. — Tithes, second report, p. 26; et Commons, second report, p. 7.

PAGE 168.

(1) Cette loi est appelée the *Golbourn act*, du nom du ministre qui la présentée.

PAGE 169.

(1) Loi du 16 août 1832. — Lord Stanley's act.
(2) Loi du 14 août 1833, intitulée An act to alter and amend the laws relating to the temporalities of the church in Ireland.

PAGE 170.

(1) C'est la loi du 15 août 1848, intitulée *an act* to abolish compositions for tithes in Ireland, and to substitute rent-charges in lieu there of. I et II Vittoria, c. 109.

PAGE 173.

(1) George Lewis. Irish church question. V. Irish Disturbances, p. 381.

PAGE 175.

(1) En 1825, la question fut représentée au parlement; mais le bill qui avait pour objet de donner un salaire au clergé catholique d'Irlande, fut rejeté par la chambre des lords. V. Wyse catholic association.

(2) Cette déclaration a été rendue publique par la voie de la presse; elle se trouve dans tous les journaux de janvier 1837. On peut la voir notamment dans le Dublin Evening post du 17 janvier de cette même année. On trouve à la date du 8 du même mois de la même année, une adresse d'O'Connell aux électeurs de Limerick, dans laquelle il s'oppose de toute sa force au projet d'un salaire public pour le clergé irlandais, et déclare que pour son compte il aimerait mieux mourir que de consentir à une pareille dégradation du culte catholique. — V. le même journal du 12 janvier 1837.

(3) On peut juger de la disposition véritable du clergé catholique envers les gouvernants et les lois, par ce que disait l'évêque Doyle, en 1838, devant un comité de la chambre des lords :

« I think the law is a kind of emanation from God, through the agency of man; and I not only venerate the law as other men do, but I look upon it as clothed with a kind of holines. Than just law, there is nothing more holy among human institutions. » — Docteur Doyle, p. 101, 1832. *Tithes lords*, second report.

« A mes yeux, la loi est une sorte d'émanation de Dieu, dont l'homme n'est que l'agent. Non-seulement je professe pour la loi le respect dont l'entoure le reste des hommes; mais encore elle apparaît à mes yeux comme un objet sacré; une loi juste me paraît la plus sainte des choses parmi les choses humaines. »

PAGE 183.

(1) La loi du 15 août 1838, qui commue les dîmes en rentes perpétuelles, après les avoir réduites d'un quart.

PAGE 185.

(1) Les évêques afferment à vil prix leurs biens, soit à leurs enfants, soit à leurs frères, ou autres proches, quelquefois ouvertement, le plus souvent au moyen de transactions frauduleuses. V. Enquête sur les dîmes, 1832, Tithes in Ireland. Second report, Commons, n° 5195. Se-

lon M. Mathonny, avocat distingué de Dublin, les biens d'église affermés 120,000 liv. st. rapportent en réalité de 500 à 600,000 liv. st., soit aux occupants, soit aux familles de ceux-ci (id.). — Quant aux revenus apparents des terres ecclésiastiques, voir Ecclesiastical commission, 1833. First report, p. 43. — Sur le mode et la durée des baux donnés par l'église à ses fermiers, V. id., p. 212.

PAGE 188.

(1) Avant le bill de réforme, sur six cent cinquante-huit membres des communes, il y en avait trois cent sept élus par des bourgs pourris, dont la propriété appartenait à cent cinquante-quatre propriétaires.

PAGE 189.

(1) En 1835, quelques publications tendantes à l'abolition du droit d'aînesse et des substitutions ont paru à Londres, et y ont obtenu un assez grand succès; l'une d'elles portait ce titre : *Thoughts upon the Aristocracy of England*, by Isaac Tomkins, 1835. J'en ai sous les yeux la sixième édition. Une autre intitulée : *Letter to Isaac* Tomkins and Peter Jenkins on *primogeniture*, by *T. Winter bottom*. Une troisième : A Sketch of the aristocracy of England... L'une de ces brochures était, à tort ou à raison, attribuée à lord Brougham.

PAGE 191.

(1) En 1837, il n'est pas tout à fait exact de dire que le bill qui tendait à abolir en Angleterre les *church rates* (ou taxes de fabriques) fut rejeté; car, en réalité, il fut adopté par la chambre des communes à une majorité de cinq ou six voix; mais, dans un pays où le gouvernement constitutionnel est compris, on trouva cette majorité si minime, que le ministère considéra le bill comme rejeté, et ne le porta point à la chambre des lords.

PAGE 198.

(1) La question de ballot ou vote au scrutin secret, quoique particulièrement adoptée par les radicaux, a pour partisans un grand nombre de whigs et d'hommes d'opinions modérées. Voici du reste quel a été sur cette question, depuis 1833, le mouvement des esprits dans le parlement, tel que le constate le chiffre des votes : en 1833, pour le scrutin secret, 106 voix contre 211 ; en 1835, 146 pour, et 319 contre ; en 1836, 88 pour, et 139 contre ; en 1837, 155 pour, et 267

contre; enfin, en 1838, 200 pour, et 317 contre. On voit qu'il y a encore, pour repousser la motion, une majorité de 117 voix. Le bill n'aurait quelques chances de succès que si le ministère whig l'adoptait. Du reste, il y a sur cette question de singulières variations d'opinion. Beaucoup de tories tendent à croire que le vote au scrutin secret ne nuirait en rien à l'influence de l'aristocratie, et aurait pour avantage de détruire celle du peuple qui, aujourd'hui, a une certaine action sur le vote public des électeurs. Par la même raison, beaucoup de radicaux qui étaient favorables à la motion hésitent dans leurs sentiments. Il existe cependant, sur ce sujet, quelques convictions constantes et inébranlables, à la tête desquelles il faut placer celle de M. George Grote, qui a pris en main la cause du scrutin secret (ballot), et reproduit chaque année une motion qui l'a pour objet. Tous les arguments que l'on peut présenter en faveur de cette réforme sont exposés avec beaucoup de talent dans les deux discours prononcés à la chambre des communes, par M. Grote, les 8 mars 1837 et 15 février 1838

PAGE 202.

(1) On peut juger, par un seul exemple, de la répugnance qu'éprouvent les tories à faire aucun changement dans le gouvernement de l'Irlande. On a vu précédemment (*Introduction historique*, p. 171) qu'en 1793 la loi qui interdisait le mariage entre les protestants et les catholiques fut abolie. De là, sans doute, résultait la nécessité d'abroger les lois qui défendaient, sous peine de mort, au prêtre catholique de célébrer un mariage entre catholiques et protestants. Cependant ces lois, tombées, il est vrai, en désuétude, sont restées intactes jusqu'en 1833, époque à laquelle une administration whig les a formellement abolies. V. loi du 29 août 1833.

PAGE 203.

(1) *Note de la septième édition* (1862-63). — S'il fallait une preuve de plus du zèle sincère dont les whigs sont animés pour l'Église anglicane, on la trouverait dans le bill proposé en 1851 par lord John Russell, et qui a été adopté la même année par le parlement, sous le titre de *Loi sur les titres ecclésiastiques*. Cette loi, dont toutes les dispositions sont une violente attaque contre la cour de Rome et contre les droits du saint-siége, contient un article qui interdit à tout prélat catholique le droit de prendre ostensiblement le titre d'*archevêque* ou *évêque* du lieu de la résidence et du siége qu'il occupe; d'après cette loi, l'archevêque catholique de Dublin et l'évêque catholique de Galway, par exemple, ne pourront se dire, l'un, archevêque de Dublin,

l'autre, évêque de Galway, ni personne leur donner ce titre sans encourir une pénalité. Une pareille loi, en 1851, était un anachronisme. Elle était inexécutable, et n'a pas été exécutée un seul instant. Il y a des faits contre lesquels la loi ne peut rien. Forts du fait et du sentiment national, les évêques ont continué à prendre le titre qui leur appartenait, et fort heureusement aucune poursuite n'a été exercée contre eux. La moindre violence du gouvernement eût soulevé l'Irlande... Ce bill était cependant la chose du monde la plus logique. Les promoteurs de la loi disaient: Est-ce qu'à Cashel et à Tuam, où il y a des évêques protestants, il peut exister aussi des évêques catholiques, qui se disent : l'un, évêque de Cashel, l'autre, évêque de Tuam? Si les uns sont les véritables évêques, les autres ne le sont pas; et si ceux-ci usurpent ce titre, comment tolérer cette usurpation? L'argument paraît sans réplique. Seulement, où est l'usurpation? Lequel du prélat catholique ou du prélat anglican peut se dire évêque légitimement de Galway ou de Tuam, où les catholiques sont dans la proportion de cent contre un protestant?

La faute commise par les whigs, en portant une loi aussi impolitique et qui s'accorde si peu avec tous leurs précédents, serait inexplicable si on ne savait la cause secrète qui les a fait agir. Le bill des titres ecclésiastiques a été une concession faite aux passions protestantes de l'Angleterre, une réponse aux envahissements du papisme. Le bill était dirigé, non contre Mgr Cullen, archevêque de Dublin, mais contre Mgr Wiseman archevêque de Westminster. En portant une loi contre les évêques catholiques d'Angleterre, on ne pouvait excepter ceux de l'Irlande. Du reste, la loi a été aussi vaine en Angleterre qu'en Irlande. Dès le premier jour elle a été, dans les deux pays, une lettre morte.

PAGE 204.

(1) Le principe fondamental des écoles irlandaises, dites *nationales*, est qu'on y donne l'instruction aux enfants, indépendamment du culte professé par ceux-ci. Il est manifeste que, dans un pays comme l'Irlande, l'exécution fidèle de ce principe est la condition nécessaire de succès pour toute école ouverte, tout à la fois, aux protestants et aux catholiques; mais il est facile de comprendre les difficultés que l'on rencontre dans la pratique. Il ne faut point influencer les enfants en faveur de tel ou tel culte, et cependant tout enseignement religieux ne saurait être banni de l'école. Que serait en effet l'éducation sans la religion? — Mais si on entretient les enfants de religion, comment le faire sans tomber dans l'écueil qu'avant tout il faut éviter? — C'est à vaincre ces deux obstacles que tendent tous les efforts du gouvernement whig. Et d'abord, comme garantie de la sincérité de son intention, il a placé à la tête de la commission centrale qui dirige ces établissements, deux hommes éminents, chacun dans son parti, l'un pro-

testant, l'autre catholique, et qui doivent, par leur caractère, offrir des gages d'impartialité aux croyants de leur religion ; l'un est le docteur Whately, archevêque protestant de Dublin; l'autre, le docteur Murray, archevêque catholique. Le duc deLeinster, qui est à la tête de la noblesse irlandaise, homme d'une grande sagesse et d'une grande modération, en fait aussi partie. Ensuite on a établi comme règle principale de l'institution, qu'en aucun cas il ne sera donné aux enfants que l'instruction religieuse déterminée par leurs parents ou tuteurs; et qu'à cet effet, un jour de la semaine (en outre du dimanche), les enfants des écoles seront mis à la disposition, soit du tuteur, soit du ministre, prêtre catholique ou pasteur protestant, désigné par le tuteur de l'enfant ou par ses père et mère, afin de recevoir l'espèce d'instruction religieuse qui lui convient. Les enfants ne trouvent dans l'établissement même aucune instruction religieuse, à moins qu'on ait reçu de leurs père et mère l'autorisation formelle de leur donner celle qui y est en vigueur. Au 31 mai 1836, ces écoles étaient au nombre de treize cents, contenant plus de cent mille élèves de toutes les dénominations religieuses. Un des soins principaux du gouvernement est de fonder en ce moment des écoles normales d'enseignement ; car ce qui manque en Irlande à ces écoles, ce ne sont pas les élèves, mais les instituteurs. V. Reports of the commissioners of national education in Ireland for the years 1834, 1835, 1836 et 1837. — On ne saurait mieux se faire une idée de l'esprit dans lequel les écoles nationales d'Irlande sont dirigées, qu'en lisant les discours prononcés sur ce sujet à la chambre des lords, par l'archevêque de Dublin (le docteur Whately), qui est tous les ans attaqué dans cette chambre par les orateurs du parti tory, et notamment par lord Lyndurst et l'évêque d'Exeter. V. notamment le discours prononcé par le docteur Whately, le 19 mars 1835.

Note de la septième édition (1862-63). — *V.* l'ouvrage de M. James Godkin; Education en Irlande, 1862, et la Notice de la septième édition, § 6.

PAGE 207.

(1) *Note de la septième édition* (1862-63).— « Les whigs gouvernent l'Angleterre depuis sept ans. » J'écrivais ceci en 1839. Je puis ajouter que depuis cette époque, c'est-à-dire depuis vingt-cinq ans, ils n'ont presque pas quitté le pouvoir. Si l'on excepte le ministère de sir Robert Peel de 1841 à 1846, ce n'est que de loin en loin, et chaque fois pour un temps très-court, que le parti tory ou conservateur a pris les affaires en main : par exemple lord Derby et M. d'Israeli en 1852; lord Aberdeen, qui n'a fait que paraître en 1855.

(2) On veut parler de la réforme opérée dans les pouvoirs des

juges de paix par le *poor law amendement act*, le 14 août 1834, qui, en créant une administration centrale de la loi des pauvres, a dépouillé les juges de paix d'un grand nombre d'attributions, et a restreint singulièrement ceux de leurs pouvoirs qu'elle n'a pas détruits.

(3) La pensée la plus avancée des whigs se peut voir dans un écrit intitulé *National Property* and *Prospects* of *the present administration* and *of their successors*, qui a paru en 1835, et qui, quoique publié sans nom d'auteur, est notoirement émané de M. William Nassau Senior, ex-professeur d'économie politique à Oxford, auteur d'un ouvrage extrêmement remarquable, intitulé *Outline* of the science of political economy, 1836, et aujourd'hui investi d'une des plus importantes fonctions de la magistrature anglaise (master in chancery). M. Senior, quoique écrivant en son nom propre, était évidemment l'organe du ministère Melbourne; et sa publication avait pour objet de pressentir et de préparer l'opinion publique sur les réformes qui étaient dans la pensée des whigs. Or les principaux points qui sont établis dans l'œuvre de M. Senior sont ceux-ci : 1° que la chambre des communes est désormais le pouvoir prépondérant dans l'Etat, et que la chambre des lords ne doit plus être que la seconde chambre du parlement; 2° que si la chambre des lords n'accepte point ce rôle secondaire, le seul qu'elle puisse avoir, il faut de toute nécessité la réformer, et cette réforme se peut faire en introduisant dans la chambre des lords un grand nombre de lords nommés à vie ; 3° il faut absolument opérer de grandes réformes dans l'église d'Angleterre et dans celle d'Irlande, et ne point s'arrêter au cri de l'Église qui se prétend dépouillée quand on règle ses droits et ses revenus. Les propriétés de l'Église sont des propriétés nationales, dont l'Etat fait l'emploi qu'il juge le plus juste et le plus utile à la société; 4° Il faut réformer les corporations municipales d'Angleterre. On sait que ces corporations ont été réformées en 1836. Comme en 1836 on s'attendait à une résistance de la chambre des lords au bill de réforme des corporations municipales d'Angleterre, il était déjà question, au sein du cabinet whig, d'un projet de réforme de la chambre des lords, dont les articles avaient déjà été esquissés... Mais, les lords ayant cédé, ce projet n'a pas eu de suite.

PAGE 208.

(1) En 1837, un bill tendant à l'établissement de ces conseils locaux fut préparé par M. Joseph Hume, sous le titre de *Bill to establish councils for the better management of county rates*. On croit tenir de très-bonne source que M. Hume, en présentant ce bill, agissait d'accord avec le ministère whig, sur l'appui duquel il croyait pouvoir compter; et, en effet, les ministres whigs ne voyaient dans

ce projet de loi, qui dépouillait les juges de paix de l'administration des comtés, pour la transporter à des magistrats élus, rien que de compatible avec leurs principes politiques. Mais la seule présentation de ce bill souleva de si grandes oppositions dans la chambre des communes, dont tous les membres sont juges de paix, que les whigs n'ont pas osé soutenir ce projet de loi, qui était, il est vrai, conforme à leurs sentiments, mais qu'ils ne pouvaient défendre sans compromettre leur existence ministérielle.

PAGE 210.

(1) Church rates abolis pour l'Irlande en 1833.

(2) Les whigs semblent pourtant enclins à faire revivre la paroisse et ses pouvoirs. Ainsi deux lois récentes de 1831 et 1836 confient aux paroisses d'Irlande le soin de nommer chaque année des commissaires à l'effet de surveiller les cabarets où se vendent de la bière et des liqueurs fortes, aussi bien que les personnes qui tiennent ces maisons. 3 et 4 W. IV, ch, LXVIII, sect. XX; 6 et 7 W. IV, ch. XXXVIII, sect. XIII.

PAGE 211.

(1) La réforme des corporations municipales d'Angleterre s'est faite en 1836.

PAGE 212.

(1) Les whigs admettent bien quelquefois comme les tories qu'on doit attacher la condition d'un cens à l'exercice des droits municipaux. Mais, alors même qu'ils se rapprochent ainsi des tories, ils en sont encore séparés par la quotité du cens, que les tories veulent élever beaucoup plus que les whigs. Ceux-ci estiment que l'on pourrait conférer les droits de cité à tous les individus payant un loyer. ou habitant une maison dont le loyer fût de la valeur de 5 liv. sterl. (125 fr.). — Les tories fixent au contraire à 10 liv. st. (250 fr.) le minimum du cens municipal. Les arguments sur lesquels repose le système des tories se trouvent principalement dans les discours prononcés sur cette question à la chambre des communes, par sir Robert Peel, et à la chambre des lords, par lord Lyndhurst.

PAGE 215.

(1) Août 1834. Poor law amendement act. — Il existe en Angleterre des paroisses où la taxe des pauvres était devenue si énorme, qu'elle avait dépassé le revenu des terres qui en avaient la charge, et que les

propriétaires de ces terres et les fermiers avaient déserté leurs domaines et leurs fermes pour s'affranchir de ce fardeau. Les commissaires (for inquiring into the operation of the poor law in England) citent la paroisse de Cholesbury en Berkshire, où la taxe des pauvres s'éleva de 10 liv. st., qui était son chiffre en 1801, à 367 liv. st. en 1832, quoique la population fût restée presque stationnaire. (V. third report of the Irish poor law commissioners, 1835, p. 6.)

(2) Loi du 25 août 1835.

(3) Loi de 1836.

PAGE 217.

(1) Il arrive, à la vérité, quelquefois aux whigs de ne pas centraliser, même en Irlande, autrement qu'ils ne font en Angleterre. Ainsi, par exemple, la loi des pauvres, donnée cette année même (1838) à l'Irlande, repose sur le même système timide de centralisation mixte qui sert de base à la nouvelle loi des pauvres d'Angleterre; c'est-à-dire qu'elle charge le pouvoir central de diriger, les classes moyenne et supérieure d'exécuter, et le peuple de choisir une partie des agents d'exécution. Mais il faut reconnaître qu'en général les whigs établissent en Irlande une autre sorte de centralisation qu'en Angleterre.

PAGE 218.

(1) V. parliamentary report du 28 avril 1853, et art. 31 de la loi du 20 mai 1836.

(2) Loi du 20 mai 1836, act to consolidate the laws relating to the constabulary force in Ireland.

Note de la septième édition (1862-63). — La gendarmerie irlandaise (constabulary) a été, depuis 1839, de plus en plus centralisée; elle tend non-seulement à se soustraire à l'influence des magistrats locaux, mais encore à devenir une force purement militaire, et à se placer sous la direction absolue des chefs de l'armée, établis à Dublin.

PAGE 219.

(1) V. loi du 14 juillet 1836. An act to amend the 7e and 8e years of the reign of George the IVe for the better administration of justice at the holding of petty-sessions by justices of the peace in Ireland. — Le greffier de la paix doit envoyer tous les trois mois au secrétaire d'État de l'Irlande un état de tous les actes faits par les juges de paix aux *petty-sessions*. (Id., art. 4.)

Jadis tout juge de paix d'Irlande pouvait rendre la justice chez lui et secrètement; bien des iniquités se commettaient alors dans l'ombre d'une demeure privée; pour mettre un terme à ces procédés ténébreux, les whigs ont obligé les juges de paix d'Irlande à faire publiquement tous les actes de leurs fonctions.

(2) Le même mystère couvrait aussi les délibérations et les actes des grands jurys dans lesquels réside l'administration des comtés irlandais; les whigs ont établi, par une loi récente, que les séances du grand jury seraient publiques, et l'expérience de quelques années a suffi pour montrer qu'il y a dans cette publicité toute une institution. Tous les efforts des whigs tendent, d'ailleurs, à restreindre les pouvoirs des grands jurys, et à augmenter ceux du pouvoir central; c'est ainsi que, par une loi récente, ils ont attribué au vice-roi le choix de l'un des principaux officiers du comté, nommé jadis par le grand jury (le *county surveyor*); de même ils ont réglé qu'un autre fonctionnaire du comté, le trésorier, qui jusqu'alors ne répondait de sa gestion que devant le grand jury, rendrait désormais compte de ses actes au gouvernement central.

Autrefois le grand jury du comté procédait dans une telle indépendance, que hors les cas où il était soumis au contrôle du juge, nulle autorité ne pouvait le forcer à un acte qu'il ne voulait pas faire. Aujourd'hui de nouveaux statuts, nouvellement établis par les whigs, investissent le gouvernement central du pouvoir de contraindre les grands jurys à de certains actes, ou à leur défaut, d'agir à leur place. C'est ainsi que, si le gouvernement juge utile au pays une route, un pont ou tout autre travail public, que les grands jurys refusent de faire, il peut maintenant les exécuter lui-même.

V. lois du 28 août 1833, — du 20 août 1836 et du 24 février 1837. La loi du 20 août 1836, est ce que l'on appelle le grand jury act, appelé aussi lord Morpeth's act, parce que lord Morpeth, secrétaire d'état de l'Irlande sous le ministère whig, en est le principal auteur.

(3) *Irish board of public works*, constitué en 1831 par acte du parlement, étendu par la loi du 30 juin 1837.

(4) *Board to superintend a system of national education in Ireland*, constitué en 1833 par le vice-roi d'Irlande, et approuvé indirectement par les allocations de fonds que lui donne chaque année le parlement.

Note de la septième édition (1862-63). — Aujourd'hui comme il y a vingt ans les whigs poursuivent toujours et par les mêmes moyens leur travail de centralisation en Irlande, etc.; ils sont toujours soutenus dans cette œuvre par le sentiment populaire. C'est ce sentiment qui les excite en ce moment à établir, pour le vote des taxes provinciales, un comité central (public board) qui, en cette matière remplacerait les grands jurys, c'est-à-dire les grands propriétaires. Le grief général contre ceux-ci est que dans l'établissement des impôts locaux, ils mettent toujours à la charge des *tenanciers* la part la plus lourde, qui devrait peser sur les propriétaires, et puis il y a des comtés où les grands jurys ne peuvent représenter la population; par exemple dans le comté de Clare où les catholiques sont dans la proportion de quarante-cinq contre un protestant, il n'y a qu'un catholique dans le grand jury, composé d'ailleurs exclusivement de protestants.

Page 220.

(1) Ce système, fondé sur la participation simultanée des diverses classes de la société à l'administration du pays, rencontrera des difficultés spéciales à l'état de l'Irlande. En Angleterre où la classe moyenne, riche et éclairée, est en sympathie naturelle avec l'aristocratie, c'est à grand'peine si, dans le comité local créé par la nouvelle loi des pauvres, les grands propriétaires qui en sont membres par droit de fortune ou de naissance, et les élus du peuple, peuvent s'accorder entre eux. Je me rappelle avoir en 1837 assisté à Bridgenorth à une assemblée des représentants d'un certain nombre de paroisses anglaises, convoquée en exécution de la nouvelle loi des pauvres, et je remarquai alors avec étonnement qu'il n'y avait de présents que des membres élus par les citoyens; les *gentlemen* ou juges de paix, qui, à ce titre, y étaient appelés, avaient dédaigné de s'y rendre, à l'exception d'un seul, M. Wolriche-Withmore qui présidait la réunion. Il paraît que, dans beaucoup de localités, on trouve chez les membres de l'aristocratie et chez les grands propriétaires, une très-grande répugnance à se mêler, dans ces comités locaux, aux bourgeois avec lesquels il leur faut maintenant traiter en commun les affaires dont autrefois les grands seigneurs avaient le monopole; si une pareille répugnance ne se surmontait pas, elle pourrait être fatale à l'aristocratie anglaise qui perdrait toute sa puissance en s'isolant du peuple, et a, au contraire, beaucoup de chances de la conserver longtemps si elle demeure unie au peuple, et demande à l'élection l'autorité qu'elle tenait de la loi même. Quoi qu'il en soit, si de pareilles symptômes de division se montrent en Angleterre, que serait-ce en Irlande où la guerre entre l'aristocratie et le peuple est nettement déclarée? Comment deux principes aussi ennemis, aussi violemment hostiles, peuvent-ils co-exister dans la même administration publique? Il arrivera nécessairement l'une de ces deux choses : ou la dissension s'établira entre eux, ou ils parviendront à agir de concert. Dans le premier cas, toute délibération, toute résolution deviendront impossibles; il y aura anarchie dans l'un des pouvoirs de l'état, et il n'y aura retour à un ordre quelconque que si, devant la violence de l'un des partis l'autre se retire; ou bien l'harmonie sera parfaite, et dans ce cas, les mandataires du peuple perdront tout aussitôt la confiance de celui-ci qui les suspectera sur le fait seul qu'ils aient pu s'entendre avec les représentants de l'aristocratie.

PAGE 221.

(1) Ce fait se trouve constaté dans tous les documents officiels, relatifs à l'exécution de la justice.

PAGE 222.

(1) En 1833, une loi a défendu les processions orangistes. Cette loi, qui expirait en 1838, a été prorogée par la loi du 4 juillet 1838, et cette loi n'a pas fait une défense vaine. Le gouvernement whig l'a sincèrement mise à exécution, et poursuivi avec rigueur les infractions qui y ont été commises. Il résulte de documents officiels que j'ai sous les yeux, que l'année dernière (au mois de juillet 1838, époque de ces processions), il y a eu deux cent quatre-vingt-sept individus poursuivis pour avoir pris part à ces processions.

(2) Par exemple, le colonel Verner, du comté d'Armagh, qui, pour avoir, dans un dîner public, porté un toast propre à exciter les partis à la guerre civile, a été, en 1837, rayé de la commission de la paix.

(3) Ainsi, toutes les hautes fonctions de la justice, qui sont devenues vacantes depuis que les whigs sont au pouvoir, ont été confiées à des membres du parti radical; sur les douze juges, il y en a quatre ou cinq qui sont dévoués à ce parti; on sait que l'un des griefs des tories contre l'administration whig, c'est de nommer aux emplois publics des membres de l'association dont O'Connell est le chef; de là vient l'habitude, dans le parti orangiste, d'appeler les ministres de O'Connell (O'Connell's ministers).

(4) C'est en ce moment une question très-controversée en Irlande et en Angleterre, que celle de savoir si le vice-roi d'Irlande peut nommer directement aux places de shérif, et destituer arbitrairement ceux qui en sont investis. Pendant longtemps, le vice-roi d'Irlande fut dans l'usage de nommer à cet office sur la présentation des juges. Aujourd'hui il s'affranchit de cette formalité, et nomme shérifs des individus que les juges n'ont point présentés; cette question était indifférente lorsqu'il y avait accord parfait entre les juges et le pouvoir exécutif ministériel, mais elle est fort grave aujourd'hui que la majorité des juges est attachée au parti orangiste, dont le pouvoir exécutif est l'adversaire. Le système suivant lequel on conteste au vice-roi d'instituer ainsi les shérifs et de les révoquer, est développé avec beaucoup de talent et d'érudition dans une brochure qui a paru en 1838, et qui est intitulée : *Letter to lord Lyndhurst on the appointment of sheriffs in Ireland*. L'auteur de cette brochure est M. Henry Joy, avocat de Dublin. London, Longman, 1838.

Note de la septième édition (1862-63). — Aujourd'hui la majorité des juges étant libérale, l'accord se trouve rétabli entre le pouvoir judiciaire et le pouvoir exécutif représenté par les whigs.

PAGE 226.

(1) Par exemple, défense de sortir de son domicile le matin avant le lever du soleil; ordre d'y rentrer avant le coucher du soleil; présomption de crime contre celui qu'on trouverait en contravention à l'une de ces prescriptions; présomption de crime contre tout individu possesseur d'une arme. La dernière loi de cette nature est du 2 avril 1833. C'est le coercion bill de lord Grey.

PAGE 227.

(1) Ces débris du *coercion bill* se trouvent dans la loi du 31 août 1835, qui doit expirer en 1840. D'après cette loi, une commission extraordinaire peut être formée, en cas de graves circonstances, sous la présidence d'un légiste nommé par le vice-roi. Cette commission se compose de tous les magistrats du comté. *Elle ne peut condamner à mort*. Elle juge sans jury, et *sur sa demande* le vice-roi peut l'autoriser à prescrire à de certains districts de certaines règles de police, telles que de rentrer chez soi avant le coucher du soleil, de n'en pas sortir avant son lever, de ne pas porter d'armes, de souffrir la nuit des visites domiciliaires. Ce bill n'autorise en aucun cas l'interdiction des meetings et l'usage des cours martiales. On voit que la disposition la plus exorbitante de cette loi confère au vice-roi la faculté d'autoriser les magistrats à prendre quelques mesures exceptionnelles que jadis il prenait directement, soit par lui-même, soit par ses agents immédiats.

Note de la septième édition (1862-63). — Aujourd'hui le peu qui reste du coercion bill se réduit aux mesures de police dont le vice-roi conserve le pouvoir discrétionnaire. Les *commissions spéciales* qui peuvent être appelées à remplacer les cours de justice ordinaire ne diffèrent guère des cours d'assises, et ne sauraient prononcer aucune peine sans le verdict d'un jury. Il faut ajouter que le coercion bill ne diffère guère, quel que soit le parti politique au pouvoir. L'avénement du parti tory ou conservateur aux affaires est cependant toujours une épreuve pour l'Irlande. Si le coercion bill et les autres lois ne sont pas changées, le pays croit apparemment que ces lois seront appliquées dans un autre esprit. Assurément si un ministre anglais a fait pour l'Irlande des actes salutaires et bienfaisants, c'est sir Robert Peel, et cependant le fait seul de son avénement au ministère. en 1841, a été pour l'Irlande le signal d'une extrême agitation. C'est de 1841 à 1844, pendant qu'il occupait le pouvoir, que l'Irlande a été le théâtre de ce grand mouvement national, qui, dans le but feint ou réel de rompre l'union législative des deux pays, avait mis sur pied toute la population. Chose bien remarquable! Lorsqu'en 1846 sir Robert Peel tombe du pouvoir, c'est sur un vote de la chambre des communes qui rejetait le coercion *bill* irlandais pour cette année (bill for the protection of life in Ireland); et quelques semaines après lord John Russell, successeur de sir Robert Peel, représente le même bill au parlement qui l'accepte. Ce qui n'empêche pas sir Robert Peel, deux ans après, d'appuyer loyalement, dans la chambre des communes, la suspension de l'*habeas corpus* en Irlande proposée par lord John Russell. (Annual register, 1846.) Il est probable que si le bill des titres ecclésiastiques (1851), au lieu de venir d'un gouvernement notoirement bienveillant pour l'Irlande, fût émané d'un ministère tory, il eût mis le pays en feu. Quoique rien assurément ne fût plus injuste et plus insensé que d'attribuer à lord Derby et à M. D'Israëli aucune mauvaise intention contre l'Irlande, lorsqu'en 1852 ils ont paru au pouvoir, il est permis de penser que leur présence dans le gouvernement n'a pas été étrangère à la recrudescence des crises agraires qui date en Irlande de cette époque.

PAGE 228.

(1) *Property has its duties as well as its rights*. Ce sont les propres termes de la lettre que le sous-secrétaire d'État de l'Irlande, M. Drummond, a adressée à lord Donoughmone en réplique au mémoire par lequel les juges de paix ou propriétaires du comté de Tipperary, demandaient au gouvernement des lois d'exception, lettre du 22 mai 1838. Un pareil langage, tenu à l'aristocratie d'Irlande par les chefs du pouvoir exécutif, est à lui seul toute une révolution. Assurément, ni M. Drummond, auteur de cette réponse mémorable, ni le vice-roi, lord Mulgrave, aujourd'hui marquis de Normamby, dont M. Drummond ne fait qu'exécuter les intentions, n'échappent aux difficultés et aux embarras inhérents à la situation politique qu'ils occupent. Mais, de quelques passions contraires que l'on puisse être animé, il est impossible de ne pas reconnaître que jamais aucune administration anglaise en Irlande n'a été animée d'un égal désir d'être impartiale et juste envers tous, et de répondre aux vœux légitimes et aux besoins de la masse de la population.

PAGE 231.

(1) V. l'*Introduction historique*, quatrième époque, t. I, p. 191.

PAGE 232.

(1) C'est ce qu'on appelle *the repeal of the union*, la rupture de

l'union, non de l'union politique qui n'est pas mise en question, mais de l'union parlementaire qui s'est opérée en 1800.

PAGE 240.

(1) D'après le recensement de 1831, la population de l'Angleterre et du pays de Galles, était de 13,894,722; celle de l'Écosse, de 2,635,114; celle de l'Irlande, de 7,767,401. V. M'Culloch's Statistics, t. I.

PAGE 245.

(1) On sait que l'Irlande envoie cent six membres au parlement britannique qui en contient six cent cinquante.

(2) On estime que sur les cent six membres irlandais il y en a environ les deux tiers qui sont whigs, pour ne pas dire radicaux.

(3) La représentation de l'Écosse, presque toute radicale, met aussi dans la balance démocratique un poids qui ne vient pas de l'Angleterre.

PAGE 246.

(1) Dans le parlement antérieur à 1837, sur les cent six membres irlandais, on en comptait soixante-cinq whigs ou radicaux. Les élections de 1837 ont augmenté le nombre d'une dizaine. En Angleterre, au contraire, le nombre des conservatifs s'est accru de quinze à vingt au détriment du parti whig.

TABLEAUX STATISTIQUES

NOMBRE DES HABITANTS DE L'IRLANDE, D'APRÈS LES RECENSEMENTS FAITS A DIVERSES ÉPOQUES.

Années.	
1672	1,320,000
1695	1,034,000
1726	2,309,000
1754	2,372,000
1767	2,544,000
1788	4,040,000
1792	4,088,000
1805	5,395,000
1811	5,937,000
1821	6,801,000
1831	7,767,000
1834	7,943,000
1841	8,175,000
1851	6,551,000
1861	5,764,000

DISTRIBUTION, PAR PROVINCE, DE LA POPULATION IRLANDAISE, AVEC L'INDICATION DES DIFFÉRENTS CULTES QU'ELLE PROFESSE (1861).

PROVINCES.	CATHOLIQUES.	ANGLICANS.	PROTESTANTS dissidents.	AUTRES CULTES.	JUIFS.
Leinster	1,246,255	171,254	19,889	1,954	266
Munster	1,416,171	76,692	9,558	778	1
Ulster	963,687	390,130	551,095	5,442	54
Connaught	864,472	40,605	6,021	210	1
TOTAL	4,490,585	678,661	586,563	8,414	322

PROPORTION DES ÉLÈVES CATHOLIQUES ET PROTESTANTS, ANGLICANS OU DISSIDENTS, DANS LES ÉCOLES NATIONALES (NATIONAL SCHOOLS) (1861).

PROVINCES.	CATHOLIQUES.	ANGLICANS.	PRESBYTÉRIENS.	AUTRES dissidents.	TOTAL.
Ulster.	99,284	22,152	58,318	2,446	183,190
Munster. . . .	148,858	2,192	528	65	151,445
Leinster. . . .	151,304	3,234	305	71	154,914
Connaught. . .	76,156	2,285	145	25	78,591
Total. . . .	445,582	30,865	59,086	2,607	438,138
Proportion 0/0	83.11 %	5.63 %	10.78 %	0.48 %	

TABLEAU COMPARATIF DE LA POPULATION IRLANDAISE EN 1841, 1851 ET 1861, MONTRANT LA PROPORTION DE SES HABITANTS PAR PROVINCES ET SON RAPPORT AVEC L'ÉTENDUE DU TERRITOIRE, ETC.

PROVINCES.	ÉTENDUE en acres[1].	NOMBRE D'HABITANTS PAR PROVINCES		
		1841.	1851.	1861.
Leinster	4,876,211	1,973,731	1,672,738	1,439,596
Munster.	6,064,579	2,396,161	1,857,736	1,503,200
Ulster.	5,475,438	2,386,373	2,011,880	1,910,408
Connaught.	4,392,043	1,418,859	1,010,031	911,339
Total pour l'Irlande.	20,808,271	8,175,124	6,552,585	5,764,548

[1] L'acre vaut 40 ares 46 centiares.

DIMINUTION DE LA POPULATION.

	De 1841 à 1851.		De 1851 à 1861.	
Leinster. . . .	300,903	15.23 %	233,142	13.94 %
Munster. . . .	538,425	22.47	354,586	19.08
Ulster.	374,495	15.69	101,472	5.04
Connaught. . .	408,828	28.81	98,692	9.77
	1,622,759	19.85	787,842	12.00

TABLEAU MONTRANT LE NOMBRE DES FAMILLES DANS LES QUATRE PROVINCES, EN 1841, 1851 ET 1861.

PROVINCES.	NOMBRE DES FAMILLES			DIMINUTION			
	1841.	1851.	1861.	de 1841 à 1851.		de 1851 à 1861.	
					P. 100		P. 100
Leinster. . .	362,134	320,079	295,465	42,055	11.61	24,614	7.69
Munster. . .	415,154	319,551	282,695	95,603	23	36,856	11.53
Ulster. . . .	439.805	381,070	379,053	58,735	13.35	2,017	0.53
Connaught. .	255,694	183,619	172,105	72,075	28.19	11,614	6.52
Total pour l'Irlande.	1,472,787	1,204,319	1,129,218	268.468	18	75,101	6.24

PROPORTION DES MAISONS HABITÉES OU INHABITÉES, EN 1841, 1851 ET 1861.

PROVINCES.	1841		1851		1861	
	Habitées.	Inhabitées.	Habitées.	Inhabitées.	Habitées.	Inhabitées.
Leinster.. . . .	306,459	12,320	258,012	17,500	236,000	10,285
Munster.. . . .	364,637	12,005	267,073	19,417	242,872	9,747
Connaught. . .	243,192	6,293	169,253	7,577	162,374	5,894
Total pour l'Irlande. . . .	1,328,839	52,808	1,046,223	63,263	995,233	39,984

DIMINUTION DU NOMBRE DES MAISONS HABITÉES, DE 1841 A 1851, ET DE 1851 A 1861.

	De 1841 à 1851.		De 1851 à 1861.	
Leinster.	48,447	15 °/o	21,540	8.55 °/o
Munster.	97,564	26	24,201	9.06
Ulster.	62,666	15.12	370	0.09
Connaught.	73,939	30.40	6,879	4.06
	282,616	21.27	52,990	5.06

On voit par le tableau qui précède qu'en 1851, c'est-à-dire après la grande famine et les premières années de l'émigration, il y avait en Irlande 282,000 maisons habitées de moins qu'en 1841 ; et en 1861, 53,000 de moins qu'en 1851. Le nombre des maisons habitées ayant ainsi, en vingt ans, diminué de plus de 300,000, on se demande comment celui des maisons inhabitées a pu aller aussi en diminuant comme le montre le même tableau. La réponse est qu'à mesure que les habitations se vident soit par la mort, soit par l'émigration, elles sont aussitôt démolies. Le nombre des maisons nouvelles est d'ailleurs peu considérable.

En 1841 il y en avait en voie de construction	3,313
En 1851.	1,868
En 1861.	3,047

Mais les habitations démolies sont des huttes grossières et des cabanes misérables, tandis que les nouvelles maisons qui s'élèvent sont pour la plupart bien bâties et appropriées à la demeure de l'homme.

OBSERVATION

RELATIVE A LA TRADUCTION ANGLAISE DE M. LE Dr W. C. TAYLOR

PUBLIÉE EN 1839 [1]

Il faut des circonstances vraiment exceptionnelles pour que je sorte ici du silence que j'aurais voulu m'imposer. Le sentiment qui a porté un homme aussi distingué que M. le docteur Taylor à traduire mon livre et en faire l'objet d'une étude approfondie m'a causé une vive et sincère gratitude, à l'expression de laquelle il me coûte de mêler l'apparence d'un grief. Mais, tout en conservant dans son entier la reconnaissance que je lui dois, tout en rendant une pleine justice à ses loyales intentions, je suis obligé, en conscience, de constater que son livre n'est pas une exacte traduction du mien.

Si M. le docteur Taylor se fût borné à faire dans sa traduction les suppressions dont il prévient le lecteur dans sa préface [2], l'au-

[1] Ireland social, political and religious, by Gustave de Beaumont, edited by W. C. Taylor LL. D. of Trinity college, Dublin. Richard Bentley, London, 1839.

[2] Voici ce que dit dans sa préface M. le Dr Taylor : « M. de Beaumont designed his work exclusively fort continental readers, and therefore, on

teur pourrait éprouver quelques regrets de voir disparaître des développements qu'il croit utiles même pour le traducteur anglais, mais enfin il n'aurait rien à dire. Un traducteur est libre de prendre ou de retrancher ce qui lui convient, pourvu qu'il dise ce qu'il garde et annonce ce qu'il supprime.

Que même, sans en prévenir le lecteur, M. le docteur Taylor eût, comme il l'a fait, supprimé toute la préface du livre ; effacé cent pages de notes à la fin du volume, omis au bas des pages l'indication des sources auxquelles on a puisé, et qui sont pour tout lecteur, anglais ou autre, la garantie d'exactitude de l'écrivain : si à cela se fussent bornées les licences du traducteur, j'aurais pu les regretter, les trouver excessives, mais je n'aurais rien dit. Car après tout le caractère de mon livre n'eût pas été altéré, et si le lecteur anglais n'eût pas connu toute mon œuvre, rien d'opposé à ma pensée n'aurait du moins été mis sous ses yeux.

Mais M. le docteur Taylor, évidemment animé du seul désir d'améliorer mon ouvrage, a cru devoir et pouvoir faire plus encore. Ainsi il est des chapitres entiers du livre que M. le docteur Taylor ne supprime pas, mais qu'il analyse en quelques lignes, sans que le lecteur soit averti si cette analyse est le texte ou l'œuvre du traducteur. J'en citerai un seul exemple : le chapitre de l'introduction relatif aux *lois pénales*. Il est certain que, si cette partie de l'ouvrage a quelque valeur, elle réside tout entière dans le développement rationnel des faits et la déduction philosophique des idées, qui montre tous les actes de la tyrannie anglaise en Irlande s'engendrant les uns les autres avec une sorte de fatalité logique. Maintenant qui ne voit que tout l'intérêt de

many points, entered into long and minute explanations respecting the details of british Law and administration, which are unnecessary for english readers, and have therefore been omitted. This *is the only liberty* which the translator has taken with the text, unless the consequent modifications of the division of the matter be deemed changes that ought to be aknowledged. »

l'ouvrage et la pensée même de l'auteur disparaissent, si au travail original on substitue une courte et sèche analyse ? Or c'est précisément ce qu'a fait M. le docteur Taylor, qui a réduit le chapitre de moitié, tantôt en supprimant des pages entières, tantôt en résumant les autres[1]. On comprend qu'un traducteur supprime, pourvu qu'il le dise ; qu'il ajoute, pourvu qu'il le dise encore. Mais analyser n'est pas traduire. Ou bien s'il veut analyser, c'est encore à la condition de dire ce qui est son œuvre et celle de l'auteur. J'ai cité cet exemple d'une analyse mise à la place du texte ; j'en pourrais citer d'autres[2], mais je viens à quelque chose de plus grave.

M. le docteur Taylor ne se borne pas à pratiquer des suppressions et des analyses dont le lecteur n'est pas averti, mais encore il fait, également sans le dire, de certaines additions qui expriment sa pensée et non celle de l'auteur. Ceci est grave dans toute circonstance, mais l'est plus encore dans le cas présent.

Si le jugement porté sur un pays par un étranger a en général quelque prix, c'est parce que d'ordinaire il est empreint d'une impartialité que ne peut avoir l'opinion des nationaux. Ce caractère impartial est surtout recherché dans un livre qui a pour sujet l'Irlande, c'est-à-dire le pays où il est le plus difficile de démêler le vrai au milieu des passions violentes que soulève l'esprit de parti. Cependant, telle est la nature des additions faites à mon livre par M. le docteur Taylor, qu'elles tendraient à le dépouiller de ce caractère impartial que l'auteur a eu la volonté si constante de lui conserver. Je n'en citerai qu'un exemple. La traduction de M. le docteur Taylor prête à l'auteur la note que voici à propos du pacte de persécution qui, à l'époque des lois pénales,

[1] Voy. de la page 115 à la page 132 de la traduction.

[2] Par exemple le chapitre dans lequel l'auteur fait la comparaison des effets si différents que produisent en Angleterre et en Irlande des institutions olitiques identiquement pareilles.

intervint entre le parti protestant d'Irlande et le gouvernement anglais.

« It was in fact the argument of the fond father to the naughty child : « Take your physic, master Tommy, and you shall have « the dog to kick. » The Irish protestants took the physic, and kicted the popish dogs with a vengeance[1]. »

Un peu plus loin, à propos de la triste situation du parlement irlandais vis-à-vis de l'Angleterre, M. le docteur Taylor cite des vers très-plaisants de Swift[2], et il fait la citation sans constater qu'elle est de lui. Je pourrais indiquer une foule de notes semblables. Ces plaisanteries, ces bons mots plus ou moins piquants, annotés par M. le docteur Taylor, sont contraires à l'esprit général du livre, et portent précisément l'empreinte de la disposition d'esprit contre laquelle je me suis tenu en garde. Chacun cependant les attribuera à l'auteur, puisque rien n'indique qu'elles ne sont pas de lui. Assurément, je le répète, je ne conteste pas la parfaite bonne foi de M. le docteur Taylor. Les changements qu'il a faits, il les a certainement introduits en vue d'améliorer l'ouvrage. Il les a quelquefois indiqués et il a eu certainement toujours l'intention de faire cette indication, alors même qu'il l'a omise. S'il fallait donner de sa bonne intention une autre preuve que celle qui résulte de son honorable caractère, je dirais qu'il m'attribue de la même manière plusieurs notes, à mon avis excellentes, en harmonie parfaite avec le ton général de mon livre et très-propres à en accroître la valeur. Je ne doute donc pas un instant que ce dont je me plains ne soit le résultat d'une omission involontaire, ou dans tous les cas bien intentionnée. Mais je n'en suis pas moins plein du regret qu'il ait agi ainsi qu'il l'a fait, parce qu'il en est résulté que plusieurs fois, dans sa traduction, considérée en Angleterre comme l'image fidèle de mon livre, c'est

[1] Voyez page 109 de la traduction.
[2] Voyez page 111 de la traduction.

sa pensée et non la mienne qui se trouve exprimée ; que cette pensée révèle souvent une tendance politique qui n'est pas celle de l'auteur ; que peut-être en se livrant sur mon ouvrage à un travail personnel, il en a fait un livre meilleur ; mais qu'en même temps il en a fait un autre livre.

Je me suis rigoureusement interdit d'entrer dans une polémique au sujet de cet ouvrage, quoique assurément je ne sois pas indifférent aux appréciations diverses dont il peut être l'objet ; mais s'il convient que l'écrivain assiste à la controverse et la mette à profit sans s'y mêler, il est aussi en possession d'un droit dont il ne saurait faire l'abandon ; c'est celui de n'être jugé que sur ses œuvres.

FIN DU TOME DEUXIÈME ET DERNIER

TABLE DES MATIÈRES

DEUXIÈME PARTIE.

— SUITE —

CHAPITRE V.

CHAPITRE VI.

TROISIÈME PARTIE.

CHAPITRE PREMIER.

CHAPITRE II.

CHAPITRE III.

SECTION PREMIÈRE.

SECTION II.

SECTION III.

QUATRIÈME PARTIE.

CHAPITRE PREMIER.

CHAPITRE II.

SECTION PREMIÈRE.

SECTION II.

SECTION III.

CHAPITRE III.

FIN DE LA TABLE DES MATIÈRES DU TOME DEUXIÈME.

PARIS. — IMP. SIMON RAÇON ET COMP., RUE D'ERFURTH, 1.

14 Sept 34

CATALOGUE

DE

MICHEL LÉVY

FRÈRES

LIBRAIRES-ÉDITEURS

ET DE

LA LIBRAIRIE NOUVELLE

PREMIÈRE PARTIE

Nouveaux ouvrages en vente. — Ouvrages divers, format in-8°
Bibliothèque contemporaine, format grand in-18. — Bibliothèque nouvelle.
Œuvres complètes de Balzac. — Collection Michel Lévy, format gr. in-18
Bibliothèque des Voyageurs, in-32. — Collection Hetzel et Lévy, in-32
Ouvrages illustrés. — Musée littéraire contemporain, in-4°
Brochures diverses. — Ouvrages divers

RUE VIVIENNE, 2 BIS
ET BOULEVARD DES ITALIENS, 15
AU COIN DE LA RUE DE GRAMMONT
PARIS

AVRIL — 1863

NOUVEAUX OUVRAGES EN VENTE

Format in-8° fr. c.

L. DE VIEL-CASTEL

HISTOIRE DE LA RESTAURATION, tome VI. — 1 vol. . . . . 6 »

MICHEL NICOLAS

ESSAIS DE PHILOSOPHIE ET D'HISTOIRE RELIGIEUSE. — 1 vol. . . . 7 50

GUSTAVE FLAUBERT

SALAMMBÔ. *4e édition.* — 1 vol. . . 6 »

LOUIS REYBAUD

LE COTON. Son régime, ses problèmes, son influence en Europe. — Nouvelle série des études sur le régime des manufactures. — 1 vol. . 7 50

PAUL JANET

PHILOSOPHIE DU BONHEUR. — 1 vol. 7 50

J.-H. MERLE D'AUBIGNÉ

HISTOIRE DE LA RÉFORMATION EN EUROPE AU TEMPS DE CALVIN — 2 vol. 15 »

F. GUIZOT

HISTOIRE PARLEMENTAIRE DE FRANCE, (Voir pour les détails à la page 4). — tomes I et II. — 2 vol. . . . 15 »

WILLIAM PITT ET SON TEMPS, par *lord Stanhope*, traduit de l'anglais, avec une Introduction. — 4 vol. . 24 »

SAINTE-BEUVE

POÉSIES COMPLÈTES.-Joseph Delorme. Les Consolations.-Pensées d'août. Notes et Sonnets.- Un dernier Rêve — *Nouv. édit. très-augm.*, 2 vol. 10 »

J. B. BIOT, *de l'Institut*

ÉTUDES SUR L'ASTRONOMIE INDIENNE ET SUR L'ASTRONOMIE CHINOISE. — 1 vol. avec 2 cartes 7 50

LE Cte A. DE GASPARIN

L'AMÉRIQUE DEVANT L'EUROPE, Principes et Intérêts. — 1 vol. . . . . 6 »

EDGAR QUINET

HISTOIRE DE LA CAMPAGNE DE 1815. — 1 vol. avec une carte. 7 50

DUVERGIER DE HAURANNE

HISTOIRE DU GOUVERNEMENT PARLEMENTAIRE EN FRANCE (1814-1848). — Tome V. 1 vol. 7 50

J. SALVADOR

HISTOIRE DES INSTITUTIONS DE MOÏSE ET DU PEUPLE HÉBREU. — *3e édit., revue et augmentée d'une introduction.* — 2 vol. . . . . 15 »

L'AUTEUR
des Souvenirs de Mme Récamier.

COPPET ET WEIMAR. — MADAME DE STAEL ET LA GRANDE DUCHESSE LOUISE. — Récits et Correspondances. — 1 vol. 7 50

J. J. AMPÈRE, *de l'Institut*

L'HISTOIRE ROMAINE A ROME. — 2 vol. avec des plans topographiques de Rome à diverses époques. 2e *éd.* 15 »

Format gr. in-18 à 3 fr. le vol

GEORGE SAND vol

ANTONIA 1

LETTRES D'UN VOYAGEUR. — *Nouv. édit.* 1

CUVILLIER-FLEURY.

HISTORIENS, POÈTES ET ROMANCIERS . 2

JULES JANIN

CONTES FANTASTIQUES ET CONTES LITTÉRAIRES. 1

LE PRINCE DE BROGLIE
de l'Académie Française

QUESTION DE RELIGION ET D'HISTOIRE. — *Deuxième édition* 2

PREVOST-PARADOL

ÉLISABETH ET HENRI IV (1595-1598). — *Troisième édition* 1

FERNAND SCHICKLER

EN ORIENT. — Souvenirs de voyage. . 1

A. PEYRAT

ÉTUDES HISTORIQUES ET RELIGIEUSES . 1

JEAN ROUSSEAU

LES COUPS D'ÉPÉE DANS L'EAU. 1

LE Cte GUY DE CHARNACÉ

ÉTUDES D'ÉCONOMIE RURALE 1

EDMOND ABOUT

DERNIÈRES LETTRES D'UN BON JEUNE HOMME A SA COUSINE 1

ADOLPHE GUÉROULT

ÉTUDES DE POLITIQUE ET DE PHILOSOPHIE RELIGIEUSE. 1

C. A. SAINTE-BEUVE
De l'Académie française

NOUVEAUX LUNDIS. 1re *série* 1

OCTAVE FEUILLET
de l'Académie française

HISTOIRE DE SIBYLLE. 5e *édition*. . . 1

JULES SANDEAU
de l'Académie française

UN DÉBUT DANS LA MAGISTRATURE. 2e *éd.* 1

ALFRED DE VIGNY
De l'Académie française

CINQ-MARS. Avec 2 autographes. — 14e *édition* 1

JOHN LEMOINNE

NOUVELLES ÉTUDES CRITIQUES ET BIOGRAPHIQUES 1

BIBLIOTHÈQUE NOUVELLE

Format gr. in-18, à 2 fr. le vol.

EDMOND ABOUT vol.

LE NEZ D'UN NOTAIRE. — 4e *édition*. . . 1

LE CAS DE M. GUÉRIN. — 4e *édition*. . 1

MARC-MONNIER

LA CAMORRA. — MYSTÈRES DE NAPLES. 1

MARY LAFON

LA BANDE MYSTÉRIEUSE 1

LA PESTE DE MARSEILLE 1

AUGUSTE MAQUET

L'ENVERS ET L'ENDROIT. 2

LÉON GOZLAN

LES AVENTURES DU PRINCE DE GALLES. 1

JULES NORIAC

SUR LE RAIL 1

LA DAME A LA PLUME NOIRE. — 2e *éd.* 1

OUVRAGES DIVERS

Format in-8

J. J. AMPÈRE fr. c.
de l'Académie française

CÉSAR, scènes historiques. 1 vol. . . 7 50
L'HISTOIRE ROMAINE A ROME, avec des plans topographiques de Rome à diverses époques. 2e *édit*.—2 v. 15 »
PROMENADE EN AMÉRIQUE. — Etats-Unis. — Cuba. — Mexique. — 3e *édition*. — 2 vol. . . . . . . 12 »

***

MADAME LA DUCHESSE D'ORLÉANS, HÉLÈNE DE MECKLEMBOURG-SCHWERIN. 6e *édition*. 1 vol . . . 6 »

***

ALESIA, Étude sur la septième campagne de César en Gaule. Avec deux cartes (Alise et Alaise). — 1 vol. . . . . 6 »

***

LES TRAITÉS DE 1815. — 1 vol. . . . 2 »

J. AUTRAN

LE POEME DES BEAUX JOURS.—1 vol. 5 »

J. BARTHÉLEMY SAINT-HILAIRE

LETTRES SUR L'ÉGYPTE. 1 vol. 7 50

L. BAUDENS
Inspecteur, membre du Conseil de santé des armées de terre et de mer.

LA GUERRE DE CRIMÉE. — Les campements, les abris, les ambulances, les hôpitaux, etc. — 1 vol. . . . . 6 »

IS. BÉDARRIDE

LES JUIFS EN FRANCE, EN ITALIE ET EN ESPAGNE, recherches sur leur état depuis leur dispersion jusqu'à nos jours, sous le rapport de la législation, de la littérature et du commerce. — 2e *édition, revue et corrigée*. — 1 vol. 7 50

LA PRINCESSE DE BELGIOJOSO

ASIE MINEURE ET SYRIE. Souvenirs de Voyages. 1 vol. 7 50
HISTOIRE DE LA MAISON DE SAVOIE. 1 vol. 7 50

J.-B. BIOT
Membre de l'Académie des Sciences et de l'Académie française

ÉTUDES SUR L'ASTRONOMIE INDIENNE ET SUR L'ASTRONOMIE CHINOISE. 1 v. 7 50
MÉLANGES SCIENTIFIQUES ET LITTÉRAIRES. — 3 vol 22 50

LE PRINCE A. DE BROGLIE
de l'Académie française

QUESTIONS DE RELIGION ET D'HISTOIRE. — 2 vol. . . . . 15 »

CAMOIN DE VENCE

MAGISTRATURE FRANÇAISE, son action et son influence sur l'état de la Société aux diverses époques. 1 vol. 6 »

AUGUSTE CARLIER fr. c.

DE L'ESCLAVAGE dans ses rapports avec l'Union américaine. — 1 vol. 6 »

J. COHEN.

LES DÉICIDES. — Examen de la divinité de J.-C. et de l'église chrét. au point de vue du judaïsme. 1 vol. 5 »

J. J. COULMANN

RÉMINISCENCES. Tome I.. . . . . . . 5 »

VICTOR COUSIN
de l'Académie française

PHILOSOPHIE DE KANT. — 1 vol. . . 5 »
PHILOSOPHIE ÉCOSSAISE. — 1 vol . . 5 »
PHILOSOPHIE SENSUALISTE. — 1 vol. 5 »

J. CRETINEAU-JOLY

LE PAPE CLÉMENT XIV, seconde et dernière lettre au père Theiner.—1 v. 3 »

A. BEN-BARUCH CRÉHANGE

LES PSAUMES, traduct. nouv. 1 vol. 10 »

LE GÉNÉRAL E. DAUMAS

LE GRAND DÉSERT : Itinéraire d'une Caravane du Sahara au pays des Nègres (royaume de Haoussa), suivi d'un Vocabulaire d'histoire naturelle et du Code de l'esclavage chez les musulmans, avec une carte coloriée. *Nouvelle édition*. 1 vol. 6 »

Mme DU DEFFAND

CORRESPONDANCE INÉDITE AVEC LA DUCHESSE DE CHOISEUL ET L'ABBÉ BARTHÉLEMY, précédée d'une introduction par *M. de Sainte-Aulaire*. — 2 vol. . . . . 15 »

CH. DESMAZE

LE PARLEMENT DE PARIS. 1 vol. . . 5 »

CAMILLE DOUCET

COMÉDIES EN VERS. — 2 vol. . . 12 »

DUVERGIER DE HAURANNE

HISTOIRE DU GOUVERNEMENT PARLEMENTAIRE EN FRANCE (1814-1848), précédée d'une introduction. 5 vol. 37 50
TOME VI (*Sous presse*). 1 vol 7 50

LE BARON ERNOUF

HISTOIRE DE LA DERNIÈRE CAPITULATION DE PARIS. — Evénements de 1815. — Rédigée sur des documents entièrement inédits. 1 vol. 6 »

LE PRINCE EUGÈNE

MÉMOIRES ET CORRESPONDANCE POLITIQUE ET MILITAIRE, publiés, annotés et mis en ordre par *A. Du Casse*. 10 vol. . . . . 60 »

XAVIER EYMA

LA RÉPUBLIQUE AMÉRICAINE. Ses Institutions.—Ses Hommes.—2 vol. 12 »
LES TRENTE-QUATRE ÉTOILES DE L'UNION AMÉRICAINE. — Histoire des états et des territoires. — 2 vol. 12 »

J. FERRARI

HISTOIRE DE LA RAISON D'ÉTAT. 1 v. 7 50

GUSTAVE FLAUBERT

SALAMMBÔ. 4e *édition*. — 1 vol. . 6 »

LE COMTE DE FORBIN fr. c.

CHARLES BARIMORE.—*Nouvelle édition.* — 1 vol. . . . . 3 »

AD. FRANCK
Membre de l'Institut.

ÉTUDES ORIENTALES. — 1 vol. . . . 7 50

RÉFORMATEURS ET PUBLICISTES DE L'EUROPE. — Moyen-âge et Renaissance. — 1 vol. 7 50

LE Cte AGÉNOR DE GASPARIN
Ancien député

L'AMÉRIQUE DEVANT L'EUROPE, principes et intérêts.—1 vol. . . . . 6 »

UN GRAND PEUPLE QUI SE RELÈVE, LES ÉTATS-UNIS EN 1861. — 1 vol. 5 »

ERNEST GERVAIS

LES CROISADES DE SAINT LOUIS. 1 vol. 6 »

CONTES ET POÈMES — 1 vol. . . . . 5 »

ÉMILE DE GIRARDIN

QUESTIONS DE MON TEMPS.—12 vol. 72 »

ÉDOUARD GOURDON

HISTOIRE DU CONGRÈS DE PARIS. 1 vol. 5 »

ERNEST GRANDIDIER

VOYAGE DANS L'AMÉRIQUE DU SUD. — Pérou et Bolivie. — 1 vol. . . . . 5 »

F. GUIZOT

LA CHINE ET LE JAPON : mission du comte d'Elgin pendant les années 1857, 1858 et 1859 ; racontée par *Laurence Oliphant.* Trad. nouv., avec une introduction. — 2 vol . 12 »

L'ÉGLISE ET LA SOCIÉTÉ CHRÉTIENNES EN 1861. — 3e *édition.* — 1 vol. . 5 »

HISTOIRE DE LA FONDATION DE LA RÉPUBLIQUE DES PROVINCES-UNIES, par *J. Lothrop Motley,* trad. nouvelle, précédée d'une grande introduction (l'Espagne et les Pays-Bas aux XVIe et XIXe siècles) — 4 vol. 24 »

HISTOIRE PARLEMENTAIRE DE FRANCE, recueil complet des discours de M. Guizot dans les chambres de 1819 à 1848, accompagnés de résumés historiques et précédés d'une introduction; formant le complément des mémoires pour servir à l'histoire de mon temps.— 4 vol. 30 »

MÉMOIRES pour servir à l'histoire de mon temps.—2e *édition.* 5 vol. . 37 50

TOME VI (*sous presse*). 1 vol . . . 7 50

LE PRINCE ALBERT, son caractère et ses discours, traduit par ***, et précédé d'une préface. — 1 vol. . 6 »

TROIS ROIS, TROIS PEUPLES ET TROIS SIÈCLES (*sous presse*). 1 vol. . . . 7 50

WILLIAM PITT ET SON TEMPS, par *lord Stanhope*, traduction précédée d'une introduction. — 4 vol. . . . 24 »

LE COMTE D'HAUSSONVILLE

HISTOIRE DE LA POLITIQUE EXTÉRIEURE DU GOUVERNEMENT FRANÇAIS : 1830-1848, avec documents, notes et pièces justificatives. 2 vol. 12 »

HISTOIRE DE LA RÉUNION DE LA LORRAINE A LA FRANCE, avec notes, pièces justificatives et documents entièrement inédits. 4 vol. . . . 30 »

ROBERT HOUDIN fr. c.

LES TRICHERIES DES GRECS DÉVOILÉES. — 1 vol. . . . . 5 »

VICTOR HUGO

LES CONTEMPLATIONS. 4e *éd.* 2 vol. 12 »

LA LÉGENDE DES SIÈCLES.—2e *édition.* — 2 vol. . . . . 15 »

PAUL JANET.

PHILOSOPHIE DU BONHEUR. — 1 vol. 7 50

JULES JANIN

LES GAIETÉS CHAMPÊTRES. 2 vol. . 12 »

LA RELIGIEUSE DE TOULOUSE. 2 vol. 12 »

ALPHONSE JOBEZ

LA FEMME ET L'ENFANT, OU MISÈRE ENTRAINE OPPRESSION. 1 vol. . . . 5 »

***

ÉTUDES SUR LA MARINE : L'escadre de la Méditerranée. — La Question chinoise.—La Marine à vapeur dans les guerres continentales. — 1 vol. 7 50

A. KUENEN
Traduction A. Pierson

HISTOIRE CRITIQUE DES LIVRES DE L'ANCIEN TESTAMENT, avec une préface par *Ernest Renan.* — 1re part., LIVRES HISTORIQUES. 1 v. 7 50

LAMARTINE

GENEVIÈVE. — Histoire d'une Servante. 1 vol. . . . . 5 »

NOUVELLES CONFIDENCES. 1 vol. . . 5 »

TOUSSAINT-LOUVERTURE. 1 vol. . . . 5 »

VIE D'ALEXANDRE LE GRAND.—2 vol. 10 »

CHARLES LAMBERT

LE SYTÈME DU MONDE MORAL. 1 vol. 7 50

DE LAROCHEFOUCAULD
DUC DE DOUDEAUVILLE

MÉMOIRES. — Tome I à IX. — 9 v. 67 50

JULES DE LASTEYRIE

HISTOIRE DE LA LIBERTÉ POLITIQUE EN FRANCE — 1re *Partie.* 1 vol. 7 50 (L'ouvrage sera complet en 3 vol.)

DE LATENA

ÉTUDE DE L'HOMME. 3e *édit.* 1 vol. . 7 50

JULES LE BERQUIER

LA COMMUNE DE PARIS. — Limites et Organisation nouvelles. — 1 vol. 3 »

CHARLES LENORMANT

BEAUX-ARTS ET VOYAGES, précédés d'une lettre de M. GUIZOT. 2 vol. 15 »

L. DE LOMÉNIE

BEAUMARCHAIS ET SON TEMPS, études sur la Société en France au XVIIIe siècle, d'après des documents inédits. — 2e *édition.* — 2 vol. . . . 15 »

LORD MACAULAY
Traduit par GUILLAUME GUIZOT

ESSAIS HISTORIQUES ET BIOGRAPHIQUES. — 2 vol. . . . . 12 »

ESSAIS PHILOSOPHIQUES ET POLITIQUES, (*Sous presse*). 1 vol. . . . . . . 6 »

ESSAIS SUR LA LITTÉRATURE ANGLAISE. Précédés d'une Notice sur lord Macaulay, par *Guillaume Guizot.* — (*Sous presse.*) — 1 vol. . . 6 »

ESSAIS SUR L'HISTOIRE D'ANGLETERRE (*Sous presse*).— 1 vol. . . 6 »

JOSEPH DE MAISTRE fr. c.

CORRESPONDANCE DIPLOMATIQUE (1811-1817), recueillie et publiée par *Albert Blanc*. 2 vol. . . . . 15 »

MÉMOIRES POLITIQUES ET CORRESPONDANCE DIPLOMATIQUE, avec explications et commentaires historiques, par *Albert Blanc*. — 1 vol. . . . 5 »

LE COMTE DE MARCELLUS

CHATEAUBRIAND ET SON TEMPS. 1 vol. 7 50

LES GRECS ANCIENS ET LES GRECS MODERNES. — Études litt. — 1 vol. 7 50

SOUVENIRS DIPLOMATIQUES. Correspondance intime de M. de Chateaubriand. — *Nouv. édition*. — 1 vol. 5 »

VINGT JOURS EN SICILE. — 1 vol. . . 5 »

J.-H. MERLE D'AUBIGNÉ

HISTOIRE DE LA RÉFORMATION EN EUROPE AU TEMPS DE CALVIN — 2 vol. 15 »

MÉRY

NAPOLÉON EN ITALIE. Poëme. — 1 magnifique volume . . . . 5 »

LE COMTE MIOT DE MÉLITO

Ancien ambassadeur, ministre, conseiller d'Etat et membre de l'Institut

SES MÉMOIRES, publiés par sa famille (1788-1815). 3 vol. . . . . 18 »

A. MONGINOT

Professeur de comptabilité, expert près les cours et tribunaux de Paris

NOUVELLES ÉTUDES SUR LA COMPTABILITÉ : TENUE DES LIVRES, commerciale, industrielle et agricole. Théories, Modèles et Critique des systèmes usités. — Exposition d'une Méthode nouvelle. — Traité sur les vérifications. — Résumé de Législation et de Jurisprudence spéciales, Opérations de bourse, Changes, Arbitrages. — 2e *éd.* 1 v. 7 50

LE COMTE DE MONTALIVET

LE ROI LOUIS-PHILIPPE (liste civile). *Nouv. édition*, entièrement revue et considérablement augmentée de notes, pièces justificatives et documents inédits, avec un portrait et un fac-simile du roi, et un plan du château de Neuilly. — 1 vol. 6 »

MORTIMER-TERNAUX.

HISTOIRE DE LA TERREUR (1792-1794), d'après des documents authentiques et inédits. Tome I et II. 2 v. 12 »

MICHEL NICOLAS

DES DOCTRINES RELIGIEUSES DES JUIFS pendant les deux siècles antérieurs à l'ère chrétienne. 1 vol. 7 50

ESSAIS DE PHILOSOPHIE ET D'HISTOIRE RELIGIEUSE. — 1 vol. 7 50

ÉTUDES CRITIQUES SUR LA BIBLE. — Ancien Testament. — 1 vol. . . . 7 50

CHARLES NISARD

LES GLADIATEURS DE LA RÉPUBLIQUE DES LETTRES. — 2 vol. . . . 15 »

CASIMIR PÉRIER

LES FINANCES DE L'EMPIRE. — 1/2 v. 1 »

LE TRAITÉ AVEC L'ANGLETERRE. — 2e *édit., rev. et augm.* — 1/2 vol. 1 5»

A. PHILIPPE fr. c.

ROYER-COLLARD. Sa vie publique, sa vie privée, sa famille. 1 vol. . . 5 »

L. PHILIPPSON

Traduction de L. Lévy-Bing

DU DÉVELOPPEMENT DE L'IDÉE RELIGIEUSE dans le Judaïsme, le Christianisme et l'Islamisme. 1 vol. . . . 6 »

L'ABBÉ PIERRE

CONSTANTINOPLE, JÉRUSALEM ET ROME avec un plan de Jérusalem et une carte des côtes orientales de la Méditerranée. — 2 vol. . . . . . 15 »

LE COMTE DE PONTÉCOULANT

SOUVENIRS HISTORIQUES ET PARLEMENTAIRES, extraits de ses papiers et de sa correspondance (1764-1848). — Tomes I et II. — 2 vol. 12 »

PRÉVOST-PARADOL

ÉLISABETH ET HENRI IV (1595-1598). — 2e *édition*. — 1 vol. . . . . . 6 »

ESSAIS DE POLITIQUE ET DE LITTÉRATURE. — 2e *édition*. — 1 vol. . . 7 50

NOUVEAUX ESSAIS DE POLITIQUE ET DE LITTÉRATURE. — 1 vol. 7 50

EDGAR QUINET

HISTOIRE DE LA CAMPAGNE DE 1815. — 1 vol. avec une carte. 7 50

MERLIN L'ENCHANTEUR. 2 vol. . . . 15 »

Mme RÉCAMIER

SOUVENIRS ET CORRESPONDANCE tirés de ses papiers. — 3e *éd.* 2 v. 15 »

COPPET ET WEIMAR. — MADAME DE STAEL ET LA GRANDE DUCHESSE LOUISE. — Récits et Correspondances, par l'auteur des *Souvenirs de Madame Récamier*. 1 v. 7 50

CH. DE RÉMUSAT

de l'Académie française

POLITIQUE LIBÉRALE, ou Fragments pour servir à la défense de la Révolution française. 1 vol. 7 50

ERNEST RENAN

AVERROÈS ET L'AVERROÏSME, essai historique. — 2e *édition, revue et corrigée*. — 1 vol. 7 50

LE CANTIQUE DES CANTIQUES, traduit de l'hébreu, avec une étude sur le plan, l'âge et le caractère du poëme. — 2e *édition*. — 1 vol . . 6 »

LA CHAIRE D'HÉBREU AU COLLÉGE DE FRANCE, explications à mes collègues. — Brochure. . . . . . . 1 »

DE L'ORIGINE DU LANGAGE. 3e *édition*. 1 vol. . . . . 6 »

DE LA PART DES PEUPLES SÉMITIQUES DANS L'HISTOIRE DE LA CIVILISATION. — 5e *éd.* Broch. 1 »

ESSAIS DE MORALE ET DE CRITIQUE. — 2e *édition*. — 1 vol. 7 50

ÉTUDES D'HISTOIRE RELIGIEUSE. — 3e *édition*. — 1 vol. 7 50

HISTOIRE GÉNÉRALE DES LANGUES SÉMITIQUES. — 3e *édition revue et augmentée*. — 1 vol. . . . . . . 12 »

LE LIVRE DE JOB, traduit de l'hébreu, avec une étude sur l'âge et le caractère du poëme. — 2e *éd.* 1 vol. 7 50

D. JOSÉ GUEL Y RENTÉ fr. c.

PENSÉES CHRÉTIENNES, POLITIQUES ET PHILOSOPHIQUES. — 1 vol. . . . 5 »

LOUIS REYBAUD
de l'Institut

ÉCONOMISTES MODERNES. — 1 vol. . . 7 50

ÉTUDES SUR LE RÉGIME DES MANUFACTURES. Condition des ouvriers en soie. 1 vol. 7 50

LE COTON. Son régime, ses problèmes, son influence en Europe. — Nouvelle série des études sur le régime des manufactures. — 1 vol. 7 50

LE COMTE R. R.

LA JUSTICE ET LA MONARCHIE POPULAIRE. — 1re *partie* : La Guerre d'Orient. — 1 vol. . . . . 3 »

J.-J. ROUSSEAU

ŒUVRES ET CORRESPONDANCE INÉDITES, publiées par M. Streckeisen-Moultou. — 1 vol. 7 50

J.-J. ROUSSEAU — SES AMIS ET SES ENNEMIS, correspondance publiée par M. Streckeisen-Moultou, avec une introduction de M. Jules Levallois, et une appréciation critique de M. Sainte-Beuve, de l'Académie française. — 2 vol . . . 15 »

LE MARÉCHAL DE St-ARNAUD

LETTRES (1832-1854), avec pièces justificatives. — 2e *édition*, précédée d'une notice par M. SAINTE-BEUVE. — 2 vol. ornés du portrait et d'un autographe . . . . 12 »

SAINTE-BEUVE

POÉSIES (1re *série*), JOSEPH DELORME, nouvelle édition considérablement augmentée, 1 volume. 5 »

POÉSIES (2e *série*), LES CONSOLATIONS — PENSÉES D'AOUT. — *Nouvelle édition très-augmentée.* 1 volume . . . . 5 »

SAINT-MARC GIRARDIN
de l'Académie française

SOUVENIRS ET RÉFLEXIONS POLITIQUES D'UN JOURNALISTE. 1 vol. . . 7 50

LA FONTAINE ET LES FABULISTES (*sous presse*). — 2 vol. . . . . 15 »

SAINT-RENÉ-TAILLANDIER.

ÉTUDES SUR LA RÉVOLUTION EN ALLEMAGNE. — 2 vol. . . . . 15 »

J. SALVADOR

HISTOIRE DES INSTITUTIONS DE MOÏSE ET DU PEUPLE HÉBREU. 3e *édition, revue et augmentée d'une Introduction* sur l'avenir de la Question religieuse. — 2 vol. . . . . . 15 »

PARIS, ROME, JÉRUSALEM, OU la Question religieuse au XIXe siècle. — 2 vol. . . . . 15 »

DE SÉNANCOUR

RÊVERIES. — 3e *édition*. — 1 vol. . 5 »

JAMES SPENCE

L'UNION AMÉRICAINE, ses effets sur le caractère national et la politique ; causes de la dissolution et étude du droit constitutionnel de séparation. — 1 vol. . . . . 6 »

A. DE TOCQUEVILLE

L'ANCIEN RÉGIME ET LA RÉVOLUTION, 4e *édition*. 1 vol. 7 50

ŒUVRES ET CORRESPONDANCE INÉDITES, précédées d'une Introduction, par *Gustave de Beaumont*. 2 vol. 15 »

E. DE VALBEZEN

LES ANGLAIS ET L'INDE, avec notes, pièces justificatives et tableaux statistiques. — 3e *édition*. 1 vol. . . . 7 50

OSCAR DE VALLÉE

ANTOINE LEMAISTRE ET SES CONTEMPORAINS. — Études sur le XVIIe siècle. — 2e *édition*. 1 vol 7 50

LE DUC D'ORLÉANS ET LE CHANCELIER D'AGUESSEAU. — Études morales et politiques. — 1 vol. 7 50

PAUL VARIN

EXPÉDITION DE CHINE. — 1 vol. . . 5 »

LE DOCTEUR L. VÉRON

QUATRE ANS DE RÈGNE. — OU EN SOMMES-NOUS ? — 1 vol. . . . . . 5 »

LOUIS DE VIEL-CASTEL

HISTOIRE DE LA RESTAURATION. 8 vol. . . . . 48 »
En vente, tomes I à VI. 6 vol. 36 »

ALFRED DE VIGNY
de l'Académie française

ŒUVRES COMPLÈTES (NOUVELLE ÉDITION)

CINQ-MARS, avec autographes de Richelieu et de Cinq-Mars. — 1 vol. 5 »

POÉSIES COMPLÈTES. — 1 vol. . . . . 5 »

SERVITUDE ET GRANDEUR MILITAIRE. — 1 vol. . . . . 5 »

STELLO. — 1 vol. . . . . 5 »

THÉATRE COMPLET. — 1 vol. . . . . . 5 »

VILLEMAIN
de l'Académie française

LA TRIBUNE MODERNE :
1re PARTIE. — M. DE CHATEAUBRIAND, sa vie, ses écrits, son influence littéraire et politique sur son temps. — 1 vol. 7 50
2e PARTIE (*sous presse*). 1 vol. . 7 50

L. VITET
de l'Académie française

L'ACADÉMIE ROYALE DE PEINTURE ET DE SCULPTURE. — Étude historique. — 1 vol . . . . 6 »

LE LOUVRE. Étude historique, *revue et augmentée* (*Sous pr.*). — 1 vol. 6 »

L'ÉGLISE NOTRE-DAME DE NOYON. Essai archéologique, suivi d'études sur les monuments et sur la musique du moyen âge. — 1 vol. . . 6 »

CORNÉLIS DE WITT

L'ANGLETERRE POLITIQUE ET RELIGIEUSE 1815-1860. — Choix des meilleurs morceaux parus dans les principales revues anglaises, traduits et précédés d'une introduction. 2 v. 12 »

LE RÉV. CHRISTOPHER WORDSWORT

DE L'ÉGLISE ET DE L'INSTRUCTION PUBLIQUE EN FRANCE. — 1 vol. . . . 5 »

BIBLIOTHÈQUE CONTEMPORAINE
ET COLLECTION DE LA LIBRAIRIE NOUVELLE
Format grand in-18 à 3 francs le volume

EDMOND ABOUT — vol.
LETTRES D'UN BON JEUNE HOMME A SA COUSINE — 2e *édition*. 1
DERNIÈRES LETTRES D'UN BON JEUNE HOMME A SA COUSINE 1

AMÉDÉE ACHARD
LES CHATEAUX EN ESPAGNE. — Contes et Nouvelles. 1

***
VARIA.-Morale.-Politique.-Littérature. 4

ALFRED ASSOLLANT
D'HEURE EN HEURE. 1

XAVIER AUBRYET
LES JUGEMENTS NOUVEAUX 1

***
LES ZOUAVES ET LES CHASSEURS A PIED. 1

L'AUTEUR
des Études sur la Marine
GUERRE D'AMÉRIQUE. — Campagne du Potomac (Mars-Juillet 1862). 1

J. AUTRAN
ÉPITRES RUSTIQUES. 1
LABOUREURS ET SOLDATS.—2e *édition, revue et corrigée* 1
LES POÈMES DE LA MER. — *Nouvelle édition, revue et considérablement augmentée*. 1
LA VIE RURALE. — Tableaux et Récits. 1

LE COMTE CÉSAR BALBO
Traduction J. Amigue.
HISTOIRE D'ITALIE. 2

J. BARBEY D'AUREVILLY
LES PROPHÈTES DU PASSÉ. 1

ALEX. BARBIER.
LETTRES FAMILIÈRES SUR LA LITTÉRATURE. 1

J. BARTHÉLEMY SAINT-HILAIRE
LETTRES SUR L'ÉGYPTE — 2e *édition*. 1

CH. BATAILLE. — E. RASETTI.
ANTOINE QUÉRARD. — Les Drames de Village 2

L. BAUDENS
Inspecteur, membre du Conseil de santé des armées
LA GUERRE DE CRIMÉE. — Les Campements, les Abris, les Ambulances, les Hôpitaux, etc. —2e *édition*. . . 1

GUSTAVE DE BEAUMONT
de l'Institut
L'IRLANDE SOCIALE, POLITIQUE ET RELIGIEUSE. — 7e *édition, revue et corrigée*, avec un avant-propos sur la situation actuelle de l'Irlande. . 2

ROGER DE BEAUVOIR
LES MEILLEURS FRUITS DE MON PANIER . 1

LA PRINCESSE DE BELGIOJOSO
ASIE MINEURE ET SYRIE.—Souvenirs de voyage. — *Nouvelle édition*. . . . 1
SCÈNES DE LA VIE TURQUE :
Emina. — Un prince kurde. — Les deux Femmes d'Ismaïl-Bey. 1
NOUVELLES SCÈNES DE LA VIE TURQUE (*Sous presse*). 1

GEORGES BELL — vol.
VOYAGE EN CHINE 1

LE MARQUIS DE BELLOY
THÉATRE COMPLET DE TÉRENCE (*Trad.*) 1

HECTOR BERLIOZ
A TRAVERS CHANTS, études musicales, adorations, boutades et critiques. 1
LES GROTESQUES DE LA MUSIQUE. . . . 1
LES SOIRÉES DE L'ORCHESTRE.—2e *édition, entièrem. revue et corrigée*. 1

CHARLES DE BERNARD
ŒUVRES COMPLÈTES
LES AILES D'ICARE 1
UN BEAU-PÈRE. 1
L'ÉCUEIL 1
LE GENTILHOMME CAMPAGNARD. . . . 2
GERFAUT 1
UN HOMME SÉRIEUX 1
LE NŒUD GORDIEN. 1
NOUVELLES ET MÉLANGES. 1
LE PARAVENT. 1
LA PEAU DU LION ET LA CHASSE AUX AMANTS. 1
POÉSIES ET THÉATRE. 1

EUGÈNE BERTHOUD
UN BAISER MORTEL. 2e *édition*. . . . 1
SECRET DE FEMME. 2e *édition* 1

H. BLAZE DE BURY
LES AMIES DE GŒTHE (*Sous presse*). . 1
LE CHEVALIER DE CHASOT. Mémoires du temps de Frédéric le Grand. . . . 1
ÉCRIVAINS ET POETES DE L'ALLEMAGNE. 1
ÉPISODE DE L'HISTOIRE DU HANOVRE. — Les Kœnigsmark. 1
INTERMÈDES ET POEMES. 1
SOUVENIRS ET RÉCITS DES CAMPAGNES D'AUTRICHE. 1

***
HOMMES DU JOUR : 2e *édition*. 1
LES SALONS DE VIENNE ET DE BERLIN. . 1
LES BONSHOMMES DE CIRE (*Sous pr.*) 1

WILLIAM BOLTS
HISTOIRE DES CONQUÊTES ET DE L'ADMINISTRATION DE LA COMPAGNIE ANGLAISE AU BENGALE. 1

JULES BONNET
AONIO PALEARIO, étude sur la réforme en Italie. 1

LOUIS BOUILHET
POÉSIES, Festons et Astragales. . . . 1

FÉLIX BOVET
VOYAGE EN TERRE SAINTE.— 3e *édition, revue et corrigée*. 1

A. BRIZEUX
ŒUVRES COMPLÈTES. Édition définitive, augmentée d'un grand nombre de poésies inédites, précédée d'une étude sur BRIZEUX par SAINT-RENÉ TAILLANDIER, et ornée d'un portrait de Brizeux 2

LE PRINCE A. DE BROGLIE vol.
de l'Académie française
ÉTUDES MORALES ET LITTÉRAIRES . . 1
QUESTIONS DE RELIGION ET D'HISTOIRE. — 2e *édition* 2

AUGUSTE CALLET
ancien membre des assemblées nationales
L'ENFER. 1

JULES DE CÉNAR (CARNÉ)
PÉCHEURS ET PÉCHERESSES. 1

CLÉMENT CARAGUEL
LES SOIRÉES DE TAVERNY.— Contes et Nouvelles 1

MICHEL CERVANTES.
THÉATRE, traduit pour la première fois par Aphonse ROYER.. 1

CHAMPFLEURY
CONTES VIEUX ET NOUVEAUX. 1
LES EXCENTRIQUES. — 2e *édition*. . . 1
LA MASCARADE DE LA VIE PARISIENNE. 1

A. CHARGUÉRAUD
LES BATARDS CÉLÈBRES, avec une introduction par *E. de Girardin*. 2e *éd.* 1

LE COMTE DE CHEVIGNÉ
CONTES RÉMOIS. 4e *édition*, illustrés de 34 dessins de Meissonier 1

F. CLAUDE
LES PSAUMES, traduction nouvelle, suivie de notes et réflexions 1
LE ROMAN DE L'AMOUR 1

Mme LOUISE COLET
LUI. — 4e *édition*. 1

EUGÈNE CORDIER
LE LIVRE D'ULRICH. 1

H. CORNE
SOUVENIRS D'UN PROSCRIT. 1

CHARLES DE COURCY
LES HISTOIRES DU CAFÉ DE PARIS. . . 1

PHILARÈTE CHASLES
SOUVENIRS D'UN MÉDECIN (Samuel Warren) 1

VICTOR COUSIN
de l'Académie française
PHILOSOPHIE DE KANT 1
PHILOSOPHIE ÉCOSSAISE. 1
PHILOSOPHIE SENSUALISTE 1

CUVILLIER-FLEURY
ÉTUDES HISTORIQUES ET LITTÉRAIRES. 2
NOUVELLES ÉTUDES HISTORIQUES ET LITTÉRAIRES 1
DERNIÈRES ÉTUDES HISTORIQUES ET LITTÉRAIRES 2
HISTORIENS, POETES ET ROMANCIERS. . 2
PORTRAITS POLITIQUES ET RÉVOLUTIONNAIRES. — 2e *édition*. 2
VOYAGES ET VOYAGEURS 1

ALPHONSE DAUDET
LE ROMAN DU CHAPERON ROUGE. . . . 1

LE GÉNÉRAL DAUMAS vol.
LES CHEVAUX DU SAHARA ET LES MŒURS DU DÉSERT. — 4e *édition, revue et augmentée*, avec des Commentaires par l'émir Abd-el-Kader. 1

E. J. DELÉCLUZE
SOUVENIRS DE SOIXANTE ANNÉES. . . . 1

PAUL DELTUF
CONTES ROMANESQUES. 1
RÉCITS DRAMATIQUES 1

A. DESBARROLLES
VOYAGE D'UN ARTISTE EN SUISSE A 3 FR. 50 C. PAR JOUR. 2e *édition* . 1

EMILE DESCHANEL
CAUSERIES DE QUINZAINE. 1
CHRISTOPHE COLOMB. 1

CHARLES DOLLFUS
LETTRES PHILOSOPHIQUES. 2e *édit.* 1
RÉVÉLATIONS ET RÉVÉLATEURS. 1

MAXIME DU CAMP
EXPÉDITION DE SICILE. — Souvenirs personnels. 1

J. A. DUCONDUT
ESSAI DE RHYTHMIQUE FRANÇAISE, Introduction théorique. — Manuel lyrique et Préludes. 1

E. DUFOUR
LES GRIMPEURS DES ALPES (Peaks, Passes and Glaciers). Trad. de l'anglais. 1

ALEXANDRE DUMAS
LES GARIBALDIENS, révolutions de Sicile et de Naples. 1

ALEXANDRE DUMAS FILS
CONTES ET NOUVELLES. 1

CAMILLE DUTRIPON
EDMÉE. 1

CHARLES EDMOND
SOUVENIRS D'UN DÉPAYSÉ. 1

Mme ELLIOTT
MÉMOIRES SUR LA RÉVOLUTION FRANÇAISE, traduits par M. le comte de Baillon, avec une appréciation critique de M. Sainte-Beuve et un beau portrait gravé sur acier. — 2e *édition* 1

L. ET M. ESCUDIER
DICTIONNAIRE DE MUSIQUE THÉORIQUE ET HISTORIQUE, avec une préface par *F. Halévy*. — *Nouvelle édition*. 1

ALPHONSE ESQUIROS
LA NÉERLANDE ET LA VIE HOLLANDAISE. 2

A. L. A. FÉE
SOUVENIRS DE LA GUERRE D'ESPAGNE, dite de l'Indépendance. — 2e *édit.* 1
L'ESPAGNE A CINQUANTE ANS D'INTERVALLE (1809-1859). 1

FÉTIS
LA MUSIQUE DANS LE PASSÉ, DANS LE PRÉSENT ET DANS L'AVENIR (*sous presse*). 2

FEUILLET DE CONCHES vol.

LÉOPOLD ROBERT, sa vie, ses œuvres et sa correspondance. — *Nouv. édit.* 1

OCTAVE FEUILLET
de l'Académie française

BELLAH. — 5e *édition*. 1
HISTOIRE DE SIBYLLE. — 5e *édition* . 1
LA PETITE COMTESSE, le Parc, Onesta. — *Nouvelle édition*. 1
LE ROMAN D'UN JEUNE HOMME PAUVRE. — *Nouvelle édition*. 1
SCÈNES ET COMÉDIES. — *Nouv. édition*. 1
SCÈNES ET PROVERBES. — *Nouv. édit.* . 1

PAUL FÉVAL.

QUATRE FEMMES ET UN HOMME. — 3e *édit.* 1

ERNEST FEYDEAU

ALGER. — Étude. 2e *édition*. 1
LE MARI DE LA DANSEUSE 2

LOUIS FIGUIER.

LES EAUX DE PARIS, leur passé, leur état présent, leur avenir, avec une 1
carte hydrographique et géologique du bassin de Paris (coloriée) 2e *éd.* 1

GUSTAVE FLAUBERT

MADAME BOVARY. *Nouvelle édit. revue.* 1

EUGÈNE FORCADE

ÉTUDES HISTORIQUES. 1
HISTOIRE DES CAUSES DE LA GUERRE D'ORIENT. 1

MARC FOURNIER

LE MONDE ET LA COMÉDIE (*Sous presse*) 1

VICTOR FRANCONI

LE CAVALIER, Cours d'équitation pratique. — 2e *édit., revue et augm.* 1
L'ÉCUYER, Cours d'équitation pratique. 1

ARNOULD FRÉMY

LES MŒURS DE NOTRE TEMPS. 1

EUGÈNE FROMENTIN

UNE ANNÉE DANS LE SAHEL. — 2e *éd.* 1
UN ÉTÉ DANS LE SAHARA. — 2e *édition*. 1

LÉOPOLD DE GAILLARD

QUESTIONS ITALIENNES : Voyage. — Histoire. — Politique. 1

GALOPPE D'ONQUAIRE

LE SPECTACLE AU COIN DU FEU 1

P. GARREAU

ESSAI SUR LES PREMIERS PRINCIPES DES SOCIÉTÉS. 1

LE Cte AGÉNOR DE GASPARIN

LE BONHEUR. — 2e *édition*. 1
UN GRAND PEUPLE QUI SE RELÈVE. — Les États-Unis en 1861. 2e *édition revue et corrigée*. 1

* * *

LES HORIZONS CÉLESTES. — 6e *édit.* . 1
LES HORIZONS PROCHAINS. — 5e *édit.* 1
VESPER. — 4e *édition*. 1

THÉOPHILE GAUTIER

EN GRÈCE ET EN AFRIQUE (*Sous presse*) 1

JULES GÉRARD
le Tueur de Lions

VOYAGES ET CHASSES DANS L'HIMALAYA 1

LOUISE GOETHE vol.

LES ESCLAVES 1

LÉON GOZLAN.

BALZAC CHEZ LUI. — SOUVENIRS DES JARDIES. 2e *édition* 1
HISTOIRE D'UN DIAMANT. — 2e *édition*. 1

GRÉGOROVIUS
Traduction de F. Sabatier

LES TOMBEAUX DES PAPES ROMAINS, av. une introduction de J. J. AMPÈRE. 1

F. DE GROISEILLIEZ

LES COSAQUES DE LA BOURSE OU LE JEU DU DIABLE. 1
HISTOIRE DE LA CHUTE DE LOUIS-PHILIPPE. 1

AD. GUÉROULT

ÉTUDES DE POLITIQUE ET DE PHILOSOPHIE RELIGIEUSE 1

AMÉDÉE GUILLEMIN

LES MONDES. — CAUSERIES ASTRONOMIQUES. — 2e *édition* 1

M. GUIZOT

TROIS GÉNÉRATIONS — 1789-1814-1848 . 1

LE Cte GUY DE CHARNACÉ

ÉTUDES D'ÉCONOMIE RURALE. 1

F. HALÉVY
de l'Institut, secrétaire perpétuel de l'Académie des Beaux-Arts.

SOUVENIRS ET PORTRAITS. — Études sur les Beaux-Arts. 1
DERNIERS SOUVENIRS ET PORTRAITS, suivis de quelques lettres inédites. . 1

B. HAURÉAU

SINGULARITÉS HISTORIQUES ET LITTÉRAIRES. 1

LE COMTE D'HAUSSONVILLE

HISTOIRE DE LA POLITIQUE EXTÉRIEURE DU GOUVERNEMENT FRANÇAIS (1830-1848). Avec notes, pièces justificatives et documents diplomatiques entièrement inédits. — *Nouvelle édition*. 2
HISTOIRE DE LA RÉUNION DE LA LORRAINE A LA FRANCE. Avec notes, pièces justificatives et documents historiques entièrement inédits. — 2e *édition, revue et corrigée*. . . 4

* * *

MARGUERITE DE VALOIS. (*Sous presse*) 1
ROBERT EMMET. — 2e *édition*. 1
SOUVENIRS D'UNE DEMOISELLE D'HONNEUR DE LA DUCHESSE DE BOURGOGNE 2e *édition*. 1

HENRI HEINE
ŒUVRES COMPLÈTES

DE LA FRANCE. — *Nouvelle édition*. . 1
DE L'ALLEMAGNE. — *Nouvelle édition, entièrement revue et augmentée de fragments inédits*. 2
LUTÈCE, lettres sur la vie politique, artistique et sociale de la France. — 5e *édition*. 1
POÈMES ET LÉGENDES. — *Nouv. édition*. 1
REISEBILDER, tableaux de voyage. —

HENRI HEINE (*Suite*) vol.

Nouvelle édition, revue, considérablement augmentée, précédée d'une étude sur Henri Heine, par *Théophile Gautier*, et ornée d'un portrait. 2
DE L'ANGLETERRE. (*Sous presse*). . . . 1

CAMILLE HENRY

LE ROMAN D'UNE FEMME LAIDE. 2e *édit.* 1
LE ROMAN D'UNE JOLIE FEMME (*sous pr.*). 1
UNE NOUVELLE MADELEINE. 1

HOFFMANN
Traduction de Champfleury

CONTES POSTHUMES. 1

ROBERT HOUDIN

CONFIDENCES D'UN PRESTIDIGITATEUR. . 2

ARSÈNE HOUSSAYE

MADEMOISELLE MARIANI, histoire parisienne (1858). — 4e *édition*. 1

CHARLES HUGO

LE COCHON DE SAINT-ANTOINE (*Sous pr.*) 1
UNE FAMILLE TRAGIQUE. 1

UN INCONNU

MONSIEUR X ET MADAME ***. 1

ALFRED JACOBS

L'OCÉANIE NOUVELLE. — Colonies, Migrations et Mélanges. 1

PAUL JANET

LA FAMILLE. — LEÇONS DE PHILOSOPHIE MORALE, ouvrage couronné par l'Académie française. — 4e *édition*. . . 1

JULES JANIN

BARNAVE. *Nouvelle édition*. 1
LES CONTES DU CHALET. 1
CONTES FANTASTIQUES ET CONTES LITTÉRAIRES. 1
HISTOIRE DE LA LITTÉRATURE DRAMATIQUE. 6

AUGUSTE JOLTROIS

LES COUPS DE PIEDS DE L'ANE. — 2e *édit.* 1

LOUIS JOURDAN

LES FEMMES DEVANT L'ÉCHAFAUD. — 2e *édition*. 1

KARL-DES-MONTS

LES LÉGENDES DES PYRÉNÉES. — 4e *éd.* 1

ALPHONSE KARR

DE LOIN ET DE PRÈS. — 2e *édition* . . 1
EN FUMANT — 2e *édition*. 1
LETTRES ÉCRITES DE MON JARDIN. . . 1
LE ROI DES ILES CANARIES (*Sous presse*). 1
SUR LA PLAGE. 1

LA BRUYÈRE

LES CARACTÈRES. — *Nouvelle édition, commentée par* A. DESTAILLEUR. . 2

LAMARTINE

LES CONFIDENCES, *nouvelle édition*. 1
GENEVIÈVE, Histoire d'une Servante. 2e *édition*. 1
NOUVELLES CONFIDENCES. 2e *édition*. 1
TOUSSAINT-LOUVERTURE. 3e *édition* . 1

LE PRINCE DE LA MOSKOWA

SOUVENIRS ET RÉCITS. 1

LANFREY

LES LETTRES D'ÉVERARD 1

VICTOR DE LAPRADE vol.
de l'Académie française

POËMES ÉVANGÉLIQUES. — 3e *édition, augmentée d'un chapitre de la Poétique chrétienne*, ouvrage couronné par l'Académie française. 1
PSYCHÉ. — Odes et Poëmes. — *Nouvelle édit., augmentée de Pièces nouvelles*. 1
LES SYMPHONIES. — IDYLLES HÉROÏQUES. — *Nouvelle édition, augmentée de pièces inédites*. 1

E. LA RIGAUDIÈRE

HISTOIRE DES PERSÉCUTIONS RELIGIEUSES EN ESPAGNE. — Juifs. — Mores. — Protestants. 1

FERDINAND DE LASTEYRIE

LES TRAVAUX DE PARIS, examen critique. 1

DE LATÉNA

ÉTUDE DE L'HOMME. 4e *édition, considérablement augmentée* 2

ÉMILE DE LATHEULADE

DE LA DIGNITÉ HUMAINE. 1

ANTOINE DE LATOUR

ÉTUDES SUR L'ESPAGNE. 2
LA BAIE DE CADIX. — NOUVELLES ÉTUDES SUR L'ESPAGNE. 1
TOLÈDE ET LES BORDS DU TAGE. — NOUVELLES ÉTUDES SUR L'ESPAGNE . . . 1
L'ESPAGNE RELIGIEUSE ET LITTÉRAIRE. 1

CHARLES DE LA VARENNE

VICTOR EMMANUEL II ET LE PIÉMONT. 1

CH. LAVOLLÉE

LA CHINE CONTEMPORAINE. 1

ERNEST LEGOUVÉ
de l'Académie française

LECTURES A L'ACADÉMIE 1

JOHN LEMOINNE

ÉTUDES CRITIQUES ET BIOGRAPHIQUES. 1
NOUVELLES ÉTUDES CRITIQUES ET BIOGRAPHIQUES 1

CH. LIADIÈRES

ŒUVRES DRAMATIQUES ET LÉGENDES . 1
SOUVENIRS HISTORIQUES ET PARLEMENTAIRES 1

FRANZ LISZT

DES BOHÉMIENS ET DE LEUR MUSIQUE EN HONGRIE 1

LE ROI LOUIS-PHILIPPE

MON JOURNAL. Événements de 1815. . 1

LE VICOMTE DE LUDRE

DIX ANNÉES DE LA COUR DE GEORGES II 1

CHARLES MAGNIN

HISTOIRE DES MARIONNETTES EN EUROPE, depuis l'antiquité jusqu'à nos jours. — 2e *édition, revue et corrigée*. 1

FÉLICIEN MALLEFILLE

LE COLLIER. — Contes et Nouvelles. 1

HECTOR MALOT
vol.

LES AMOURS DE JACQUES. 1
LES VICTIMES D'AMOUR. — 1re *partie* : Les Amants. — 2e *édition*. 1
LES VICTIMES D'AMOUR. — 2e *partie* : Les Epoux (*Sous presse*) 1
LA VIE MODERNE EN ANGLETERRE. . . 1

AUGUSTE MAQUET
LES VERTES-FEUILLES. 1

LE COMTE DE MARCELLUS
CHANTS POPULAIRES DE LA GRÈCE MODERNE, réunis, classés et traduits. . 1

CH. DE MAZADE
L'ITALIE MODERNE. Récits des Guerres et des Révolutions italiennes. . . . 1

E. DU MÉRAC
PLACIDE DE JAVERNY. 1

MERCIER
TABLEAU DE PARIS, *nouvelle édition*. 1

PROSPER MÉRIMÉE
LES DEUX HÉRITAGES, suivis de L'INSPECTEUR GÉNÉRAL et des DÉBUTS D'UN AVENTURIER. 1
ÉPISODE DE L'HISTOIRE DE RUSSIE. — Les faux Demétrius. 1
ÉTUDES SUR L'HISTOIRE ROMAINE : Essai sur la Guerre sociale. — Conjuration de Catilina. 1
MÉLANGES HISTORIQUES ET LITTÉRAIRES 1
NOUVELLES. — 4e *édition* : Carmen. — Arsène Guillot. — L'abbé Aubain. — La Dame de pique. — Les Bohémiens. — Le Hussard. — Nicolas Gogol. 1

MÉRY
UN CRIME INCONNU. 1
MONSIEUR AUGUSTE. — 2e *édition*. . . 1
POÉSIES INTIMES 1
THÉATRE DE SALON. — 2e *édition* :
URSULE 1
LA VIE FANTASTIQUE (*Sous presse*) . . 1

ÉDOUARD MEYER
CONTES DE LA MER BALTIQUE 1

L'ABBÉ TH. MITRAUD
DE LA NATURE DES SOCIÉTÉS HUMAINES. 1

CÉLESTE MOGADOR
MÉMOIRES complets 4

PAUL DE MOLÈNES
L'AMANT ET L'ENFANT. 1
AVENTURES DU TEMPS PASSÉ : Tréfleur.-Briolan. - Le roi Arthur. 1
LE BONHEUR DES MAIGE. 1
CARACTÈRES ET RÉCITS DU TEMPS. . 1
LES COMMENTAIRES D'UN SOLDAT 1
LA FOLIE DE L'ÉPÉE. 1
HISTOIRES SENTIMENTALES ET MILITAIRES 1

CHARLES MONSELET
L'ARGENT MAUDIT. 1
LES FEMMES QUI FONT DES SCÈNES. . . 1
LA FRANC-MAÇONNERIE DES FEMMES . . 1
LES GALANTERIES DU XVIIIe SIÈCLE . . 1
LES ORIGINAUX DU SIÈCLE DERNIER . . 1

FRÉDÉRIC MORIN
vol.

LES HOMMES ET LES LIVRES CONTEMPORAINS. 1

HENRY MURGER
LES NUITS D'HIVER. — Poésies complètes 2e *édition*. 1

PAUL DE MUSSET
UN MAÎTRE INCONNU 1

NADAR
LA ROBE DE DÉJANIRE. — 2e *édition*. . 1

LA COMTESSE NATHALIE
LA VILLA GALIETTA. Nouvelle 1

CHARLES NISARD
MÉMOIRES ET CORRESPONDANCES HISTORIQUES ET LITTÉRAIRES INÉDITS, 1726 à 1816. 1

D. NISARD
de l'Académie française

ÉTUDES DE CRITIQUE LITTÉRAIRE. . . . 1
ÉTUDES D'HISTOIRE ET DE LITTÉRATURE. 1
ÉTUDES SUR LA RENAISSANCE. 1
SOUVENIRS DE VOYAGES : France. — Belgique. — Prusse rhénane. — Angleterre 1

LE VICOMTE DE NOÉ
LES BACHI-BOZOUCKS ET LES CHASSEURS D'AFRIQUE. — La Cavalerie régulière en campagne. 1

TH. PAVIE
RÉCITS DE TERRE ET DE MER. 1
SCÈNES ET RÉCITS DES PAYS D'OUTRE-MER. 1

SIMÉON PÉCONTAL
LÉGENDES. — Ouvrage couronné par l'Académie. 1

LÉONCE DE PESQUIDOUX
L'ÉCOLE ANGLAISE (1672-1851). Études biographiques et critiques 1
VOYAGE ARTISTIQUE EN FRANCE. Études sur les musées de province . . . 1

A. PEYRAT
ÉTUDES HISTORIQUES ET RELIGIEUSES. 1
HISTOIRE ET RELIGION. 1

LAURENT PICHAT
CARTES SUR TABLES. — Nouvelles. . . 1
LA SIBYLLE 1

AMÉDÉE PICHOT
SIR CHARLES BELL, histoire de sa vie et de ses travaux. 1

GUSTAVE PLANCHE
ÉTUDES LITTÉRAIRES. 1
ÉTUDES SUR L'ÉCOLE FRANÇAISE. — Peinture et Sculpture. 2
ÉTUDES SUR LES ARTS 1
PORTRAITS D'ARTISTES : Peintres et Sculpteurs. 2

ÉDOUARD PLOUVIER
LA BELLE AUX CHEVEUX BLEUS. 2e *édit.* 1

EDGAR POE
Traduction Charles Baudelaire.

EUREKA 1
HISTOIRES GROTESQUES ET SÉRIEUSES. 1

LE PRINCE A. DE POLIGNAC
Traducteur

LE FAUST DE GOETHE, avec une Préface d'*Arsène Houssaye* 1

F. PONSARD vol.
de l'Académie française

ÉTUDES ANTIQUES. 1
THÉATRE COMPLET : 3e *édition* 1

A. DE PONTMARTIN

CAUSERIES LITTÉRAIRES. — *Nouv. éd.* 1
NOUVELLES CAUSERIES LITTÉRAIRES. — 2e *édition, revue et augmentée d'une préface* 1
DERNIÈRES CAUSERIES LITTÉRAIRES . . 1
CAUSERIES DU SAMEDI. — 2e *série des* Causeries Littéraires.— *Nouv. édit.* 1
NOUVELLES CAUSERIES DU SAMEDI. — 2e *édition* 1
DERNIÈRES CAUSERIES DU SAMEDI . . . 1
LE FOND DE LA COUPE. — Nouvelles. 1
LES JEUDIS DE Mme CHARBONNEAU. 1
LES SEMAINES LITTÉRAIRES 1
NOUVELLES SEMAINES LITTÉRAIRES (*S. pr.*) 1

EUGÈNE POUJADE

LE LIBAN ET LA SYRIE 1

VICTOR POUPIN

UN MARIAGE ENTRE MILLE. 1

PRÉVOST-PARADOL

ÉLISABETH ET HENRI IV (1595-1598) 3e *éd* 1
ESSAIS DE POLITIQUE ET DE LITTÉRATURE. — 2e *série*. — 2e *édition*. . . 1
QUELQUES PAGES D'HISTOIRE CONTEMPORAINE. Lettres politiques. 1

F. PUAUX

HISTOIRE DE LA RÉFORMATION FRANÇAISE. 6

LOUIS RATISBONNE

L'ENFER DU DANTE, traduction en vers, texte en regard. — 3e *édition*. . . . 2
Ouvrage couronné par l'Ac. franç.
LE PURGATOIRE DU DANTE, traduit en vers, texte en regard. 2
LE PARADIS DU DANTE, traduit en vers, texte en regard. 2
IMPRESSIONS LITTÉRAIRES 1
MORTS ET VIVANTS. — Nouvelles Impressions littéraires 1

PAUL DE RÉMUSAT

LES SCIENCES NATURELLES. Études sur leur histoire et sur leurs plus récents progrès 1

D. JOSÉ GUELL Y RENTÉ

LÉGENDES AMÉRICAINES. 1
LÉGENDES D'UNE AME TRISTE. 1
TRADITIONS AMÉRICAINES 1
LA VIERGE DES LYS.-PETITE FILLE DE ROI. 1

LOUIS REYBAUD

LA COMTESSE DE MAULÉON. 1
JÉRÔME PATUROT A LA RECHERCHE D'UNE POSITION SOCIALE. — *Nouvelle édition*. 1
JÉRÔME PATUROT A LA RECHERCHE DE LA MEILLEURE DES RÉPUBLIQUES. — *Nouvelle édition* 2
MARINES ET VOYAGES. 1
MŒURS ET PORTRAITS DU TEMPS. . . . 2
NOUVELLES 1
ROMANS. 1
SCÈNES DE LA VIE MODERNE. 1
LA VIE A REBOURS. 1
LA VIE DE CORSAIRE. 1
LA VIE DE L'EMPLOYÉ. 1

CHARLES REYNAUD

ÉPÎTRES, CONTES ET PASTORALES. . . 1
ŒUVRES INÉDITES 1

HENRI RIVIÈRE

LA MAIN COUPÉE 1
LA POSSÉDÉE 1

AMÉDÉE ROLLAND

LES FILS DE TANTALE 1
LA FOIRE AUX MARIAGES.— 2e *édition* 1
LES MARIONNETTES DE L'AMOUR (*S. pr.*) 1

VICTORINE ROSTAND

AU BORD DE LA SAÔNE 1

JEAN ROUSSEAU

LES COUPS D'ÉPÉE DANS L'EAU. 1
PARIS DANSANT.— 2e *édition*. 1

C.-A. SAINTE-BEUVE
de l'Académie française

NOUVEAUX LUNDIS.— 1re *série*. 1

SAINT-RÉNÉ TAILLANDIER

ALLEMAGNE ET RUSSIE. Études historiques et littéraires. 1
LA COMTESSE D'ALBANY. 1
HISTOIRE ET PHILOSOPHIE RELIGIEUSE. 1
LITTÉRATURE ÉTRANGÈRE. — ÉCRIVAINS ET POÈTES MODERNES 1

GEORGE SAND
ŒUVRES CHOISIES

ANDRÉ. 1
ANTONIA. 1
CONSTANCE VERRIER 1
ELLE ET LUI 1
LA FAMILLE DE GERMANDRE. 1
FRANÇOIS LE CHAMPI. 1
INDIANA. 1
JEAN DE LA ROCHE 1
LETTRES D'UN VOYAGEUR. 1
LES MAITRES MOSAISTES. 1
LES MAÎTRES SONNEURS. 1
LA MARE AU DIABLE. 1
LE MARQUIS DE VILLEMER. 1
MAUPRAT. 1
MONT-REVÊCHE. 1
NOUVELLES 1
LA PETITE FADETTE. 1
TAMARIS 1
VALENTINE. 1
VALVÈDRE 1
LA VILLE NOIRE. 1

MAURICE SAND

SIX MILLE LIEUES A TOUTE VAPEUR. 2e *éd*. 1

JULES SANDEAU
De l'Académie française

CATHERINE. — *Nouvelle édition*. . . 1
UN DÉBUT DANS LA MAGISTRATURE. 2e *éd*. 1
LA MAISON DE PENARVAN.— 8e *édition* 1

FRANCISQUE SARCEY

LE MOT ET LA CHOSE. 1

EDMOND SCHERER

ÉTUDES CRITIQUES sur la Littérature contemporaine. 1

EUGENE SCRIBE

HISTORIETTES ET PROVERBES 1

FERNAND SCHICKLER

EN ORIENT.— SOUVENIRS DE VOYAGE (1858-1861) 1

BIBLIOTHÈQUE NOUVELLE

Format grand in-18 à 2 francs le volume

EDMOND ABOUT	vol.
LE CAS DE M. GUÉRIN. *4e édition* . . .	1
LE NEZ D'UN NOTAIRE. *4e édition* . . .	1
AMÉDÉE ACHARD	
BELLE-ROSE.	1
NELLY.	1
LA TRAITE DES BLONDES	1
ALBERT AUBERT	
LES ILLUSIONS DE JEUNESSE DE M. BOUDIN.	1
PIOTRE ARTAMOV	
HISTOIRE D'UN BOUTON. *4e édit.* . . .	1
BABAUD-LARIBIÈRE	
HISTOIRE DE L'ASSEMBLÉE NATIONALE CONSTITUANTE	2
H. DE BARTHÉLEMY	
LA NOBLESSE EN FRANCE, avant et depuis 1789.	1
Mme DE BAWR	
NOUVELLES	1
RAOUL ou l'Énéïde	1
ROBERTINE	1
LES SOIRÉES DES JEUNES PERSONNES. .	1
FRÉDÉRIC BÉCHARD	
LES EXISTENCES DÉCLASSÉES. — *4e édi.*	1
L'ÉCHAPPÉ DE PARIS.— Nouv. série des *Existences déclassées. 2e édition.*	1
GEORGES BELL	
LUCY LA BLONDE	1
LES REVANCHES DE L'AMOUR.	1
PIERRE BERNARD	
L'A B C DE L'ESPRIT ET DU CŒUR. . . .	1
ALBERT BLANQUET	
LE ROI D'ITALIE, roman historique. . .	1
RAOUL BRAVARD	
CES SAVOYARDS!.	1
E. BRISEBARRE & E. NUS	
LES DRAMES DE LA VIE.	2
CLÉMENT CARAGUEL	
SOUVENIRS ET AVENTURES D'UN VOLONTAIRE GARIBALDIEN.	1
COMTESSE DE CHABRILLAN	
EST-IL FOU?.	1
MISS PEWEL.	1
EUGÈNE CHAPUS	
LES HALTES DE CHASSE. — *2e édition.*	1
MANUEL DE L'HOMME ET DE LA FEMME COMME IL FAUT.— *5e édition.* . . .	1
A. CONSTANT	
LE SORCIER DE MEUDON.	1
COMTESSE DASH	
LE LIVRE DES FEMMES.	1
DÉCEMBRE-ALONNIER	
LA BOHÊME LITTÉRAIRE	1
ÉDOUARD DELESSERT	
LE CHEMIN DE ROME.	1
CH. DESLYS	
SUR LA CÔTE NORMANDE.	1
CH. DICKENS, *traduction Amédée Pichot*	
LES CONTES D'UN INCONNU.	1
HISTORIETTES ET RÉCITS DU FOYER. . .	1
CH. DOLLFUS	**vol.**
LE CALVAIRE.	1
LIBERTÉ ET CENTRALISATION.	1
MAXIME DU CAMP	
LES CHANTS MODERNES.	1
LE CHEVALIER DU CŒUR-SAIGNANT . . .	1
L'HOMME AU BRACELET D'OR. — *2e éd.* .	1
LE NIL (Egypte et Nubie).— *3e édition.*	1
LE SALON DE 1859.	1
LE SALON DE 1861.	1
JOACHIM DUFLOT	
LES COULISSES DES THÉATRES DE PARIS, Mœurs, Usages, Anecdotes, avec une préface de J. NORIAC	1
ALEXANDRE DUMAS	
L'ART ET LES ARTISTES CONTEMPORAINS au salon de 1859.	1
UNE AVENTURE D'AMOUR	1
LES COMPAGNONS DE JÉHU.	2
LES DRAMES GALANTS, — LA MARQUISE D'ESCOMAN	2
MONSIEUR COUMBES.	1
DE PARIS A ASTRAKAN. — 1re, 2e et 3e *séries.*	3
XAVIER EYMA	
LE ROMAN DE FLAVIO	1
ANTOINE GANDON	
LES TRENTE-DEUX DUELS DE JEAN GIGON. — *10e édition.*	1
LE GRAND GODARD. — *4e édition.* . . .	1
L'ONCLE PHILIBERT. histoire d'un peureux, *3e édition.*	1
JULES GÉRARD *le Tueur de Lions*	
MES DERNIÈRES CHASSES.	1
ÉMILE DE GIRARDIN	
BON SENS, BONNE FOI	1
LE DROIT AU TRAVAIL au Luxembourg et à l'assemblée nationale.	
ÉTUDES POLITIQUES, *nouvelle édition*	1
LE POUR ET LE CONTRE.	1
QUESTIONS ADMINISTRATIVES ET FINANCIÈRES.	1
EDMOND ET JULES DE GONCOURT	
SŒUR PHILOMÈNE	1
ÉDOUARD GOURDON	
CHACUN LA SIENNE	1
LOUISE. — *12e édition.*	1
LES FAUCHEURS DE NUIT. — *5e édition.*	1
LEON GOZLAN	
L'AMOUR DES LÈVRES ET L'AMOUR DU CŒUR	1
ARISTIDE FROISSART.	1
LES AVENTURES DU PRINCE DE GALLES.	1
LE PLUS BEAU RÊVE D'UN MILLIONNAIRE	1
Mme MARIE DE GRANFORT	
OCTAVE. — COMMENT ON S'AIME QUAND ON NE S'AIME PLUS.	1
ED. GRIMARD	
L'ÉTERNEL FÉMININ.	1

JULES GUÉROULT vol.
FABLES. 1

CAMILLE HENRY
DARIE OU LES QUATRE AGES D'UN AMOUR. 1

CHARLES D'HÉRICAULT
LA FILLE AUX BLUETS. — UN PAYSAN DE L'ANCIEN RÉGIME.—2e *édition*. . . . 1
LES PATRICIENS DE PARIS 1

LA REINE HORTENSE
(Fragments de Mémoires inédits)
LA REINE HORTENSE EN ITALIE, EN FRANCE ET EN ANGLETERRE PENDANT L'ANNÉE 1831. 1

ARSÈNE HOUSSAYE
LES FILLES D'ÈVE 1
LA PÉCHERESSE 1

A. JAIME FILS
L'HÉRITAGE DU MAL. 1
LES TALONS NOIRS. — 2e *édition*. . . . 1

LOUIS JOURDAN
LES PEINTRES FRANÇAIS. — SALON DE 1859. 1

AURÈLE KERVIGAN
Traducteur
HISTOIRE DE RIRE. 1

MARY LAFON
LA BANDE MYSTÉRIEUSE. 1
LA PESTE DE MARSEILLE 1

Mme LA MARQUISE DE LA GRANGE
LA RÉSINIÈRE D'ARCACHON. 1

G. DE LA LANDELLE
LA GORGONE 2
UNE HAINE A BORD. 1

STEPHEN DE LA MADELAINE
UN CAS PENDABLE. 1

F. LAMENNAIS
DE LA SOCIÉTÉ PREMIÈRE et de ses lois. 1

LARDIN & MIE D'AGHONNE
JEANNE DE FLERS. 1

FANNY LOVIOT
LES PIRATES CHINOIS. — 3e *édition*. . 1

LOUIS LURINE
VOYAGE DANS LE PASSÉ. 1

AUGUSTE MAQUET
LA BELLE GABRIELLE. 3
LE COMTE DE LAVERNIE. 3
DETTES DE CŒUR. — 3e *édition*. . . . 1
L'ENVERS ET L'ENDROIT. 2
LA MAISON DU BAIGNEUR. 2
LA ROSE BLANCHE. 1

MÉRY
LE PARADIS TERRESTRE. — 2e *édition*. 1
MARSEILLE ET LES MARSEILLAIS. — 2e *édition*. 1

ALFRED MICHIELS
CONTES D'UNE NUIT D'HIVER. 1

EUGÈNE DE MIRECOURT
LES CONFESSIONS DE MARION DELORME. 3

L. MOLAND
LE ROMAN D'UNE FILLE LAIDE. 1

HENRY MONNIER vol.
MÉMOIRES DE M. JOSEPH PRUDHOMME. 1

MARC MONNIER
LA CAMORRA. — MYSTÈRES DE NAPLES. 1
HISTOIRE DU BRIGANDAGE DANS L'ITALIE MÉRIDIONALE. 3e *édition* 1

CHARLES NARREY
LE QUATRIÈME LARRON 2e *édition*. . . 1

HENRI NICOLLE
COURSES DANS LES PYRÉNÉES. 1

JULES NORIAC
LA BÊTISE HUMAINE. — 16e *édition*. . 1
LE 101e RÉGIMENT. — *Nouvelle édition*. 1
LA DAME A LA PLUME NOIRE. 2e *édit*. 1
LE GRAIN DE SABLE. — 9e *édition*. . . 1
LES MÉMOIRES D'UN BAISER 1
SUR LE RAIL. 1

LAURENCE OLIPHANT
VOYAGE PITTORESQUE D'UN ANGLAIS EN RUSSIE ET SUR LE LITTORAL DE LA MER NOIRE ET DE LA MER D'AZOF. 1

ÉDOUARD OURLIAC
SUZANNE.— *Nouv. édition*. 1

PARMENTIER
DESCRIPTION TOPOGRAPHIQUE DE LA GUERRE TURCO-RUSSE. 1

H. DE PENE
UN MOIS EN ALLEMAGNE : Nauheim. . . 1

CHARLES PERRIER
L'ART FRANÇAIS AU SALON DE 1857 . . 1

CHARLES RABOU
LOUISON D'ARQUIEN. 1
LES TRIBULATIONS DE MAÎTRE FABRICIUS. 1
LE CAPITAINE LAMBERT. 1

ROGER DE BEAUVOIR
COLOMBES ET COULEUVRES. 1
LES MYSTÈRES DE L'ILE SAINT-LOUIS. . . 1
LES ŒUFS DE PAQUES. 1

GIOVANI RUFINI
MÉMOIRES D'UN CONSPIRATEUR ITALIEN. 1

JULES SANDEAU
UN HÉRITAGE. 1

VICTORIEN SARDOU
LA PERLE NOIRE. 1

Mme SURVILLE (née de Balzac)
LE COMPAGNON DU FOYER 1

EDMOND TEXIER
LA GRÈCE ET SES INSURRECTIONS, avec carte. *Nouvelle édition* 1

Mme VERDIER-ALLUT
LES GÉORGIQUES DU MIDI. 1

A. VERMOREL
LES AMOURS VULGAIRES. 1
DESPERANZA. 1

Dr L. VÉRON
PARIS EN 1860. — LES THÉATRES DE PARIS DE 1806 A 1860, avec gravures. 1

LE DOCTEUR YVAN & CALLÉRY
L'INSURRECTION EN CHINE, avec portrait et carte. 1

***
MÉMOIRES DE BILBOQUET. 3

L'Héritier du diable. Les Joyeulsetés du roy loys le unziesme. La Connestable. La Pucelle de Thilhouse. Le Frère d'armes. Le Curé d'Azay-le-Rideau. L'Apostrophe.

Tome 42. 2e *dixain*. — LES TROIS CLERCS DE SAINCT-NICHOLAS. Le jeusne de Françoys premier. Les bons proupos des religieuses de Poissy. Comment feut Basty le chasteau d'Azay. La faulse courtisane. Le dangier d'estre trop cocquebin. La chiere nuictée d'amour. Le prosne du joyeulx curé de Meudon. Le Succube. Désespérance d'amour.

Tome 43. 3me *dixain*. — Persévérance d'amour. D'ung justiciard qui ne se remembroyt les chouses. Sur le moyne Amador, qui feut un glorieux abbé de Turpenay. Berthe la repentie. Comment la belle fille de Portillon quinaulda son iuge. Cy est remonstré que la fortune est touiours femelle. D'ung paouvre qui avoyt nom le vieulx par-chemins. Dires incongrus de trois pèlerins. Naïfveté. La belle Impéria mariée.

THÉATRE

Tome 44. — VAUTRIN, drame en 5 actes. Les Ressources de Quinola, comédie en 5 actes et un prologue. Paméla Giraud, pièce en 5 actes.

Tome 45. — LA MARATRE, drame intime en 5 actes et 8 tableaux. Le Faiseur (Mercadet), comédie en 5 actes (entièrement conforme au manuscrit de l'auteur.)

OUVRAGES DE DIVERS FORMATS

	fr. c.
GEORGES BELL	
LE MIROIR DE CAGLIOSTRO (Hypnotisme). — 1 vol. in-18	1 »
J. BRUNTON	
LES 40 PRÉCEPTES DU JEU DE WHIST	1 50
ALFRED BUSQUET	
LA NUIT DE NOEL, poëme. — 1 joli vol. in-32 carré	1 »
LOUIS JOURDAN	
LES PRIÈRES DE LUDOVIC. — 1 v. in-32	1 »
LASSABATHIE *Administrateur du Conservatoire*	
HISTOIRE DU CONSERVATOIRE IMPÉRIAL DE MUSIQUE ET DE DÉCLAMATION, suivie de documents recueillis et mis en ordre. — 1 vol. grand in-18	5 »
AUGUSTE LUCHET.	
LA CÔTE D'OR A VOL D'OISEAU. — 1 v. grand in-18	2 »
LA SCIENCE DU VIN. — 1 v. gr. in-18	2 50
P. MORIN	
COMMENT L'ESPRIT VIENT AUX TABLES. — 1 vol. in-18	1 50
LE PRINCE DE LA MOSKOWA	
LE SIÉGE DE VALENCIENNES, 1 vol. in-18, avec carte	1 »
A. PEYRAT	
UN NOUVEAU DOGME, histoire de l'Immaculée Conception. — 1 vol. in-18	1 »
LE DOCTEUR RAULAND	
LE LIVRE DES ÉPOUX. — Guide pour la guérison de l'Impuissance, de la Stérilité et de toutes les maladies des organes génitaux. — 1 fort vol. gr. in-18	4 »
LE Dr FÉLIX ROUBAUD *Inspect. des Eaux min. de Pougues (Nièvre)*	
LA DANSE DES TABLES, Phénomènes phisiologiques démontrés, avec gravure explicative. — 2e *édition*. — 1 vol. in-18	1 »
LES EAUX MINÉRALES DE LA FRANCE. Guide du médecin praticien et du malade. — 1 fort vol. gr. in-18 broché, 4 fr.; relié	5 »
Mme ADAM SALOMON	
DE L'ÉDUCATION D'APRÈS PANHORIPAN. — 1 joli vol. in-32	1 »

ÉTUDES CONTEMPORAINES

Format in-18

ODILON BARROT	
DE LA CENTRALISATION ET DE SES EFFETS. — 1 vol.	1 »
LE PRINCE A. DE BROGLIE	
UNE RÉFORME ADMINISTRATIVE EN AFRIQUE. — 1 vol.	1 50
ÉDOUARD DELPRAT	
L'ADMINISTRATION ET LA PRESSE. 1 v.	1 »
A. GERMAIN	
MARTYROLOGE DE LA PRESSE. 1 vol.	2 50
LE COMTE D'HAUSSONVILLE	
LETTRE AU SÉNAT. — 1 vol.	1 »
LÉONCE DE LAVERGNE	
LA CONSTITUTION DE 1852 ET LE DÉCRET DU 24 NOVEMBRE. — 1 vol.	1 »
ED. DE SONNIER	
LES DROITS POLITIQUES DANS LES ÉLECTIONS. — Manuel de l'Électeur et du Candidat. — 1 vol.	1 »
***	
LA LIBERTÉ RELIGIEUSE ET LA LÉGISLATION ACTUELLE. — 1 vol.	1 »

COLLECTION MICHEL LÉVY

ET BIBLIOTHÈQUE DE LA LIBRAIRIE NOUVELLE

1 franc le volume grand in-18 de 250 à 400 pages

AMÉDÉE ACHARD vol.

BRUNES ET BLONDES 1
LA CHASSE ROYALE 2
LES DERNIÈRES MARQUISES 1
LES FEMMES HONNÊTES 1
PARISIENNES ET PROVINCIALES 1
LES PETITS FILS DE LOVELACE 1
LES RÊVEURS DE PARIS 1
LA ROBE DE NESSUS 1

ACHIM D'ARNIM

Traduction Th. Gautier fils.

CONTES BIZARRES 1

ADOLPHE ADAM

SOUVENIRS D'UN MUSICIEN 1
DERNIERS SOUVENIRS D'UN MUSICIEN . . 1

N.-H. AINSWORTH

Traduction B.-H. Revoil

LE GENTILHOMME DES GRANDES ROUTES 2

GUSTAVE D'ALAUX

L'EMPEREUR SOULOUQUE ET SON EMPIRE 1

***

MADAME LA DUCHESSE D'ORLÉANS, HÉLÈNE DE MECKLEMBOURG-SCHWERIN . 1

***

SOUVENIRS D'UN OFFICIER DU 2e DE ZOUAVES 1

ALFRED ASSOLLANT

HISTOIRE FANTASTIQUE DE PIERROT . . . 1

XAVIER AUBRYET

LA FEMME DE VINGT-CINQ ANS 1

ÉMILE AUGIER

POÉSIES COMPLÈTES 1

***

LES ZOUAVES ET LES CHASSEURS A PIED . 1

J. AUTRAN

MILIANAH (épisode des guerres d'Afriq.) . 1

THÉODORE DE BANVILLE

ODES FUNAMBULESQUES 1

CHARLES BARBARA

HISTOIRES ÉMOUVANTES 1

J. BARBEY D'AUREVILLY

L'AMOUR IMPOSSIBLE 1
L'ENSORCELÉE 1

BEAUMARCHAIS

THÉATRE, précédé d'une Notice sur sa vie et ses ouvrages, par *Louis de Loménie* 1

ROGER DE BEAUVOIR

AVENTURIÈRES ET COURTISANES 1
LE CABARET DES MORTS 1

ROGER DE BEAUVOIR (*Suite*) vol.

LE CHEVALIER DE CHARNY 1
LE CHEVALIER DE SAINT-GEORGES . . . 1
HISTOIRES CAVALIÈRES 1
LA LESCOMBAT 1
MADEMOISELLE DE CHOISY 1
LE MOULIN D'HEILLY 1
LE PAUVRE DIABLE 1
LES SOIRÉES DU LIDO 1
LES TROIS ROHAN 1

Mme ROGER DE BEAUVOIR

CONFIDENCES DE MADelle MARS 1
SOUS LE MASQUE 1

HENRI BÉCHADE

LA CHASSE EN ALGÉRIE 1

Mme BEECHER STOWE

LA CASE DE L'ONCLE TOM (*Traduction L. Pilatte*) 2
SOUVENIRS HEUREUX . (*Traduction E. Forcade.*) 3

GEORGES BELL

SCÈNES DE LA VIE DE CHATEAU 1

A. DE BERNARD

LE PORTRAIT DE LA MARQUISE 1

CHARLES DE BERNARD

LES AILES D'ICARE 1
UN BEAU PÈRE 2
L'ÉCUEIL 1
LE GENTILHOMME CAMPAGNARD 2
GERFAUT 1
UN HOMME SÉRIEUX 1
LE NŒUD GORDIEN 1
LE PARATONNERRE 1
LE PARAVENT 1
LA PEAU DU LION ET LA CHASSE AUX AMANTS 1

ÉLIE BERTHET

LA BASTIDE ROUGE 1
LES CHAUFFEURS 1
LE DERNIER IRLANDAIS 1
LA ROCHE TREMBLANTE 1

Mme CAROLINE BERTON

LE BONHEUR IMPOSSIBLE 1
ROSETTE 1

H. BLAZE DE BURY

MUSICIENS CONTEMPORAINS 1

CH. DE BOIGNE

LES PETITS MÉMOIRES DE L'OPÉRA . . . 1

J.-B. BOREDON vol.
GABRIEL ET FIAMMETTA. 1

LOUIS BOUILHET
MÉLÆNIS, conte romain. 1

RAOUL BRAVARD
L'HONNEUR DES FEMMES. 1
UNE PETITE VILLE 1
LA REVANCHE DE GEORGES DANDIN . . . 1

A. DE BRÉHAT
BRAS D'ACIER. 1
SCÈNES DE LA VIE CONTEMPORAINE . . . 1

MAX BUCHON
EN PROVINCE. 1

ÉMILIE CARLEN
Traduction Marie Souvestre
DEUX JEUNES FEMMES. 1

LOUIS DE CARNÉ
UN DRAME SOUS LA TERREUR. 1

ÉMILE CARREY
L'AMAZONE.— 8 JOURS SOUS L'ÉQUATEUR 1
— LES MÉTIS DE LA SAVANE. 1
— LES RÉVOLTÉS DU PARA. . 1
HISTOIRE ET MŒURS KABYLES. 1
RÉCITS DE LA KABYLIE 1
SCÈNES DE LA VIE EN ALGÉRIE. 1

HIPPOLYTE CASTILLE
HISTOIRES DE MÉNAGE 1

CÉLESTE DE CHABRILLAN
LA SAPHO. 1
LES VOLEURS D'OR. 1

CHAMPFLEURY
LES AMOUREUX DE SAINTE-PÉRINE . . . 1
AVENTURES DE MADEMOISELLE MARIETTE 1
LES BOURGEOIS DE MOLINCHART. . . . 1
CHIEN-CAILLOU. 1
LES EXCENTRIQUES. 1
LES PREMIERS BEAUX JOURS. 1
LE RÉALISME. 1
LES SENSATIONS DE JOSQUIN. 1
LES SOUFFRANCES DU PROFESSEUR DELTEIL. 1
SOUVENIRS DES FUNAMBULES. 1
LA SUCCESSION LE CAMUS 1
L'USURIER BLAIZOT. 1

EUGÈNE CHAPUS
LES SOIRÉES DE CHANTILLY. 1

PHILARÈTE CHASLES
LE VIEUX MÉDECIN 1

GUSTAVE CLAUDIN
POINT ET VIRGULE 1

Mme LOUISE COLET
QUARANTE-CINQ LETTRES DE BÉRANGER 1

HENRI CONSCIENCE
Traduction Léon Wocquier
AURÉLIEN. 2
BATAVIA. 1
LE CONSCRIT 1
LE DÉMON DE L'ARGENT. 1
LE DÉMON DU JEU 1
LE FLÉAU DU VILLAGE. 1
LE GENTILHOMME PAUVRE. 1
LA GUERRE DES PAYSANS. 1
HEURES DU SOIR. 1

HENRI CONSCIENCE (*Suite*) vol.
LE JEUNE DOCTEUR. 1
LE LION DE FLANDRE. 2
LA MÈRE JOB. 1
L'ORPHELINE. 1
SCÈNES DE LA VIE FLAMANDE. 2
SOUVENIRS DE JEUNESSE. 1
LE TRIBUN DE GAND. 2
LES VEILLÉES FLAMANDES 1

P. CORNEILLE
ŒUVRES. précédées d'une notice sur sa vie et ses ouvrages 2

ARTHUR CURNILLON
MATHÉUS 1

LA COMTESSE DASH
LES BALS MASQUÉS 1
LA CHAINE D'OR. 1
LES CHATEAUX EN AFRIQUE. 1
LES DEGRÉS DE L'ÉCHELLE 1
LA DUCHESSE D'ÉPONNES 1
LE FRUIT DÉFENDU 1
LES GALANTERIES DE LA COUR DE LOUIS XV 4
LA RÉGENCE. 1
LA JEUNESSE DE LOUIS XV. 1
LES MAITRESSES DU ROI. 1
LE PARC AUX CERFS. 1
LE JEU DE LA REINE. 1
LA MARQUISE DE PARABÈRE. 1
LA MARQUISE SANGLANTE 1
LA FOUDRE ET LA NEIGE. 1
LE SALON DU DIABLE. 1

LE GÉNÉRAL DAUMAS
LES CHEVAUX DU SAHARA. 1
LE GRAND DÉSERT. 1

E. J. DELÉCLUZE
DONA OLIMPIA 1
MADEMOISELLE JUSTINE DE LIRON . . . 1
LA PREMIÈRE COMMUNION. 1

ÉDOUARD DELESSERT
VOYAGE AUX VILLES MAUDITES 1

PAUL DELTUF
AVENTURES PARISIENNES. 1
LES PETITS MALHEURS D'UNE JEUNE FEMME. 1

PAUL DHORMOYS
UNE VISITE CHEZ SOULOUQUE. 1

CHARLES DICKENS
Traduction A. Pichot
CONTES DE NOEL 1
LE NEVEU DE MA TANTE. 2

OCTAVE DIDIER
UNE FILLE DE ROI. 1
MADAME GEORGES 1

MAXIME DU CAMP
MÉMOIRES D'UN SUICIDÉ 1
LE SALON DE 1857. 1
LES SIX AVENTURES 1

ALEXANDRE DUMAS
AMAURY. 1
ANGE PITOU. 2
ASCANIO 2
AVENTURES DE JOHN DAVYS 2

ALEXANDRE DUMAS (*Suite*).	vol.
LES BALEINIERS	2
LE BATARD DE MAULÉON	3
BLACK	1
LA BOUILLIE DE LA COMTESSE BERTHE	1
LA BOULE DE NEIGE	1
BRIC-A-BRAC	2
UN CADET DE FAMILLE	3
LE CAPITAINE PAMPHILE	1
LE CAPITAINE PAUL	1
LE CAPITAINE RICHARD	1
CATHERINE BLUM	1
CAUSERIES	2
CÉCILE	1
CHARLES LE TÉMÉRAIRE	2
LE CHASSEUR DE SAUVAGINE	1
LE CHATEAU D'EPPSTEIN	2
LE CHEVALIER D'HARMENTAL	2
LE CHEVALIER DE MAISON-ROUGE	2
LE COLLIER DE LA REINE	3
LE COMTE DE MONTE-CRISTO	6
LA COMTESSE DE CHARNY	6
LA COMTESSE DE SALISBURY	2
LES CONFESSIONS DE LA MARQUISE	2
CONSCIENCE L'INNOCENT	2
LA DAME DE MONSOREAU	3
LES DEUX DIANE	3
DIEU DISPOSE	2
LES DRAMES DE LA MER	1
LA FEMME AU COLLIER DE VELOURS	1
FERNANDE	1
UNE FILLE DU RÉGENT	1
LES FRÈRES CORSES	1
GABRIEL LAMBERT	1
GAULE ET FRANCE	1
GEORGES	1
UN GIL BLAS EN CALIFORNIE	1
LA GUERRE DES FEMMES	2
HISTOIRE D'UN CASSE-NOISETTE	1
L'HOROSCOPE	1
IMPRESSIONS DE VOYAGE — EN SUISSE	3
— UNE ANNÉE A FLORENCE	1
— L'ARABIE HEUREUSE	3
— LES BORDS DU RHIN	2
— LE CAPITAINE ARÉNA	1
— DE PARIS A CADIX	2
— QUINZE JOURS AU SINAÏ	1
— LE SPERONARE	2
— LE VÉLOCE	2
INGÉNUE	2
ISABEL DE BAVIÈRE	2
ITALIENS ET FLAMANDS	2
IVANHOÉ de W. Scott. (*Traduction.*)	2
JANE	1
JEHANNE LA PUCELLE	1
LES LOUVES DE MACHECOUL	3
MADAME DE CHAMBLAY	2
LA MAISON DE GLACE	2
LE MAÎTRE D'ARMES	1
LES MARIAGES DU PÈRE OLIFUS	1
LES MÉDICIS	1
MES MÉMOIRES	8
MÉMOIRES DE GARIBALDI	2
MÉMOIRES D'UNE AVEUGLE	2
MÉMOIRES D'UN MÉDECIN (BALSAMO)	5
LE MENEUR DE LOUPS	1
LES MILLE ET UN FANTÔMES	1

ALEXANDRE DUMAS (*Suite*).	vol.
LES MOHICANS DE PARIS	4
LES MORTS VONT VITE	2
NAPOLÉON	1
UNE NUIT A FLORENCE	1
OLYMPE DE CLÈVES	3
LE PAGE DU DUC DE SAVOIE	2
LE PASTEUR D'ASHBOURN	2
PAULINE ET PASCAL BRUNO	1
LE PÈRE GIGOGNE	2
LE PÈRE LA RUINE	1
LA PRINCESSE FLORA	1
LES QUARANTE-CINQ	3
LA REINE MARGOT	2
LA ROUTE DE VARENNES	1
LE SALTEADOR	1
SALVATOR	5
SOUVENIRS D'ANTONY	1
LES STUARTS	1
SULTANETTA	1
SYLVANDIRE	1
LE TESTAMENT DE M. CHAUVELIN	1
THÉATRE COMPLET	10
TROIS MAÎTRES	1
LES TROIS MOUSQUETAIRES	2
LE TROU DE L'ENFER	1
LA TULIPE NOIRE	1
LE VICOMTE DE BRAGELONNE	6
LA VIE AU DÉSERT	2
UNE VIE D'ARTISTE	1
VINGT ANS APRÈS	3

ALEXANDRE DUMAS FILS	
ANTONINE	1
AVENTURES DE QUATRE FEMMES	1
LA BOITE D'ARGENT	1
LA DAME AUX CAMÉLIAS	1
LA DAME AUX PERLES	1
DIANE DE LYS	1
LE DOCTEUR SERVANS	1
LE RÉGENT MUSTEL	1
LE ROMAN D'UNE FEMME	1
TROIS HOMMES FORTS	1
LA VIE A VINGT ANS	1

HENRI DUPIN	
CINQ COUPS DE SONNETTE	1

MISS EDGEWORTH *Traduction Jousselin.*	
DEMAIN	1

GABRIEL D'ENTRAGUES	
HISTOIRES D'AMOUR ET D'ARGENT	1

ERCKMANN-CHATRIAN	
L'ILLUSTRE DOCTEUR MATHÉUS	1

XAVIER EYMA	
AVENTURIERS ET CORSAIRES	1
LES FEMMES DU NOUVEAU MONDE	1
LES PEAUX NOIRES	1
LES PEAUX ROUGES	1
LE ROI DES TROPIQUES	1
LE TRÔNE D'ARGENT	1

PAUL FÉVAL	
ALIZIA PAULI	1
LES AMOURS DE PARIS	2
LE BERCEAU DE PARIS	1
BLANCHEFLEUR	1

PAUL FÉVAL (*Suite*). vol.

LE BOSSU OU LE PETIT PARISIEN. . . . 3
LE CAPITAINE SIMON 1
LES COMPAGNONS DU SILENCE. 3
LES DERNIÈRES FÉES 1
LES FANFARONS DU ROI. 1
LE FILS DU DIABLE 4
LE TUEUR DE TIGRES. 1

GUSTAVE FLAUBERT

MADAME BOVARY. 2

PAUL FOUCHER

LA VIE DE PLAISIR. 1

ARNOULD FRÉMY

LES CONFESSIONS D'UN BOHÉMIEN . . . 1
LES MAITRESSES PARISIENNES. 2

GALOPPE D'ONQUAIRE

LE DIABLE BOITEUX A PARIS 1
LE DIABLE BOITEUX EN PROVINCE . . . 1
LE DIABLE BOITEUX AU VILLAGE 1
LE DIABLE BOITEUX AU CHATEAU 1

THÉOPHILE GAUTIER

L'ART MODERNE. 1
LES BEAUX-ARTS EN EUROPE. 2
CONSTANTINOPLE 1
LES GROTESQUES 1

JULES GÉRARD

LA CHASSE AU LION, *orné de 12 gravures de G. Doré* 1

GÉRARD DE NERVAL

LA BOHÊME GALANTE 1
LES FILLES DU FEU 1
LE MARQUIS DE FAYOLLE 1
SOUVENIRS D'ALLEMAGNE. 1

FULGENCE GIRARD

UN CORSAIRE SOUS L'EMPIRE 1

ÉMILE DE GIRARDIN

ÉMILE. 1

Mme ÉMILE DE GIRARDIN

CONTES D'UNE VIEILLE FILLE A SES NEVEUX 1
LA CROIX DE BERNY (*en société avec Th. Gautier, Méry et Jules Sandeau*). 1
MARGUERITE. 1
M. LE MARQUIS DE PONTANGES.. 1
NOUVELLES .

Le Lorgnon. — La Canne de M. de Balzac. — Il ne faut pas jouer avec la douleur.. 1

POÉSIES COMPLÈTES.. 1
LE VICOMTE DE LAUNAY. — Lettres parisiennes. — *Édition complète*. . . 4

LÉON GOZLAN

LE BARIL DE POUDRE D'OR. 1

LÉON GOZLAN (*Suite*) vol.

LES CHATEAUX DE FRANCE. 2
LA COMÉDIE ET LES COMÉDIENS. 1
LA DERNIÈRE SŒUR GRISE. 1
LE DRAGON ROUGE 1
LES ÉMOTIONS DE POLYDORE MARASQUIN.. 1
LA FAMILLE LAMBERT. 1
LA FOLLE DU LOGIS. 1
HISTOIRE DE 130 FEMMES. 1
LE MÉDECIN DU PECQ. 1
LE NOTAIRE DE CHANTILLY. 1
LES NUITS DU PÈRE LACHAISE 1

Mme MANOEL DE GRANDFORT

L'AUTRE MONDE. 1

GRANIER DE CASSAGNAC

DANAË. 1

LÉON HILAIRE

NOUVELLES FANTAISISTES 1

HILDEBRAND

Traduction Léon Wocquier

LA CHAMBRE OBSCURE. 1
SCÈNES DE LA VIE HOLLANDAISE. . . . 1

ARSÈNE HOUSSAYE

L'AMOUR COMME IL EST 1
LES FEMMES COMME ELLES SONT. 1
LA VERTU DE ROSINE 1

CHARLES HUGO

LA BOHÊME DORÉE. 2
LA CHAISE DE PAILLE. 1

FRANÇOIS VICTOR HUGO

Traducteur

LE FAUST ANGLAIS DE MARLOWE. 1
SONNETS DE SHAKSPEARE 1

F. HUGONNET

SOUVENIRS D'UN CHEF DE BUREAU ARABE. 1

JULES JANIN

L'ANE MORT 1
LE CHEMIN DE TRAVERSE 1
UN CŒUR POUR DEUX AMOURS 1
LA CONFESSION 1

CHARLES JOBEY

L'AMOUR D'UN NÈGRE 1

PAUL JUILLERAT

LES DEUX BALCONS 1

ALPHONSE KARR

AGATHE ET CÉCILE 1
LE CHEMIN LE PLUS COURT 1
CLOTILDE. 1
CLOVIS GOSSELIN. 1

ALPHONSE KARR (*Suite*). vol.

CONTES ET NOUVELLES. 1
DEVANT LES TISONS. 1
LES FEMMES. 1
ENCORE LES FEMMES. 1
LA FAMILLE ALAIN. 1
FEU BRESSIER. 1
LES FLEURS 1
GENEVIÈVE. 1
LES GUÊPES 6
HORTENSE. 1
MENUS PROPOS 1
MIDI A QUATORZE HEURES 1
LA PÊCHE EN EAU DOUCE ET EN EAU SALÉE. 1
LA PÉNÉLOPE NORMANDE. 1
UNE POIGNÉE DE VÉRITÉS. 1
PROMENADES HORS DE MON JARDIN. . . 1
RAOUL. 1
ROSES NOIRES ET ROSES BLEUES. 1
LES SOIRÉES DE SAINTE-ADRESSE 1
SOUS LES ORANGERS. 1
SOUS LES TILLEULS 1
TROIS CENTS PAGES 1
VOYAGE AUTOUR DE MON JARDIN 1

KAUFFMANN

BRILLAT LE MENUISIER 1

LEOPOLD KOMPERT

Traduction Daniel Stauben

LES JUIFS DE LA BOHÊME. 1
SCÈNES DU GHETTO. 1

DE LACRETELLE

LA POSTE AUX CHEVAUX. 1

Mme LAFARGE

née Marie Capelle

HEURES DE PRISON 1

G. DE LA LANDELLE

LES PASSAGÈRES 1

CHARLES LAFONT

LES LÉGENDES DE LA CHARITÉ. 1

STEPHEN DE LA MADELAINE

LE SECRET D'UNE RENOMMÉE. 1

JULES DE LA MADELÈNE

LES AMES EN PEINE. 1
LE MARQUIS DES SAFFRAS 1

A. DE LAMARTINE

LES CONFIDENCES. 1
GENEVIÈVE, HISTOIRE D'UNE SERVANTE. 1
GRAZIELLA. 1
NOUVELLES CONFIDENCES. 1
RÉGINA. 1
TOUSSAINT-LOUVERTURE. 1

VICTOR DE LAPRADE

PSYCHÉ. 1

CHARLES DE LA ROUNAT

LA COMÉDIE DE L'AMOUR. 1

THÉOPHILE LAVALLÉE

HISTOIRE DE PARIS. 2

JULES LECOMTE

LE POIGNARD DE CRISTAL. 1

CARLE LEDHUY

LE CAPITAINE D'AVENTURES. 1
LE FILS MAUDIT. 1

LEOUZON LE DUC vol.

L'EMPEREUR ALEXANDRE II 1

LOUIS LURINE

ICI L'ON AIME. 1

FÉLICIEN MALLEFILLE

LE CAPITAINE LAROSE. 1
MARCEL. 1
MÉMOIRES DE DON JUAN. 1
MONSIEUR CORBEAU. 1

CH. MARCOTTE DE QUIVIÈRES

DEUX ANS EN AFRIQUE, avec une introduction du bibliophile *Jacob*. . . . 1

MARIVAUX

THÉATRE, précédé d'une notice sur sa vie et ses ouvrages par *Paul de St-Victor*. 1

X. MARMIER

AU BORD DE LA NÉVA. 1
LES DRAMES INTIMES. 1
UNE GRANDE DAME RUSSE. 1
HISTOIRES ALLEMANDES ET SCANDINAVES. 1

LE DOCTEUR FÉLIX MAYNARD

UN DRAME DANS LES MERS BORÉALES. . 1
JOURNAL D'UNE DAME ANGLAISE. — De Delhi à Cawnpore. 1
VOYAGES ET AVENTURES AU CHILI. . . . 1

MÉRY

ANDRÉ CHÉNIER. 1
LA CHASSE AU CHASTRE. 1
LE CHATEAU DES TROIS TOURS 1
LE CHATEAU VERT. 1
UNE CONSPIRATION AU LOUVRE 1
LES DAMNÉS DE L'INDE. 1
UNE HISTOIRE DE FAMILLE. 1
UNE NUIT DU MIDI 1
LES NUITS ANGLAISES 1
LES NUITS D'ORIENT. 1
LES NUITS ESPAGNOLES. 1
LES NUITS ITALIENNES. 1
LES NUITS PARISIENNES 1
SALONS ET SOUTERRAINS DE PARIS. . . . 1

PAUL MEURICE

SCÈNES DU FOYER (LA FAMILLE AUBRY). 1
LES TYRANS DE VILLAGE. 1

PAUL DE MOLÈNES

AVENTURES DU TEMPS PASSÉ 1
CARACTÈRES ET RÉCITS DU TEMPS. . . . 1
CHRONIQUES CONTEMPORAINES. 1
HISTOIRES INTIMES. 1
HISTOIRES SENTIMENTALES ET MILITAIRES 1
MÉMOIRES D'UN GENTILHOMME DU SIÈCLE DERNIER. 1

MOLIÈRE

ŒUVRES COMPLÈTES. — *Nouvelle édition publiée par* PHILARÈTE CHASLES . . 5

Mme MOLINOS-LAFITTE

L'ÉDUCATION DU FOYER. 1

HENRY MONNIER

MÉMOIRES DE M. JOSEPH PRUDHOMME 2

CHARLES MONSELET

M. DE CUPIDON 1

LE COMTE DE MOYNIER — vol.

BOHÉMIENS ET GRANDS SEIGNEURS. . . 1

HÉGÉSIPPE MOREAU

ŒUVRES, avec une notice par *Louis Ratisbonne*. 1

FÉLIX MORNAND

BERNERETTE. 1
LA VIE ARABE. 1

HENRY MURGER

LES BUVEURS D'EAU. 1
LE DERNIER RENDEZ-VOUS 1
MADAME OLYMPE 1
LE PAYS LATIN. 1
PROPOS DE VILLE ET PROPOS DE THÉÂTRE. 1
LE ROMAN DE TOUTES LES FEMMES. . . . 1
SCÈNES DE CAMPAGNE. 1
SCÈNES DE LA VIE DE BOHÊME. 1
SCÈNES DE LA VIE DE JEUNESSE. . . . 1
LE SABOT ROUGE. 1
LES VACANCES DE CAMILLE. 1

A. DE MUSSET, DE BALZAC, G. SAND

PARIS ET LES PARISIENS. 1
LES PARISIENNES A PARIS. 1
LE TIROIR DU DIABLE. 1

PAUL DE MUSSET

LA BAVOLETTE. 1
PUYLAURENS. 1

NADAR

LE MIROIR AUX ALOUETTES 1
QUAND J'ÉTAIS ÉTUDIANT. 1

HENRI NICOLLE

LE TUEUR DE MOUCHES. 1

CHARLES NODIER

Traducteur

LE VICAIRE DE WAKEFIELD. 1

ÉDOUARD OURLIAC

LES GARNACHES. 1

L. LAURENT-PICHAT

LA PAÏENNE 1

AMÉDÉE PICHOT

UN DRAME EN HONGRIE. 1
L'ÉCOLIER DE WALTER SCOTT. 1
LA FEMME DU CONDAMNÉ. 1
LES POETES AMOUREUX. 1

PAUL PERRET

LES BOURGEOIS DE CAMPAGNE. 1
HISTOIRE D'UNE JOLIE FEMME. 1

EDGARD POE

Traduction Ch. Baudelaire

AVENTURES D'ARTHUR GORDON PYM . . 1
HISTOIRES EXTRAORDINAIRES. 1
NOUVELLES HISTOIRES EXTRAORDINAIRES 1

F. PONSARD

ÉTUDES ANTIQUES. 1

A. DE PONTMARTIN — vol.

CONTES D'UN PLANTEUR DE CHOUX. . . 1
CONTES ET NOUVELLES 1
LA FIN DU PROCÈS 1
MÉMOIRES D'UN NOTAIRE. 1
OR ET CLINQUANT. 1
POURQUOI JE RESTE A LA CAMPAGNE . . 1

L'ABBÉ PRÉVOST

MANON LESCAUT, précédée d'une Étude par *John Lemoinne*. . . . .

MAX RADIGUET

SOUVENIRS DE L'AMÉRIQUE ESPAGNOLE. 1

RAOUSSET-BOULBON

UNE CONVERSION. 1

B. H. REVOIL

Traducteur

LE DOCTEUR AMÉRICAIN. 1
LES HAREMS DU NOUVEAU MONDE. . . . 1

LOUIS REYBAUD

CE QU'ON PEUT VOIR DANS UNE RUE. . . 1
CÉSAR FALEMPIN 1
LA COMTESSE DE MAULÉON. 1
LE COQ DU CLOCHER 1
LE DERNIER DES COMMIS VOYAGEURS . . 1
ÉDOUARD MONGERON 1
L'INDUSTRIE EN EUROPE. 1
JÉRÔME PATUROT à la recherche de la meilleure des Républiques. 1
JÉRÔME PATUROT à la recherche d'une position sociale 1
MARIE BRONTIN. 1
MATHIAS L'HUMORISTE. 1
PIERRE MOUTON 1
LA VIE A REBOURS. 1
LA VIE DE CORSAIRE. 1

AMÉDÉE ROLLAND

LES MARTYRS DU FOYER 1

NESTOR ROQUEPLAN

REGAIN : LA VIE PARISIENNE. 1

JULES DE SAINT-FÉLIX

SCÈNES DE LA VIE DE GENTILHOMME. . 1
LE GANT DE DIANE 1
MADEMOISELLE ROSALINDE 1

FRANCIS DE SAINT-LARY

LES CHUTES FATALES. 1

GEORGE SAND

ADRIANI. 1
LE CHATEAU DES DÉSERTES. 1
LE COMPAGNON DU TOUR DE FRANCE . . 2
LA COMTESSE DE RUDOLSTADT. 2
CONSUELO. 3
LA DANIELLA. 2
LA DERNIÈRE ALDINI 1
LE DIABLE AUX CHAMPS 1
LA FILLEULE 1
HISTOIRE DE MA VIE 10
L'HOMME DE NEIGE. 3
HORACE. 1

GEORGE SAND (*Suite*) vol.

ISIDORA 1
JACQUES 1
JEANNE 1
LELIA. — Métella. — Melchior. — Cora. 2
LUCREZIA FLORIANI. — Lavinia 1
LES MAITRES SONNEURS 1
LE MEUNIER D'ANGIBAULT 1
NARCISSE 1
LE PÉCHÉ DE M. ANTOINE 2
LE PICCININO 2
LE SECRÉTAIRE INTIME 1
SIMON 1
TEVERINO. — Léone Léoni 1
L'USCOQUE 1

JULES SANDEAU

CATHERINE 1
NOUVELLES 1
SACS ET PARCHEMINS 1

EUGÈNE SCRIBE

NOUVELLES 1
THÉATRE (Ouvrage complet) 20
COMÉDIES 3
OPÉRAS 2
OPÉRAS-COMIQUES 5
COMÉDIES-VAUDEVILLES 10

ALBÉRIC SECOND

A QUOI TIENT L'AMOUR 1
CONTES SANS PRÉTENTION 1

FRÉDÉRIC SOULIÉ

AU JOUR LE JOUR 1
LES AVENTURES DE SATURNIN FICHET . . 2
LE BANANIER. — EULALIE PONTOIS . . . 1
LE CHATEAU DES PYRÉNÉES 2
LE COMTE DE FOIX 1
LE COMTE DE TOULOUSE 1
LA COMTESSE DE MONRION 1
CONFESSION GÉNÉRALE 2
LE CONSEILLER D'ÉTAT 1
CONTES POUR LES ENFANTS 1
LES DEUX CADAVRES 1
DIANE ET LOUISE 1
LES DRAMES INCONNUS 4
LA MAISON N° 3 DE LA RUE DE PROVENCE 1
AVENTURES D'UN CADET DE FAMILLE 1
LES AMOURS DE VICTOR BONSENNE . . 1
OLIVIER DUHAMEL 1
UN ÉTÉ A MEUDON 1
LES FORGERONS 1
HUIT JOURS AU CHATEAU 1
LA LIONNE 1
LE MAGNÉTISEUR 1
UN MALHEUR COMPLET 1
MARGUERITE. — LE MAÎTRE D'ÉCOLE . . 1
LES MÉMOIRES DU DIABLE 3
LE PORT DE CRÉTEIL 1
LES PRÉTENDUS 1
LES QUATRE ÉPOQUES 1

FRÉDÉRIC SOULIÉ (*Suite*). vol.

LES QUATRE NAPOLITAINES 2
LES QUATRE SŒURS 1
UN RÊVE D'AMOUR. — LA CHAMBRIÈRE 1
SATHANIEL 1
SI JEUNESSE SAVAIT, SI VIEILLESSE POUVAIT 2
LE VICOMTE DE BÉZIERS 1

ÉMILE SOUVESTRE

LES ANGES DU FOYER 1
AU BORD DU LAC 1
AU COIN DU FEU 1
CAUSERIES HISTORIQUES ET LITTÉRAIRES 3
CHRONIQUES DE LA MER 1
LES CLAIRIÈRES 1
CONFESSIONS D'UN OUVRIER 1
CONTES ET NOUVELLES 1
DANS LA PRAIRIE 1
LES DERNIERS BRETONS 2
LES DERNIERS PAYSANS 1
DEUX MISÈRES 1
LES DRAMES PARISIENS 1
L'ÉCHELLE DE FEMMES 1
EN FAMILLE 1
EN QUARANTAINE 1
LE FOYER BRETON 2
LA GOUTTE D'EAU 1
HISTOIRES D'AUTREFOIS 1
L'HOMME ET L'ARGENT 1
LA LUNE DE MIEL 1
LE MAT DE COCAGNE 1
LE MÉMORIAL DE FAMILLE 1
LE MENDIANT DE SAINT-ROCH 1
LE MONDE TEL QU'IL SERA 1
LE PASTEUR D'HOMMES 1
LES PÉCHÉS DE JEUNESSE 1
PENDANT LA MOISSON 1
UN PHILOSOPHE SOUS LES TOITS 1
PIERRE ET JEAN 1
RÉCITS ET SOUVENIRS 1
LES RÉPROUVÉS ET LES ÉLUS 2
RICHE ET PAUVRE 1
LE ROI DU MONDE 2
SCÈNES DE LA CHOUANNERIE 1
SCÈNES DE LA VIE INTIME 1
SCÈNES ET RÉCITS DES ALPES 1
LES SOIRÉES DE MEUDON 1
SOUS LA TONNELLE 1
SOUS LES FILETS 1
SOUS LES OMBRAGES 1
SOUVENIRS D'UN BAS-BRETON 2
SOUVENIRS D'UN VIEILLARD, la dernière étape 1
SUR LA PELOUSE 1
THÉATRE DE LA JEUNESSE 1
TROIS FEMMES 1

MARIE SOUVESTRE

PAUL FERROLL, traduit de l'anglais . . . 1

DANIEL STAUBEN

SCÈNES DE LA VIE JUIVE EN ALSACE . . 1

DE STENDHAL (H. BEYLE) vol.

DE L'AMOUR 1
CHRONIQUES ET NOUVELLES 1
LA CHARTREUSE DE PARME 1
CHRONIQUES ITALIENNES 1
MÉMOIRES D'UN TOURISTE 2
PROMENADES DANS ROME 2
LE ROUGE ET LE NOIR 1

EUGÈNE SUE

ADÈLE VERNEUIL 1
LA BONNE AVENTURE 2
CLÉMENCE HERVÉ 1
LES FILS DE FAMILLE 3
GILBERT ET GILBERTE 3
LA GRANDE DAME 1
LES SECRETS DE L'OREILLER 3
LES SEPT PÉCHÉS CAPITAUX 6
L'ORGUEIL 2
L'ENVIE. — LA COLÈRE 2
LA LUXURE. — LA PARESSE 1
L'AVARICE. — LA GOURMANDISE . . . 1

Mme DE SURVILLE

BALZAC, SA VIE ET SES ŒUVRES 1

FRANÇOIS TALON

LES MARIAGES MANQUÉS 1

E. TEXIER

AMOUR ET FINANCE 1

WILLIAM THACKERAY

Traduction W. Hugues

LES MÉMOIRES D'UN VALET DE PIED . . 1

LOUIS ULBACH vol.

L'HOMME AUX CINQ LOUIS D'OR 1
LES SECRETS DU DIABLE 1
SUZANNE DUCHEMIN 1
LA VOIX DU SANG 1

JULES DE WAILLY FILS

SCÈNES DE LA VIE DE FAMILLE 1

OSCAR DE VALLÉE

LES MANIEURS D'ARGENT 1

VALOIS DE FORVILLE

LE COMTE DE SAINT-POL 1
LE CONSCRIT DE L'AN VIII 1
LE MARQUIS DE PAZAVAL 1

MAX VALREY

LES FILLES SANS DOT 1
MARTHE DE MONBRUN 1

V. VERNEUIL

MES AVENTURES AU SÉNÉGAL 1

LE DOCTEUR L. VÉRON

CINQ CENT MILLE FRANCS DE RENTE . . 1
MÉMOIRES D'UN BOURGEOIS DE PARIS. 5

CHARLES VINCENT ET DAVID

LE TUEUR DE BRIGANDS 1

FRANCIS WEY

LES ANGLAIS CHEZ EUX 1
LONDRES IL Y A CENT ANS 1

BIBLIOTHÈQUE DES VOYAGEURS

1 FRANC LE VOLUME

Jolis volumes format in-32, papier vélin.

ÉMILE AUGIER	vol.
LES PARIÉTAIRES, poésies	1
THÉODORE DE BANVILLE	
ODELETTES	1
LES PAUVRES SALTIMBANQUES	1
LA VIE D'UNE COMÉDIENNE	1
CHARLES DESMAZE	
MAURICE QUENTIN DE LA TOUR, peintre du roi Louis XV	1
A. DE LAMARTINE	
LES VISIONS	1
ALFRED DE LÉRIS	
MES VIEUX AMIS	1
TROIS NOUVELLES ET UN CONTE	1
ALBERT LHERMITE	
UN SCEPTIQUE S'IL VOUS PLAÎT	1
Mme MANNOURY-LACOUR	
ASPHODÈLES	1
SOLITUDES. — 2e *édition*	1
MÉRY	
ANGLAIS ET CHINOIS	1
HISTOIRE D'UNE COLLINE	1
HENRY MURGER	
BALLADES ET FANTAISIES	1
PROPOS DE VILLE ET PROPOS DE THÉATRE	1
F. PONSARD	
HOMÈRE, poëme	1
JULES SANDEAU	
LE CHATEAU DE MONTSABREY	1
OLIVIER	1
***	
PARIS CHEZ MUSARD	1

COLLECTION A 50 CENTIMES LE VOLUME

Format grand in-32, sur beau papier vélin.

UN ASTROLOGUE	vol.
LA COMÈTE ET LE CROISSANT, présages et prophéties sur la Guerre d'Orient	1
GUSTAVE CLAUDIN	
PALSAMBLEU	1
Mme LOUISE COLET	
QUATRE POEMES couronnés par l'Académie	1
ALEXANDRE DUMAS	
LA JEUNESSE DE PIERROT, conte de fée	1
MARIE DORVAL	1
Mme MANOEL DE GRANDFORT	
COMMENT ON S'AIME LORSQU'ON NE S'AIME PLUS	1
HENRY DE LA MADELÈNE	
GERMAIN BARBEBLEUE	1
MÉRY	
LES AMANTS DU VÉSUVE	1
MICHELET	
POLOGNE ET RUSSIE	1
LÉON PAILLET	
VOLEURS ET VOLÉS	1
PETIT-SENN	
BLUETTES ET BOUTADES	1
NESTOR ROQUEPLAN	
LES COULISSES DE L'OPÉRA	1
AURÉLIEN SCHOLL	
CLAUDE LE BORGNE	1
EDMOND TEXIER	
UNE HISTOIRE D'HIER	1
H. DE VILLEMESSANT	
LES CANCANS	1
WARNER	
SCHAMYL, le Prophète du Caucase	1

COLLECTION HETZEL ET LÉVY

1 FRANC LE VOLUME

Jolis volumes format in-32, papier vélin.

BÄISSAC	vol.
LES FEMMES DANS LES TEMPS ANCIENS.	1
LES FEMMES DANS LES TEMPS MODERNES.	1
H. DE BALZAC	
LES FEMMES	1
MAXIMES ET PENSÉES.	1
A. DE BELLOY	
PHYSIONOMIES CONTEMPORAINES	1
PORTRAITS ET SOUVENIRS	1
ALFRED BOUGEARD	
LES MORALISTES OUBLIÉS	1
A. DE BRÉHAT	
LE CHATEAU DE KERMARIA	1
UN DRAME A CALCUTTA	1
SÉRAPHINA DARISPE.	1
CHAMPFLEURY	
M. DE BOISDHYVER.	3
ÉMILE DESCHANEL	
LE BIEN QU'ON A DIT DE L'AMOUR.	1
LE BIEN ET LE MAL QU'ON A DIT DES ENFANTS.	1
LE BIEN QU'ON A DIT DES FEMMES.	1
LES COURTISANES GRECQUES.	1
HISTOIRE DE LA CONVERSATION.	1
LE MAL QU'ON A DIT DE L'AMOUR	1
LE MAL QU'ON A DIT DES FEMMES	1
XAVIER EYMA	
EXCENTRICITÉS AMÉRICAINES	1
THÉOPHILE GAUTIER	
AVATAR	1
JETTATURA.	1
GŒTHE	
Traduction Édouard Grenier	
LE RENARD	1
OLIVIER GOLDSMITH	
Traduction Alphonse Esquiros	
VOYAGE D'UN CHINOIS EN ANGLETERRE.	1
LÉON GOZLAN	
BALZAC EN PANTOUFLES.	1
LES MAÎTRESSES A PARIS.	1
UNE SOIRÉE DANS L'AUTRE MONDE.	1
LE COMTE F. DE GRAMMONT	
COMMENT ON SE MARIE.	1
COMMENT ON VIENT ET COMMENT ON S'EN VA.	1

CHARLES JOLIET	vol.
L'ESPRIT DE DIDEROT.	1
LAURENT JAN	
MISANTHROPIE SANS REPENTIR.	1
JULES JANIN	
LA COMTESSE D'EGMONT.	1
E. DE LA BÉDOLLIÈRE	
HISTOIRE DE LA MODE EN FRANCE.	1
LARCHER ET JULLIEN	
CE QU'ON A DIT DE LA FIDÉLITÉ ET DE L'INFIDÉLITÉ.	1
HENRY MONNIER	
LES BOURGEOIS AUX CHAMPS.	1
COMÉDIES BOURGEOISES.	1
CROQUIS A LA PLUME.	1
GALERIE D'ORIGINAUX	1
LES PETITES GENS	1
SCÈNES PARISIENNES.	1
CHARLES MONSELET	
LA CUISINIÈRE POÉTIQUE.	1
LE MUSÉE SECRET DE PARIS	1
ALFRED DE MUSSET	
Mlle MIMI PINSON.	1
VOYAGE OU IL VOUS PLAIRA	1
EUGÈNE NOEL	
RABELAIS.	1
LA VIE DES FLEURS ET DES FRUITS	1
LOUIS RATISBONNE	
AU PRINTEMPS DE LA VIE.	1
P. J. STAHL	
DE L'AMOUR ET DE LA JALOUSIE.	1
LES BIJOUX PARLANTS.	1
L'ESPRIT DES FEMMES ET LES FEMMES D'ESPRIT.	1
L'ESPRIT DE VOLTAIRE.	1
HISTOIRE D'UN PRINCE ET D'UNE PRINCESSE, souvenirs de Spa.	1
LOUIS ULBACH	
L'HOMME AUX CINQ LOUIS D'OR	2

OUVRAGES ILLUSTRÉS

VOYAGES ET AVENTURES DANS L'AFRIQUE ÉQUATORIALE

Mœurs et coutumes des habitants. — Chasses au gorille, au crocodile, au léopard, à l'éléphant, à l'hippopotame, etc., par PAUL DU CHAILLU, membre correspondant de la Société géographique de New-York, de la Société d'histoire naturelle de Boston, et de la Société ethnographique américaine, avec illustrations et cartes. Edition française revue et augmentée. — 1 vol. grand in-8°. — Prix : broché 15 fr.; demi-reliure chagrin, plats toile, doré sur tranches. Prix : 20 fr.

VOYAGE DANS LES MERS DU NORD

A BORD DE LA CORVETTE LA REINE-HORTENSE

Par CHARLES EDMOND. — 2me *édition*. — 1 vol. grand in-8, illustré de vignettes, de culs-de-lampe et de têtes de chapitres dessinés par KARL GIRARDET, d'après CH. GIRAUD. Prix br. : 15 fr.; demi-rel. chagrin, plats toile, doré sur tranches. Prix : 20 fr.

L'ASSEMBLÉE NATIONALE COMIQUE

180 dessins inédits de CHAM, texte par A. LIREUX. — 1 vol. très-grand in-8. Prix, broché : 14 fr; demi-reliure chagrin, plats toile, doré sur tranches. Prix : 20 fr.

JÉROME PATUROT A LA RECHERCHE DE LA MEILLEURE DES RÉPUBLIQUES

Par LOUIS REYBAUD, illustré par TONY JOHANNOT. — 1 vol. très-grand in-8, contenant 160 vignettes dans le texte et 30 types. — Prix : broché, 15 fr.; demi-reliure chagrin, plats toile, doré sur tranches. Prix : 20 fr.

LE FAUST DE GŒTHE

Traduction revue et complète, précédée d'un Essai sur Gœthe, par HENRI BLAZE; édition illustrée de 9 vignettes de TONY JOHANNOT et d'un nouveau portrait de Gœthe, gravé sur acier par LANGLOIS, et tirés sur papier de Chine. — 1 vol. gr. in-8. Prix : broché, 8 fr.; demi-reliure chagrin, plats toile, doré sur tranches. Prix : 12 fr.

THÉATRE COMPLET DE VICTOR HUGO

1 vol. gr. in-8, orné du portrait de Victor Hugo et de 6 grav. sur acier, d'après les dessins de RAFFET, L. BOULANGER, J. DAVID, etc. — Prix : broché, 6 fr. 50. Demi-reliure chagrin, plats toile, doré sur tranches. Prix : 11 fr.

CONTES RÉMOIS

Par le comte DE CHEVIGNÉ. — 4e édition, illustrée de 34 dessins de MEISSONIER. — 1 vol. grand in-18. Prix : 3 fr.; in-8 carré. Prix : 7 fr. 50. — Il reste quelques exemplaires du même ouvrage, tirés sur grand raisin vélin, 20 fr.; sur papier de Hollande, gravures tirées à part sur papier de Chine. Prix : 60 fr.

LA COMÉDIE ENFANTINE

Par LOUIS RATISBONNE, illustrée par GOBERT et FROMENT, 2e édition. — 1 vol. gr. in-8°. — Prix : broché, 10 fr.; relié en toile avec plaques spéciales, doré sur tranches. 14 fr.; demi-reliure chagrin, plats toile, doré sur tranches. Prix : 14 fr.

LE RENARD DE GŒTHE

Traduit par ÉDOUARD GRENIER, illustré par KAULBACH. — 1 volume grand in-8°. Prix : broché 10 fr.; demi-reliure chagrin, plats toile, doré sur tranches. Prix : 15 fr.

CONTES BRABANÇONS

Par CHARLES DE COSTER, illustrés par MM. DE GROUX, DE SCHAMPHELEER, DUBWÉE, FÉLICIEN ROPS, VAN CAMP et OTTO VON THOREN, grav. par WILLIAM BROWN — 1 beau vol. in-8°. Prix : 5 fr.

LE 101e RÉGIMENT

Par JULES NORIAC — 1 volume grand in-16, illustré de 84 dessins. — Prix : 4 fr. 50.; demi-reliure chagrin, plats toile, doré sur tranches. Prix : 6 fr. 50.

CONTES D'UN VIEIL ENFANT

Par FEUILLET DE CONCHES, 2e édition. Ouvrage imprimé avec le plus grand soin, illustré de 35 gravures sur bois. — 1 vol. grand in-8 jésus, papier de choix, glacé et satiné. Prix : broché, 8 fr. — Richement relié, tranche dorée. Prix : 12 fr.

SCÈNES DU JEUNE AGE

Par Mme SOPHIE GAY, illustrées de 12 belles gravures exécutées avec le plus grand soin. — 1 vol. grand in-8. Prix : 6 fr. — Demi-reliure chagrin, plats toile, tranche dorée. Prix : 10 fr.

LES AVENTURES DU CHEVALIER JAUFRE ET DE LA BELLE BRUNISSENDE

Par MARY LAFON, ouvrage splendidement illustré de 20 gravures sur bois tirées à part et dessinées par GUSTAVE DORÉ. — 1 vol. grand in-8 jésus, papier glacé satiné. Prix : 7 fr. 50. — Demi-reliure chagrin, plats toile, tranche dorée. Prix : 12 fr.

LE BOIS DE BOULOGNE

Par E. GOURDON. Magnifique volume in-8, illustré de 16 gravures hors-texte, par E. MORIN. Prix : 10 fr. — Demi-reliure chagrin, plats toile, tranche dorée. Prix : 15 fr.

LA CHASSE AU LION

Par JULES GÉRARD (*le Tueur de lions*). Ornée de 11 belles gravures et d'un portrait dessinés par GUSTAVE DORÉ. — 1 vol. grand in-8 jésus. Prix, broché : 7 fr. 50. — — Demi-reliure chagrin, plats toile, tranche dorée. Prix : 12 fr.

FIERABRAS

Par MARY LAFON. Ouvrage imprimé avec le plus grand soin, illustré de 12 gravures sur bois tirées hors texte, dessinées par GUSTAVE DORÉ, et gravées par des artistes anglais. — 1 volume grand in-8 jésus, papier de choix, glacé et satiné. Prix, broché : 7 fr. 50 c. — Demi-reliure chagrin, plats toile, tranche dorée. Prix : 12 fr.

LE ROYAUME DES ENFANTS, SCÈNES DE LA VIE DE FAMILLE

Par Mme MOLINOS-LAFFITTE. Illustré de 12 belles gravures par FATH. — Un volume grand in-8. Prix : 6 fr. — Demi-reliure chagrin, plats toile, tranche dorée. Prix : 10 fr.

LA DAME DE BOURBON

Par MARY LAFON. — 1 volume grand in-16, illustré de 45 dessins. — Prix : 5 fr. : demi-reliure chagrin, plats toile, doré sur tranches. Prix : 7 fr.

NADAR JURY AU SALON DE 1857

1,000 COMPTES RENDUS. — 150 DESSINS. — **Prix : 1 fr.**

ALBUMS COMIQUES DE CHAM

Chaque Album, avec une jolie couverture gravée, contient 60 dessins d'Actualités.

Prix de chaque Album : 1 franc.

Salmigondis. — Macédoine. — Salon de 1857. — Saison des Eaux. — Nouvelles pochades. — Croquis de printemps. — Ces bons Chinois. — Les Charges parisiennes. Cours de géométrie. — Nouvelles fariboles. — Souvenirs comiques — Chasses et courses. — Les Kaiserlicks. — Revue du Salon de 1853. — Olla Podrida. — Emotions de chasse. — L'Age d'argent. — Paris s'amuse. — Folies parisiennes. — Un peu de tout. Fariboles. — Parisiens et Parisiennes. — Croquis variés. — L'Arithmétique illustrée. — Paris l'hiver. — Croquis d'automne. — Ces bons Parisiens. — Nouveaux Croquis de chasse. — La Bourse illustrée. — Le Bal masqué. — Le Calendrier. — Croquis militaires. — Les Chinoiseries. — Encore un Album. — Les Français en Chine. — Ces jolis messieurs et ces charmantes petites dames.

LES GRANDES USINES DE FRANCE

Par TURGAN. — *Les grandes Usines de France* paraissent en livraisons de 16 pages grand in-8, ornées de belles gravures et de dessins explicatifs, contenant, imprimée avec luxe sur beau papier satiné, l'histoire et la description d'une des grandes usines de France, ainsi que l'explication détaillée de l'industrie qu'elle représente.

Le 1er VOLUME, entièrement terminé et broché, renfermant 82 belles gravures, comprend :

LES GOBELINS (3 livraisons). — 1re partie : Histoire. — 2e partie : Teinture. — 3e partie : Tapisserie et Tapis.

LES MOULINS DE SAINT-MAUR (1 livraison).

L'IMPRIMERIE IMPÉRIALE (4 livraisons). — Fabrication des caractères, gravure, fonderie, presses, etc.

L'USINE DES BOUGIES DE CLICHY (1 livraison). — Fonderie de suif, stéarinerie, savonnerie, bougie décorée.

LA PAPETERIE D'ESSONNE (4 livraisons). — Historique, commerce de chiffons, triage, lessivage, blanchiment, défilage, raffinage, collage, machines.

SÈVRES (2e l...) — Historique, poteries anciennes, faïences, origines de la porcelaine en Chine et en France, matières premières, fabrication, encastage, fours, décoration.

L'ORFÉVRERIE CHRISTOFLE (3 livraisons). — Historique, argenture, dorure, galvanoplastie, orfévrerie, bronze d'aluminium.

On recevra ce volume broché *franco*, par la poste, en envoyant un mandat de 12 fr. — Relié avec tranche dorée : 17 francs.

Les 20 livraisons devant former la deuxième série contiendront, entre autres publications intéressantes : les établissements Derosne et Cail, — la Monnaie, — Saint-Gobain, — la Poudrerie du Bouchet, — la Manufacture des Tabacs, — Savonneries, Fonderies, Filatures, Fermes modèles, etc., etc.

Prix d'une livraison : 60 centimes.

En envoyant 12 francs, soit en un mandat, soit en timbres, on recevra *franco*, en France et en Algérie, les 20 livraisons composant cette deuxième série, au fur et à mesure de la publication ; avec la vingtième livraison, il sera adressé aux abonnés un titre et une couverture, servant à réunir les livraisons en un magnifique volume.

La 36me livraison (16me du 2me volume) est en vente.

OEUVRES NOUVELLES DE GAVARNI

10 MAGNIFIQUES ALBUM IN-FOLIO LITHOGRAPHIÉS IMPRIMÉS AVEC LE PLUS GRAND SOIN PAR LEMERCIER

I.	— LES PARTAGEUSES, 40 lithographies. — Broché	16	22 fr.
	Reliure toile mosaïque, riche plaque, tranche dorée	6	
II.	— LES MARIS ME FONT TOUJOURS RIRE, 30 lithographies	12	18 fr.
	Reliure toile mosaïque, riche plaque, tranche dorée	6	
III.	— LES LORETTES VIEILLIES, 30 lithographies. — Broché	12	18 fr.
	Reliure toile mosaïque, riche plaque, tranche dorée	6	
IV.	— LES INVALIDES DU SENTIMENT, 30 lithographies	12	18 fr.
	Reliure toile mosaïque, riche plaque, tranche dorée	6	
V.	— HISTOIRE DE POLITIQUER, 30 lithographies. — Broché	12	18 fr.
	Reliure toile mosaïque, riche plaque, tranche dorée	6	
VI.	— LES PARENTS TERRIBLES, 20 lithographies. — Broché	8	18 fr.
	PIANO, 10 lithographies. — Broché	4	
	Reliure toile mosaïque, riche plaque, tranche dorée	6	
VII.	— LES BOHÊMES, 20 lithographies. — Broché	8	18 fr.
	ÉTUDES D'ANDROGYNES, 10 lithographies. — Broché	4	
	Reliure toile mosaïque, riche plaque, tranche dorée	6	
VIII.	— LES ANGLAIS CHEZ EUX, 20 lithographies. — Broché	8	18 fr.
	MANIÈRE DE VOIR DES VOYAGEURS, 10 lithographies	4	
	Reliure toile mosaïque, riche plaque, tranche dorée	6	
IX.	— LES PROPOS DE THOMAS VIRELOQUE, 20 lithog. — Broché	8	22 fr.
	HISTOIRE D'EN DIRE DEUX, 10 lithographies. — Broché	4	
	LES PETITS MORDENT, 10 lithographies. — Broché	4	
	Reliure toile mosaïque, riche plaque, tranche dorée	6	
X.	— LE MANTEAU D'ARLEQUIN, 10 lithographies. — Broché	4	18 fr.
	LA FOIRE AUX AMOURS, 10 lithographies. — Broché	4	
	L'ÉCOLE DES PIERROTS, 10 lithographies. — Broché	4	
	Reliure toile mosaïque, riche plaque, tranche dorée	6	

CE QUI SE FAIT DANS LES MEILLEURES SOCIÉTÉS, 10 lithograph. — Brochés. 4 fr.

MESSIEURS DU FEUILLETON, 9 lithographies . . . . . 4 fr.

Outre les séries ci-dessus réunies comme reliure, chaque album broché, de 10 lithographies se vend séparément 4 fr.

CHANSONS POPULAIRES DES PROVINCES DE FRANCE

Notice par **CHAMPFLEURY**, avec accompagnement de piano par **J.-B. WEKERLIN.** — Illustrations par MM. **BIDA, BRAQUEMOND, CATENACCI, COURBET, FAIVRE, FLAMENG, FRANÇAIS, FATH, HANOTEAU, CH. JACQUE, ED. MORIN, M. SAND, STAAL, VILLEVIEILLE.**

Un Magnifique volume grand in-4, illustré. — **Prix : 12 fr.**
Demi-reliure chagrin, plats toile, doré sur tranches. — **Prix : 17 fr.**

Les Chansons populaires des Provinces de la France sont divisées en trente livraisons, dont chacune forme un tout complet et contient les chansons d'une province, elles se vendent séparément.

Prix de chaque livraison : 50 centimes.

1re *liv.* PICARDIE. — La Belle est au jardin d'amour. — La Ballade de Jésus-Christ. — Le Bouquet de ma mie.

2e *liv.* FLANDRE. — La Fête de Sainte-Anne. — Le Hareng saur. — Le Messager d'amour.

3e *liv.* ALSACE. — Le Jardin. — Le Diablotin. — La Chanson du hanneton.

4e *liv.* LANGUEDOC. — Romance de Clotilde. — Joli Dragon. — Dans un jardin couvert de fleurs.

5e *liv.* NORMANDIE. — En revenant des noces. — Le Moulin. — Ronde du pays de Caux.

6e *liv.* BOURGOGNE. — J'avais un' ros' nouvelle. — Eho ! Eho ! Eho ! — Voici venu le mois des fleurs.

7e *liv.* BERRY. — — La voilà, la jolie coupe. — J'ai demandé-z-à la vieille. — Petit soldat de guerre.

8e *liv.* GUYENNE et GASCOGNE. — Michaut veillait. — La Fille du président. — Dès le matin.

9e *liv.* AUVERGNE. — Bourrées de Chap-des-Beaufort. — Quand Marion s'en va-t-à l'ou. — Bourrée d'Ambert.

10e *liv.* SAINTONGE, ANGOUMOIS et PAYS D'AUNIS. — La Femme du roulier. La petite Rosette. — La Maîtress' du roi céans.

11e *liv.* FRANCHE-COMTÉ. — Au bois rossignolet. — Les trois princesses. — Paysan, donn'-moi ta fille.

12e *liv.* BOURBONNAIS. — Mon père a fait bâtir Château. — Jolie fille de la garde. — Derrièr' chez nous.

13e *liv.* BÉARN. — Belle, quelle souffrance — Pauvre brebis. — Cantique antounat par Jeanne d'Albret.

14e *liv.* POITOU. — Nous somm's venus vous voir, — La v'nu' du mois de mai. — C'est aujourd'hui la foire.

15e *liv.* TOURAINE, MAINE et PERCHE. — La verdi, la verdon. — La Violette. — Su' l'pont du nord.

16e *liv.* NIVERNAIS. — Lorsque j'étais petite. — Quand j'étais vers chez mon père. — J'étions trois capitaines.

17e *liv.* LIMOUSIN et MARCHE. — Pourquoi me faire ainsi la mine ? — Les scieurs de long. — Quoiqu'en Auvergne.

18e *liv.* ANJOU. — Nous sommes trois souverains princes. — La chanson du Rémouleur. — N'y a rien d'aussi charmant.

19e *liv.* DAUPHINÉ. — J'entends chanter ma mie. — La Pernette. — La Fille du général de France.

20e *liv.* BRETAGNE. — A Nant's, à Nant's est arrivé. — Rossignolet des bois. — Ronde des filles de Quimperlé.

21e *liv.* LORRAINE. — J'y ai planté rosier. — Mon père m'envoie-t-à l'herbe. — Le Rosier d'argent.

22e *liv.* LYONNAIS. — Belle, allons nous épromener. — Nous étions dix filles dans un pré. — Pingo les noix.

23e *liv.* ORLÉANAIS. — Les Filles de Cernois. — Le Piocheur de terre. — Les Cloches.

24e *liv.* PROVENCE et COMTAT D'AVIGNON. — Sur la montagne, ma mère. — Sirvente contre Guy. — Bonhomme, bonhomme.

25e *liv.* ILE DE FRANCE. — Germine. — Chanson de l'aveine. — Si le roi m'avait donné.

26e *liv.* ROUSSILLON. — J'ai tant pleuré. — Le changement de garnison. — En revenant de Saint-Alban.

27e *liv.* CHAMPAGNE. — Cécilia. — Sur le bord de l'île. — C'est le jour du gigotiau.

28e et 29e *liv.* PRÉFACE

30e *liv.* TITRE, FRONTISPICE, TABLES et COUVERTURE.

GÉOGRAPHIE NOUVELLE

Par SAGANSAN, Géographe de S. M. l'Empereur et de l'Administration des Postes

---

CARTE DES ÉTATS DE L'EUROPE ET DES PAYS CIRCONVOISINS

Indiquant les Chemins de fer, les principales Routes, les subdivisions des Etats et les Colonies militaires russes. — Deux feuilles grand-monde coloriées. Prix : 10 fr. — Collée sur toile, en étui : 14 fr. — Collée sur toile, à baguettes. Prix : 17 fr.

CARTE DES POSTES DE L'EMPIRE FRANÇAIS

Indiquant : Chemins de fer avec les Stations, Routes, Chemins de grande communication, Canaux, Rivières, Bureaux de poste, Relais avec les distances intermédiaires en chiffres. — Deux feuilles grand-monde. Prix : 6 fr. — Collée sur toile, en étui : 10 fr. — Collée sur toile, à baguettes. Prix : 14 fr.

CARTE DES CHEMINS DE FER

ET AUTRES VOIES DE COMMUNICATION DE L'EMPIRE FRANÇAIS

Adoptée par les Compagnies de chemins de fer et agréée par Son Excellence le maréchal de France ministre de la guerre, pour servir aux transports de la guerre. — Double feuille grand-monde. Prix : 6 fr. — Collée sur toile, en étui : 10 fr. — Collée sur toile, à baguettes. Prix : 14 fr.

PETITE CARTE DES CHEMINS DE FER

ET DES VOIES NAVIGABLES DE L'EMPIRE FRANÇAIS

Prix : 2 fr.

PLAN DE PARIS

Comprenant l'ancien Paris et les communes ou portions de communes annexées. (Loi du 16 juin 1860). — Prix en feuille, avec livret : 4 fr. — Cartonné : 5 fr. — Entoilé, avec étui : 7 fr. — Sur rouleaux : Prix : 11 fr.

CARTE DES CHEMINS DE FER

ET DE LA TÉLÉGRAPHIE ÉLECTRIQUE DE L'EMPIRE FRANÇAIS

Indiquant le nom de toutes les stations et les bureaux télégraphiques avec le prix de chaque dépêche. — Une feuille coloriée. Prix : 2 fr.

L'EUROPE DE 1760 A 1860

Carte figurative et chronologique des acquisitions et mutations territoriales faites par les cinq grandes puissances, et accompagnée d'une légende indiquant la date et l'origine des possessions coloniales. Prix : 1 fr.

MUSÉE LITTÉRAIRE CONTEMPORAIN

CHOIX DES MEILLEURS OUVRAGES DES AUTEURS MODERNES

10 Centimes la Livraison. — Format in-4° à 2 colonnes

ROGER DE BEAUVOIR

		fr.	c.
LE CHEVALIER DE ST-GEORGES	1 vol.	»	90
LE CHEVALIER DE CHARNY	—	»	90

CHARLES DE BERNARD

		fr.	c.
UN ACTE DE VERTU ET LA PEINE DU TALION	—	»	50
L'ANNEAU D'ARGENT	—	»	50
UNE AVENTURE DE MAGISTRAT	—	»	30
LA CINQUANTAINE	—	»	50
LA FEMME DE QUARANTE ANS	—	»	50
LE GENDRE	—	»	50
L'INNOCENCE D'UN FORÇAT	—	»	30
LE PERSÉCUTEUR	—	»	30

CHAMPFLEURY

		fr.	c.
LES GRANDS HOMMES DU RUISSEAU	—	»	60

LA COMTESSE DASH

		fr.	c.
LES GALANTERIES DE LA COUR DE LOUIS XV	—	3	»
LA RÉGENCE	—	»	90
LA JEUNESSE DE LOUIS XV	—	»	90
LES MAITRESSES DU ROI	—	»	90
LE PARC AUX CERFS	—	»	90

ALEXANDRE DUMAS

		fr.	c.
ACTÉ	—	»	90
AMAURY	—	»	90
ANGE PITOU	—	1	80
ASCANIO	—	1	50
AVENTURES DE JOHN DAVYS	—	1	80
LE BATARD DE MAULÉON	—	2	»
LE CAPITAINE PAUL	—	»	70
LE CAPITAINE RICHARD	—	»	90
CATHERINE BLUM	—	»	70
CAUSERIES. — LES TROIS DAMES	—	1	30
CÉCILE	—	»	90
CHARLES LE TÉMÉRAIRE	—	1	50
LE CHATEAU D'EPPSTEIN	—	1	50
LE CHEVALIER D'HARMENTAL	—	1	50
LE CHEVALIER DE MAISON-ROUGE	—	1	50
LE COLLIER DE LA REINE	—	2	50
LA COLOMBE. — MURAT	—	»	50
LES COMPAGNONS DE JÉHU	—	1	80
LE COMTE DE MONTE-CRISTO	—	4	»
LA COMTESSE DE CHARNY	—	4	50
LA COMTESSE DE SALISBURY	—	1	50
CONSCIENCE L'INNOCENT	—	1	30
LA DAME DE MONSOREAU	—	2	50
LES DEUX DIANE	—	2	20
LES DRAMES DE LA MER	—	»	70
LA FEMME AU COLLIER DE VELOURS	—	»	70
FERNANDE	—	»	90
UNE FILLE DU RÉGENT	—	»	90
LES FRÈRES CORSES	—	»	60
GABRIEL LAMBERT	—	»	70
GAULE ET FRANCE	—	»	90
GEORGES	—	»	90

ALEXANDRE DUMAS (*Suite*)

		fr.	c.
LA GUERRE DES FEMMES	1 vol.	1	65
L'HOROSCOPE	—	»	90
IMPRESSIONS DE VOYAGE.			
UNE ANNÉE A FLORENCE	—	»	90
L'ARABIE HEUREUSE	—	2	10
LES BALEINIERS	—	1	30
LES BORDS DU RHIN	—	1	30
LE CAPITAINE ARÉNA	—	»	90
LE CORRICOLO	—	1	65
DE PARIS A CADIX	—	1	65
EN SUISSE	—	2	20
UN GIL-BLAS EN CALIFORNIE	—	»	70
LE MIDI DE LA FRANCE	—	1	30
QUINZE JOURS AU SINAÏ	—	»	90
LE SPÉRONARE	—	1	50
LE VÉLOCE	—	1	65
LA VIE AU DÉSERT	—	1	30
LA VILLA PALMIERI	—	»	90
INGÉNUE	—	1	80
ISABEL DE BAVIÈRE	—	1	30
JEHANNE LA PUCELLE	—	»	90
LA JEUNESSE DE Mme DU DEFFAND	—	2	»
LES LOUVES DE MACHECOUL	—	2	50
LA MAISON DE GLACE	—	1	50
LE MAITRE D'ARMES	—	»	90
LES MARIAGES DU PÈRE OLIFUS	—	»	70
LES MÉDICIS	—	»	70
MÉMOIRES DE GARIBALDI. (Complet)	—	1	30
1re *série*. (Séparément)	—	»	70
2e *série*. (—)	—	»	70
MÉMOIRES D'UN MÉDECIN — JOSEPH BALSAMO —	—	4	»
LES MILLE ET UN FANTÔMES	—	»	70
LES MOHICANS DE PARIS	—	3	60
LES MORTS VONT VITE	—	1	50
NOUVELLES	—	»	50
OLYMPE DE CLÈVES	—	2	60
OTHON L'ARCHER	—	»	50
PASCAL BRUNO	—	»	50
LE PASTEUR D'ASHBOURN	—	1	80
PAULINE	—	»	50
LE PÈRE GIGOGNE	—	1	50
LE PÈRE LA RUINE	—	»	90
LES QUARANTE-CINQ	—	2	50
LA REINE MARGOT	—	1	65
LA ROUTE DE VARENNES	—	»	70
LE SALTEADOR	—	»	70
SOUVENIRS D'ANTONY	—	»	90
SYLVANDIRE	—	»	90
LE TESTAMENT DE M. CHAUVELIN	—	»	70
LES TROIS MOUSQUETAIRES	—	1	65
LA TULIPE NOIRE	—	»	90
LE VICOMTE DE BRAGELONNE	—	4	75
UNE VIE D'ARTISTE	—	»	70
VINGT ANS APRÈS	—	2	20

ALEXANDRE DUMAS FILS

		fr.	c.
CÉSARINE	—	»	50
LA DAME AUX CAMÉLIAS	—	»	90

PAUL FÉVAL

		fr. c.
UN PAQUET DE LETTRES. . . .	1 vol.	» 50
LE PRIX DE PIGEONS.	—	» 50
LES AMOURS DE PARIS.	—	1 50
LE BOSSU OU LE PETIT PARISIEN	—	2 50
LE FILS DU DIABLE	—	3 »
LES MYSTÈRES DE LONDRES. .	—	3 »
LE TUEUR DE TIGRES.	—	» 70

THÉOPHILE GAUTIER

CONSTANTINOPLE	—	» 90

Mme ÉMILE DE GIRARDIN

MARGUERITE OU DEUX AMOURS	—	» 90

LÉON GOZLAN

LE MÉDECIN DU PECQ	—	» 90
LES NUITS DU PÈRE-LACHAISE.	—	» 90

CHARLES HUGO

LA BOHÊME DORÉE.	—	1 50

ALPHONSE KARR

FORT EN THÈME	—	» 70
LA PÉNÉLOPE NORMANDE. . .	—	» 90
SOUS LES TILLEULS.	—	» 90

A. DE LAMARTINE

LES CONFIDENCES	—	» 90
L'ENFANCE.	—	» 50
GENEVIÈVE, histoire d'une Servante	—	» 70
GRAZIELLA	—	» 60
HISTOIRE ET POÉSIE.	—	» 50
LA JEUNESSE	—	» 60
RÉGINA.	—	» 50
LA VIE DE FAMILLE.	—	» 50

LE CAPITAINE MAYNE-REID

Traduction Allyre Bureau

LES CHASSEURS DE CHEVELURES	—	1 »

LE DOCTEUR FÉLIX MAYNARD

L'INSURRECTION DE L'INDE — De Delhi à Cawnpore. . . .	—	» 70

MÉRY

UN ACTE DE DÉSESPOIR	—	» 50
LE BONHEUR D'UN MILLIONNAIRE.	—	» 50
LE CHATEAU DES TROIS TOURS.	—	» 70
LE CHATEAU D'UDOLPHE. . . .	—	» 50
UNE CONSPIRATION AU LOUVRE.	—	» 70
LE DIAMANT A MILLE FACETTES	—	» 60
LES NUITS ANGLAISES	—	» 90
LES NUITS ITALIENNES.	—	» 90
SIMPLE HISTOIRE	—	» 70

HENRY MURGER

LES AMOURS D'OLIVIER	—	» 30
LE BONHOMME JADIS	—	» 30
MADAME OLYMPE.	—	» 50
LA MAITRESSE AUX MAINS ROUGES	—	» 50
LE MANCHON DE FRANCINE . .	—	» 30
SCÈNES DE LA VIE DE BOHÊME.	—	» 90
LE SOUPER DES FUNÉRAILLES.	—	» 50

JULES SANDEAU

SACS ET PARCHEMINS.	—	» 90

EUGÈNE SCRIBE

CARLO BROSCHI.	—	» 50
JUDITH OU LA LOGE D'OPÉRA.	—	» 30
LA MAITRESSE ANONYME. . . .	—	» 30
PROVERBES	—	» 70

ALBÉRIC SECOND

		fr. c.
LA JEUNESSE DORÉE.	1 vol.	» 50

FRÉDÉRIC SOULIÉ

AU JOUR LE JOUR	—	» 70
LES AVENTURES DE SATURNIN FICHET	—	1 30
LE BANANIER	—	» 50
LA COMTESSE DE MONRION . .	—	» 70
CONFESSION GÉNÉRALE. . . .	—	1 80
LES DEUX CADAVRES.	—	» 70
LES DRAMES INCONNUS	—	2 50
LA MAISON N° 3, RUE DE PROVENCE.	—	» 70
LES AVENTURES D'UN CADET DE FAMILLE.	—	» 70
LES AMOURS DE VICTOR BONSENNE	—	» 70
OLIVIER DUHAMEL.	—	» 70
EULALIE PONTOIS	—	» 30
LES FORGERONS.	—	» 50
HUIT JOURS AU CHATEAU . . .	—	» 70
LE LION AMOUREUX	—	» 30
LA LIONNE.	—	» 70
LE MAITRE D'ÉCOLE	—	» 30
MARGUERITE.	—	» 50
LES MÉMOIRES DU DIABLE. . .	—	2 »
LES QUATRE NAPOLITAINES . .	—	1 30
LES QUATRE SŒURS	—	» 50
SI JEUNESSE SAVAIT, SI VIEILLESSE POUVAIT	—	1 50
LE VEAU D'OR	—	2 40

ÉMILE SOUVESTRE

DEUX MISÈRES.	—	» 90
L'HOMME ET L'ARGENT.	—	» 70
JEAN PLEBEAU.	—	» 50
PIERRE LANDAIS	—	» 50
LES RÉPROUVÉS ET LES ÉLUS. .	—	1 50
SOUVENIRS D'UN BAS-BRETON.	—	1 50

EUGÈNE SUE

LES SEPT PÉCHÉS CAPITAUX. .	—	5 »
L'ORGUEIL.	—	1 50
L'ENVIE.	—	» 90
LA COLÈRE.	—	» 70
LA LUXURE	—	» 70
LA PARESSE.	—	» 50
L'AVARICE.	—	» 50
LA GOURMANDISE	—	» 50
LES ENFANTS DE L'AMOUR. . .	—	» 90
LA BONNE AVENTURE	—	1 50
GILBERT ET GILBERTE.	—	2 70
LE DIABLE MÉDECIN.	—	2 70
LA FEMME SÉPARÉE DE CORPS ET DE BIENS. . .	—	» 90
LA GRANDE DAME	—	» 50
LA LORETTE.	—	» 30
LA FEMME DE LETTRES. . . .	—	» 90
LA BELLE FILLE.	—	» 50
LES MÉMOIRES D'UN MARI. . .	—	2 70
UN MARIAGE DE CONVENANCES	—	1 50
UN MARIAGE D'ARGENT . . .	—	» 90
UN MARIAGE D'INCLINATION.	—	» 50
LES SECRETS DE L'OREILLER. .	—	2 40
LES FILS DE FAMILLE.	—	2 70

VALOIS DE FORVILLE

LE CONSCRIT DE L'AN VIII. . .	—	» 90

BROCHURES DIVERSES

	fr. c.
ÉMILE AUGIER	
DISCOURS DE RÉCEPTION A L'ACADÉMIE FRANÇAISE.	1 »
LOUIS BLANC	
APPEL AUX HONNÊTES GENS. . . .	1 »
LA RÉVOLUTION DE FÉVRIER AU LUXEMBOURG.	1 »
HENRI BLAZE DE BURY	
M. LE COMTE DE CHAMBORD, UN MOIS A VENISE.	1 »
BONNAL	
ABOLITION DU PROLÉTARIAT. . . .	1 »
LA FORCE ET L'IDÉE.	1 »
G. BOULLAY	
RÉORGANISATION ADMINISTRATIVE.	1 »
RENÉ CLÉMENT	
ÉTUDE SUR LE THÉATRE ANTIQUE .	1 »
L. COUTURE	
DU GOUVERNEMENT HÉRÉDITAIRE EN FRANCE et des trois partis qui s'y rattachent.	1 50
CHARLES DIDIER	
QUESTION SICILIENNE	1 »
UNE VISITE A M. LE DUC DE BORDEAUX.	1 »
ERNEST DESJARDINS	
NOTICE SUR LE MUSÉE NAPOLÉON III ET PROMENADE DANS LES GALERIES.	» 50
DUFAURE	
DU DROIT AU TRAVAIL.	» 30
ALEXANDRE DUMAS	
RÉVÉLATIONS SUR L'ARRESTATION D'ÉMILE THOMAS.	» 50
ADRIEN DUMONT	
LES PRINCIPES DE 1789.	1
LÉON FAUCHER	
LE CRÉDIT FONCIER.	» 30
DE L'IMPÔT SUR LE REVENU. . . .	» 30
OCTAVE FEUILLET	
DISCOURS DE RÉCEPTION A L'ACADEMIE FRANÇAISE	1 »
ÉMILE DE GIRARDIN	
AVANT LA CONSTITUTION.	» 50
CONQUÊTE ET NATIONALITÉ.	1 »
LE DÉSARMEMENT EUROPÉEN. . . .	1 »
DÉSARMEMENT ET MATÉRIALISME. .	1 »
L'EMPEREUR NAPOLÉON III ET LA FRANCE.	1 »
L'EMPIRE AVEC LA LIBERTÉ. . . .	1 »
L'ÉQUILIBRE EUROPÉEN.	1 »
L'EXPROPRIATION ABOLIE PAR LA DETTE FONCIÈRE CONSOLIDÉE . . .	2 »
LA GUERRE.	1 »
JOURNAL D'UN JOURNALISTE AU SECRET.	1 »
LE LIBRE VOTE.	1 »
L'ORNIÈRE DES RÉVOLUTIONS.	1 »
SOLUTION DE LA QUESTION D'ORIENT.	2 50
UNITÉ DE RENTE ET UNITÉ D'INTÉRÊT.	2 »
GLADSTONE	
DEUX LETTRES au Lord Aberdeen sur les poursuites politiques exercées par le gouvernement napolitain.	1 »
JULES GOUACHE	
LES VIOLONS DE M. MARRAST. . . .	» 50
LE COMTE D'HAUSSONVILLE	
CONSULTATION DE MM. LES BATONNIERS DE L'ORDRE DES AVOCATS.	1 »
LETTRE AUX BATONNIERS DE L'ORDRE DES AVOCATS	1 »
M. DE CAVOUR ET LA CRISE ITALIENNE .	1
LÉON HEUZEY	
CATALOGUE DE LA MISSION DE MACÉDOINE ET DE THESSALIE.	» 50
LAMARTINE	
DU DROIT AU TRAVAIL.	» 30
LETTRE AUX DIX DÉPARTEMENTS. .	» 30
LA PRÉSIDENCE.	» 30
DU PROJET DE CONSTITUTION. . . .	» 30
UNE SEULE CHAMBRE.	» 30
EDOUARD LEMOINE	
ABDICATION DU ROI LOUIS-PHILIPPE	» 50
JOHN LEMOINNE	
AFFAIRES DE ROME.	1 »
A. LEYMARIE	
HISTOIRE D'UNE DEMANDE EN AUTORISATION DE JOURNAL, simple question de propriété.	2 »
LE COMTE DE MONTALIVET	
LE ROI LOUIS-PHILIPPE ET SA LISTE CIVILE.	» 50
LE BARON DE NERVO	
LES FINANCES DE LA FRANCE SOUS LE RÈGNE DE NAPOLÉON III. . . .	1 »
D. NISARD	
DISCOURS PRONONCÉ A L'ACADÉMIE FRANÇAISE en réponse au discours de réception de M. Ponsard. . .	1 »
UN PAYSAN CHAMPENOIS	
A TIMON, sur son projet de Constitution.	» 50
CASIMIR PÉRIER	
LE BUDGET DE 1863	1 »
LA RÉFORME FINANCIÈRE DE 1862.	1 »
GEORGES PERROT	
CATALOGUE DE LA MISSION D'ASIE MINEURE.	» 50
A. PONROY	
LE MARÉCHAL BUGEAUD.	1 »
F. PONSARD	
DISCOURS DE RÉCEPTION A L'ACADÉMIE FRANÇAISE.	1 »
PRÉVOST-PARADOL	
DE LA LIBERTÉ DES CULTES EN FRANCE	1 »
DEUX LETTRES SUR LA RÉFORME DU CODE PÉNAL.	1 »
DU GOUVERNEMENT PARLEMENTAIRE ET DU DÉCRET DU 24 NOVEMBRE.	1 »
ESPRIT PRIVAT	
LE DOIGT DE DIEU.	1 »
ERNEST RENAN	
CATALOGUE DES OBJETS PROVENANT DE LA MISSION DE PHÉNICIE. . . .	» 50
SAINT-MARC GIRARDIN	
DU DÉCRET DU 24 NOVEMBRE OU DE LA RÉFORME DE LA CONSTITUTION DE 1852.	1 »
GEORGE SAND & V. BORIE	
TRAVAILLEURS ET PROPRIÉTAIRES.	1 »
THIERS	
DU CRÉDIT FONCIER	» 30
LE DROIT AU TRAVAIL.	» 30

PARIS. — IMPRIMERIE DE A. WITTERSHEIM, RUE MONTMORENCY, 8.

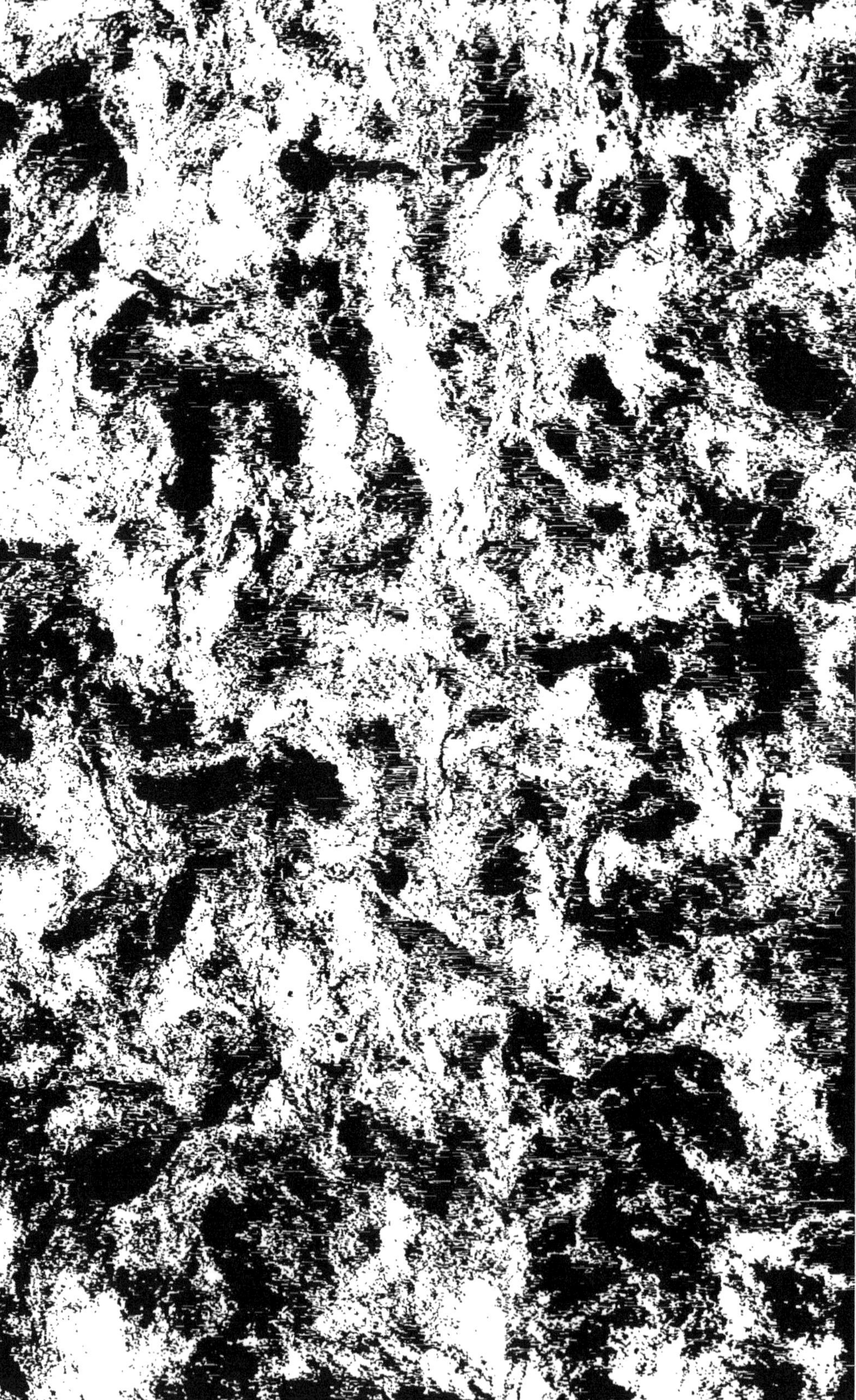

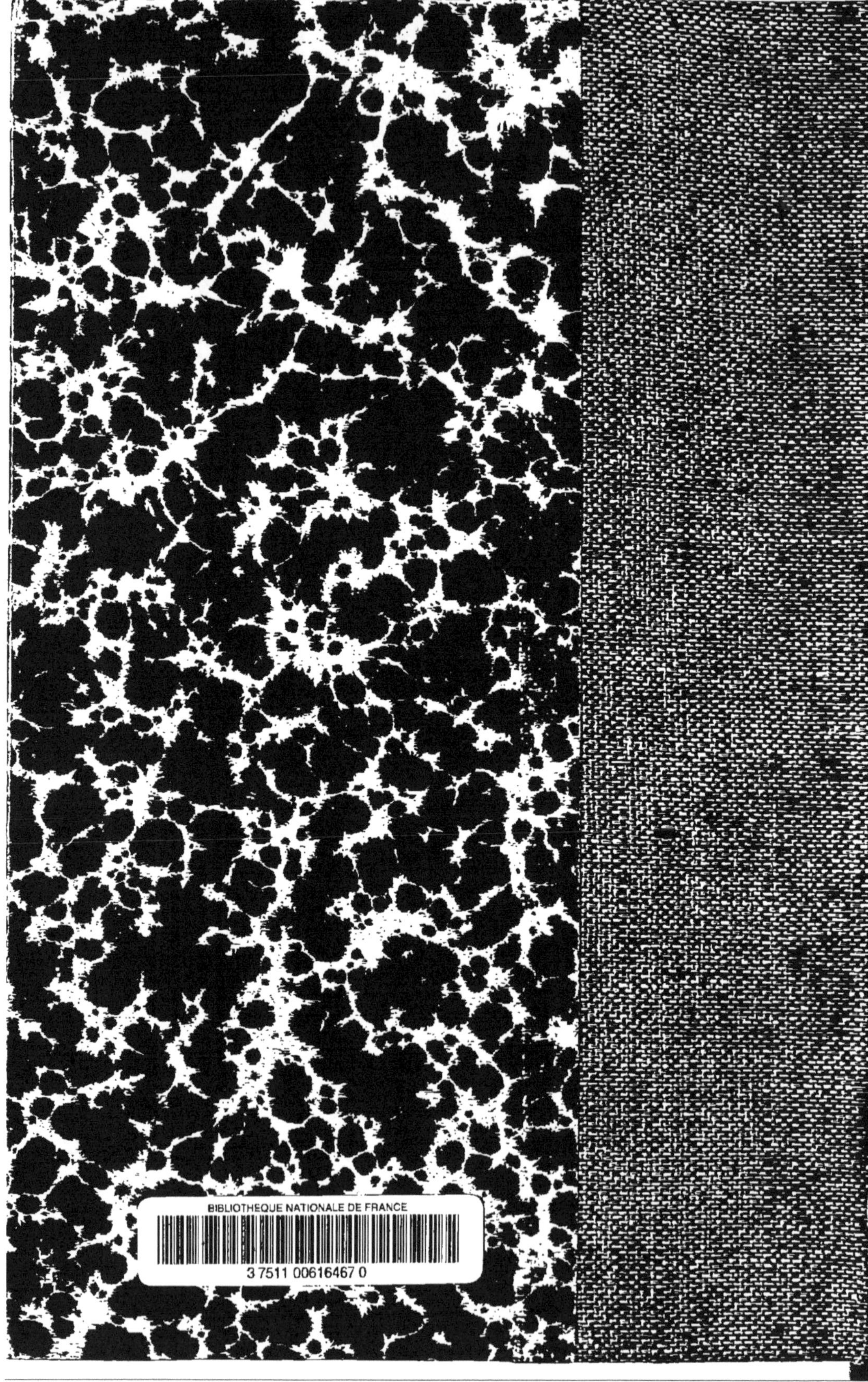
BIBLIOTHEQUE NATIONALE DE FRANCE
3 7511 00616467 0

www.ingramcontent.com/pod-product-compliance
Ingram Content Group UK Ltd.
Pitfield, Milton Keynes, MK11 3LW, UK
UKHW012007240726
13965UKWH00001B/204